WÄIS KIANI | Hinter dem Mond

Das Buch

Als ihre Eltern ihr eröffnen, dass sie zurück nach Teheran ziehen, ist Lilly wütend. Sie fühlt sich wohl in dem kleinen ostfriesischen Städtchen, in dem sie geboren wurde. Die Heimat ihrer Eltern, den Iran, kennt sie nur aus Erzählungen. In Teheran versteht Lilly die Welt nicht mehr: weder die pompösen Villen mit Kristalllüstern noch die zahlreiche persische Verwandtschaft, die Farsi spricht. Sogar ihre Eltern, die sie plötzlich nicht einmal mehr Fahrrad fahren lassen, werden ihr fremd. Aber Lilly ist fest entschlossen, sich nicht anzupassen, voller Wut kämpft sie gegen die fremde Welt, die sich noch einmal dreht, als der Schah das Land verlässt …

Wäis Kiani erzählt humorvoll, schonungslos ehrlich und sehr bewegend von einer Jugend in Teheran und der unüberwindbaren Kluft zwischen zwei vollkommen gegensätzlichen Kulturen.

»Bissig und sympathisch-radikal« *Petra*

Die Autorin

Wäis Kiani wurde in der Nähe von Frankfurt geboren und ist in Deutschland und Teheran aufgewachsen. Sie schreibt als Journalistin für verschiedene Tageszeitungen und Magazine (unter anderem *Süddeutsche Zeitung* und *Grazia*). Ihr erstes Buch *Stirb, Susi* wurde zum Bestseller, 2006 erschien *Nichts anzuziehen*. *Hinter dem Mond* ist ihr erster Roman. Wäis Kiani lebt in Zürich und Berlin.

WÄIS KIANI

Hinter dem Mond

Roman

Diana Verlag

Alle Ähnlichkeiten mit
lebenden Personen sind zufällig.

MIX
Papier aus verantwortungsvollen Quellen
FSC® C014496
www.fsc.org

Verlagsgruppe Random House FSC® N001967
Das für dieses Buch verwendete
FSC®-zertifizierte Papier *Holmen Book Cream*
liefert Holmen Paper, Hallstavik, Schweden.

Taschenbucherstausgabe 03/2014

Umschlaggestaltung | t.mutzenbach design, München
unter Verwendung eines Motivs
von © Masterfile/Scott Tysick; shutterstock
Satz | Leingärtner, Nabburg
Druck und Bindung | GGP Media GmbH, Pößneck
Printed in Germany

ISBN 978-3-453-35753-2

www.diana-verlag.de

Für Nader

1

Der Rücksitz war aus karamellfarbenem Leder, und das Leder war neu. Der Rücksitz war glatt und hart. Seit fast einer Woche saß ich jetzt dort und beobachtete die beiden von hinten. Immer saß mein Vater am Steuer, meine Mutter natürlich nie, obwohl sie Auto fahren konnte. So war sie nun mal.

Wir mussten jetzt schon seit zwei Tagen auf holprigen Landstraßen mit riesigen Löchern fahren. Erst quer durch Jugoslawien von oben nach unten, dann durch Bulgarien, und jetzt fuhren wir durch so kleine, türkische Dörfer in Aserbaidschan in Richtung der persischen Grenze. Die Entscheidung, Landstraße zu fahren, war nicht aus nostalgischen Gründen gefallen, sondern weil die alle einfach keine Autobahnen gebaut hatten. Lauter Länder ohne Autobahnen, total verrückt. Die Straßen, die uns jetzt durch die türkischen Dörfer führten, waren auch eher so breite Schotterwege. Mein Vater jammerte ständig und fluchte laut bei jedem kleinen Steinchen, das gegen den nagelneuen, dunkelgrünen Lack seines ebenso nagelneuen Volvo 144 Grand Luxe sprang. Und jedes Mal, wenn wir ein Dorf erreichten, standen haufenweise kleine Jungs in dreckigen Schlafanzughosen auf beiden Seiten der Dorfstraße Spalier und bewarfen unser Auto mit noch mehr kleinen Steinen. Das machte meinen Vater fertig. Er hatte den Volvo zwei Wochen vor unserer Abreise direkt ab Werk aus Stockholm abgeholt. Meine Mutter und ich hatten ihn in Travemünde am Hafen getroffen, wo er in dem neuen Auto mit blitzenden

Chromfelgen langsam aus dem Bauch der Fähre gerollt kam und wir uns stolz zu ihm ins Auto setzten. Jetzt waren die Chromfelgen mit einer dicken Schicht hellgrauem Lehm bedeckt, und das ganze Auto war überhaupt nicht mehr das, was es in Travemünde noch gewesen war. Und ständigen Steinbombardements ausgesetzt. Ich fragte mich, woher die Jungs wussten, dass wir kommen würden. Oder ob sie immer am Straßenrand standen, um jedes Auto zu bewerfen, das durch den Ort fuhr. Wussten ihre Eltern davon? Und warum hatten sie alle Schlafanzughosen an?

»Warum haben die alle keine richtigen Hosen an, Papa?«

Er lachte: »Weil das so ist auf dem Land in der Türkei. Bei uns ist das auch so. Die Landbevölkerung trägt diese weiten Schlafanzughosen. Du wirst sehen.«

Ich drückte mich zurück in das kalte, karamellfarbene Leder und machte mir wieder Sorgen darüber, was mich außer Schlafanzughosen an unserem Ziel erwarten würde. Es war 1974. Ich war neun Jahre alt.

Mein Name ist Leily, das ist der Name einer Frau aus der alten persischen Literatur. Leily war der weibliche Teil eines Liebespaares, Leily und Madjnun waren tierisch verknallt ineinander, und die Sache ging irgendwie schlecht aus. Meine Mutter hat das Buch mit der Geschichte über die beiden gelesen, während sie mit mir schwanger war, und sofort gewusst, dass ich Leily heißen sollte, obwohl mein Vater sich einen Jungen gewünscht hatte und auch schon einen Namen für seinen Sohn hatte: Cyrus, der Sonnenkönig. Jetzt war ich da, die Sonnenkönigin, Sternzeichen Löwe und mitten im August geboren. Meinem Vater war es recht, er switchte einfach um, machte mich zu seinem kleinen Sohn, und weil ich das lei noch nicht sprechen konnte und mich selbst immer Li-Li rief, nannten sie mich Lilly. Später riefen mir ältere Kinder nach: Da ist ja Lila! Hey, Lila!, und ich drehte mich dann um und rief: Selber Lila, ihr Blödmänner!

Meine Kindheit war bis dahin ganz okay gelaufen, jedenfalls empfand ich es damals so. Wir lebten weit oben in Norddeutschland, in einem Kaff in Ostfriesland, in der Nähe von Bremen und nicht weit vom Meer und den Möwen. Weite Wiesen, zufriedene Kühe und gefährliche Moore, so weit das Auge reichte. Bauern, die einen auf Plattdeutsch anbrüllten, wenn man ihre Äpfel klaute. Und überall Kinder, die ganze Siedlung, in der wir lebten, schien fast nur aus Kindern zu bestehen. Deshalb hatte man alles so gebaut, dass wir Kinder es gut hatten und wir cool spielen konnten. Hinter unserem Haus waren zudem herrliche Zuggleise, an denen man sich unter Lebensgefahr herumtreiben konnte. Nachmittags waren immer alle Kinder der Siedlung draußen, und man spielte zusammen, solange, bis es dunkel wurde, sich jemand ernsthaft wehtat oder es Streit gab. Dann bildeten sich Parteien, und wir kämpften miteinander und gegeneinander, rotteten uns zusammen, bildeten Armeen, jagten uns bis zur totalen Erschöpfung und suchten neue Verstecke in Höhlen und Scheunen. Wir hatten eine Batterie von fahrbaren Untersätzen: Bonanza-Räder, Kettcars, Roller, Bollerwagen, Puppenwagen und manchmal auch einen richtigen Kinderwagen mit einem echten Kind darin, wenn jemand seine jüngeren Geschwister hüten musste. Wir fochten mit dünnen Ästen oder Besenstielen, bis sich einer verletzte und heulend nach Hause rannte und die anderen sich auf ihre fahrbaren Untersätze schwangen und auch nach Hause rasten und dort mit Herzklopfen unbeteiligt rumsaßen, vor lauter Angst, dass es gleich richtig Ärger geben würde, wonach wieder die Schuldigen und die Opfer wegen Hausarrest einige Zeit von der Bildfläche verschwinden würden.

Ich war mehr oder weniger zufrieden mit meiner Situation als Kind meiner Eltern, obwohl ich mir oft darüber Gedanken machte, warum ich nicht so aussah wie die anderen, flachsblonden und hellhäutigen Kinder und ich mich oft wie das einzige schwarze Schaf in einer weißen Schafherde fühlte. Ich sah nicht nur anders aus, ich war auch anders. Ich war das schlimme Kind, das, vor dem sich die kleineren und schwächeren Kinder fürchteten, weil sie sich neben mir klein und schwach fühlten und man nie wusste, ob ich nicht mitten im Spiel einen Wutanfall bekam und irgendwen so lange verprügelte, bis es langweilig wurde. Und warum ausgerechnet ich das Kind dieser Eltern geworden war, die auch anders waren als alle anderen Eltern, und ob mich jemand denen zugeteilt hatte und wer das getan haben könnte und warum.

Aber ich dachte nie lange darüber nach, ich sah eben anders aus und hatte einen etwas komischen Namen, aber ich fühlte nichts davon in mir drin. Unser Leben war ganz normal und sogar etwas schöner als das der anderen. Ich bekam fast alles, was ich wollte, und hatte es dann für mich allein. Die ewigen Geschwisterkämpfe der anderen widerten mich an. Sie stritten sich um alles. Um den besten Platz am Tisch, um den letzten Gummibären oder um den Roller. Einzelkind zu sein, das hatte viele Vorteile, aber auch den Nachteil, dass mir oft langweilig war, und ich alles alleine ausbaden musste und keinen Bruder hatte, der sich für mich prügelte. Ich hatte niemand zum Streiten und musste mich selbst prügeln, aber das war kein Problem. Ich prügelte mich gern.

Einmal saß ich mit Herzklopfen zu Hause und wusste, gleich würde es richtig Ärger geben, als es an der Tür klingelte. Es war die Nachbarin, deren Tochter ich kurz zuvor einen Hügel hinuntergestoßen hatte und die mich mit ihren Söhnen schon in der ganzen Siedlung gejagt hatte. Keine Brüder zu haben hieß, in solchen Situationen auf mich allein gestellt zu sein, denn meine Freunde entpuppten sich immer als Feiglinge, wenn es hart auf hart kam. Ich hatte es gerade geschafft, in unsere Wohnung zu flüchten, da klingelte es auch schon. Meine Mutter öffnete die Wohnungstür, ich versteckte mich zitternd hinter ihr, und vor der Tür stand die Nachbarin mit dunkelrotem Kopf und schrie:

»Das hat Ihre Lilly eben meiner Uli herausgerissen!«

Und wedelte dabei mit einem Büschel feiner, goldblonder Haare vor der Nase meiner Mutter herum. Meine Mutter blieb kühl. Sie drehte sich kurz zu mir um und fragte genervt: »Stimmt das?«

Ich schüttelte meinen knallroten, heißen Kopf. Dann sah sie die Nachbarin von oben herab an und meinte nur, Kinder würden sich nun einmal beim Spielen verhauen, das würde oft vorkommen. Die Frau riss die Augen ungläubig auf: »Das ist Körperverletzung! Das wird Folgen haben!«, und zog schreiend ab. Ich stand immer noch hinter meiner Mutter und blickte sie unschuldig an.

»Pass mal auf!«, fuhr sie mich an und sah dabei sehr gut aus. »Wir haben das schlimmste Kind von Sandhorst! Kein deutsches Kind ist so schlimm wie unsere Tochter!«

Es gab keine anderen Ausländer damals in Sandhorst, nur uns. Ich war das einzige nichtdeutsche Kind in der Schule, in der Siedlung, in der ganzen Kleinstadt. Und ich fiel eben nicht nur durch meine dunklen Haare, sondern auch durch mein schlechtes Benehmen auf. Und ausgerechnet meine schöne, stolze Mutter, die sich durch ihre feine Herkunft, nämlich die einer hochwohlgeborenen Fabrikantentochter, erlauben durfte, die ganze Welt zu verachten, musste sich vor den Deutschen wegen ihrer asozialen Brut schämen.

Man nannte mich in Sandhorst den »schwarzen Teufel«. Dabei hatte ich so viele Spielsachen, dass ich nie wusste, womit ich spielen sollte, und mich lieber die meiste Zeit langweilte. Wenn Kinder zu mir zum Spielen kamen, stürzten sie sich begeistert auf meine Spielesammlungen und meine große Puppenstube, und dann langweilte ich mich noch mehr.

Ich hasste es, wenn die Kinder mit meinen Sachen spielten, auch wenn ich selbst nie damit spielte. Ich fand es ungerecht, dass sie erst zu dumm waren, um meine Langeweile zu vertreiben, und sich dann noch mit meinen Spielsachen amüsierten, mit denen ich mich nicht amüsieren konnte. Das machte mich so wütend, dass ich wollte, dass alle sofort wieder gingen.

Für mich wurde extra gekocht. Ich war ein sehr schlechter Esser, und meine Eltern freuten sich wie kleine Kinder, wenn es mir einmal schmeckte. Auf meine Vorlieben und Abneigungen wurde grundsätzlich Rücksicht genommen. Wann immer ich es wünschte, schob meine Mutter ein Brathähnchen in den Ofen, nur für mich. Meine Kleidung kaufte meine Mutter in einer französischen Kinderboutique in Hamburg, nie musste ich etwas anziehen, was kratzte oder schon jemand anderes vorher angehabt hatte. Ich musste nicht im Haushalt helfen. Ich musste nicht endlos betteln, bis meine Mutter mir endlich erlaubte, ein Eis oder ein Stück Kinderschokolade zu essen. Unser Süßigkeitenschrank wurde von mir höchstpersönlich gefüllt, und ich konnte mich bedienen, wie ich wollte. Ich konnte fernsehen, so viel ich Lust hatte, und mich in mein Zimmer zurückziehen, wenn mir nach alleine sein war. Ich hatte keine Pflichten, außer jeden Morgen zur Schule zu gehen und nach dem Draußenspielen vor Einbruch der Dunkelheit wieder heil zurück nach Hause zu kommen.

Aber das waren schon zu viele Verpflichtungen.

Ich hasste die Schule. In der vierten Klasse Grundschule hatte ich schon große Mühe, dem Unterricht zu folgen. Schuld war unter anderem die Mengenlehre. Ich hasste die blaue Plastikschachtel mit den bescheuerten bunten Holzstäben, die für mich keinen Sinn ergaben und für meine Eltern auch nicht. Das Mengenlehre-Schiff hatte in der ersten Klasse irgendwie ohne mich abgelegt, und ich schaffte es auch während meiner gesamten Schullaufbahn nie mehr, das Defizit in Mathe aufzuholen. Schon in der ersten Klasse, als alle nur Einsen und einige Schwächlinge Zweien auf ihren Zeugnissen hatten, hatte ich eine Vier. Der Grundstein einer Mathe-Versager-Laufbahn war gelegt. Die anderen Kinder gingen natürlich alle gerne in die Schule und liebten unsere Klassenlehrerin,

Frau Bruns, mit ihrer hellblond-hochtoupierten Frisur und ihren viel zu kurzen Röcken. Ich ertrug es in der Schule nur, weil ich wusste, dass danach der schöne Teil des Tages kam: draußen spielen.

Draußen spielen machte am meisten Spaß, wenn es etwas gefährlich wurde, und das bedeutete, auf Bäume zu klettern, deren Äste brachen, und sich beim Herunterfallen den Arm zu brechen oder bis zur Hüfte im Moor zu versinken und völlig durchnässt nach Hause zu kommen. Mir passierte das so oft, dass es mir irgendwann peinlich war, vor meiner Mutter zuzugeben, schon wieder ins Moor gefallen zu sein. Sie hatte überhaupt kein Verständnis dafür, denn weder ihr noch meinem Vater passierte es, dass sie pitschnass und bibbernd nach Hause kommen mussten. Niemand würde in ein Moor fallen außer mir, sagten sie.

Deswegen log ich die ganze Zeit. Ich war das verlogenste Kind der Welt, sagten die beiden, und wahrscheinlich stimmte das auch. Wenn ich meine Mutter nur ansah, fielen mir sofort Lügen am laufenden Band ein, eine besser als die andere. Es wäre zu schade gewesen, auf die guten Lügen zu verzichten und stattdessen nur die Wahrheit zu sagen, bei der ich schlecht abgeschnitten hätte.

Bei den meisten Prügeleien, in die ich verstrickt war, war ich auch Anstifterin. Auseinandersetzungen mit anderen Kindern erreichten für mich immer sehr schnell den Punkt, an dem ich weder Lust hatte, mir weiter auf friedlichem Niveau die dummen Kommentare anzuhören, noch mir kluge Beleidigungen zu überlegen. Wenn Kindern, die mich nur aus der Ferne kannten, nichts mehr einfiel, schrien sie: »Negerin! Negerin!«, hinter mir her. Ich drehte mich dann zornig um und schrie zurück: »Ich bin keine Negerin, ich bin eine Perserin, Mann! Selber Negerin, ihr Blödmänner!«

»Perserin gibt es gar nicht!«, riefen die Kinder dann. Das war der Moment, in dem ich mit meinem Rad einfach ungebremst in die Menge raste und die Meute kreischend auseinanderstob. Ich wurde eben sehr schnell sehr wütend, was sollte ich machen, und wenn ich wütend war, wollte ich etwas zerstören oder jemanden schlagen. Ob der andere schwächer, kleiner oder viel jünger war, war mir egal. Hauptsache, irgendetwas ging kaputt, zerbrach oder rannte heulend weg. Das war dann dieser kurze Moment, der mich mit einer tiefen Befriedigung erfüllte, bevor die Angst einsetzte, für meine Taten bestraft zu werden.

So war mein Leben. Meine Eltern hatten mir schon immer von diesem Persien erzählt, das angeblich unsere Heimat war, aber es hatte mich nicht sonderlich interessiert. Meine Heimat waren der Schulweg mit den Apfelbäumen, die ich unreif klaute und aß, obwohl ich keine Äpfel mochte, weil der Bauer immer so toll herumschrie, wenn er es sah, der große Spielplatz hinter unserem Haus, die hohe, alte Kastanie mit dem Baumhaus der Hausmeisterjungs, die saftigen Moore vor den rostigen Zuggleisen und der kleine Coop-Markt mit den bunten Eistafeln von Schöller und Langnese. Ich kannte die bunten Tafeln auswendig und hätte sie mit geschlossenen Augen zeichnen können. Es gab gerade eine neue himmlische Sorte: Grünofant, Waldmeister mit Vanille. Ich war waldmeister- und vanillesüchtig. Das alles war mein Zuhause, und ich wollte nirgendwo anders sein.

Aber irgendwann kamen meine Eltern mit der komischen Idee, dass wir in unsere Heimat zurückgehen würden. Und dann stellten sie mir einiges in Aussicht: ein kleines batteriebetriebenes Auto, das ich in London bei Harrods in der Spielwarenabteilung gesehen hatte, einen eigenen Streichelzoo mit echten Tieren und einem kleinen Esel mit Eselskarren und eine tolle Schule, wo ich mit Prinzen und Prinzessinnen befreundet sein könnte. Ich war trotzdem dagegen, in eine Heimat zurückzugehen, über die niemand etwas wusste.

»Warum sollen wir denn weggehen? Es ist doch super hier. Was mache ich, wenn die Kinder dort doof sind und ich niemanden mag? Ich will nicht nach Persien. Ich will hierbleiben.«

Mein Vater schüttelte den Kopf.

»Es wird dir gefallen«, sagte er. »Du wirst wie eine Prinzessin leben. Du bekommst einen eigenen Garten, so groß wie ein Park, mit allen Obstbäumen, die du dir wünschst, und Babytigern.« Mit den Babytigern hatte er mich.

Im Nachhinein ist es komisch, dass ich diese Geschichten geglaubt habe. Aber vielleicht glaubte ich es damals nur, weil mir keine andere Wahl blieb. Ich wollte gar keine Heimat. Ich war glücklich, wo ich war, aber ich wurde nicht gefragt, ob ich meine Streunereien in Gummistiefeln in ostfriesischen Wäldern und Wiesen gegen ein persisches Prinzessinnen-Leben eintauschen wollte. Ich wurde auf den Rücksitz des Volvos gesetzt und mitgenommen.

Und da saß ich jetzt und machte mir Sorgen um das, was mich am Ziel unserer Reise erwartete.

Unsere Ankunft in Teheran war surreal. Wir wurden von meinen Großeltern, also den Eltern meines Vaters, aufgenommen. Die Familie meines Vaters stammt nicht aus Teheran, sondern aus einem Kaff im Norden des Landes an der Grenze zur Türkei. In diesem Grenzgebiet wird türkisch gesprochen, allerdings nicht genau das Türkisch, das die Türken in der Türkei sprechen, sondern ein Dialekt, mit dem man sich in der Türkei durchaus verständigen und gleichzeitig als Grenzdorfmensch outen konnte. Ich verstand ohnehin kein Wort von dem, was gesprochen wurde, es war egal, ob Persisch, also Farsi, oder Türkenwelsch. Ich konnte nur Deutsch und verstand nur das Gröbste von dem, was meine Eltern in ihrem Küchen-Farsi zu mir sagten. Ich hatte in meinem Leben noch keinen anderen Menschen Persisch sprechen hören. Wir hatten nie Besuch von der Familie aus Teheran bekommen, und mein Vater war jedes Jahr allein nach Teheran geflogen, um seine Eltern zu besuchen, und hatte mir goldene Armreife und Lammfellmäntelchen mitgebracht. Jetzt waren plötzlich alle ständig entsetzt über das Kommunikationsproblem und über die nachlässige Erziehung meiner Eltern, die es versäumt hatten, ihrem einzigen Kind in Europa die sogenannte Muttersprache beizubringen. Ich fand das nicht weiter schlimm, dass keiner mit mir sprechen konnte. Sie riefen ständig meinen Namen: »Leilydjun, Leilydjun«, denn wenn man jemand sehr mag, dann hängt man ein *Djun* an den Namen, das wusste ich. Ich sollte auch an jeden Namen ein *Djun* hängen, was ich natürlich nie machte. Ich konnte mir einfach nichts Peinlicheres vorstellen, als hinter jeden Namen ein *Djun* zu hängen.

Meine Großmutter, also die Mutter meines Vaters, wurde Maman genannt, aber ich sollte Mamandjun sagen, verlangte meine Mutter. Maman konnte noch nicht einmal richtig Farsi sprechen. Ihr jahrelanges Hausfrauendasein hatte ihr nie mehr Farsi abgefordert, als die paar Worte, die sie beim Naan-Bäcker oder beim Krämer an der Ecke brauchte. Sie befand sich ohnehin permanent in einem Grundzustand der Hysterie, in dem man nicht mehr sprach, sondern nur noch schrie. Also schrie sie immer sehr laut. Später, als ich sie besser verstand, wusste ich auch, warum: Sie unterhielt sich nicht, sie gab Befehle, die sie ständig wiederholte. Etwa: Alle sollen sich hinsetzen, alle sollen sich hinsetzen, alle sollen sich hinsetzen. Um dann gleich aus der Küche zu schreien: Ich bringe das Essen! Das Essen ist da! Das Essen ist da!

Oder sie jammerte darüber, dass ihr alles wehtat, sogar das Knochenmark würde schmerzen. Eine andere Art der Kommunikation habe ich nie bei ihr erlebt. Maman hatte fünf Kinder geboren, vier Jungs und ein Mädchen. Mein Vater war der Älteste, danach kamen drei Jungen, von denen zwei in Deutschland studierten und einer direkt nach der Geburt gestorben war. Nur das einzige Mädchen, meine Tante Mahin, die alle außer mir Mahindjun nannten, ist wohl vergessen worden. Sie musste zu Hause bei ihren Eltern bleiben und meiner Großmutter solange beim Putzen und Kochen helfen, bis sich endlich ein Bräutigam aus der entfernten Verwandtschaft ihrer erbarmte und sie heiratete. Meine Großmutter war putzwütig. Sie stand morgens sehr früh auf und putzte sich mit einer Kolonne Dienstboten durch den Tag und schrie mir dauernd irgendetwas zu, das ich nicht verstand. Und schimpfte dann mit meiner armen Mutter, dass ich sie nicht verstand. Meine Mutter entschuldigte sich: »Wenn wir mit ihr persisch gesprochen haben, hat sie nicht reagiert, was sollten wir machen. Wir wollten das Kind nicht sprachlich verwirren und überfordern.«

Dafür wurde ich jetzt von der gesamten Sippe verwirrt und überfordert. Die ersten Wochen nach unserer Ankunft war meine Mutter panisch besorgt, ich könnte Schmutz ins Haus bringen oder Unordnung hinterlassen und das saubere Haus meiner Großmutter verdrecken.

Alle außer mir zogen ihre Schuhe an der Tür aus, ich lief einfach mit den Schuhen über die vielen Teppiche, und meine Mutter fing an zu schreien, ich sollte sofort zur Tür gehen und meine Schuhe dort deponieren, wo alle anderen ihre Schuhe deponiert hatten. Mit Schuhen auf die feinen Teppiche zu treten war das Schlimmste, was man machen konnte, sagte meine Mutter, aber Maman tat so, als wäre es in Ordnung. Ich solle ruhig mit Schuhen hereinkommen! Meine Mutter wusste aber, dass Maman das natürlich hasste und sich wahnsinnig ekelte. Dann schrie meine Großmutter hysterisch, ich solle bei ihrem Leben mit Schuhen hereinkommen, sie würde das auch tun, beim Propheten Abbas.

Sie tat es natürlich nie. Sie zog sich sogar andere Schuhe an, wenn sie auf ihre Toilette ging, die außer ihr und ihrem Mann niemand benutzte. Ich verstand nicht, wieso sie so log. Das war mit vielen Dingen so. Es galt immer das Gegenteil von dem, was gesagt wurde. Und man durfte nie sagen, was man dachte. Nämlich dass man keine Lust hatte, sich jeden Tag wie ein zweiköpfiges Dromedar von der ganzen Familie begutachten zu lassen, sondern lieber in Ruhe allein einen

Comic lesen wollte. Man durfte nicht sagen, wir haben jetzt keine Lust auf Besuch, wenn jemand anrief und seinen Besuch ankündigte, weil sie sich angeblich verzehrten vor Sehnsucht, uns zu sehen. Man durfte nicht sagen, wir essen gerade, wenn wir am Tisch saßen und Verwandte einfach klingelten. Wenn man sie wegschickte, wäre das eine unglaubliche Unverschämtheit und würde zu einer lebenslangen Fehde führen, sagte meine Mutter, als ich mich weigerte, meinen Platz am Tisch zu verlassen und mich zu den Gästen zu setzen. Ich fand es unverschämt, ständig Leute zu besuchen, ohne eingeladen zu sein. Und dann auch noch zu erwarten, so bewirtet zu werden, wie es meine Großmutter tat. Es wurde immer sofort, egal wer, wie viele Leute und zu welcher Tageszeit, Tee gebracht und lauter komisches Zeug gereicht. Man durfte nicht sagen, dass man den süßen Sirup, der einem ständig überall angeboten wurde, eklig fand. Dass man grundsätzlich keine Wassermelone aß, und wenn noch ein Einziger einem welche aufdrängte, sofort zu schreien anfing. Dass man Pistazien, Datteln und Türkischen Honig hasste, genau wie alle Gebäcksorten und das klebrige Zeug, das überall in Kristallschalen auf Beistelltischchen lag. Dass man keine Lust hatte, mit den anderen Kindern zu spielen, weil sie langweilig, devot und schlecht angezogen waren.

So nölte ich die ganze Zeit vor mich hin: Mir ist langweilig, langweilig, langweilig. Wenn jemand meine Mutter fragte, was ich da sagte, antwortete meine Mutter: Sie ist müde. Man durfte nie die Wahrheit sagen, und da ich es mit den wenigen Worten, die mir zur Verfügung standen, dennoch viel zu oft tat, waren alle ständig schockiert.

In den ersten Wochen nach unserer Ankunft in Teheran waren sowieso alle sehr aufgeregt, und das Haus meiner Großmutter war voller Leute, die uns begrüßen wollten. Wenn sie wieder weg waren, wurden die Obstteller und Teegläser von den Dienstboten schweigend abgeräumt, und die Erwachsenen lästerten über den Besuch. Das ganze Getue lief unter

»Regeln der Höflichkeit« und hatte sogar einen Namen: *Taarof. Taarof* war etwas, was aus purer Höflichkeit gesagt wurde, um den anderen zu gefallen, was aber in keinster Weise der Wahrheit entsprach. Die Kunst bestand darin, das zu erkennen und mit passenden Lügen zu antworten. Wenn ich in Mamans Garten Maulbeeren vom Baum pflückte und aß, zischte meine Mutter sofort: »Lass ihre Maulbeeren, sie mag das nicht.«

Dann rief Maman, ich solle doch bitte, bei ihrem Leben und beim Namen des Propheten Abbas, alle ihre Maulbeeren essen. Bei ihrem Tod und ihrer Geißelung sollte ich sie essen!

Und ich sagte dann zu meiner Mutter: »Schau, ich darf sie essen!«, und schob mir eine Handvoll prächtiger dunkelroter Beeren in den Mund, und meine Mutter wurde sehr wütend und schüttelte mich:

»Nein, das will sie nicht! Sie macht doch nur Taarof! Ich kaufe dir gleich so viele Maulbeeren, wie du willst! Fass ihre Maulbeeren nicht an!«

»Aber warum sagt sie es dann?«, jaulte ich, während meine Mutter mich aus dem Garten zog.

»Das ist Taarof!«, blökte meine Mutter mich an. »Versteh das endlich!«

Das ganze Leben bestand aus *Taarof,* fast nie sagte jemand die Wahrheit. Ich fand das sinnlos, verstand sowieso nicht viel und hörte einfach nicht mehr zu, wenn Leute redeten. So hing ich meinen eigenen Gedanken nach, in denen ich mit Jungs in den Wipfeln eines Kastanienbaumes saß und über die Felder spähte.

»Lilly! Antworte gefälligst, wenn man dich etwas fragt.«

Und dann kam das Wort, das meine Mutter mittlerweile ständig böse zu mir sagte: »Badde!« *Badde* hieß so viel wie: Das ist unverschämt, unerhört und schlecht erzogen. Das macht man nicht. Alles in einem einzigen Wort. *Badde* konnte sie zischen, brüllen, keifen, flüstern oder auch ganz ruhig sagen. Ich kannte unzählige Versionen, *Badde* auszusprechen, und ich bekam sie permanent zu hören.

Es war ein Pulverfass, ich war wie immer, aber meine Eltern waren anders, sie flippten plötzlich ständig aus. Plötzlich ging nichts mehr, was früher normal war.

Alle waren, auch wenn sie nur Schwachsinn redeten, immer übertrieben liebevoll, freundlich und großzügig zu mir, wie ich es in Deutschland noch nie erlebt hatte. Deshalb wusste ich nicht, ob wirklich alle so verlogen waren, wie meine Eltern meinten, oder ob meine Eltern einfach nur verrückt geworden waren.

Der Schwachsinnigste von allen war mein Onkel Mohsen, der merkwürdige Mann meiner Tante Mahin. Ihn sollte ich nicht Mohsen Djun nennen, sondern Mohsen Agha. Er nannte mich Lilly Chanum. *Chanum* ist so etwas wie die Anrede »Frau«, aber man nannte so auch Dienerinnen. Fatima Chanum hieß die Dienstbotin von Maman, und Assghar Agha war ihr Ehemann und Mamans Knecht. Sakine Chanum hieß die von meiner Tante. Die Tante war gar nicht so übel, und ich weiß bis heute nicht, warum sie erst mit 25, also spät für ein persisches Mädchen aus der Generation meiner Eltern, einen Mann aus der entfernten Verwandtschaft fand, der sie heiratete und mir dadurch furchtbar auf die Nerven gehen konnte. Mohsen Agha redete grundsätzlich nur in Floskeln. Ich mochte ihn von der ersten Sekunde an überhaupt nicht und wusste nicht, wie sie jeden Tag mit so einem Menschen zusammen sein und sogar mit ihm in einem Bett schlafen konnte. Er war sehr klein, sehr behaart und immer etwas bedrückt, und wenn er mal lachte, war es künstlich. Man wusste nie, was er wirklich dachte. Außerdem hatte er ganz kleine Füße. Ich hatte noch nie einen Mann mit so kleinen Füßen gesehen. Der Anblick seiner kleinen Schuhe zwischen den ganzen anderen Schuhen in Mamans Eingangshalle ließ in mir eine unbändige Lust aufkommen, seine Schuhe mit ganz vielen der weichen ekligen Datteln, die in einer silbernen Dose auf einem der vielen Tischchen standen, zu füllen. Die Vorstellung, wie er nach dem Besuch vollgefressen und mit

Schwung seinen kleinen Fuß in den kleinen Schuh rammen und seine Zehen in der weichen Dattelmatsche enden würde, ließ mich vor Lachen platzen.

Er stellte mir in den Jahren immer dieselbe Frage: »Leily Chanum, was ist besser: Deutschland oder Iran?«

Ich stöhnte dann immer laut, rollte mit den Augen, und meine Mutter zischte auf Deutsch: »Hör auf damit! Antworte Mohsen Agha! Badde!«

Und dann stöhnte ich noch mehr und wand mich wie ein kranker Aal.

Es war immer dasselbe, irgendjemand aus der Familie sagte etwas unfassbar Blödes zu mir, auf das es keine Antwort gab, nur weil ich ein Kind war und keine echte Frage verdient hatte, wie persische Erwachsene dachten.

In Deutschland hatten die Freunde meiner Eltern mich immer bewundert. Mich Sachen gefragt wie, was mir in Paris am besten gefallen hätte, warum ich die Peanuts gern hatte oder wieso ich gelbe Strumpfhosen lieber mochte als rote.

Meine Tante und ihr Mann hatten eine Tochter: Susan. Ein dickliches, temperamentloses Mädchen, das noch teigiger und verdruckster als ihr Vater war. Susan saß die meiste Zeit brav und still in einer Ecke, sah emotionslos mit ihren Kulleraugen die Erwachsenen an und gab keinen Laut von sich. Sie war drei Jahre jünger als ich, also sechs. Nie wieder habe ich ein so folgsames und langweiliges Kind getroffen.

Es fiel mir sofort auf, dass es im Iran nicht üblich ist, dass Kinder gegen ihre Eltern rebellieren, ihnen trotzen oder gar unverschämt werden und sich widersetzen. Persische Kinder waren obrigkeitshörig und von Geburt an leicht erziehbar und immer Streber. Nichtstreber gab es nicht. Wenn einmal ein Kind laut lachte, unerlaubt nach den ungenießbaren Süßigkeiten griff oder schnell wegrannte, wurde es gleich liebevoll *Scheitun* genannt. *Scheitun* heißt wörtlich übersetzt Teufel, bedeutete aber eher »so ein Racker«.

Ich überlegte, was die alle sagen würden, wenn sie wüssten, aus welchen Gründen ich in Deutschland Teufel genannt wurde. Die meisten Kinder mussten sogar ihre Eltern siezen, mein Vater siezte seine Eltern, und Mohsen Agha siezte mich. Nur ich duzte alle, trotz des Gezisches meiner Mutter. Persische Kinder sagten immer artig: Ja, gerne!, wenn man etwas von ihnen verlangte, und brachten grundsätzlich immer die besten Noten aus der Schule nach Hause. Wenn sie einmal nur die zweitbesten Noten hatten, dann weinten sie tagelang und lernten doppelt so viel, um wieder die besten Noten zu bekommen.

Persische Kinder gingen natürlich auch gern auf die Schulen, die ihre Eltern für sie ausgesucht hatten, trugen dankbar die scheußlichen Klamotten, die ihnen ihre Mütter gekauft hatten, und studierten nach der Schule devot genau das, was ihre Eltern wollten, und die wollten immer Medizin oder Ingenieurwesen. Und irgendwann heirateten sie jemand, der auch, oder im schlimmsten Fall nur, ihren Eltern gefiel. Dann bekamen sie schnell Kinder, die sie wieder scheußlich anzogen und zu schleimigen Idioten erzogen, die immer nur das taten, was von ihnen erwartet wurde. So lief es von Generation zu Generation. Meine Eltern redeten sich ein, dass ich deshalb »schwierig« war, weil sie dem Trend in Studentenkreisen Mitte der sechziger Jahre, als ich geboren wurde, gefolgt waren und mich antiautoritär erzogen hatten. Mich immer nach meiner Meinung und meinem Willen zu fragen und in allem frei entscheiden zu lassen, hätte mich zur Rebellin gemacht. Das war natürlich der totale Quatsch. Meine Eltern haben mich einfach schon ganz früh alles alleine machen lassen, weil sie keine Lust hatten, sich so um mich zu kümmern und mich zu bewachen, wie es die Perser mit ihren Kindern taten. Meine Mutter war froh, wenn ich nicht neben ihr saß. Ich nervte sie schnell. Und ich saß abends oft lange dabei, wenn Freunde da waren, weil mich einfach keiner ins Bett gebracht hatte. Wenn wir in Restaurants aßen, wollte mein

Vater, dass ich mein Essen selbst bestellte. Und ich weiß auch nicht, ob man mich überhaupt nach meiner Meinung fragte, aber ich habe sie ihnen trotzdem gesagt.

Ich hatte eine unbändige Energie in mir, immer das durchzusetzen, was ich wollte. Mein Leben war nur dazu da, meinen Willen durchzusetzen, fand ich. Und ich wusste ganz genau, was ich wollte, und vor allem, was ich nicht wollte. Wenn Dinge anders liefen, wurde ich wahnsinnig wütend und aggressiv. Ich hatte von allem eine genaue Vorstellung, und alles war plötzlich ganz anders, als ich es mir vorstellte, seit wir in Teheran waren. Ich wurde jeden Tag neu enttäuscht. Also war ich immer schlecht gelaunt und unausstehlich. Wenn meine Wünsche in Deutschland unrealistisch gewesen waren, wie etwa einen Erwachsenenfilm nach acht Uhr im Fernsehen zu sehen, diskutierten wir so lange, bis ich es einsah oder meine Eltern das Handtuch warfen und nachgaben. Meine Eltern ließen mich gerne an ihrem Leben teilnehmen und forderten Selbstständigkeit von mir. Kleinkind-Verhalten ging beiden sofort auf die Nerven.

Aber jetzt wurde ich nicht mehr gefragt, alles wurde ohne mich entschieden.

Es waren furchtbare erste Wochen. Das Haus meiner Großeltern war zwar riesig groß, aber man durfte nichts. Es war wie ein Mausoleum eingerichtet, so dunkel und schwer, wie ich es nicht kannte. Alles war kostbar und durfte nicht angefasst werden. Der Boden war aus kaltem, weißem Marmor, und darüber lagen mehrere Schichten alter Teppiche, über die man eben nur in Strümpfen laufen durfte. In dem Haus gab es drei Wohnzimmer, jedes mindestens so groß wie unsere gesamte Wohnung in Deutschland. Die beiden größten wurden Salon genannt, es hingen gigantische Kristalllüster darin, einer über einem ebenso gigantischen, dunkelbraun lackierten Esstisch. Dazu gab es Möbel mit weißen Schonbezügen wie in einem alten, kitschigen Schloss, und zwar so viele, dass sich bis zu hundert Leute in den Salons bequem hinsetzen konnten. Mitten in den Salons waren dicke, weiße Marmorsäulen mit Riffeln wie bei Asterix. Dazu standen überall hässliche Vögel und andere Figuren herum. Meine Mutter erklärte, die Figuren hießen Nippes und wären sehr teuer. Es sah alles gespenstisch aus. Die Salons durfte ich nicht betreten, sie waren nur für Gäste. Ich fand es unvorstellbar, wie man so viel Geld für den ganzen hässlichen Schrott ausgeben konnte und ihn dann auch noch stolz vor mir schützen musste. Dann gab es eine Empfangshalle, in der Gäste, die nicht so wichtig waren, abgefertigt wurden, und die Hall genannt wurde. Das war ein großer Raum auf zwei Ebenen, von dem lauter Türen zu den anderen Zimmern abgingen. Dazwischen standen viele einzelne Sessel und Sofas, auf denen man es sich nicht bequem machen, sondern nur gerade sitzen und auf die Obstschalen und Baklava-Berge glotzen durfte. Vorn am Eingang war ein Springbrunnen, in dem die drei dicksten Goldfische schwammen, die ich je gesehen hatte. Die Goldfische waren fast so groß wie Forellen und hatten keine Namen, also taufte ich sie Schangull, Mangull und Ali. Meine Mutter fand, ich sollte Ali lieber umtaufen, sonst wären alle beleidigt, weil das Gotteslästerei wäre.

Wenn wir bei meiner Großmutter zu Hause waren, saßen wir auf den Sesseln. Es gab keinen Couchtisch in der Mitte, sondern kleine braune Beistelltischchen neben den Sesseln. Auf die Tischchen hatte meine Großmutter jeweils kleine, weiße, gehäkelte Spitzendeckchen gelegt, und darauf standen Kristallschalen mit buntem Obst oder persischen Süßigkeiten, die alle sehr süß, parfümiert und ekelhaft schmeckten. Maman legte gesteigerten Wert darauf, dass man möglichst ununterbrochen aß, wenn man bei ihr zu Besuch war. Das bedeutete für mich als Dauergast den allergrößten Stress. Ich mochte nicht nur ihre Süßigkeiten nicht, zumal meine Mutter mir heimlich zuraunte, ich sollte die lieber nicht anrühren, denn die stünden da sicher schon seit einem Jahr und wären alt.

Ich mochte einfach nichts. Aber meine grundsätzliche Nahrungsverweigerung und die Angewohnheit, nur ganz wenige Sachen überhaupt als essbar anzusehen, wurden hier einfach nicht akzeptiert. Ich aß, seit wir in Teheran waren, so gut wie gar nichts mehr, und meine Mutter musste fast jeden Tag in der Küche der beleidigten Maman eine Kleinigkeit für mich kochen, damit ich überhaupt etwas aß. Es ging schon beim Frühstück los. Ich verabscheute Tee, mochte das Naan nicht, verachtete Schafskäse und fand die klebrige Quittenmarmelade ungenießbar. Meine Mutter kaufte im Supermarkt Toastbrot und Erdbeermarmelade für mich. Ich aß den Toast mit Butter, die Erdbeermarmelade war braun und schmeckte überhaupt nicht nach Erdbeere, sondern nur nach braun. Maman war fassungslos, sie hatte noch nicht gesehen, dass man für ein Kind alles extra auftischt und das Kind trotzdem meckert. Aber am schlimmsten war es, wenn wir eingeladen waren oder Besuch mit uns aß. Maman drängte ständig jedem die klebrigen Dinger in ihren Kristallschüsseln oder ihr blödes Obst auf. Die Gäste nahmen brav davon, legten sie auf einen kleinen Teller und aßen aber meistens nicht. Für jeden gab es einen kleinen Teller mit einer Banane, einer Apfelsine, einem Apfel und einer Gurke. Die Gurken in Teheran waren klein, so wie Essiggurken, nicht wie die langen Salatgurken, die ich kannte. Wenn die Leute weg waren, legte meine Großmutter die nicht angerührten Pralinen, Gebäckstücke und das Obst wieder zurück in die Kristallschalen und schimpfte dabei etwas, das ich nicht verstand. Diese Obstvariation auf kleinen Tellern bekam man überall genau so vorgesetzt, egal, wo man war und warum. Und da ich alles, was man vor mich stellte, mittlerweile einfach wortlos ignorierte, schrien die Frauen immer irgendwann: »Dann soll sie doch wenigstens eine Gurke essen!«

In solchen Momenten wurde ich richtig sauer. Eine Unverschämtheit, so etwas von mir zu verlangen, fand ich. Ich hasste Gurken, genau wie Salat, Spinat, Bohnen und alles, was grün war. Und wie stellten sich diese Leute das vor? Ich sollte einfach eine Gurke essen? Warum? Die streuten ständig Salz auf diese kleinen Gurken und aßen sie einfach. Ich fand das widerlich und nicht normal.

Die Frauen dachten, ich aß nichts, weil ich diszipliniert war und dünn sein wollte. Und sie dachten, eine Gurke hat keine Kalorien, die könnte ich doch wenigstens essen.

Maman war sehr geizig, obwohl mein Großvater ziemlich wohlhabend war. Er war Geschäftsmann und importierte Luxusgüter aus Europa, edles Porzellan und feine Strümpfe für Damen und Herren aus Frankreich, hochwertige Frottierwaren aus Deutschland und Kaschmirpullover und -decken aus England. Er hatte sehr viele Stammkunden, und seine Geschäfte liefen gut. Deshalb war er auch sehr stolz darauf, dass er seine drei Söhne nach Europa schicken konnte, wo sie etwas erwarben, was ihm fehlte: Bildung. Ich fragte meinen Großvater Jahre später einmal, warum er meine Tante nicht zum Studieren nach Europa geschickt hatte. Erst blinzelte er und kniff die Augen zusammen, was er oft tat, dann sah er weg und sagte nur: »Weil sie ein Mädchen ist.« Ich verstand in dem Moment nicht genau, wie er das meinte, weil so eine Ungerechtigkeit nicht in meinen Kopf wollte. Dass ein Vater seine Tochter nicht studieren ließ, hatte doch sicher einen anderen Grund, vielleicht wollte sie nicht. Ich klappte dann meinen Mund auf und fragte ihn noch einmal in meinem ranzigen Persisch: »Hat Mahin denn gesagt dass sie nicht möchte? Warum? Vielleicht …«, wollte sie ja gar nicht heiraten, wollte ich sagen, aber da fuhr meine Mutter schnell dazwischen, wedelte mit der Hand, dass ich aufhören sollte, und zischte schnell und sehr böse auf Deutsch: »Hör sofort auf damit!« So konnte ich das Rätsel meiner Tante nie für mich und alle lösen. Aber Maman war dennoch sehr knauserig.

Ich hatte in dem großen Haus ein eigenes Zimmer, in dem ich aber nur schlief, denn es war mit glänzenden, braunen Möbeln eingerichtet, und in einer großen Vitrine stand jede Menge Zeug aus Glas, Porzellan und Kristall, das in die vielen Vitrinen im Salon und in der Empfangshalle nicht mehr hineingepasst hatte. Ich hatte Angst vor den Vitrinen, weil ich mir vorstellte, wie sie eines Tages, während ich in der Nähe saß, unter der Last ihrer Ladung zusammenbrechen und mich unter Millionen Scherben begraben würden. In der Vitrine in meinem Zimmer standen zwei große, bunte Porzellanpapageien, die ich am allerfurchteinflößendsten fand, ich stellte mir vor, wie die beiden einfach losflattern würden, um mir die Augen auszuhacken, weil sie so lange in der Vitrine eingesperrt waren.

Tagsüber langweilte ich mich ununterbrochen, lief meiner Großmutter und Mutter hinterher, nölte so viel wie möglich und ging allen absichtlich auf die Nerven. Fernsehen konnte ich auch nicht, die persische Synchronisation verstand ich nicht, den englischen Sender auch nicht. Bei fast allem, was ich tun wollte, war ich auf die Hilfe meiner Mutter angewiesen, in der ersten Zeit sogar auf der Toilette. Damals gab es in Teheraner Häusern meistens eine europäische Toilette und ein arabisches Bodenklo. Das Plumpsklo, wie ich es nannte, war ein Loch im Boden aus Porzellan, rechts und links hatte es geriffelte Stellen für die Füße, damit man nicht seitlich wegrutschte, wenn man sich darüber hockte. Zum Glück gab es eine ganz normale Spülung und zusätzlich einen Aluminiumschlauch an der Wand, mit dem man sich nach getaner Arbeit waschen konnte. Klopapier gab es allerdings nicht. Meine Großmutter hatte zwar auch eine ganz normale europäische Toilette, aber die durfte man nicht benutzen, obwohl sie immer sagte, ich könnte ruhig hingehen, aber das lief wieder unter *Taarof.* Ich musste wie alle das Plumpsklo besuchen. Meine Mutter kam anfangs immer mit und wurde wütend, wenn mein Urinstrahl meine Füße und die Jeans nassspritzte. Sie wurde dann immer gleich sehr sauer und schrie herum: »Schweinerei! Jetzt pass doch einmal auf. Alles ist voller Pisse.«

Das umgangssprachliche persische Wort für Pisse ist *Schaasch,* und so musste ich mehrmals am Tag hören: *»Schaaschi«* und *»Schaaschu«,* was »vollgepisst« und »Pisser« bedeutet. *Badde* und *Schaaschi,* das war ich.

Abgesehen von der *Schaaschi*-Situation konnte ich noch nicht einmal allein an die Straßenecke gehen, um Kaugummis zu kaufen oder herauszufinden, was in der Gegend los war. Die Nähe und Abhängigkeit von meinen Eltern war ich nicht gewohnt, in Deutschland hatte mich nie jemand gefragt, was ich machte und wo ich hinging, solange ich bei Einbruch der Dunkelheit zu Hause war. Aber in ganz Teheran wimmelte es angeblich von Kinderdieben und Sexualtätern, und ich durfte als Kind nicht allein raus und als Mädchen sowieso nicht. Ich saß oft am leeren Pool und las immer wieder dieselben beiden Micky-Maus-Hefte, die ich in der Zeitschriftenabteilung des Kourousch-Kaufhauses in unserer Straße entdeckt und begeistert gekauft hatte.

»Wer liest denn hier hinterm Mond deutsche Micky-Maus-Hefte ...?«

»Ich denke, die persischen Kinder kaufen das und sehen sich nur die Bilder an«, sagte meine Mutter, die sich auch wunderte. Ein weiterer Beweis für die Blödheit persischer Kinder, fand ich. Ich kaufte mir auch keine französischen Comics und sah mir die Bilder an. Comics anschauen, ohne Sprechblasen zu lesen, machten für mich nur Idioten.

Ich war soweit, dass ich mich sogar auf die Schule freute. Die Schule würde mir meine Identität zurückgeben und mich aus dem Elend mit Großeltern, Eltern, Tanten, Cousinen und Verwandten befreien, hoffte ich. Und ich brauchte dringend gleichaltrige Menschen um mich herum.

Es gab 1974 ziemlich viele Auslandsschulen in Teheran. Eine amerikanische, eine britische, eine italienische, eine französische und eine internationale. Alle Erwachsenen gaben immer damit an, auf welche Schule sie ihr Kind schickten, wie schwer es war, dort aufgenommen zu werden, und wie teuer das war. Es war selbstverständlich, auf eine Privatschule zu gehen, aber eine Auslandsschule war der nächsthöhere Level, darauf bildeten sich alle so richtig viel ein. Madressehe Charedschi, sagten sie dann beeindruckt nickend. Dann gab es eine Schule, auf die die Superreichen gingen, die sehr teuer und berüchtigt war, weil dort die Kinder der Hofschranzen des Schahs waren: Iransamin School. Meine Eltern sollten mich dorthin schicken, sagten manche. Da wären die Kinder der Brüder des Schahs und die der Minister und wer sonst noch etwas zu melden hatte. Da wäre ich in den besten Kreisen. Als ob es jemand interessieren würde, auf was für eine blöde Schule man geht, dachte ich. Es gab nichts Langweiligeres als Schule, wie konnte man damit angeben? Jedenfalls waren Auslandsschulen der Gipfel der Angeberei, weil man dafür nicht nur viel Geld brauchte, sondern auch richtig gute Sprachkenntnisse.

Trotzdem waren alle Auslandsschulen total überfüllt, denn in den fünfziger und sechziger Jahren wurde es nicht nur in meiner, sondern in allen Teheraner Familien mit Geld Mode, die Söhne zum Studium nach Europa und Amerika zu schicken, damit sie danach in ihrer Heimat schön abposen konnten und die Familie zu noch mehr Geld und Ruhm kam. Dass Töchter weggeschickt wurden, war eher selten, die heirateten lieber im Iran und bekamen Kinder. Aber die Söhne brachten fast immer neben einem Diplom eine ausländische Ehefrau und ein, zwei Kinder mit, die kein Farsi sprachen, so wie ich. Und genau diese Kinder waren die vielen Schüler auf den teuren Auslandsschulen. Die Deutsche Schule gehörte zu den Top-Schulen unter den Top-Auslandsschulen, und alle taten schon so schrecklich elitär, bevor wir uns die Schule überhaupt angesehen hatten, dass ich beschloss, allein schon deshalb diese Schule zu hassen. Ich wollte auf keinen Fall ein kleines elitäres Arschloch sein, mit dem Erwachsene angeben konnten. Jeder, dem wir erzählten, dass ich auf die »Madressehe Almani« gehen sollte, fiel fast um vor Ehrfurcht und sah mich dann an, als wäre ich so was wie ein bescheuertes Wunderkind, dabei war es doch nur eine Schule, auf der die Schüler vom Kindergarten bis zum deutschen Abitur von deutschen Pädagogen und Studienräten auf Deutsch unterrichtet wurden. Persischunterricht fand nur am Rande statt und hatte zum Glück keine weitere Bedeutung. Die Angeberwunderschule befand sich auf einem sehr großen Areal im hohen Norden der Stadt, am Fuße des Elburz-Gebirges, wo der kaiserliche Palast und die Villen der Reichsten waren. Hier oben war es im Sommer viel kühler als in der heißen City. Je weiter im Norden, desto besser war das Klima, desto frischer war es im Sommer und desto pompöser und größer wurden die Villen hinter den hohen Mauern. Die Deutsche Schule war eigentlich eine riesengroße, sehr alte Villa mit einem Park voll hoher Bäume. Der Park mit den hohen Bäumen war das Schulgelände, wo lauter kleine Bungalows standen, in denen die Klassenzimmer waren. Am Eingang des Areals war ein riesiger Bushof, in dem eine Flotte dottergelber Magirus-Deutz-Busse mit verschiedenen Nummern in großen Lettern darauf warteten, die Kinder nach dem Unterricht nach Hause zu bringen. Vom Bushof aus konnte man einen mit diesen alten Bäumen gesäumten Weg bis an das andere Ende des Grundstücks gehen. Rechts und links waren jeweils die Bungalows, in jedem Bungalow waren ein bis zwei Klassenräume untergebracht. Das Grundstück war treppenartig angelegt, man musste immer wieder ein paar Stufen steigen, um auf die nächste Ebene zu gelangen. Ich sah an diesem ersten Tag, an dem ich mit meinen Eltern die Schule besuchte, wie die Kinder mit ihren Bonanza-Rädern die Stufen hoch und runter fuhren. Weiter oben verwandelten sich die alten Bungalows in neue, zweistöckige Häuser aus weißen Fertigplatten. Und obwohl Unterrichtszeit war, lungerten draußen überall Schüler herum. Sie waren alle viel älter als ich und hatten meistens lange Haare, auch die Jungs, und trugen enge Jeans mit weitem Schlag und dazu lange Schals, die sie lässig um den Hals geworfen hatten. Sie sahen alle irre cool aus, gar nicht wie die Perser, die ich bis jetzt gesehen hatte, es waren auch viele blonde dabei. Die Mädchen hatten alle schon Busen, ich achtete genau auf so etwas. Viele von ihnen rauchten Zigaretten, einige der Mädchen saßen bei den langhaarigen Jungs auf dem Schoß. Ein Paar küsste sich hingebungsvoll. Ich kannte solche Szenen nur aus einer *Bravo,* die wir in Deutschland von der älteren Schwester meiner Freundin Annette geklaut hatten. Wir hatten das zerfledderte Heft, halb geifernd, halb entsetzt durchgeblättert. Es ging nur um irgendwelche Popstars, die ich nicht kannte, oder um halbnackte Jungs und Mädchen, die die Hand in der Hose des anderen hatten. Was ich an diesem ersten Tag auf dem Schulhof der Deutschen Schule in Teheran sah, erinnerte mich an diese *Bravo.* Ich hatte noch nie solche Teenager in echt gesehen, in meiner alten Grundschule in Sandhorst gab es keine höheren Klassen. Meine Mutter fing leise an zu fluchen: »Ist das hier eine Schule oder ein Sexclub … ich möchte gar nicht, dass du hierher kommst …« Mein Vater sagte nichts und klopfte an das Rektoratszimmer. Eine graue deutsche Frau in einem grauen Rock und einem braunen Pulli bat uns herein und sagte: »Dr. Walter kommt gleich.«

Dr. Walter hatte einen Bart und war sehr ernst und sehr langweilig. Er hielt einen Vortrag darüber, was für ein hohes Bildungsniveau die Schule hatte, welches Ansehen unter anderen Deutschen Auslandsschulen und wie leicht man in Deutschland jederzeit den Anschluss finden könnte. Er laberte noch irgendetwas über deutsche Demokratie, bikulturelle Erziehung und über seine Studienräte und Oberstudienräte und über den Gymnasial-, Realschul- und Hauptschulzweig. Bei Realschulzweig schüttelte mein Vater den Kopf und murmelte: Das kommt für unsere Tochter nicht in Frage. Und bei Hauptschule verzog er sogar angewidert das Gesicht. Meine Mutter hielt die ganze Zeit ihre braune Krokodilledertasche auf dem Schoß fest und blickte den Rektor arrogant an. Danach musste ich in einen anderen Raum und zusammen mit anderen Kindern einen Aufnahmetest machen, damit festgestellt werden konnte, ob ich der deutschen Sprache mächtig und damit wert sei, dass meine Eltern das teure Schulgeld für mich bezahlten. Der Test war für geistig Behinderte gemacht. Eine von den Fragen war: Wenn du weißt, wie du heißt, dann schreib deinen Namen über den Strich. Wenn du es nicht weißt, dann mach ein Kreuz unter den Strich. Ich war ein wenig beleidigt, dass man mir erst große Angst wegen der Aufnahmeprüfung gemacht hatte, um mir dann so etwas hinzulegen.

Ich gab den Test als Erste ab und ging zurück zu meinen Eltern, die auf einer Bank neben dem Sportplatz auf mich warteten.

Zwei Tage später rief die graue Sekretärin an und teilte meiner Mutter mit, dass ich als Testbeste abgeschnitten hatte. Meine Mutter hatte die letzten zwei Tage nicht aufgehört, über die Schule zu schimpfen. So etwas sei keine Schule, sondern ein Puff, so etwas habe sie selbst in Deutschland nicht erlebt. Sie fand, so eine Schule habe keinen Sinn. Mein Vater war der Meinung, dass eine gute Schulbildung wichtig sei, und die Deutsche Schule habe nun mal den besten Ruf unter allen Auslandsschulen, sogar besser als die feine Französische, Lycée Razi. Aber Französisch konnte ich ja gar nicht. Ich konnte nur Deutsch.

Dann geht sie eben auf eine persische Schule, sagte meine Mutter kalt.

Eine persische Schule! Auf persischen Schulen waren Jungs und Mädchen getrennt, und man musste hässliche Uniformen tragen. Eine solche Schule mit stinkenden persischen Kindern, die Naan mit Schafskäse aßen, kam überhaupt nicht in Frage.

»Woher willst du wissen, dass persische Kinder stinken?«, fuhr meine Mutter mich an.

»Susan stinkt.«

Meine Cousine stank tatsächlich nach Kinderschweiß und Kopftalg.

»Kein Theater, auf diese unsittliche Schule gehst du nicht. Das hat gerade noch gefehlt.«

Es war ja nicht so, dass ich überhaupt gerne auf eine Schule gegangen wäre. Ich wusste, ich würde auch diese Schule hassen. Aber ich brauchte Freunde und die Gelegenheit, jeden Tag von zu Hause zu verschwinden. Eine persische Schule wäre kein Zufluchtsort, sondern noch schlimmer, als mit meiner Mutter zu Hause zu sein.

Meine Mutter hatte Termine bei ein paar angesehenen persischen Privatschulen gemacht und mich gezwungen, meine verwaschene Lieblingsjeans mit den Nieten und dem breiten Ledergürtel mit dem schweren Micky-Maus-Kopf und die Turnschuhe auszuziehen und ein Kleid anzuziehen. Dazu flocht sie aus meinen langen, immer ungekämmten Haaren einen festen, spießigen Zopf.

Die erste persische Schule, die wir besuchten, war ein niedriger Backsteinbau. Draußen war ein asphaltierter Handballplatz, und an einem Fahnenmast wehte die grün-weiß-rote iranische Flagge mit dem goldenen Löwen in der Mitte. Auf dem Schulhof und auf den Fluren war es wie ausgestorben, alle Schüler saßen im Unterricht, niemand lungerte draußen herum. Ich sah durch die Fenster die Uniform der Mädchen: blaue Kleider mit weißem Kragen. Sie sahen aus wie Häftlinge, fand ich. Ich würde das nie anziehen, niemals, dachte ich und wurde immer wütender. Ich begann, mir verschiedene Fluchtversuche auszumalen. Wie konnte ich heimlich aus diesem Land ausreißen? Vielleicht wollten mich ja die Eltern von Annette adoptieren?

Warum musste man als Kind immer dasselbe machen wie die Eltern? Ich wollte lieber alleine und ohne Eltern sein. Meine Mutter konnte zwar gut kochen und manchmal auch sehr liebevoll sein, aber sie war es in der letzten Zeit immer seltener. Seit wir in Teheran waren, eigentlich gar nicht mehr.

Die Direktorin war eine hässliche Frau mit einer schmalen Hakennase, extrem dünn gezupften, gelb gefärbten Augenbrauen, orange blondierten Haaren, einem schlecht sitzenden Kostüm und dicken Füßchen in engen, hohen Pumps. Ich ekelte mich vor ihr und bildete mir ein, sie würde nach Küchendunst riechen. Wir saßen in einem kahlen, mit billigen braunen Büromöbeln eingerichteten Büro. Hinter ihr war ein goldgerahmtes Bild vom Schah.

Bei Rektor Walter herrschte eine leise, akademische Eleganz, die fehlte hier völlig. Meine Mutter erklärte der zu dünn Gezupften wohl unsere »Situation«, mit einer für ihre Verhältnisse sogar erstaunlich devoten und freundlichen Art. Als sie fertig war, nickte die Direktorin, blickte mich freundlich an und sagte etwas zu mir. Ich sah sie verblödet an und rutschte auf meinem Stuhl herum. Sie sagte noch einmal etwas, ich schaute noch verblödeter und scharrte dazu mit dem Fuß und starrte dann auf den Boden. Dann sah sie meine Mutter an und schüttelte mit einem entschuldigenden Lächeln den Kopf.

Ich kam in die Klasse 4d der Grundschule der Deutschen Schule. Es war mittlerweile Ende November, das Schuljahr hatte schon vor fast drei Monaten angefangen, so stieß ich als Letzte in eine bereits eingeschworene Gemeinschaft. Nach wenigen Tagen wusste ich, wo ich gelandet war. Es war die schlimmste von allen vierten Klassen, die, in der kein Lehrer unterrichten wollte. Wir waren 34 Schüler, der Großteil waren iranisch-deutsche Mischlinge, und alle waren wild. Unser Klassenlehrer war Herr Lies, ein schlanker, blonder, schlaksiger Hüne in hellen, sehr engen Jeans, den ich zwanzig Jahre später sicher sehr sexy gefunden hätte.

Oft musste Herr Lies minutenlang laut schreien, damit ein wenig Ruhe einkehrte und er mit dem Unterricht anfangen konnte. Die Kinder benahmen sich zum Teil, als hätten sie Tollwut. Es gab ein Mädchen in der Klasse, Parissa, sie war der

Klassenstar. Sie hatte lange, schwarze Locken, trug kitschige Kleider, die ich schrecklich peinlich fand, und redete immer kokett, flirtete eigentlich mit allen Lehren und natürlich mit den Mitschülern. Sie war die, in die alle Jungen offiziell verliebt waren, der alle Jungen in der Pause hinterherliefen. Dabei war sie nur ein langweiliges, ziemlich dummes Mädchen, das nichts konnte außer mit Babystimme blödes Zeug von sich zu geben, ständig an seinen schwarzen Locken drehte und sich superhübsch fühlte. Ich kannte es nicht, dass ein Mädchen beachtet wurde, nur weil es wie eine Puppe aussah. Puppe sein war doch doof. Dass überhaupt jemand wegen seiner Schönheit gelobt wurde, war befremdend für mich. Ich wurde in Deutschland ständig von deutschen Frauen wegen meiner großen dunklen Augen und meiner langen dichten Haare beneidet. Einige fragten mich devot, ob sie meine Haare anfassen dürften, fanden es aber okay, wenn ich »nein« rief und wegrannte. Meine Mutter hatte mir erzählt, dass die anderen deutschen Mütter früher immer in meinen Kinderwagen starrten und dann stammelten: »Unglaublich hübsch! Diese Augen.« Aber man belästigte mich nicht weiter. Jetzt war das anders. Tante Mahin sagte ununterbrochen Sachen wie: Sie würde sich gern opfern für meine dünnen, langen Beine, meinen kleinen Arsch oder sich als Märtyrerin hingeben, weil meine Haare so schön wären. Ich musste nur sagen: Durst, und sie flippte total aus und fing damit an, sie würde gern für mich in der Wüste verdursten oder so ähnlich, und während ich das Glas kalte Milch trank, bedauerte sie, dass ihre Brüste keine Milch für mich hätten. Meine Mutter hat es mir irgendwann übersetzt. Mir war vollkommen klar, dass die arme Mahin eine Schraube locker hatte.

Ob mich alle hübsch fanden oder nicht, war mir egal, ich fand mich selbst ziemlich hübsch, das reichte, und das Getue nervte einfach nur. Aber ich wollte ganz gerne respektiert werden, weil ich cool war oder irgendetwas besser konnte als die anderen, aber nicht angehimmelt wegen meiner Haare und Augen. Das war peinlich und brachte mich nicht weiter.

Um die Spiele der Jungs zu spielen, hatte ich mich in Deutschland ziemlich anstrengen müssen. Mädchenspiele kannte ich nicht, weil immer Jungs dabei waren. Auch wenn wir unter uns Mädchen spielen wollten, kamen die Jungs dazu, es wurde schnell wild, und einer lief blutend davon. Es ging darum, ob man stark und tapfer war oder schnell rennen konnte, nicht darum, hübsch zu sein.

In meiner neuen Klasse saßen die Mädchen und die Jungs zwar zusammen, aber gemeinsam gespielt wurde nicht. Die Mädchen waren nur darauf bedacht, von den Jungs beachtet und geärgert zu werden. Ich wusste nicht, wozu dieses peinliche Theater gut sein sollte. Ich langweilte mich, auch deshalb, weil fast alle Kinder, mit Ausnahme der Deutschen natürlich, in den Pausen nur Persisch sprachen. Das nervte mich. Wozu war ich auf einer deutschen Schule, wenn fast keines der Kinder Deutsch sprechen wollte?

Wir hatten nur sechs Stunden in der Woche Persischunterricht, an dem alle, die einen iranischen Vater hatten, teilnehmen mussten, das war von der iranischen Regierung so festgelegt. Die Deutschen hatten dann eine Freistunde und konnten in der Sonne sitzen, Eis essen oder spielen. Iranische Kinder wie ich, die ohne Persischkenntnisse aus Deutschland kamen, mussten zwar im Persischunterricht dabei sein, aber nur, um zuzuhören. Ich hatte eine sogenannte »Frist«, um mich auf das Niveau der anderen zu bringen. Wenn mich Herr Tehrani drannehmen wollte, schrien die anderen Kinder: »Nein, die ist doch ein Fristi!«

Ich war also ein Fristi und musste zusehen, diese komische Sprache mit den vielen verwirrenden Schriftzeichen, die man von rechts nach links schreiben musste, möglichst bald zu beherrschen. Meine Eltern besorgten mir eine Persischlehrerin, die zweimal die Woche in das Haus meiner Großmutter kam, um mit mir Lektionen aus dem Erstklässler-Buch durchzunehmen. Es war mühsam und sehr langweilig, und die Lehrerin war mir nicht gewachsen. Wir quälten uns endlos viele Stunden mit den gemeinen Schriftzeichen, nur um am Ende lesen zu können, dass Dara seinem Vater ein Stück Brot gegeben hat.

Vom restlichen Unterricht bekam ich so gut wie gar nichts mit. Ich rutschte von meiner mühsam erkämpften Vier im Rechnen innerhalb von wenigen Wochen auf eine stabile Sechs.

Als Herr Lies einmal die Klassenarbeiten zurückgab, sagte er mit meinem Blatt in der Hand: »Mal hier ein Punkt, mal da ein Punkt, ergibt insgesamt eine Sechs.«

Ich war schockiert. Eine Vier in Rechnen war auf einer niedersächsischen Grundschule schon außergewöhnlich, denn wir mussten eigentlich nur mit bunten Klötzen spielen, und Mengenlehre nicht zu checken war irgendwie okay, denn meine Eltern checkten es natürlich auch nicht. Aber hier gab es gar keine Mengenlehre, hier blies ein schärferer Wind. Und zwar in allen Fächern. Nur in Deutsch war ich die Einzige, die genau wusste, worüber unser Deutschlehrer sprach, und schrieb eine Eins nach der anderen.

Was mich total verwirrte, war die Anordnung der Woche. Ich ging von Samstag bis Donnerstag zur Schule, und Freitag hatten wir frei. Ich hatte lange Zeit große Mühe, mich daran zu gewöhnen, dass am Wochenende die Woche losging. Außerdem war es lustig, dass freitags die Muezzins morgens und abends mit *Alla oh Akbar* zum Gebet riefen. Vielleicht haben die auch sonst immer gerufen, und ich hörte es nur freitags, weil da die Stadt nicht so laut war. Wenn man das penetrante *Alla-oh-Akbar*-Gejaule in der Abendsonne über die ganze Stadt zu hören bekam, merkte man erst, wie viel Moscheen und Minarette es gab.

Wir waren mittlerweile in eine eigene Villa gezogen, sehr weit im Norden der Stadt, so weit und so neu, dass die Straßen um das neugebaute Haus herum noch nicht asphaltiert waren, sondern nur aus Lehm und Schlamm bestanden. Der Volvo meines Vaters war nicht mehr grün, sondern elefantenfarben, weil er immer durch die vielen tiefen Schlammpfützen fahren musste. Die Wohnung war sehr groß, und überall standen die Umzugskisten und originalverpackten Möbelteile herum, die meine Mutter sich weigerte auszupacken, weil sie die neue Wohnung nicht mochte. Nur mein Zimmer war einigermaßen mit einem Teil meiner neuen weißen Möbeln eingerichtet, die ich mir vor unserer Abreise ausgesucht hatte. Ich fand die neue Wohnung super, allein schon, weil ich weg war von Maman und den vielen ermüdenden Regeln und Lügen und endlich meine Ruhe hatte. Das Haus hatte einen Garten, und in dem Garten war ein großer Pool, ich freute mich auf den Sommer mit dem Pool.

Meine Eltern und ich lebten inzwischen aneinander vorbei, morgens holte mich einer von den gelben Bussen ab, ich verbrachte den Vormittag in der Schule, und gegen zwei brachte mich der Bus wieder nach Hause, wo ich die Tür mit meinem Schlüssel aufschloss, mir allein mein Mittagessen warm machte und dann den Nachmittag mit Comics und Fernsehen verbrachte, bis meine Eltern gegen Abend eintrudelten. Ich war wohl damals das einzige Schlüsselkind Teherans, aber das war keinem von uns bewusst. Meine Tante war völlig schockiert, als sie davon erfuhr, dass meine Eltern keine Zeit für mich hatten, weil sie mit der Suche nach passenden Praxisräumlichkeiten, mit dem Zoll, wo noch ein Container mit Möbeln festhing, und anderen Genehmigungen und Beglaubigungen beschäftigt waren, dass das arme Kind mittags mutterseelenallein essen musste. Alleine sein ist für Perser das Traurigste, was einem Menschen zustoßen kann, Alleinsein hatte bei Persern einen ähnlich schlechten Beigeschmack wie der Tod. Tante Mahin schrie hysterisch, dass sie ab jetzt an jedem Bissen ersticken wollte, nie wieder etwas essen könnte und sich für mich opfern würde, wenn ich noch einmal alleine essen müsste. Sie bestand mit lautem Geschrei und Androhung von Selbstgeißelung bei ihrem Leben darauf, ich solle nach der Schule mit dem Schulbus direkt zu ihr und meiner stinkenden Cousine gefahren werden. Man würde niemanden alleine essen lassen, und ihre neunjährige Nichte sei ihr mehr wert als ihr Augenlicht, lieber wäre sie blind, als das mitanzusehen. Als ich merkte, dass meine Eltern schwach wurden, zog ich eine Riesenshow ab, weinte laut und schrie auf Deutsch, dass ich lieber sterben wollte, als zu meiner Tante zu gehen, und im Gegensatz zu ihr meinte ich das ernst. Sie war dann natürlich beleidigt und ließ von mir ab, aber nicht, ohne immer wieder davon anzufangen, dass sie eigentlich gegeißelt gehöre, weil sie ihre Nichte und so weiter. Das war die Zeit, in der meine Mutter anfing, grundsätzlich jeden anzulügen, der etwas über mich oder unseren Lebensstil wissen wollte. Langsam konnte ich verstehen, warum jeder jeden die ganze Zeit belog. Die Leute vertrugen einfach alle die Wahrheit nicht. Sie wollten belogen werden.

Mein Vater hatte sich aus Deutschland eine komplette Praxiseinrichtung mit eleganten Möbeln und den neuesten Geräten mitgebracht. Er wollte eine neue Art im Umgang mit Patienten in seiner Heimat etablieren. Menschlicher, intensiver, kultivierter. Er wusste, welcher Respekt ihm mit einem deutschen Facharztdiplom für Kinderkrankheiten entgegenschlagen würde, denn Ärzte galten 1974 im Iran noch als Halbgötter, die zaubern konnten, und welche Zauberkraft hatte erst derjenige, der das Zaubern in Europa erlernt hatte. Aber mein Vater wusste nicht, dass die Iraner unter einem Arzt einen allgemeintauglichen Medizinmann verstanden und nicht unterscheiden konnten oder wollten, dass jeder Mensch, also Mann, Frau und Kind, und jedes Leid einen anderen Fachmann benötigen. So kam es, dass mein Vater bald ein überfülltes Wartezimmer hatte, in dem sich Greise, Männer, Frauen, Kinder und Säuglinge tummelten. Jeder, der krank war, ging zu dem Doktor. An Termine oder Sprechstunden hielt sich niemand. Man ging zum Arzt und wartete so lange, bis man drankam. Es saßen meistens noch bis spät in die Nacht Menschen im Wartezimmer. Erst wenn alle gegangen waren, konnte mein Vater nach Hause gehen.

Wenn er dann zu Hause war, war er vor lauter Erschöpfung immer schlecht gelaunt.

Die Monate vergingen schnell, im Frühjahr wurde es früh warm, ich brauchte im April schon keine Jacke mehr, und jeden Tag war strahlend blauer Himmel, und die Sonne schien auf eine ehrliche, direkte Art, wie ich es aus Deutschland nicht kannte. Ich hatte immer noch nicht wirklich Freunde in der Schule gefunden, meistens saß ich in den Pausen mit ein paar deutschen Mädchen zusammen, die in der Klassenhierarchie keine weitere Bedeutung hatten, aber es war immerhin so, dass es immer jemanden gab, der mit mir in den Pausen Deutsch sprach. Ich hatte nur Kontakt zu den deutschen Kindern, mit den anderen mit ihrem merkwürdigen Getue konnte ich nichts anfangen, und sie mit mir anscheinend auch nicht. Und so kam es, dass ich gegen Ende des Schuljahres zwar immer noch nicht mehr als ein paar Worte Farsi sprach, dafür aber einen blauen Brief mit nach Hause nehmen musste.

In dem Brief stand, dass meine Leistungen in allen sechs Fächern außer Deutsch und Kunst nicht ausreichend waren und meine Versetzung dadurch mehr als gefährdet war.

Ich hatte den Brief meiner Mutter nach dem Mittagessen hingelegt und war in mein Zimmer gegangen, hatte mich auf mein Bett gelegt und las einen neuen Comic. Es war *Asterix in Spanien*.

Da wurde die Zimmertür laut aufgerissen, und meine Mutter fiel wie eine Dampfwalze mit einer Föhnfrisur in mein Zimmer hinein.

»Was ist das?«, kreischte die Dampfwalze.

»Blauer Brief«, antwortete ich leise.

Sie riss mir das neue, schöne *Asterix*-Heft aus der Hand und zerriss es einmal in der Mitte.

Ich sprang entsetzt auf.

»Blauer Brief? Was ist das? Wieso kriegt ausgerechnet unsere dämliche Tochter einen blauen Brief? Einen blauen Brief bekommen nur die, die auf die Sonderschule gehören!« Sonderschule kreischte sie extralaut.

Ich setzte mich wieder hin und drückte mich in meine Tim-und-Struppi-Bettwäsche.

Dann nahm sie die beiden Hefthälften und zerriss jede Hälfte in Viertel, dann diese wiederum in Achtel und diese in Sechzehntel. Dabei schrie sie mit einer ganz entsetzlichen Kreischstimme nonstop auf mich ein. Ich wäre das dümmste, ekelhafteste Geschöpf in ganz Teheran, und ausgerechnet sie musste es großziehen, es wäre schade um das schöne Schulgeld, was man auch noch für einen Nichtsnutz wie mich zahlen würde, ich würde ab heute jeden Tag zehn Stunden lernen, von ihr aus auch jede Nacht durch, ich sollte es nicht wagen sitzenzubleiben …

»Niemand bleibt in diesem Haus sitzen, das hast du dir so gedacht!«

Ich konzentrierte mich darauf, nicht zu heulen. Denn sonst würde sie denken, ich hätte Angst vor ihr, ich war aber nur schockiert wegen des neuen Asterix-Hefts. Der blaue Brief war mir egal, die Schule berührte mich nicht weiter. Ich hatte keinen Ehrgeiz und wollte niemandem etwas beweisen. Meinen Eltern nicht, den Lehrern nicht und den anderen Schülern schon gar nicht. Aber ich kannte meine Mutter so nicht. So einen Ausbruch hatte sie vorher noch nie gehabt. Sie schrie mich noch ein letztes Mal an:

»Ich lasse mich nicht deinetwegen von allen auslachen! Susan hat nur Einsen!«

Und dann rauschte sie raus und knallte die Tür hinter sich zu, zum Glück. Meine Scheiß-Cousine mit ihren Scheiß-Einsen.

Ich lehnte mich zurück und begann mir heftige Sorgen zu machen. Es war völlig klar, dass ich sitzenbleiben würde, egal, wie viel ich ab jetzt lernen würde. Was mir fehlte, war die Lust, überhaupt etwas aufzunehmen, meine Lücken im Unterrichtsstoff waren wie die Ozeane auf der Landkarte und nie zu schließen. Ich hatte von nichts eine Ahnung und wusste in den meisten Fächern noch nicht einmal, was in den letzten Wochen unterrichtet worden war. Dazu kam, dass in allen Fächern alle Klassenarbeiten schon geschrieben waren und Herr Lies mich nicht mochte. Er hatte einmal vor allen in der Klasse zu mir gesagt: »Jeder Schüler, der aus Deutschland kommt, hat hier erst einmal Schonzeit, aber du solltest deine Schonzeit nicht ausnutzen.« Ich war erschrocken, als er das zu mir sagte, und sich die Köpfe der anderen zu mir umdrehten und mich alle ansahen, als hätte ich einem Kind heimlich das Pausenbrot gestohlen. Ich fand es unerträglich, wie spießig die anderen waren. War »Schonzeit ausnutzen« nicht etwas ganz Normales?

Jedenfalls lag ich mit klopfendem Herzen auf meinem Bett und traute mich nicht zu bewegen, um die *Asterix*-Schnipsel aufzusammeln, vor lauter Angst, meine Mutter könnte das spüren und noch einmal hereinstürmen.

Irgendwann klingelte das Telefon, ich hörte sie sprechen und konnte mich endlich bewegen. Ich sammelte die bunten Schnipsel auf dem Boden auf, sie waren alle streichholzschachtelgroß. Und dann fing ich doch an zu heulen.

Die Zeugnisübergabe vor den Sommerferien war keine Überraschung für mich. Ich war natürlich sitzengeblieben, mit fünf Fünfen und einer Sechs auf dem Zeugnis. Die Sechs hatte ich in Mathe, für eine Fünf hatte es da nicht mehr gereicht. Zusammen mit meinem Zeugnis gab mir Herr Lies ein Formular für meine Eltern mit, in dem uns angeboten wurde, mich die vierte Klasse wiederholen zu lassen, um nächstes Jahr auf die fünfte Klasse des Gymnasiums versetzt zu werden. Selbst für die Realschule hätte ich erst wiederholen müssen. Sollten meine Eltern sich nicht ausdrücklich für eine Wiederholung aussprechen, würde es für mich nach den Ferien in der fünften Klasse des Hauptschulzweigs weitergehen, ohne zu wiederholen.

Ich reichte meiner Mutter beim Mittagessen mein Zeugnis und das Formular und duckte mich dabei. Meine Mutter nahm das Zeugnis, sah mich angewidert an und meinte nur: »Was für eine Leistung! Bravo!«

Dann blickte sie auf das Formular und legte es gelangweilt weg.

»Was weiß ich. Soll sich dein Vater doch darum kümmern. Du bist ja seine hübsche Tochter. Von mir aus kannst du auf die Hauptschule, dann bist du mit lauter anderen Idioten zusammen, die genauso blöd sind wie du, und wir müssen nicht mehr so lange Schulgeld zahlen.«

Sie winkte Massume Chanum, unseren Esstisch abzuräumen, ging ins Schlafzimmer, setzte sich vor ihren Schminktisch und begann, ihre rotbraunen Haare aus den Lockenwicklern zu rollen. Ich ging hinterher und legte mich quer auf das große Bett meiner Eltern, stützte mein Kinn in die Hände und sah ihr zu. Ihr beim Schminken und Zurechtmachen zuzusehen, gehörte zu meinen Lieblingsbeschäftigungen. Heimlich liebte ich alles, was erwachsene Frauen taten. Schminke, Schuhe mit Absätzen und schöne Kleider, obwohl ich natürlich lieber ein Junge gewesen wäre und alles Mädchenhafte, außer Ballett tanzen, vermied. Ich war in Deutschland drei Jahre in die Ballettschule gegangen und träumte heimlich von einer Karriere als Primaballerina, mit Spitzenschuhen und einem ganzen Leben nur aus rosa Tüll. Wir hatten oft Aufführungen im Theater gehabt, und meine Mutter saß immer stolz im Publikum und sah mir beim Tanzen zu. Ein paar Wochen vor unserer Abreise wurden unsere Füße von unserer Lehrerin auf Papier aufgemalt und dann für alle Spitzenschuhe aus Paris bestellt, nur für mich nicht. Die Schuhe kamen in meiner letzten Ballettstunde vor unserer Abreise im Tanzstudio an. Alle Mädchen rissen mit glänzenden Augen die kleinen Kartons auf und zogen die harten rosa Satin-Dinger an. Einige kamen mit ihren dicken Wollsocken gar nicht hinein und dachten, sie hätten sie zu klein bestellt, bis die Lehrerin ihnen sagte, sie sollten die ollen Socken ausziehen. Den Mädchen zuzusehen, wie sie, vibrierend vor Aufregung, die Spitzenschuhe anprobierten, ohne selber welche zu haben, machte mich fertig. Noch nie hatte ich mich in meinem neunjährigen Leben so wertlos und nicht dazugehörig gefühlt wie an jenem Tag. Alle hatten Spitzenschuhe und würden bald wie verrückt Spitze tanzen, nur ich hatte keine bekommen und musste stattdessen in ein fernes Land, wo ich gar nicht hinwollte und was es in meiner Wahrnehmung überhaupt nicht gab. Ich war noch Tage danach richtig unglücklich wegen der Spitzenschuhe, denn Ballet war das Einzige, wofür es sich meiner Meinung nach überhaupt lohnte, ein Mädchen zu sein.

Trotzdem konnte ich es natürlich nicht abwarten, endlich erwachsen zu sein, um mich auch so schön anzumalen, Minikleider aus gehäkelter Spitze anzuziehen wie meine Mutter und dazu sehr hohe weiße Stiefel, die bis zum Knie vorne geschnürt waren. Jetzt hatte sie einen Morgenmantel an und nur einen Slip und BH darunter. Es war Juni und ziemlich warm im Schlafzimmer, denn meine Mutter verabscheute die Air-Condition und machte sie nicht an. Die Einzige, die das Ding den ganzen Tag laufen ließ, und deren Zimmer kalt wie ein Gefrierschrank war, war ich. Aber ich machte dann sehr oft meine Balkontür auf, um etwas warme Luft hereinzulassen, weil mir zu kalt wurde, bis jemand zufällig in mein Zimmer kam und anfing, entrüstet zu schreien.

Jetzt nahm sie einen Föhn in die Hand und föhnte sich ihre Mähne genauso, wie die Frisur der Frau des Hauptdarstellers in einer meiner Lieblingsserien: Lindsay Wagner in »The Six Million Dollar Man«. Meine Mutter war eine beeindruckende Schönheit, das wusste sie, und ich wusste es auch. Ich wusste es allein schon deshalb, weil ich die Reaktionen kannte, sobald ich mit ihr irgendwo war. Vor allem, wenn ich irgendwo war, wo es andere Mütter gab. Meine Mutter war nur neunzehn Jahre älter als ich, also nicht nur die Schönste und Schickste, sondern auch die Jüngste. Und irgendwie gefiel ich mir in der Rolle, das schreckliche Anhängsel dieser feinen Frau zu sein, die es gewohnt war, bewundert zu werden. Ich hatte nur selten das Bedürfnis, sie positiv zu beeindrucken, oder so zu sein, wie sie sich mich als Tochter wünschte, so wie andere Kinder es mit guten Noten oder durch Hilfe im Haushalt taten. Ich kam im Traum nicht darauf, etwas gegen meinen Willen zu tun, nur um meine Eltern glücklich zu machen. Ich wollte sie viel lieber bei ihrem Erwachsenendasein beobachten, meine Mutter vollquatschen und ansonsten von ihnen eher in Ruhe gelassen werden. Liebevoll für mich gekochtes Essen war mir allerdings sehr wichtig, genau wie ein großzügiges Taschengeld, was mir ungefragt hingelegt werden sollte, und die Macht über meinem eigenen Fernseher. Meine Pflicht bestand für mich im Gegenzug darin, meine Eltern mit meiner bloßen Anwesenheit und intelligentem Geplauder zu beglücken. Leider sahen es meine Eltern nicht so.

Mein Vater benutzte in letzter Zeit immer öfter das Wort »schwer erziehbar«. Ich wusste nicht, was es bedeutete, ich dachte, das war einfach nur, weil man mir oft Dinge mehrmals sagen musste. Ich wurde immer mehr das Gegenteil von dem, was sie glücklich gemacht hätte. Meine Mutter liebte strenge Zopffrisuren und spießige Kleider an kleinen Mädchen. Deshalb hatte ich auf allen Fotos immer eine bescheuerte Zopffrisur und etwas Lächerliches an. Wenn ich so aussah wie immer, also wie ich selbst, fotografierte sie mich nicht, sondern sagte: Geh dich erst mal kämmen. Ich kämmte mich aber nie und erlaubte ihr nur unter Androhung von Gewalt, meine langen schwarzen Hippiefransen anzufassen. Ich wusch mich nur selten, eigentlich nie freiwillig, und hatte meistens meine zerrissenen Lieblings-Nietenjeans und ein verwaschenes Shirt an. Die meisten Mädchenkleider fand ich uncool. Nur peinliche Streber sahen so aus, wie sich meine Mutter mich gewünscht hätte. Vielleicht hatte sie so einen komischen Geschmack, weil ihre Eltern sich früh getrennt und sie in ein italienisches Nonnenkloster gesteckt hatten, was sie schwer traumatisiert hatte. Ich musste mir ständig anhören, wie schrecklich es für sie im Internat war mit den bösen Nonnen und sie es deshalb mit meinem Vater aushalten würde, nur damit ich nicht dasselbe durchmachen musste wie sie. Ich konnte mir aber dabei nichts Schreckliches vorstellen: Viele echte Nonnen in langen schwarzen Gewändern und weißen Hauben, die glaubten, mit Gott verheiratet zu sein, die man den ganzen Tag ärgern konnte, das war doch ein Traum. Ich musste mich immer nur mit meinen Eltern und den doofen Kindern in meiner neuen schrecklichen Schule langweilen. Viel lieber wäre ich allein und unter Nonnen gewesen.

Nach der Zeugnisvergabe hatten wir noch einige Tage, die wir beim Sommerfest, Schwimmfest, Sportwettkämpfen und Kuchenbasar verbrachten. Meine Eltern hatten das Formular für mich ausgefüllt, »wiederholt die vierte Klasse Grundschule« angekreuzt und mir in die Hand gedrückt, damit ich den Brief im Sekretariat abgab.

Diese letzten Tage waren die schönsten der ganzen Zeit, die ich bis dahin auf der Schule verbracht hatte. Meine sportlichen Leistungen waren so unterirdisch, dass ich zum Glück für keinerlei Wettkämpfe oder sonstige Verpflichtungen qualifiziert war. Ich konnte in dem großen Pool schwimmen, selbst gebackenen Marmorkuchen von deutschen Müttern essen und die Älteren beim Knutschen und Coolsein beobachten. In meiner Klasse waren es zehn Kinder, die nicht versetzt wurden, die Schande hielt sich dadurch für mich in Grenzen, ich war nicht die Einzige, deren Leistungen nicht genügten. Zehn Kinder waren immerhin dreißig Prozent der gesamten Schülerzahl, was eine ziemliche Katastrophe für den Klassenlehrer war, also für Herrn Lies. Als die Sitzenbleiberquote bekannt wurde, waren meine Eltern wieder etwas versöhnt: Es traf auch andere. Dann fiel ihnen auch noch ein, dass sie mich, einen ohnehin lernschwachen Schüler, mitten im Schuljahr aus einem Bundesland mit einem einfachen Lernprogramm, nämlich Niedersachsen, in eine fremde Schule mit einem sehr hohen Unterrichtsniveau, nämlich Bayern, und zudem noch ein völlig fremdes Land gesteckt haben. Die Deutsche Schule in Teheran folgte nämlich den bayerischen Lehrplänen. Und dann wurde ihnen noch klar, dass ich immer die Jüngste war. Ich war als im August Geborene mit fünf eingeschult worden und erst zwei Wochen nach dem ersten Schultag sechs. Ich war also aus dem Schneider.

Die Sommerferien konnten beginnen. Was ich die zwei Monate machen wollte, wusste ich nicht. Alleine im Pool zu schwimmen war nichts, was man sechs Wochen lang jeden Tag hätte machen können. Die wenigen deutschen Freunde waren gleich nach Ferienbeginn zu ihren Omas nach Deutschland geflogen und kamen erst gegen Ende der Ferien, also Anfang September zurück. Von Verreisen sprach irgendwie niemand. In Deutschland waren wir immer weggefahren, wenn ich Ferien hatte. Meine Eltern waren regelrecht reisewütig und schleppten mich schon als kleines Kind durch halb Europa. Wir spazierten durch die Kinderboutiquen von St. Germain in Paris, fuhren Doppeldecker-Bus in London, aßen Pommes in Brüssel, Schnitzel in Wien, Bratwurst in München oder kauften mir die schicksten Sandalen meines Lebens bei Bally in Genf. Die Sommerferien verbrachten wir immer in Südfrankreich, bis auf eine Ausnahme, die uns im VW Käfer meiner Eltern nach Split in Jugoslawien führte. Schon die Autofahrt bis nach Montenegro werde ich nie vergessen. Rechts von der schmalen zweispurigen Bergstraße ging es viele Hundert Meter steil nach unten, darunter glitzerte das Meer. Auf der anderen Seite ging es genauso steil nach oben. Von Zeit zu Zeit kam uns laut hupend ein Lastwagen entgegen. In dem Käfer wurde mir schon auf deutschen Autobahnen schlecht, aber dies war ein ganz anderes Leid. Obwohl mein Vater mich mehrmals im Rückspiegel in eine Karstadt-Tüte kotzen sah, weil es keinen Seitenstreifen zum Anhalten gab, blieben er und meine Mutter bis zur Ankunft bester Laune. Sie hörten Mina, und meine Mutter sang laut in ihrem perfektem Italienisch mit: Parole, Parole, Parole …

Mein Auftritt bei unserer Ankunft in dem großen würfelförmigen Fünf-Sterne-Hotelkasten in Split war etwas erbärmlich: Ich war immer noch schweißgebadet, hatte zittrige Knie, braune Flecken von den unverdauten Nutellabroten auf dem Ringelpulli, denn ich hatte die Tüte natürlich nicht immer ganz getroffen und roch deshalb auch nicht mehr ganz frisch.

Aber Split war gar nicht übel, fand ich. In dem Hotel gab es zwei große Pools, einen nur für Kinder, einen steinigen Strand, ein überraschend klares Meer und jeden Tag Sonne. Mein Vater trat gleich am ersten Tag im Meer in einen Seeigel. Nachdem er die feinen Stacheln stundenlang mit Skalpell und Pinzette operativ aus seinem Fuß entfernt hatte, humpelte er am Abend mit uns in die Altstadt von Split und kaufte mir, meiner Mutter und sich selbst Badeschuhe aus Gummi. Meine waren transparent und hatten eine dicke Schnalle. Wenn man mit ihnen schwamm, wurden sie, obwohl sie offen waren, superschwer, und man wurde nach unten gezogen. Es war also ein Kampf gegen das Untergehen statt vorwärts zu schwimmen. Am dritten Tag machte ich allein einen kleinen Streifzug zu den benachbarten Stränden und entdeckte etwas ungeheuer Faszinierendes: einen alten, rostigen Softeisautomaten, der in der Hitze laut brummte. Das Softeis, das sich aus den gezackten Tüllen langsam herauswurstete, war zweifarbig, und zwar in zwei Farbkombinationen: gelb-braun oder gelb-rosa. Der Anblick war so anziehend, dass er alles in mir löschte, was meine Eltern mir je über Softeis eingetrichtert hatten. Softeis war in den siebziger Jahren nicht nur der letzte Schrei, den man in Fußgängerzonen und vor Kaufhäusern angeboten bekam (idealerweise ein Vanilleberg getunkt in einen Eimer mit Schokostreuseln), sondern auch hochgradig verboten, weil diese Automaten ein Tummelplatz für Salmonellen waren. Softeis essen war für mich absolut das Illegalste, was ich überhaupt hätte tun können. Dagegen war meine Angewohnheit, Gummibärchen in unserem Coop-Markt zu klauen, schon fast okay. Jedenfalls machte mich der Anblick dieser zweifarbigen Herrlichkeit so schwach, dass mir der Spruch einfiel, den mein Vater seit Tagen ständig von sich gab: Andere Länder, andere Sitten!

Ich leistete mir einmal gelb-braun, es schmeckte etwas zu süß für meinen Geschmack, aber ansonsten sahnig und weich. Und nach einer damals für mich noch unentdeckten Geschmacksrichtung: nach verboten!

Einige Stunden später lag ich mit starkem Brechdurchfall in meinem Hotelbett. Mein Vater hatte seine Arzttasche, die er immer und überallhin mitnahm, aus dem Käfer-Kofferraum geholt. Als ich zum zwanzigsten Mal längere Zeit im Bad verbrachte, kam er einfach hinein und kontrollierte, was es in der Kloschüssel zu kontrollieren gab. Kurz danach steckte eine Infusionsnadel in meinem rechten Arm. Die Infusionsflasche hatte er mit dem grünen Bikini-Oberteil meiner Mutter an der Mini-Bar festgeknotet.

Ich konnte vom Bett aus meine Eltern auf dem kleinen Balkon stehen und sich streiten sehen, dahinter war das Meer.

»Du bist schuld!«, fauchte meine Mutter. »Du hast ihr die Pfirsiche ungewaschen gegeben!«

»Ich habe sie im Meer gewaschen«, verteidigte sich mein Vater.

»Das Meer …«, höhnte meine Mutter zischend. »Das Meer ist hier doch komplett verdreckt! Im Meer! Im Meer!«

»Das Meer ist hier sogar sehr sauber! Es ist völlig in Ordnung, sein Obst im Meer zu waschen.« Mein Vater ließ sich von der Zischstimme nicht beirren.

Das Gezeter war in meinem Zustand nicht auszuhalten, ich hob irgendwann die Hand und sagte mit dünner Stimme: »Hört auf zu streiten, ich habe Softeis gegessen.«

Instant-Stille auf dem Balkon. Sie kamen beide herein und beugten sich über mich.

Meine Mutter konnte es nicht glauben: »Was heißt das: Softeis gegessen?«

»Ja, ich hab mir ein Softeis gekauft«, winselte ich.

»Wo?«, fragte meine Mutter kalt.

»Am Strand.«

Mein Vater hatte die Augen weit aufgerissen und fing jetzt an, wie ein Irrer den Kopf hin und her zu bewegen, als würde das, was er soeben vernommen hatte, den größtmöglichen Wahnsinn bei weitem übertreffen. Sie konnten es beide nicht fassen, schüttelten ihre Köpfe und sahen mich an, als wäre ich ein ekliges Insekt. Dann wandten sie sich beide angewidert von mir ab und setzten sich wieder auf die Terrasse, schnitten die riesige Wassermelone auf, die sie sich, einer spontanen Wassermelonenshoppinglaune folgend, gekauft hatten, und schoben sich kleine, tropfende Stücke davon in den Mund. Ihr Streit war vorbei. Sie lobten sich gegenseitig für die gute Melonenwahl. Und ignorierten mich. Bis heute ist das eine ihrer Lieblingsbeschäftigungen geblieben: Wie andere Menschen über die verschiedenen Jahrgänge und Hanglagen bei Wein diskutieren können, können meine Eltern stundenlang über die Qualität von Wassermelonen diskutieren. Die jugoslawische Melone von 1973 war ihren Worten nach aromatisch, arm an Kernen und sehr süß. Aber die Kochsalzlösung in meinem Arm hatte mittlerweile einen Effekt: Ich musste Pipi. In meinem Arm steckte die Nadel. Ich konnte nicht aufstehen. Irgendjemand musste mich zur Toilette bringen. »Ich muss auf Klo!«, rief ich raus auf die Terrasse. Niemand reagierte. Ich geriet in Panik: »Ich muss! Ich muss!«

Endlich kam mein Vater zurück zu mir ins Zimmer. Er hielt eine halbrunde, ausgelöffelte Melonenhälfte in der Hand. Seine Augen leuchteten. »Du kannst jetzt nicht aufstehen.« Und er versuchte, die Melonenhälfte unter meinen Hintern zu schieben.

»Nein! Nein! Ich will auf Klo!«

Da kam meine Mutter auch zu mir, grinste mich an und meinte: »Wer Softeis isst, kann auch in eine Melonenhälfte pinkeln.«

Jedenfalls muss ich immer an diesen missglückten Urlaub denken, wenn mir jemand Wassermelone anbietet oder ich mit ansehen muss, wie jemand welche isst. Ich esse grundsätzlich keine Wassermelone, mir wird immer schlecht von dem ekligen Geruch, und wenn mich jemand allzu lange mit den Vorzügen seiner süßen und kernlosen Melone belästigt, dann erzähle ich diese Geschichte, und danach lässt man mich in Ruhe. Aber beim Anblick jedes Softeisautomaten läuft mir immer noch das Wasser im Mund zusammen, und ich denke kurz: no risk, no fun!

Nun waren also Sommerferien, aber es wurde weder von Südfrankreich noch von Jugoslawien noch von sonst etwas Lustigem gesprochen.

Stattdessen kam meine Mutter mit der Idee eines Sommercamps für mich, damit ich endlich mein Persisch etwas verbessern konnte. Es war eine dieser Sommerschulen für Oberschichtsbälger, deren Eltern keine Lust hatten, sich in den langen Ferien zu kümmern. Die Geliebte meines Großvaters schickte ihre Tochter auch dahin, damit sie ungestört mit meinem Großvater sein konnte. Mein Großvater, also der Vater meiner Mutter, hatte schon länger keinen Bock mehr auf seine Frau, der Stiefmutter meiner Mutter. Von der richtigen Mutter meiner Mutter hatte er sich getrennt, als meine Mutter sechs war. Deshalb war sie in das italienische Internat zu den Nonnen gekommen und erst als Teenager wieder zu ihrem Vater und seiner neuen Frau, also meiner Stiefgroßmutter, und deren zwei neuen neurotischen Töchtern gezogen. Und weil meine Mutter wie bei Cinderella meine Stiefoma und ihre Stiefschwestern hasste, hatte sie mit achtzehn überstürzt meinen Vater geheiratet und mich neun Monate später bekommen, aber zu spät bemerkt, dass das nicht die ideale Lösung war. Jedenfalls hatte meine Stiefoma wegen der wechselnden Geliebten meines Opas irgendwann die Nerven verloren und sich zu ihren in London studierenden Gören abgesetzt. Von dort, aus sicherer Entfernung, konnte sie ihn besser nerven, er wäre schlecht und würde nicht genug Geld schicken, aber ansonsten hatte er so seine Ruhe, mit Ausnahme der Sommerferien, wenn die drei für mehrere Wochen anreisten, ihm die Ohren vollheulten, er müsse mehr zahlen und weniger herumhuren, und irgendwann wieder abrauschten. Ich konnte meinen Großvater gut verstehen, denn seine Geliebte sah im Gegensatz zu meiner Stiefgroßmutter aus wie Brigitte Bardot, mit einer wunderschönen, platinblonden Hochsteckfrisur, sie trug Kleider mit großem Ausschnitt, damit man ihre runden Brüste besser sehen konnte, und redete wenig. Zudem besaß sie den schicksten Friseursalon von Teheran. Meine Mutter ging immer dorthin, ich durfte manchmal mit und setzte mich auf einen der weißen Lederstühle und sah mir fasziniert die vielen, schönen Frauen mit den tollen, langen blonden Haaren und ihren ganzen Allüren an. In dem Salon arbeitete auch ein Schwuler, den nannten sie »Essie«, und sie zogen das E dabei ganz lang: »Eeeeeeessiie«. Die Frauen waren alle angezogen wie die drei Engel für Charlie, die meisten hatten auch die Frisur von Farrah Fawcett. Im Winter kamen manche im Pelz hereingerauscht und warfen ihren Pelzmantel einfach achtlos auf einen der weißen Ledersessel, dann redeten, rauchten und lachten sie alle wild durcheinander, fuchtelten mit den Händen und den rotlackierten Fingernägeln in der Luft und sagten Sachen wie: »Ich hab dir alle neuen Chanel-Lacke aus Paris mitgebracht!« zu der Maniküre-Frau. Oder sie sagten zu Essie: »Mach sie ja ganz glatt! Du weißt, ich bin allergisch auf Locken.«

Und dann hörte ich, wie die eine mit dem Föhn einer anderen zuraunte: »Pass bloß auf, sie ist wirklich sehr empfindlich mit ihren Locken.«

Mich beachtete dort niemand, ich war nur ein blödes Kind. Und in den Kreisen dieser Frauen distanzierte man sich von seinen Kindern schon möglichst früh nach der Geburt. So eine Freundschaft, wie ich sie mit meiner Mutter unterhielt, kannten und wollten die nicht.

Als ich das alles dort sah und hörte, beschloss ich, in meinem Leben auch immer meine teuer riechenden Pelze (ich hatte heimlich an einem geschnuppert) achtlos auf irgendwelche Ledersofas zu werfen, meine Nagellacke bei Chanel in Paris zu kaufen und absolut allergisch gegen Locken zu sein. Am liebsten hätte ich für immer dort gesessen und einfach nur die Frauen angestarrt und belauscht.

So kam es, dass ich einverstanden war, als meine Mutter mir vorschlug, vier Wochen der Ferien in diesem Sommercamp zu verbringen, in das die Tochter der Chefin meiner real gewordenen Visionen und innersten Sehnsüchte ging.

Das Sommercamp war einfach eine blöde Schule mit einem großen Pool, einem Handballplatz und einem Speisesaal. Da ich immer noch mit einem persischen Minimal-Wortschatz auskam und so gut wie gar nicht Lesen und Schreiben konnte, steckten die mich in die erste Klasse, zu den Siebenjährigen. Ich kam mir ein bisschen vor wie Gulliver zwischen den Zwergen, denn auch die Tische und Stühle waren winzig, und ich war im Gegensatz zu den persischen Kindern in meinem Alter ziemlich hochgewachsen. Aber selbst zwischen den Zwergen hatte ich Mühe, mich zu verständigen oder zu verstehen, worum es ging. Es war entwürdigend, auf einem Winzlingsstuhl über einem Mini-Pult zu hängen und die einfachsten Dinge an der Tafel nur mühsam zu entziffern. Die Tochter der Freundin meines Großvaters stellte sich auch als keine besonders wertvolle Connection heraus. Sie war zwei Klassen über mir, sehr schüchtern und sehr langweilig, uns fehlte das, was man »gemeinsame Wellenlänge« nennt.

Vormittags hatten wir vier Stunden Unterricht, danach war

Mittagessen, und nachmittags durften wir im Pool schwimmen. Im Speisesaal wurde schlecht schmeckendes und übel riechendes Essen auf bunten Plastiktellern an uns Kinder verteilt. Meistens wurde persisch gekocht, was in dieser Schule im Prinzip immer aus Reis mit einer meist völlig zerkochten Lammfleisch-Gemüse-Beilage bestand. Aber persisches Essen muss von höchster Qualität und liebevoll zubereitet sein, um zu schmecken. Das war in der Sommercamp-Küche nun nicht der Fall. Ich mochte manches aus der persischen Küche schon gern, aber eben nur manchmal und auch nie so gern wie ein knuspriges, goldgelbes Schnitzel oder Brathuhn mit Pommes. Und ich aß grundsätzlich nur, was meine Mutter, Tante Mahin oder Maman kochten. Egal, wie nervig Mahin und Maman auch waren, ihr Essen war meistens ziemlich großartig und die knusprigen Lammbraten mit der leckeren Kruste von Maman legendär. Meine Mutter hatte eine Cousine, Pouri, die mit einem Deutschen, Klaus, verheiratet war, und mit ihm und ihren zwei Kindern in Teheran lebte. Sie hatten einen Hausangestellten, der einfach so tat, als wäre er Koch. Pouri, Klaus und den Kindern schmeckte es. Meine Mutter sagte, der Knecht hätte eben keine Ahnung, weil er Knecht und kein Koch wäre, und Pouri hätte einfach keinen Bock, sich in die Küche zu stellen, weil man sich als Dame des Hauses in der Familie meiner Mutter nicht einfach an die Töpfe stellte.

»Wir durften noch nicht einmal in die Küche, das war nur für die Bediensteten«, sagte meine Mutter immer wieder und sah mich dabei hochnäsig an, weil ich gerne in der Küche saß und Massume Chanum beim Putzen eines Spinatbergs zuschaute. Aber ich mochte Pouri zu meiner eigenen Verwunderung sehr und freute mich sogar, wenn wir zu ihnen fuhren, weil sie nett, ganz normal und gar nicht verrückt waren. Ihr Sohn Pauli war ein Jahr jünger als ich, auch bei mir auf der Schule, und mit ihm konnte man sogar spielen. Ein ganz normaler Junge, der trotz seines deutschen Vaters schlecht Deutsch sprach. Aber er war kein Idiot, hatte eine

Carrera-Rennbahn, gute Matchbox-Autos und er sah hübsch aus. Pouris Mutter war die Schwester meines Opas, und Pouri hatte eine Zeitlang in Deutschland eine Sprachschule besucht und dann Klaus zufällig in Teheran in einem Antiquitätengeschäft gefunden, ihm hilfsbereit mit ihren Deutschkenntnissen beim Übersetzen geholfen, und schon war es um Klaus geschehen. Er war so schockverliebt, dass er wie ein Perser bei ihrem Vater um ihre Hand anhalten musste. Sie heirateten in Teheran, und Klaus blieb, langbeinig und blond, mit seiner neuen persischen Familie im Iran und führte als Ingenieur ein ziemlich schickes Leben. Jedenfalls empfand ich das so. Sie hatten eine schöne Wohnung, und Pouri sah immer aus wie aus der *Vogue*. Sie war perfekt gestylt, frisiert und geschminkt. Vielleicht schmeckte auch deshalb das Essen bei uns besser, weil meine Mutter sich dafür viel Zeit nahm und kein Personal an den Herd ließ und sich dafür weniger Gedanken um ihr Styling machte.

Mir ist erst viel später, wenn ich nach der Schule zu meinen deutschen Freunden fuhr, aufgefallen, was die für grauenvolle Dinge zu essen bekamen und für persische Küche hielten. Dann musste ich immer an das Essen im Camp denken. Ich hatte solche Speisen auf den Esstischen meiner eigenen Familie noch nie gesehen. Wenn ich es meiner Mutter erzählte, lachte sie sich schlapp, weil die Deutschen so blöd waren und sich von iranischen Bediensteten für dumm verkaufen ließen. Aber das war wohl auch der Grund, warum die meisten Deutschen, die in Teheran lebten und Slumbewohnerinnen als Hausangestellte und Köchin in ihrem Haus beschäftigten, glaubten, kein persisches Essen zu mögen. Sie vergaßen, dass arme Menschen überall auf der Welt schlecht kochen. Und erst recht, wenn sie etwas für eine deutsche Familie zusammenpanschen, die keine Ahnung hat, wie es überhaupt schmecken soll, denen dann aber erzählen, es wäre persisch.

Obwohl meine Mutter mit Köchen und Bediensteten aufgewachsen war, bestand sie darauf, weiterhin selbst zu kochen, wohl auch, um die Lorbeeren dafür selbst einzukassieren. Sie verachtete unser Dienstmädchen und ließ sie nur niedrige Küchendienste ausführen. Sie sei sogar zu dumm, um Auberginen richtig zu braten, außerdem sei sie faul. Das war ungerecht, denn Massume Chanum arbeitete jeden Tag, ohne Wochenende und Urlaub. Sie war immer barfuß und hatte deshalb ganz schrecklich dunkelgraue Hornhaut mit tiefen Rissen an den Füßen. Sie stand einmal lange auf einer Leiter in meinem Zimmer und hängte meine Vorhänge auf, die meine Mutter hatte waschen lassen. Ich lag die ganze Zeit auf meinem Bett und sah mir ihre kaputten, hennagefärbten rotbraunen Füße mit den zerfurchten Fersen an. Ihre Fuß- und Handnägel waren auch orange von Henna. Sie trug immer Gummischlappen und geblümte Tschadors, die sie merkwürdig um sich herumwickelte, um die Arme frei zu haben. Unter dem Tschador hatte sie selbst genähte Hochwasser-Pyjamahosen an und darüber irgendwelche Pullover und Blusen, die ihr meine Mutter gegeben hatte. Sie hatte einen ganz komischen Style, den aber alle armen Leute hatten. Wer hatte sich das bloß ausgedacht? Ich überlegte, ob wir für die Armen auch alle gleich aussahen in unseren weiten Jeanshosen und engen bunten T-Shirts und Plateauschuhen. Vielleicht war das auch so modern in Hassanabad, weit im Süden, wo sie wohnte, deshalb schlief sie manchmal sogar bei uns, wenn es spät wurde. Sie hatte einen Mann, der Hausmeister war, und acht Kinder, von denen vier gestorben waren. Massume Chanum war so anspruchslos und gehorsam, dass ich Angst hatte, sie sei geistig behindert. Und ich hasste es total, dass immer fremde Leute in unserem Haus waren und irgendetwas arbeiteten. Wenn sie mich sahen, dann hörten sie auf zu wischen und verneigten sich vor mir. Meine Mutter hatte mir verboten, mit den Dienstboten zu reden, weil sie sonst frech werden würden, und so deprimierte mich ihre Untertänigkeit noch mehr. Es war auch schrecklich, wenn meine Mutter freitags im Chelo-Kebab-Restaurant »Nayeb« in Niawaran unsere übrig gebliebenen Kebabs und die restlichen Reishaufen von unseren Tellern von dem Kellner zusammenpacken ließ.

»Mama, du kannst dem doch nicht die Reste von meinem Teller mitbringen«, klagte ich leidend.

»Warum? Was glaubst du, wann der in seinem Leben schon gegrilltes Lammfilet zu essen bekommt? Der freut sich wie ein Irrer, und das ist auch mehr, als er sich je verdient hätte!«, sagte sie kalt und schüttelte den Kopf, als hätte ich keine Ahnung von irgendwas.

Es war so furchtbar für mich, dass ein erwachsener Mann, der schwer arbeitete, sich freute, die Reste von meinem Teller essen zu dürfen, dass ich versuchte, so wenig wie möglich von meinen beiden langen Kebab-Spießen zu essen, damit er wenigstens einen ganzen Spieß bekam und nicht lauter kleine Reststücke.

Wenn wir aus dem Restaurant zurückkamen, gab meine Mutter Asghar Agha, dem Angestellten meiner Großmutter, der jetzt auch unser Angestellter war, das Paket, er setzte sich damit in die Ecke unserer Terrasse und aß es mit einem Berg Lawasch, dünnem Naan. Auch er trug so weite Schlabberhosen und weite Hemden, die er nicht in die Hose steckte. Und er hatte Socken an, dunkelbraune Polyestersocken, und seine Schuhe waren aus schwarzem Gummi und so geformt wie Schnürschuhe. Sogar Schnürsenkel waren hineingeformt.

Massume Chanum wollte kein Kebab, sie aß immer nur etwas sauren Joghurt mit Gurke und Reis und Brot in dem Backyard hinter der Küche. Ich sah den beiden oft heimlich beim Essen zu, und es deprimierte mich unglaublich.

»Jetzt sieh ihnen doch nicht so beim Essen zu!«, zischte meine Mutter immer und zog mich weg.

Aber die größte Phobie meiner Eltern, egal ob in Split oder Teheran, waren schlechte Ernährung und verunreinigtes Essen.

So gab mir meine Mutter jeden Tag in diesem Sommer im Camp mein Essen in drei kleinen übereinandergestapelten Töpfchen mit, was die Frauen in der Schulküche für mich aufwärmten. Meine Mutter füllte die Töpfchen natürlich mit Sachen, die ich gerne aß. Wenn ich dann mein Arrangement von Fleisch, Kartoffeln und Gemüse vor mir in meinen kleinen Alu-Töpfchen stehen hatte, sahen mich die persischen Kinder an, als würde ich lebende Insekten essen, und fragten ständig: Was ist das? Und: Warum isst du das? Und dann sahen sie mich an, als wäre ich eklig.

Niemand wollte wissen, wie das, was ich esse, schmeckt, oder wollte gar probieren. Aber sie fanden es komisch, dass ich mein Essen aus kleinen Töpfen serviert bekam, und betrachteten argwöhnisch meine bunten Beilagen und löffelten dabei emotionslos ihren trockenen Reishaufen in sich hinein. Irgendwann wurde mir das zu blöd, die Älteste unter Zwergen zu sein, die sich kaum in der Zwergensprache unterhalten konnte, nicht lesen und nicht schreiben konnte und auch noch Kartoffeln und Gemüse aß statt Reis wie alle Zwerge. Ich sagte meiner Mutter, ich wollte ihr Mittagessen nicht mehr und aß zusammen mit den anderen Kindern den trockenen Reis mit etwas Lamm-Kräuter-Matsche von bunten Plastiktellern.

Das nachmittägliche Schwimmen war eine Wohltat. Ich konnte besser schwimmen als die anderen und ich konnte auch springen, tauchen und mit Schwimmbrille und Tauchflossen umgehen. Das erhob mich in eine Liga, in der sich nur die Jungs befanden. Und die Sprachbarriere hob sich dabei auf, denn es wurde beim Springen, Tauchen und Wasserspritzen sowieso nur geschrien und nicht wirklich gesprochen. Manchmal spielten wir Spiele im Wasser, wo ich wieder die Langsamste war, weil ich die Zurufe der anderen nicht verstand.

Wenn meine Mutter oder unser Fahrer mich am späten Nachmittag vom Camp abholten, war ich meistens so erschöpft, dass ich mich nur noch vor den Fernseher legte und amerikanische Serien sah, bis ich irgendwann einschlief.

So vergingen die Sommerferien. Zwei Wochen vor Schulbeginn kam ein Brief von meinem Schuldirektor. In dem Brief stand, dass ich nach den Sommerferien in die fünfte Klasse der Hauptschule versetzt würde.

Meine Mutter öffnete ihn, ihr Gesicht verändert sich komplett, während sie ihn las, und als sie wieder aufsah, hatte sie rote Flecken im Gesicht und stieß die unglaublichsten Flüche gegen mich aus.

Ich ging sicherheitshalber in mein Zimmer und schloss die Tür. Kurz darauf wurde sie laut aufgerissen, und mein Vater stand in der Tür und hatte eine Verlängerungsschnur in der Hand. Das eine Ende mit dem Stecker dran hatte er um seine Hand gewickelt. Ich lag auf meinem Bett und starrte ihn an.

»Du Scheißkind«, brüllte er, und ließ das Kabel auf meine nackten Beine heruntersausen. Ich hatte Shorts und ein T-Shirt an. Es tat so weh, wie mir noch nie zuvor etwas wehgetan hatte. Er schlug noch einmal, zweimal, immer wieder. Er schlug mich überallhin. Auf die Unterschenkel, Oberschenkel, auf meinen Bauch, meine Oberarme und meinen Rücken. Dabei brüllte er ununterbrochen schreckliche Sachen, die alle darauf hinausliefen, dass ich ein wertloses Stück Dreck war. Meine Mutter stand in der Tür und schrie ihre eigenen Schimpftiraden dazwischen, immer noch mit dem Brief in der Hand, den ich noch gar nicht gelesen hatte. Als sie sah, dass mein Vater sich so in Rage gepeitscht hatte, dass ich nur noch bewegungslos wimmernd auf dem Bett lag, ging sie dazwischen und zog ihn fort. »Hör auf, wie lange willst du noch schlagen«, sagte sie und sah mich voller Hass an, »es reicht jetzt.«

Dann gingen sie endlich und schlossen die Tür. Ich blieb einfach ewig in genau derselben Stellung auf dem Bett liegen und konnte mich vor Schock nicht bewegen. Mein ganzer Körper brannte wie Feuer. Die Haut auf meinen Oberschenkeln war zum Teil weggeschürft, und es bildeten sich langsam überall Striemen in Form von dicken, roten, langen Würsten. Ich weinte nicht, ich schloss die Augen und versuchte mir vorzustellen, ich wäre woanders. In Deutschland, bei einer netten deutschen Familie, die mich aufgenommen hatte und mit der ich an einem großen Tisch saß und Abendbrot aß. Wir saßen im Garten, auf Gartenmöbeln mit blau-weißen Bezügen, es roch nach Sommer, nach frisch gemähtem Rasen und nach Senfgurke, Aufschnitt und Apfelsaft. Jeder hatte sein Brettchen vor sich. Ich reichte meiner netten deutschen Mutter den Brotkorb mit den drei Sorten Brot. Schwarzbrot, Vollkornbrot und Knäcke.

Die Schule hatte den Brief geschickt, um meine Eltern darüber zu informieren, dass ich in zwei Wochen in der fünften Klasse der Hauptschule weiter die Schule besuchen würde, da meine Eltern keine anderen Wünsche geäußert hatten. Ich hatte vergessen, den verdammten Brief vor den Ferien in der Schule abzugeben, er lag immer noch in meiner Schultasche. Meine Mutter hatte meinen Ranzen ausgeschüttelt, und der weiße Umschlag segelte unschuldig heraus. Dann brüllte sie mich noch einmal ausgiebig an, dass ich nicht nur geistig behindert und faul, sondern auch verschlagen, bösartig und verlogen sei. Ich hätte ja sagen können, dass ich den Brief nicht abgegeben hätte, dann hätte sie sich selbst darum gekümmert. Mich anzufassen traute sie sich nicht mehr, da mein ganzer Körper von dunkelroten Riesenflecken übersät war. Ich sah aus, als hätte mich ein Lastwagen sehr langsam überrollt. Meine Eltern ignorierten es, und ich tat auch so, als wäre nichts, betrachtete aber über zwei Wochen lang interessiert die Einfärbung meines Körpers von Violett zu Grün und dann zu Gelb.

Meine Mutter telefonierte kurz mit der Schule, teilte dem Sekretariat mit, dass ich vergessen hatte, den Brief abzuliefern, und die Angelegenheit war erledigt. Mein Platz in einer vierten Klasse war gesichert.

Erst sehr viele Jahre später fiel mir ein, dass es wohl jeder an ihrer Stelle gleich so gemacht hätte, nämlich die Angelegenheit selbst zu regeln. Sie hatte ja nichts zu tun, keinen Job, kein anderes Kind, keine Verpflichtung. Sie hatte Zeit, ein Auto und sprach perfekt Deutsch und Persisch und hatte sich trotzdem lieber auf ein neunjähriges Kind verlassen. Mich.

2

Meine neue Klasse war eine reine Sitzenbleiber-Klasse. Alle Deppen, die das letzte Schuljahr in den vier vierten Klassen versemmelt hatten, waren hier versammelt. Jetzt gab es kaum Konkurrenz, und das Lern-Niveau blieb schön niedrig. Also genau richtig für mich. Ich war im August zehn Jahre alt geworden, viele meiner Sitzenbleiber-Mitschüler waren schon elf, weil sie erst mit sieben eingeschult worden waren. Diese Klasse war voller Persönlichkeiten. Es gab einen Star, Marco, in den waren alle Mädchen verliebt, also machte auch ich mit, obwohl ich ihn erst blöd fand. Marco war etwas kleiner als ich, hatte einen ziemlich schönen braunen Wuschelkopf und ein hübsches Gesicht. Ansonsten war er ziemlich gewalttätig, sprang so lange auf irgendwelchen Tischen und Bänken herum, bis sie krachend zusammenfielen, oder schlug sich mit einem Jungen, der dann mit Nasenbluten in die Krankenstation musste. In den Pausen spielten wir oft Flaschendrehen mit einer leeren 7up-Flasche. Alle tranken die ganze Zeit 7up, Cola oder Fanta. Die Fanta war aber nicht gelb wie in Deutschland, sondern grellorange und schmeckte auch so. Der, auf den der Flaschenkopf zeigte, musste den, der die Flasche gedreht hatte, küssen, und zwar mit Zunge. Aus irgendeinem Grund erwischte es meistens Marco und mich, und er konnte mir so vor versammelter Mannschaft mit seiner kleinen widerlichen Zunge im Mund herumlecken, während die anderen laut grölten. Und plötzlich galten Marco und ich als ein Liebespaar. Meine Aufgabe als Frau Marco bestand darin, ihn bei seinen Prügeleien anzufeuern, ihm danach einen Kuss auf den Mund zu geben und mich von den coolen Mädchen dissen zu lassen. Alles total peinlich, aber unsere Beziehung dauerte zum Glück nur zwei Wochen. Sein bester Freund Alex kam zu mir und sagte mit bedeutungsschwangerem Gesicht, dass Marco jetzt mit Mandana zusammen wäre, als wäre das das Ende der Welt.

Ich hätte fast gejubelt, dass ich von dem blöden Job erlöst war und die anderen Mädchen endlich aufhören würden, mich zu hassen. Aber die Mädchen hassten mich immer noch, und ich musste mir in meiner Not meine Freundinnen unter den unscheinbaren deutschen Mädchen suchen, die natürlich nicht zu dem coolen Kreis gehörten. Und zu allem Übel war jetzt Michael in mich verliebt. Michael war hochgewachsen, hatte hellbraune Haare und Lippen wie Mick Jagger. Ich fand ihn irgendwie eklig. Er gehörte auch zu der Gang der coolen Jungs, und plötzlich belagerte er mich, wenn die anderen nicht dabei waren, was mir Angst machte. Einmal bekam er bei einer Rauferei im Klassenzimmer Nasenbluten, und unsere Klassenlehrerin legte ihn auf einen Tisch, und er sollte den Kopf zurücklegen, damit es aufhörte zu bluten. Ich stellte mir noch Jahre danach immer vor, wie Michael das Blut in den Rachen rann, und ekelte mich dabei. Ich wollte keinen Freund haben, der den Rachen voller Nasenblut hatte. Ich wollte überhaupt nicht zu einem Jungen gehören. Ich wollte lieber einer von den Jungs sein. Ich wollte, dass die Jungs mich fragten, ob ich mit ihnen zum Kiosk wolle, einen Donut kaufen. Oder dass sie mir ihr Bonanza-Rad geben würden, damit ich lernte, wie man die Steinstufen zu unserem Klassenzimmer hoch und runter fuhr. Aber das machten sie nicht. Mir fehlten meine Fortbewegungsmittel, mein Fahrrad, mein Kettcar und mein Bollerwagen, den ich als Anhänger an meinem Fahrrad befestigen konnte. In Deutschland waren wir immer alle auf Rädern unterwegs, und wenn es nur Rollschuhe waren. Jetzt in Teheran konnten nur diejenigen mit ihrem Rad zur Schule, die in unmittelbarer Nähe zur Schule wohnten. Aber das taten wir nicht, sondern zwanzig Minuten mit dem Schulbus entfernt. Also blieb mir nichts anderes übrig, als den glücklichen Jungs dabei zuzusehen, wie sie mit ihren Rädern Kunststücke auf dem Handballplatz vollführten. Sie nahmen mich nicht wahr, und wenn, dann wurden sie in meiner Anwesenheit anders, obszöner. Ihre echte Welt blieb mir verschlossen.

Ein paar Monate nach Beginn des Schuljahres kam es zu einer Verkettung von unglücklichen Ereignissen. Mein Vater kam eines Abends mit der Nachricht, dass wir ausziehen müssten, da unser Vermieter und Hausbesitzer das ganze Haus verkaufen wollte. Gerade als meine Eltern angefangen hatten, sich neue Wohnungen und Häuser in der gehobenen Gegend in der Nähe meiner Schule anzusehen, zogen die Mieter im oberen Stockwerk im Haus meiner Großeltern aus, und die Wohnung stand leer. Sie hatten sie meinem Vater angeboten, und er schlug uns vor, das Angebot anzunehmen. Meine Mutter und ich schrien vor Entsetzen auf und sagten, alles an der Idee wäre schrecklich, aber mein Vater blieb dabei. Es wäre sicherer, die alten Leute wären nicht allein und wir könnten ja von dort aus weitersuchen. Hauptsache, wir hätten erst einmal etwas. Ich verstand seine Argumente nicht. Wenn wir erst mal im Haus meiner Großeltern wären, müssten wir ja noch einmal umziehen und alles von vorne durch die Gegend schleppen. Und so alt und schwach waren die beiden nicht, dass sie die unmittelbare Nähe und den Schutz ihres ältesten Sohnes gebraucht hätten.

Ich glaube, in Wahrheit war es so, dass sie es meinem Vater als großzügige Geste angeboten hatten und mein Vater nicht den Mumm hatte, abzuschlagen. Er faselte auch ständig davon, dass sein Vater ihm jahrelang das Studium in Deutschland bezahlt hätte und er jetzt die alten Leute nicht aus purem Egoismus allein und damit im Stich lassen könnte.

Zum Glück hatte meine Mutter immer noch nur das Nötigste von unseren Sachen ausgepackt, und der Umzug ging trotz unseres Widerwillens ziemlich schnell. Das Haus meiner Großeltern war von außen ein zweistöckiger Würfel mit römischen Säulen davor und einem mittelgroßen Garten, in dem ein mickriger und unstylischer Pool war. Es sah so aus wie alle Häuser in der Straße, wie fast alle Häuser in Teheran, in denen die normale Oberschicht wohnte, die noch nicht bereit für eine Monster-Villa im besten Viertel der Stadt war. Fast jedes Haus in Teheran war würfelförmig, hatte einen kleinen überpflegten Garten mit Omablumen und Omabäumen, neben dem von mir geschätzten Maulbeerbaum noch einen Khakibaum und jede Menge Weinstauden, in deren Blätter meine Mutter Hackfleisch wickelte und sie *Dolme* nannte. Die hohen Mauern um jedes Haus wurden von den vielen Teheraner Straßenkatzen als erhöhte Katzenstraßen verwendet. Auf jeder Mauer saß immer eine Katze und schaute der Welt von oben zu. Unsere *Kutsche,* wie »kleine Seitenstraße« auf Farsi heißt, ging vom mittleren Abschnitt der Pahlewi Avenue ab, der Pracht-Avenue, die der Vater des Schahs, Reza Schah, hatte bauen lassen, nachdem er einmal in Paris und total beeindruckt von den Champs-Élysées war. Die Pahlewi war viele Kilometer lang, sie ging vom Norden der Stadt, nördlich meiner Schule am Fuße des Elburz-Gebirges, am Tadrij-Platz los und führte kilometerweit an etlichen großen Parks und Rondells vorbei bis ganz in den Süden der Stadt, noch südlicher als der Basar, so weit südlich, dass man als normaler Mensch nie dorthin kam. Unser neues Zuhause befand sich um einiges zu weit südlich für meinen Geschmack, also viel zu südlich, um für meine Maßstäbe noch als chic zu gelten, und zu weit nördlich, um richtig asozial zu sein.

Aber die Wohnung lag immerhin an der breiten, vierspurigen Prachtallee, die rechts und links von hohen Bäumen in einem breiten Wassergraben gesäumt war, die es in der Art überall in der Stadt gab. Sie wurden *Djub* genannt und von der Bevölkerung als öffentliche Mülldeponien missbraucht. Deshalb lagen in den *Djubs* immer von braunem, stinkendem

Wasser umspülte Melonenschalen, Babywindeln, Essensreste, Plastikflaschen oder wessen man sich sonst so spontan entledigen musste. Manchmal sah ich auch eine kleine Herde Schafe, die sich gemütlich an den Wassermelonenschalen labte. Die obere Wohnung war das Ebenbild der Wohnung meiner Großeltern im Erdgeschoss. Dreihundert ziemlich hässliche Quadratmeter, aber bei weitem nicht die scheußlichsten, die ich gesehen hatte, seit ich in dieser Stadt lebte. Es gab auf jeden Fall noch viel scheußlichere. Aber eben auch sehr viele schönere. Alles war irgendwie schäbig, schlecht gemacht und von mieser Qualität. Mich widerten unsere beiden Badezimmer mit den unsauber verarbeiteten Kacheln und unregelmäßig verlegten Steinplatten auf dem Boden richtig an. Die Metallfenster waren in Aluminiumfarbe und der Steinfußboden graugesprenkelt, ich hasste es, das alles anzusehen. Ich hasste auch unsere Küche, für mich der wichtigste Raum in einer Wohnung überhaupt, und hatte mich deshalb auf unsere neue Küche aus dunklem Mahagoni gefreut, die wir gemeinsam in einem großem Küchengeschäft in Bremen ausgesucht hatten. Jetzt störte die hellgelbe Einbauküche aus Blech daneben, deren Türen laut schepperten. Meine Großmutter erlaubte meiner Mutter nicht, das Blechzeug rauszureißen, deshalb stand jetzt auf der einen Seite der Küche das hellgelbe Blech, und gegenüber, auf der anderen Seite der Wand, standen die schönen Schränke aus dunklem Holz. Es sah grauenvoll aus. Und so in der Art wirkten alle mitgebrachten Möbel in dieser Wohnung. Zwei Welten, die aufeinandertrafen, nichts miteinander zu tun hatten und sich weder ergänzten noch einen interessanten Bruch bildeten. Es war einfach nur seltsam. Die enorme Größe und phantasielose Aufteilung der Wohnung gab ihr zudem noch etwas Unwirkliches. Ich wählte für mich das Zimmer, das genau neben der Haustür war. Die Nähe zum Ausgang hatte etwas Beruhigendes für mich.

Ich durfte mir meinen Teppichboden, die Vorhänge und den Anstrich meiner Wände selbst aussuchen. Ich wählte einen knallroten Teppichboden, sonnengelbe Wände und Vorhänge mit einem rot-weißen, psychedelischen Seventies-Muster. Da standen dann meine weißen Jugendzimmer-Möbel von Flötotto aus Deutschland drin, und ich war begeistert.

Zu allen Problemen, die ich mit unserer neuen Behausung und meinen Großeltern als Nachbarn hatte, kam noch ein weiteres: Ich musste in einen anderen Schulbus wechseln, wieder in den, mit dem ich die ersten Wochen nach unserer Ankunft gefahren war. Also nicht mehr in einem der Busse mit den vornehmen Nummern, die in die nördlichen Bezirke fuhren, sondern ich saß wieder bei den Uncoolen im Bus. Ich weiß nicht, woran das lag, aber die Leute, die scheiße wohnten, waren auch sonst scheiße, dabei konnten die ja eigentlich nichts für die Wohngegend ihrer Eltern. Aber vielleicht konnte man in Teheran nur dann ein cooler Mensch werden, wenn man in einer fetten Villenstraße lebte?

Ich saß jetzt in der Nummer 16 und fuhr sehr lange, jeden Morgen und jeden Mittag, was auch bedeutete, dass ich viel früher aufstehen musste. Früh aufstehen war aber nicht mein Ding, und morgens jemanden sanft, aber bestimmt zu wecken, war nicht das Ding meiner Mutter. So kam es, dass der Bus morgens oft hupend vor unserem Haus stand und ich immer noch im Bett lag. Meine Mutter hatte ungefähr zehnmal in mein Zimmer gerufen: »Aufstehen«, mich wahrscheinlich auch geschüttelt, aber das war mir egal. Aufstehen ging nicht. Wenn der Bus dann hupend vor unserem Haus stand, und die ganzen Spießer, die schon drin saßen, nach oben zu meinen Fenstern schauten, kam sie hereingerannt, riss mich aus dem Bett und fing an, mir hysterisch schreiend irgendetwas anzuziehen, das vor meinem Bett herumlag, während ich noch die Nerven hatte, zu jammern: »Nein, den Pullover nicht!«

Dann wurde ich noch ins Bad gezerrt, notdürftig abgewischt, einmal kurz die Zahnbürste im Mund gewendet und mit meiner Schultasche behängt rausgeschubst. Alle gafften mich natürlich an, wenn ich in den Bus stieg, und der Typ an der Tür, der nur den Job hatte, uns die Bustür zu öffnen und zu schließen, machte dann einen Spruch: »Chab mundi?« Was so viel heißt wie: »Hast du verschlafen?«

Ich schaute deshalb erst genervt an ihm und dann an den vierzehn bis zwanzig gewaschenen und mit Frühstück gestärkten Schulkindern vorbei und ließ mich auf eine Bank fallen, um während der vierzigminütigen Fahrt durch Teheran erst mal in Ruhe wach zu werden. Morgens war nichts los im Bus, alle starrten wortlos aus dem Fenster. Lustig wurde es immer erst mittags auf der Rückfahrt. Das Schönste an diesen Fahrten waren eigentlich die Gespräche der anderen, die man belauschen konnte. Die Jungs zeigten sich irgendwelche neuen Errungenschaften, die sie sich in den Ferien aus Deutschland mitgebracht hatten, oder sie spielten sich auf kleinen Kasettenrekordern Musik vor, die ich auch gerne gehabt hätte. Die Mädchen, die schon Busen hatten, durften mitreden und ließen sich dafür gerne von den Jungs ärgern. In meinem alten Bus hatten auf der hinteren Bank einige Jungs aus den oberen Klassen gesessen, die erzählten immer davon, was sie alles mit ihren Freundinnen gemacht hatten oder dass der Vater der Freundin nicht erlaubt hatte, am Wochenende auf eine Party zu kommen. Ich fand diese Gespräche wahnsinnig interessant und freute mich schon darauf, wenn ich endlich eins von den Mädchen sein würde, über die sich die Jungs in der letzten Sitzreihe unterhielten. Aber noch war ich die, auf die der ganze Bus fast jeden Morgen warten musste, verschlafen, ungekämmt, ungewaschen, unreif und ganz ohne Busen.

Die Busse standen den ganzen Vormittag, während wir Unterricht hatten, auf dem riesigen Bushof, und die Fahrer lungerten einfach herum, bis wir um eins alle zurück kamen und der erste Bus seinen Dieselmotor ratternd anließ, und einer nach dem anderen folgte, bis der ganze Bushof erfüllt war von dem lauten Brummen und Dieselgestank von dreißig Bussen. Das war ein Moment, den ich sehr mochte. Der beruhigende Dieselgeruch, zusammen mit dem Kurz-vor-dem-Start-Feeling. Das große graue Eisentor wurde geöffnet, und ein gelber Magirus-Deutz nach dem anderen, gefüllt mit Kindern, ratterte nach draußen, hinaus in die große, staubige Stadt.

Die Busfahrer ließen mittags ihre Händlerkumpel in den Bushof, die uns alles Mögliche verkauften. Im Frühjahr gab es zu meiner Verwunderung unreife Pflaumen, nach denen alle Kinder vollkommen verrückt waren: *Goudje*. Grün gepflückte gelbe Pflaumen, in Papiertüten verkauft. Die Kinder aßen sie mit Salz bestreut und drehten regelrecht durch deswegen. Ich kaufte mir auch eine Tüte, biss in eine der grünen Kugeln, und mir zog sich alles zusammen. Sie schmeckte widerlich, sauer und unreif, ich konnte keine verheißungsvolle Geschmacksnote herausfiltern. Meine Mutter fand dann die Tüte mit den restlichen grünen Dingern in meinem Ranzen, sie zog sie überrascht heraus, ihre Augen weiteten sich begeistert, sie rief: »Hmmmmmm, Goouudjeee«, und steckte sich einfach eine in den Mund.

Dann meinte sie wichtigtuerisch zu mir: »Da musst du aufpassen, iss die nicht, du bekommst schreckliche Bauchschmerzen davon.«

Und dann spuckte sie den Kern in ihre Hand und nahm sich noch eine.

»Mama, ich esse die nicht, die schmecken widerlich, ich weiß nicht, was daran toll sein soll! Grüne Pflaumen, iiih … aber alle essen die jeden Tag nach der Schule!«

»Wir haben die als Kinder geliebt! Wir haben die immer vor unserer Schule gekauft.«

Ich schüttelte den Kopf darüber, dass meine Mutter auch so merkwürdige Vorlieben hatte wie die anderen Kinder.

Dann gab es Plastiksäcke mit einer wirklich sehr ekligen braunen Matsche darin, die aussah wie Kot, die aber alle Kinder gierig lutschten und die anscheinend sauer schmeckte. Ich konnte es einfach nicht anfassen, geschweige denn probieren.

Manchmal gab es aber auch kleine, flauschige gelbe Küken

zu kaufen. Da stand dann ein Mann mit einer großen Plastikwanne voller Küken, und alle tschiepten ganz entsetzlich laut. Ich konnte das nicht mit ansehen, die kleinen gelben Ergee-Küken auf dem Bushof ohne Mama, und kaufte mir zwei, um sie stolz mit nach Hause zu nehmen.

»Oh Gott, Küken«, meinte meine Mutter nur, »die werden sterben.«

»Sag doch nicht so was! Das werden super Hühner!«, sagte ich und besorgte eine große Schachtel, holte einen Trinknapf und ging raus, zu Kourosh am Ende unserer *Kutsche,* um Vogelfutter für meine Küken zu kaufen.

Die Küken tschiepten und tschiepten und tschiepten so laut, dass ich sie die ganze Nacht hörte und sie in unsere Speisekammer stellte, um in Ruhe schlafen zu können.

Am nächsten Tag, als ich aus der Schule kam, lagen die beiden Küken leicht verfilzt in ihrem Karton. Sie waren tot.

Ich war entsetzt. »Mama, Mama! Sie sind tot!« Ich fing natürlich an zu heulen.

»Ja, klar, die sind sicher alle krank, sonst würden die nicht an euch verkauft werden«, sagte sie einfach.

»Nein, das stimmt nicht!«

Ich war total traurig und fühlte mich schuldig. Meinen Küken war es nicht gut ergangen, weil ich mich nicht gut genug um sie gekümmert hatte.

Eine Woche später war der Kükenmann wieder da.

Ich kaufte diesmal drei Küken. Brachte sie fröhlich nach Hause, meine Mutter schüttelte den Kopf. Ich ließ sie in meinem Zimmer, deckte sie mit einem flauschigen Schal meiner Mutter zu, damit sie nicht frieren mussten, und streichelte sie viel, damit sie ihre Mutter nicht vermissten.

Diesmal dauerte es vier Tage, und es lagen zwei kleine gelbe Kükenleichen in der Schachtel. Das dritte lag fast regungslos mit geschlossenen Augen daneben und bewegte bloß den Schnabel ein wenig. Ein paar Stunden später bewegte sich Nummer drei auch nicht mehr.

Ich ging heulend zu meiner Mutter.

»Alle Küken sind tot, wääh.«

Meine Mutter schaute mich mitleidig an. »Kindchen, die sterben doch alle. Die müssen ganz viele sein, sonst gehen die ein. Aber kauf keine mehr!«

Ich fragte in der Schule herum, was aus den Küken der anderen geworden war.

Sie waren tatsächlich alle gestorben. Als der Kükenmann das nächste Mal auf dem Bushof stand, ging ich zu ihm und fuhr ihn an:

»Ich hab zweimal Küken gekauft, die sind alle gestorben.«

Der Mann zuckte mit den Schultern und sah mich lüstern an.

»Dann hast du ihnen schlechtes Futter gegeben.«

»Sie haben gar nicht gegessen, nur geschrien!«, schrie ich.

Der Mann schüttelte wieder den Kopf. Es interessierte ihn nicht.

Ich kaufte noch einmal vier Küken. Zwei davon starben wieder vier Tage später, die anderen beiden drei Tage danach.

Meine Mutter war jetzt richtig sauer. Sie warf die kleinen gelben Knäuel in den Müll und schimpfte mit mir, anstatt mich zu trösten. Aber ich sah es ein. Ich hatte anscheinend kein Talent zur Hühnerzucht. Ich musste mir etwas anderes überlegen.

Einige Wochen später stand in der Pause ein Mädchen aus der Parallelklasse mit einer Kiste auf dem Hof vor unserer Klasse. Um sie hatten sich Kinder geschart, die in die Kiste lugten. Ich ging hin und sah hinein: Darin saß ein kleines schwarz-weißes Kaninchen und mümmelte an einem Stück schrumpeliger Möhre.

»Wer ist das?«, fragte ich sie.

»Das ist eins unserer Zwergkaninchen, sechs Wochen alt, du kannst es kaufen.«

Ich fragte nicht weiter, wo das Kaninchen herkam, ich wollte das Kaninchen.

»Wie viel?«

»Hundert Toman.«

Hundert Toman entsprachen damals etwa fünfzig Euro. Ich hatte normalerweise in der Schule nicht so viel Geld dabei, aber an dem Tag zufällig schon, weil wir Geld für unseren Wandertag mitbringen sollten.

Ich rannte in die Klasse, nahm einen Schein aus meiner Schultasche und brachte ihn dem Mädchen. Sie gab mir die Kiste mit dem Hasen und ging.

Das war's. Ich besaß einen Hasen. Der Hase war superniedlich, er hatte eine kleine rosa Nase, kleine Barthaare und er mümmelte ununterbrochen, auch wenn er gar nichts im Mund hatte.

Wenn man ihn zwickte, sagte er nichts, er zuckte nur ein bisschen. Etwas langweilig, dachte ich nach dreimal Zwicken, aber besser als die Küken auf jeden Fall.

Ein Problem würde meine Mutter sein, das war ganz klar. Ein Hase wäre für jemanden wie meine Mutter ein Stalltier und dreckig und gehörte nicht ins Haus. Die Kiste war auch zu groß, und ich wusste nicht, wie die Einstellung von meinem neuen Tier zur Stubenreinheit war. Soweit ich wusste, kackten Hasen alles voll mit kleinen, braunen Hasenkackkrümeln.

Als ich zu Hause war, ging ich noch eine Treppe weiter rauf und deponierte die Kiste vor der Dachbodentür, ging wieder nach unten, begrüßte meine Mutter und setzte mich mit unbeteiligtem Gesicht an den Mittagstisch.

Meine Mutter zog sich jeden Tag nach dem Essen ins Schlafzimmer zurück, um sich hinzulegen. Ich hasste diese Angewohnheit, Mittagsschlaf halten war für mich das Allerletzte, mein Vater hielt auch immer Mittagsschlaf, wenn er zu Hause war. Aber der machte wenigstens die Tür zu. Meine Mutter legte sich oft einfach irgendwohin und beschwerte sich danach, dass ich zu laut gewesen wäre, oder eine meiner Freundinnen angerufen und das Klingeln sie geweckt hätte.

Jedenfalls war Mittagsschlaf in meinen Augen asozial, aber heute kam er mir recht. Ich rannte nach oben, holte meinen mümmelnden Hasen, ging mit ihm in mein Zimmer und ließ ihn erst mal frei laufen. Die Kiste stellte ich in die Ecke unter meinen Schreibtisch, die Ecke konnte man von der Tür aus nicht so gut sehen. Und meine Mutter kam selten richtig in mein Zimmer und mein Vater sowieso nicht.

Ich brachte ihm Salatblätter, einen Apfel und noch eine frische Möhre. Er mümmelte und mümmelte alles, was ich ihm gab. Danach kackte er ein wenig auf meinen neuen Kelim und auf den roten Teppichboden.

Am nächsten Morgen, bevor ich zur Schule musste, setzte ich ihn in seine Kiste und betete, dass meine Mutter nicht in mein Zimmer gehen würde.

Als ich mit Herzklopfen nach Hause kam, war meine Mutter normal, sie hatte also nichts gemerkt.

Zwei Tage später lag ich abends friedlich auf meinem Bett und sah fern und dachte über einen passenden Namen für meinen Mitbewohner nach, da kam meine Mutter in mein Zimmer.

»Willst du Lammkottelets essen?«, fragte sie aufmunternd. Meine Eltern aßen immer sehr spät, wenn mein Vater aus der Praxis kam, und ich hatte meistens vorher schon gegessen.

Dann schnupperte sie argwöhnisch. Und sagte: »Hier stinkt's!«

Sie sah mich an. »Warum stinkt's hier?«

»Das bin ich!«, sagte ich hastig.

Ich hielt die Luft an. Sie kam näher, sah die Kiste unter dem Schreibtisch, zog sie hervor, sah den unschuldigen Hasen an einer Möhre mümmeln und rannte schreiend davon.

Dann hörte ich sie meinen Vater anschreien:

»Saeeed, die hält sich Hasen in ihrem Zimmer!«

Ich fand das übertrieben, das hörte sich an, als hätte ich eine große Hasenzucht, es war aber nur ein winziges Mini-Kaninchen.

Mein Vater kam in mein Zimmer und konnte sich ein Grinsen nicht verkneifen. Hinter ihm meine schreiende und keifende Mutter.

»Wo sind Hasen?«, fragte er.

Da sah er die Kiste und lachte: »Wie süß!« Mein Vater liebte Tiere.

Meine Mutter keifte sicherheitshalber noch lauter, sie würde gehen, wenn der Hase bliebe, die Kiste müsse sofort raus und dürfe nicht eine einzige Stunde noch in ihrem Haus sein.

Jedenfalls musste mein armer Hase die letzte Nacht im Hausflur vor der Wohnungstür verbringen, und ich musste ihn am nächsten Morgen wieder mit zur Schule nehmen und zurückgeben.

Ich stellte mich mit der Kiste auf den Grundschulhof. Kurz danach umscharten mich Kinder, alle wollten den Hasen streicheln.

Ein kleines Mädchen mit vielen schwarzen Locken nahm ihn auf den Arm und fragte, wie viel er kostet.

»150 Toman«, sagte ich gepisst.

»Okay«, sagte sie, »ich nehm ihn. Ich kann dir das Geld aber erst morgen bringen!«

»Okay, aber du musst ihn jetzt schon mitnehmen …«

»Ich heiße Hedi. Ich bring dir das Geld morgen in deine Klasse, ja?

Ich nickte, und Hedi zog überglücklich mit meinem Hasen ab.

»Was hast du mit dem Hasen gemacht?«, empfing mich die Keifstimme.

Hase heißt auf persisch *Chargush*.

Ich habe meine Mutter davor und danach nie wieder so oft *Chargush* sagen hören wie in diesen Tagen.

»Verkauft«, sagte ich knapp. Ich war beleidigt.

»Für wie viel?«

»150.«

»Was? Du hast auch noch fünfzig Prozent draufgeschlagen? Was bist du denn für ein Schlitzohr?«

Sie lachte. »Du bist wie dein Großvater: Handeln, Verkaufen, Bescheißen.«

Sie ging kopfschüttelnd in die Küche.

»Verkauft einen wertlosen Hasen fast fürs Doppelte … unglaublich …«, hörte ich sie murmeln.

Mir war das egal. Ich wusste nicht, was fünfzig Prozent sind. Ich wusste nur instinktiv, dass man nichts für denselben Preis verkauft, den man selbst bezahlt hat. Und ich wusste, dass ich unbedingt ein Haustier brauchte, um dem ganzen Wahnsinn um mich herum etwas entgehen zu können.

In meiner Klasse war auch die Tochter unseres evangelischen Pfarrers. Pfarrer Berner hatte einen ganzen Haufen Kinder, ich glaube, es waren mindestens sieben, und sie waren alle flachsblond. Elisabeth war ein stilles, ernstes Mädchen. Sie hatte oft Dirndlkleider ohne Schürze an, trug ihre langen, hellblonden Haare zu Zöpfen geflochten und sah dadurch immer aus wie aus einem deutschen Heimatfilm. Irgendwann erzählte sie einer Mädchenrunde in der Pause, dass die Pfarrers-Katze Junge bekommen hatte und sie jetzt bald Kätzchen zu verschenken hätte. Als sie das sagte, blühte mein Herz auf, und ich erkundigte mich nach den Kätzchen.

Elisabeth sagte dann mit ihrer rauen Stimme, ich sollte einfach zu ihnen kommen und mir eins aussuchen.

Ich liebte von allen Tieren ganz besonders Katzen. In Deutschland hatten meine Eltern plötzlich die brillante Idee gehabt, ein reinrassiges Siamkätzchen zu kaufen, damit ich etwas Gesellschaft hätte und ihnen nicht so viel Aufmerksamkeit abverlangte. Mischa wurde dann aber mehr die Katze meiner Eltern, denn seine Adligenallüren und die Ansprüche, die ich an ein lebendiges Spielzeug stellte, passten einfach nicht zusammen. Meine Eltern hingen sehr an ihm, viel mehr als ich. Meine Mutter kochte jeden Tag frisch für ihn und servierte ihm sein Mahl in einem silbernen Napf, der auf extra für ihn genähten Servietten stand. Ich konnte nicht wirklich viel mit ihm anfangen, weil er ziemlich humorlos war, also keinen Spaß verstand und mich ständig blutig kratzte. Außerdem zerkaute er regelmäßig meine Spielsachen und wurde dann von meinen Eltern verteidigt.

Einen Tag, nachdem Elisabeth mir das Angebot gemacht hatte, war die dritte Stunde frei, genau richtig für einen schnellen Katzenbesuch. Das Haus des Pfarrers lag nahe der Schule, wir verließen das Schulgelände durch das obere Schultor, vorbei am Wachmann, der Elisabeth kannte und uns deshalb durchließ, und waren nach fünf Minuten schon am Haus des Pfarrers. Ich war wieder neidisch, denn ich musste jetzt jeden Tag fast eine Stunde im Schulbus durch Teheran fahren, aus dem Fenster starren und mich langweilen.

Elisabeth ging mit mir in den Garten, und dort, in einer Ecke der Terrasse, stand ein großes Körbchen. Das Körbchen war leer, aber eine dicke, gelbgestreifte Katze kam miauend auf uns zu.

»Das ist die Mutter«, erklärte Elisabeth sachlich und begann im Garten herumzusuchen.

Und plötzlich kamen drei winzige flauschige Wesen aus einer Ecke gerannt, und zwei andere tauchten unter einem Busch auf.

Ich hatte noch nie so kleine Katzen in echt gesehen und wusste gar nicht, nach welcher ich zuerst greifen sollte.

»Sie sind jetzt sechs Wochen alt. In zwei Wochen sind sie groß genug, und du kannst eins haben«, erklärte mir Elisabeth und lächelte eines ihrer seltenen Lächeln.

Sie waren alle fünf sehr süß, zwei waren grau, zwei grauweiß und eins war gelb geringelt, wie die Mutter, und dieses Kätzchen signalisierte mir klar: Ich gehöre zu dir.

Ich war entzückt. Zum ersten Mal seit sehr langer Zeit fühlte ich etwas wie absolutes Glück in mir aufsteigen. Ich liebte diese kleine gelbe Katze sofort, grenzenlos und unendlich.

»Ich will den!«

»Ja, das ist ein Kater. In zwei Wochen bring ich ihn dir mit.«

Wie aufregend! In zwei Wochen würde dieses niedliche, rosanasige kleine Ding zu mir gehören. Immer bei mir sein. Wir wären zu zweit, und ich müsste nie mehr allein sein.

Und er würde nicht nach zwei Tagen tot in einem Karton liegen.

Zwei Wochen später, an einem Donnerstag, hatten wir früher Schule aus, und Elisabeth und ich gingen zu ihr nach Hause und holten den gelben Kater.

Ich vibrierte vor Glück und Aufregung. Meinen Eltern hatte ich von meinen Plänen nichts erzählt, ich dachte, es sei besser, wenn sie vor vollendete Tatsachen gestellt würden, dann konnten sie nichts dagegen haben.

Elisabeth gab mir einen kleinen Karton, in den wir meinen Gelben hineintaten, dann bohrten wir mit einem Kugelschreiber ein paar Luftlöcher hinein, damit er etwas sehen konnte.

Ich fuhr mit dem Karton auf dem Schoß im Bus nach Hause, rannte die Treppen laut rufend hoch, stieß die Tür mit dem Ellbogen auf und stand plötzlich in einer Menschenmenge, umwölkt von Zigarettenrauch und Parfümwolken, gemischt mit warmem Essensgeruch. Unsere Empfangshalle und der Salon waren voller Frauen, die sich alle irre chic gemacht hatten und sich mit gefüllten Tellern teils auf die Sessel und Sofas gesetzt hatten, teils im Stehen aßen und teils im Salon herumstanden, Zigaretten rauchten, langstielige Gläser in den Händen hielten und alle miteinander wahnsinnig viel redeten. Eine fremde, kleine Frau in weißer Bluse stand im Salon an unserem langen Esstisch, den wir nie benutzten, und schnitt dünne Scheiben von einem gigantischen Stück Fleisch und legte sie auf die Teller, die ihr mit rotlackierten Fingernägeln entgegengestreckt wurden. In der Küche rührten Massume Chanum und einige fremde Angestellten in großen Töpfen herum. Ich stand verdutzt in meiner ausgebeulten Cordhose, die mir etwas zu kurz geworden war, und einem dünn und breit gewaschenen Shirt, auf das »Don't worry, be happy« aufgedruckt war, mit meinem Schulranzen auf dem Rücken und dem zerlöcherten Karton, aus dem man es leise scharren hörte, mitten im Raum und wusste nicht, an wen ich mich wenden sollte.

Was war hier los?

Meine Mutter hatte mir einige Tage vorher gesagt, dass sie zu Ehren von ihrem und meines Vaters Eintritt in den Lions Club einen Ladies Lunch nur für die Ehefrauen geben würde, und dass ich mich gefälligst anständig frisieren und anziehen sollte. Ich fragte sie, was denn ein Lions Club sei, und die Antwort war so langweilig, dass ich alles andere auch wieder vergaß.

Das waren also die Frauen von diesem Lions Club, mit denen meine Mutter gerne »gesellschaftlich verkehren« wollte. So hatte sie das genannt.

Es war so laut und voll, dass meine Mutter mich gar nicht bemerkte, sondern zwischen den Frauen in einem rosa Jerseykleid mit ihren rosa Charles-Jourdan-Sandalen mit den geilen Plastikblumen und den langen rosa Bändern um ihre schlanken Waden geschnürt herumrannte.

Einige Weiber erblickten mich und winkten mich herbei, wahrscheinlich, damit ihre Kinder mit mir »gesellschaftlich verkehren« konnten.

Ich lief meiner Mutter kurz mit dem Karton in der Hand hinterher, bis sie mir auf Deutsch zuzischte: »Geh deine Hände waschen, kämm dir die Haare, zieh dir eine saubere Bluse an und komm etwas essen.«

Ich wollte mich gerade umdrehen, da rief sie mir noch hinterher: »Und schmeiß sofort den dreckigen Karton raus!«

Ich lächelte sie breit und verschwörerisch an: »Nee, ich muss dir zeigen, was drin ist.«

Meine Mutter streckte, während sie einer Rothaarigen mit sehr hochtoupierten Haaren in einem grünen Kostüm etwas

Whisky einschenkte und Eiswürfel reichte, den linken Arm mit den drei breiten Goldreifen in Richtung Wohnungstür und rief: »Raus damit!«

»Aber du hast doch noch gar nicht gesehen, was drin ist«, jammerte ich laut.

Sie kam zu mir gestöckelt, packte mich hart am Arm und zog mich zur Wohnungstür. Ich jammerte immer wieder: »Aber du weißt gar nicht, was drin ist, aber du weißt doch noch gar nicht, was drin ist …!«

Sie zischte: »Ich will gar nicht wissen, was drin ist. Entweder du wirfst den Karton raus und kommst wieder, oder du gehst selbst auch. Ich will das hier nicht haben, egal, was es ist.«

Mittlerweile hatten mich ihre beiden besten Freundinnen gesehen und waren lachend zu uns gekommen. Sie sagten immer, ich wäre so klug und man könnte sich mit mir unterhalten wie mit einer Erwachsenen. Ich mochte die beiden auch, aber nur, weil sie so gut aussahen und immer superchic angezogen waren. Und weil sie lange dünne Zigaretten rauchten. Parvin hatte ein wunderschönes Gesicht und eine tolle Figur und sah noch mehr aus wie direkt aus der *Vogue* als Pouri. An dem Tag hatte sie ein dunkelblaues, rückenfreies Seidentop an, was sie im Nacken gebunden hatte, und eine weiße Hose mit breiter Taille, die unten weit über ihre Plateausandalen fiel. Auch sie war immer perfekt geschminkt und frisiert. Faride war erst Anfang zwanzig und noch nicht verheiratet. Aber sie hatte einen sehr reichen Vater, so reich, dass sie angeblich deshalb keinen Mann fand. Beide sprachen wegen ihrer operierten Nasen etwas näselnd, waren aber immer sehr lustig und redeten auch fröhlich weiter, wenn meine Mutter verzweifelt: »Psst! Psst!« rief und warnend in meine Richtung schaute, weil das Gesprächsthema um Sex, Schwangerschaft und Entjungferung kreiste und für meine Ohren nicht geeignet war.

»Jetzt lass uns doch mal nachsehen, was in dem Karton drinsteckt«, näselte Parvin belustigt.

»Nein!«, schrie meine Mutter. »Da sind Löcher im Karton! Was denkt ihr, was darin ist? Irgendwelche Viecher!«

»Aber Mama«, jammerte ich noch mal, »schau doch mal, was drin ist.«

In dem Moment hatte jemand die rosa Nase voll von der lichtlosen Situation in dem beengten Behälter, und ein kleiner gelber Kopf mit großen Ohren bohrte sich durch den Kartondeckel und miaute uns alle laut und vorwurfsvoll an.

Die beiden Mädchen fingen sofort verzückt zu schreien an. Andere Damen kamen neugierig dazu und klatschten begeistert in die Hände.

»Süß! Entzückend! Wie niedlich! So klein!«

»Gib ihn mir!«, riefen sie alle durcheinander. Eine hatte ihn schon herausgenommen und drückte ihn an ihre halbnackten Brüste.

Ich stand da mit dem leeren Karton in den Händen und machte mein bestes Waisenkind-sucht-ein-Zuhause-Gesicht.

»Den schmeißt du sofort raus. Und du kannst gerne mit ihm gehen! Sofort! Was soll das Theater? Ausgerechnet heute!«

Meine Mutter war jetzt richtig sauer.

Ich stellte mir vor, wie der Gelbe und ich zusammen alleine durch die Teheraner Straßen irrten und uns über die Grenze über die Türkei bis nach Deutschland durchschlugen. In Deutschland wurden wir von einer freundlichen Familie mit einem schönen Garten und einem gedeckten Kaffeetisch aufgenommen.

Mittlerweile redeten die Frauen alle gleichzeitig auf meine Mutter ein.

Sie schüttelte den Kopf und jammerte: »Sie bringt jeden Tag ein anderes Vieh mit. Ich hatte das Haus voller toten Küken …« Sie warf mir einen vernichtenden Blick zu.

»Komm, jetzt sei nicht so. Du hast eine so tolle, süße, kluge Tochter.«

Faride zwinkerte mir zu.

Meine Mutter schaute mich nur noch halb so angewidert

und schon halb belustigt an und zischte: »Bring ihn in dein Zimmer. Wir besprechen das heute Abend.«

Dann stöckelte sie mit den Damen zurück in den Salon.

Ich ging mit meinem kleinen Tier in mein Zimmer und drückte ihn an mich. Du heißt Molly, flüsterte ich, Mister Molly, ganz genau, weil du ein Junge und so flauschig bist.

Als mein Vater wie immer sehr spät nach Hause kam, waren die Gäste meiner Mutter alle schon lange weg. Die Tische waren abgeräumt, und alle Fenster und Türen waren weit offen zum Lüften, und meine Mutter hatte sich aus dem rosa Ding geschält und sah in ihrem wallenden Hauskleid aus wie immer. Aber sie trug noch ihr Party-Make-up.

Ich rannte meinem Vater entgegen. »Komm in mein Zimmer, ich zeig dir was.«

Mr Molly saß laut schnurrend auf meinem Bett und sah uns mit seinen großen bernsteinfarbenen Katzenkindkulleraugen an. Als mein Vater sah, was ich ihm zeigen wollte, lächelte er plötzlich so, wie ich ihn schon lange nicht mehr hatte lächeln sehen. Er streichelte über den kleinen Katzenkopf und sagte nur: »Der ist gut. Der kann doch hier bei uns wohnen.«

Meine Mutter merkte, dass etwas nicht stimmte, weil es so still blieb. Sie hatte wohl etwas anderes erwartet. Sie kam in mein Zimmer, sah die Idylle auf meinem Bett und fing an zu schreien, sie wolle kein Tier, keinen Dreck, keine Katze, Tiere stinken und all die Dinge, die Mütter eben so schreien, wenn sie kein Tier wollen.

Aber mein Vater wiederholte: »Er kann hier bei uns wohnen. Mit uns. Du hast damit nichts zu tun. Sie wird sich selbst um alles kümmern.«

Ich hatte gewonnen.

Die Brutalitäten in unserer Klasse wurden immer schlimmer. Wir hatten uns da irgendwie hineingesteigert und einfach alle Hemmungen verloren. Es war ganz normal, dass wir uns in der kleinen Pause mit Tischen und Stühlen bewarfen, weil es sich nicht lohnte, in den fünf Minuten draußen ein größeres Handgemenge anzufangen. Manchmal schlugen sich die Jungs auch mit Brettern, die sich von den Möbeln losgelöst hatten. Unsere Klassenlehrerin, Frau Schimmek, war vollkommen machtlos. Wir hatten auch relativ wenig Respekt vor ihr, sie zahlte es uns mit schlechten Benotungen der Schulaufgaben heim. Aber sie unterrichtete Deutsch und Sachkunde, zwei Fächer, in denen ich total fit war, und sie konnte mich nur warnen und mir drohen. Meine Aufsätze waren immer noch die besten. Unter den ganzen Sitzenbleibern gab es keine Konkurrenz für mich. Und was in Sachkunde unterrichtet wurde, wusste ich alles schon aus meinen »Was ist was«-Büchern. Frau Schimmek mochte mich nicht. An einem Tag sollte jedes Kind aufstehen und den anderen sagen, was es einmal für einen Beruf ausüben wollte und warum. Die meisten wollten Arzt werden, wie ihr Vater, oder etwas Blödes wie Ingenieur oder Astronaut.

Die Mädchen nannten zum Teil sogar Berufe wie Lehrerin oder Sekretärin oder Stewardess.

Lieber wollte ich sterben, als eine dumme Sekretärin zu werden.

Ich stand auf und sagte einfach: »Ich will berühmt werden.«

Frau Schimmek war eine unscheinbare deutsche Frau Anfang dreißig und konnte mit so viel Großspurigkeit einer Zehnjährigen wenig anfangen. Sie sagte etwas ungeduldig: »Berühmt ist kein Beruf. Womit willst du denn berühmt werden?«

»Eine berühmte Schriftstellerin«, antwortete ich hoheitsvoll. Die anderen waren ganz still, als ich mich zur Klasse umdrehte.

»Du kannst ja erst mal Schriftstellerin werden, auch ohne berühmt zu sein«, sagte sie patzig. Es schien ihr wichtig zu sein.

»Nein, ich will aber eine berühmte Schriftstellerin werden!«, rief ich noch einmal in die Klasse hinein und setzte mich. Ich hatte vorher gar nicht so sehr darüber nachgedacht, aber als ich gefragt wurde, war die Antwort plötzlich ganz klar. Danach merkte man richtig, wie schwer es Frau Schimmek fiel, meine Aufsätze der Klasse vorzulesen, sie warf mir dann mein Heft mit verächtlicher Miene zu. Sie lobte mich nach meinem Outing nie mehr, zumal ich mich wenig am Unterricht beteiligte, ihn dafür mit allen Mitteln störte. Wir hatten alle ein großes Sortiment an Unterrichtsstörwerkzeug, Lupen, um mit reflektierenden Sonnenstrahlen jemanden zu verbrennen, und diverse Wurfgeschosse wie ausgehöhlte Bic-Kugelschreiber, durch die wir lange im Mund zerkaute Papierkügelchen bliesen. Wenn man dann von so einem nassen Ding mit Tempo 100 am Auge erwischt wurde, war das sehr unangenehm. Natürlich waren wir in zwei Gruppen gespalten, die Täter und die Opfer. Ich musste also genauso wild sein wie die Jungs und es gelassen hinnehmen, wenn mich jemand schüttelte oder über den ganzen Basketballplatz vor unserem Bungalow an den Füßen hinter sich her schleifte. Natürlich machte es am meisten Spaß, die Starken anzugreifen, die Schwachen heulten sofort los, riefen den Lehrer und waren überhaupt nicht lustig.

Jens war ein sehr blasser, deutscher Junge mit hellblonden Haaren und einer silbernen Brille. Er ging mir aus irgendeinem Grund auf die Nerven, vielleicht weil er so unscheinbar war und ihm anzusehen war, dass ihn seine Mutter ankleidete. Er hatte keinen eigenen Style so wie die coolen Jungs. Immerhin war 1975, und wir trugen alle enge Jeans mit Schlag, enge kleine Jeansjacken und noch engere T-Shirts. Meine waren so knapp, dass man immer meinen Bauchnabel sah, was wiederum meine Mutter ärgerte. Sie fand, ich sah aus wie eine Babynutte, so könnte ich auf der Straße Geld verdienen. Aber sie wagte es nicht, mich zu zwingen, in der Schule eins von den uncoolen Kleidern anzuziehen, die sie für mich im Alleingang, noch bevor wir Deutschland verlassen hatten, in der Hamburger Kinderboutique gekauft hatte, wo sie alle meine Sachen kaufte.

Es war eine von diesen Boutiquen, wo man auf einem elektrischen Drachen reiten konnte, während meine Mutter mit der Verkäuferin Kleider, Röcke mit Blousons und Strickjacken und die farblich dazu passenden Kniestrümpfe von DoréDoré zusammensuchte. Bei dem letzten Hamburg-Besuch in meiner Abwesenheit hatte meine Mutter noch ein paar Kleider für Teheran nach ihrem Geschmack ausgesucht, damals zwei Nummern zu groß, damit ich hineinwachsen konnte. Diese Kleider waren das, was Erwachsene unter Teenager-Mode verstanden. Ich merkte, dass ich mich plötzlich in einer komischen Zwischenphase befand: Was man in Teheran unter Kinderkleidung verstand, passte nicht mehr zu mir, aber ein Teenager war ich auch noch nicht und wollte auch keiner sein. Ich brauchte erlesene Mode für Zehnjährige, wie sie Kinder in französischen Filmen trugen. Blusen mit Strickjacken und rote Röcke aus Breitcord. Und Stiefel. Das gab es aber alles in Teheran nicht. Persische Kinder trugen keine Mode, sondern nur die schlimmsten Klamotten der Welt. Die Kleider, die meine Mutter ausgesucht hatte, waren nicht Mini genug für meinen Geschmack und hatten zu allem Übel auch noch kleine Ausbuchtungen an der Stelle, wo ein Busen sein sollte, aber bei mir zum Glück nichts war. Ich fand es regelrecht sittenwidrig, durch Abnäher auf Kleidern auf meine zukünftigen sekundären Geschlechtsmerkmale hinzuweisen, erklärte ich meiner staunenden Mutter. Das mit den sekundären Geschlechtsmerkmalen hatten wir im Sexualkundeunterricht durchgenommen. Und ich war das letzte Jahr ziemlich gewachsen und aus fast allen meinen Sachen herausgewachsen. Meine Hosen waren alle etwas zu kurz, genau wie meine Kleider und Röcke. Der einzige Rock, der mir noch passte, und den ich noch gerne trug, war ein verwaschener Jeans-Mini, auf den mir meine Mutter auf mein Gebettel hin das Victory-Zeichen als amerikanische Flagge genäht hatte. In diesem Rock trottete ich einmal mit nackten dünnen Beinen in Sandalen und dem Ranzen über eine Schulter geworfen unsere Straße nach der Schule entlang. Da spürte ich plötzlich eine große Hand unter meinem Rock auf meinem Hintern. Ich hatte eine blau-weiß geringelte Frottee-Unterhose darunter an, die fremde Hand hatte sich so richtig in den Stoff hineingekrallt, und eine Männerstimme sagte hinter mir: »Man bochoram ino?« Was so viel heißt wie: Soll ich das essen? Ich wusste überhaupt nicht, was er damit meinte, und hatte gerade realisiert, was hier los war, da war die Hand auch schon wieder weg, und ein Soldat in grüner Uniform und schweren Stiefeln lief an mir vorbei, drehte sich noch einmal um, grinste mich an und lief entspannt weiter. Ich blieb stehen, geschockt und fassungslos. Dass mir ein erwachsener Mann von hinten an die Unterhose gegangen war und meinen kleinen Arsch in der Hand hatte, war ja schon schlimm genug, aber was den Schreck darüber toppte, war die Tatsache, dass es sich um einen Soldaten in Uniform handelte. Für mich waren Menschen in Uniform offiziell und vertrauenswürdig, das waren Menschen, denen man sich anvertrauen konnte, die sich nichts zuschulden kommen ließen. Ein Soldat kam für mich genauso seriös rüber wie ein Polizist. Und wie konnte der so etwas tun und mich dann noch frech anlachen? Ich rannte nach Hause so schnell ich konnte:

»Mamaaaa! Ein Soldat hat mir eben in der Straße von hinten untern Rock gegriffen!«

Ich trampelte mit den Füßen auf der Stelle vor Aufregung.

Meine Mutter riss die Augen auf. »Waaaaaas?«

»Ja! Von hinten! Unter den Rock! Und es war ein Soldaaat!«

Meine Mutter schüttelte angewidert den Kopf.

»Mama, es war ein Soldat! Ein Soldat! In Grün! Das darf der doch nicht!«

»Wieso darf der das nicht? Wer sagt das? Hier macht doch jeder alles, was er will, weil die Männer alle schmutzige Schweine sind. Aber ich habe dir gesagt, dein Rock ist zu kurz. Zieh diese kurzen Röcke nicht mehr an, sonst klauen sie dich noch, und dann werden wir dich nie wieder finden. Es werden sehr viele Mädchen auf der Straße geklaut.«

Sie keifte schon wieder und sah mich drohend an. Ich war jetzt noch beunruhigter. Längere Röcke würde ich niemals anziehen. 1975 trug man kurze Röcke, wenn man zehn Jahre alt war. Passierte mir das noch mal, würde ich eben laut schreien.

Da sich meine Mutter darüber nicht sonderlich aufregen konnte, wollte ich auch nicht zimperlich sein.

Einige Zeit später, es war schon Oktober, stand ein Typ genau an der Ecke an dem Ende unserer *Kutsche,* dort wo ich mittags aus dem Bus stieg.

Der Mann sah aus wie ein Arbeiter und hatte sein Geschlechtsteil in der Hand, wackelte damit herum und rief mir zu: »Ino bochor, ino bochor!« Was bedeutet: Iss das.

Mein Entsetzen war grenzenlos, ich rannte so schnell ich konnte zu unserem blauen Eisentor, schloss die Tür auf und rannte die Treppen nach oben in unsere Wohnung.

»Mama, Mama, Mama, Mama …«

Ich wiederholte immer nur: »Mama, Mama, Mama, Mamaaaaa!«

Meine Mutter kam aus dem Schlafzimmer und rief zurück: »MamaMama, was ist Mamamama?«

»Mama!«

Ich konnte es nicht aussprechen, ich brachte es nicht über die Lippen. Es ging einfach nicht.

Wie sollte ich das, was ich gesehen hatte, aussprechen?

»Was ist passiert, um Gottes willen«, keifte sie mich an. »Sag es! Was ist passiert?«

Ich fing an zu heulen. »Da draußen steht einer und wackelt mit seinem Pimmel.«

Zu meiner Überraschung fing meine Mutter an zu lachen. Sie winkte ab. »Ach, der tut dir nichts.«

Ich sah sie an. War sie verrückt geworden? Wer sonst sollte mir etwas tun, wenn nicht der? Das waren doch die Gefahren, weswegen es als Mädchen verboten war, alleine auf der Straße zu sein, oder gab es noch Schlimmeres?

Meine Mutter sah mich prüfend an. Ich trug ein blaues Kleid mit Puffärmeln, was mir viel zu kurz geworden war, und an den Füßen meine ehemals weißen Bally-Sandalen, die schon ziemlich fertig aussahen und auch etwas zu klein geworden waren, aber ich hatte keine anderen Sandalen, und in Teheran war es im Oktober noch sehr warm. Vorne auf meinem Kleid war ein hellgelber Fleck. Ich hatte in der Schule einen der köstlichen Donuts gegessen, die es an unserem Schulkiosk zu kaufen gab, und die Vanillefüllung war herausgetropft. Ich war schon lange keine Modepuppe mehr, sondern nur noch Lumpen-Lilly, fand ich.

Aber es gab keine Kleider für mich zu kaufen. Alles, was es an Kinderkleidung und Schuhen in Teheran zu kaufen gab, wurde meinen Ansprüchen bei weitem nicht gerecht. Sogar Socken und Strümpfe, die von einer iranischen Firma, die »Starlight« hieß, produziert wurden, waren kratzig und scheußlich. Normale persische Kinder trugen die kratzigen Strümpfe, die schlecht genähten Hosen und die Plastikturnschuhe mit den zwei Streifen, ohne zu murren, auch wenn ihre Mütter nach dem letzten Schrei in Paris gekleidet waren. Aber diese Sachen kamen für mich nicht in Frage. Und fast niemand auf unserer Schule lief mit persischer Kleidung herum. Es war zwar niemand richtig chic, aber immerhin kauften alle ihre Sachen in den Ferien in Deutschland. Man konnte bei einem schlichten T-Shirt schon von weitem sehen, ob es aus dem Iran war oder nicht. Lieber trug ich meine alten Sachen, aus denen ich herausgewachsen war, als auszusehen wie ein *Dehati*. »Dehati« war ein Schimpfwort und hieß eigentlich: ein Dorfbewohner, einer der von allem nichts mitbekommen hatte, zurückgeblieben war und womöglich Schlafanzughosen und Gummischuhe mit eingestanzten Schnürsenkeln trug.

Die nette persische Lehrerin, die zweimal die Woche nachmittags zu uns kam und immer noch verzweifelt versuchte, mit mir das Persisch-Lernbuch der ersten Klasse durchzunehmen, hatte mich einmal, als es in einer Geschichte um Moral und Ethik ging, gefragt: »Was ist besser: ein sehr armer Mensch, der abgetragene, billige, aber saubere Kleidung trägt, oder ein reicher, der sehr teure, aber schmutzige und verwahrloste Kleidung trägt?«

Die Antwort lag für die Lehrerin so sehr auf der Hand, dass sie regelrecht zusammenzuckte, als ich antwortete:

»Ist doch klar: der Reiche in den teuren, schmutzigen Klamotten!«

»Was? Du findest schmutzige Kleidung besser als gepflegte, die wenig Geld gekostet hat?«

»Natürlich. Die teure Kleidung gibt man in die Reinigung, und sie ist wieder sauber und schön. Was soll ich mit den Armenlumpen?«

Darauf fiel der Lehrerin kein Argument mehr ein. Sie schüttelte den Kopf und tat sich wahrscheinlich selbst leid, dass sie darauf angewiesen war, so ein kleines Arschloch zu unterrichten.

»Du brauchst neue Kleider«, sagte meine Mutter jetzt verzweifelt. »Wir gehen zu der Schneiderin und lassen dir welche machen. Und neue Schuhe brauchst du auch.«

Sie sah besorgt aus. Sie wusste, es würde keine Schuhe für mich zu kaufen geben. Ich hatte schon ziemlich große Füße, Schuhgröße 37, und iranische Kinderschuhe wurden, abgesehen von ihrem Dehati-Design, zum Glück nur bis Größe 34 produziert, denn Iraner sind klein und haben entsprechend kleine Füße. Ab Größe 35 trugen Mädchen Frauenschuhe, und die waren genauso schlecht gemacht, aber noch scheußlicher und immer mit Absatz.

»Aber was mache ich, wenn der Typ morgen wieder da steht?«

»Ach, schrei ihn an, du rufst die Polizei, dann geht der

schon … hast du viele Schulaufgaben? Wir könnten später zur Schneiderin.«

»Echt? Super! Nein, keine Schulaufgaben.«

Was hatte sie erwartet?

Dann ging sie in die Küche und rief, ich solle mir die Hände waschen, damit Massume Chanum das Essen servieren konnte.

Das Thema war für sie beendet.

Auf dem Weg zur Schneiderin kauften wir eine französische Modezeitschrift. Ich suchte mir noch während der Fahrt aus den todschicken Erwachsenensachen in dem Heft zwei Winterkleider, einen Karorock, zwei Hemdblusen, eine Blouson-Jacke aus dunkelblauem Wollstoff und einen roten Wintermantel aus.

Die Schneiderin hatte viele wunderschöne Stoffe, ich suchte passendes Material für meine Sachen aus, und für einen Stoff hatte ich einfach keine Idee. Es war ein weißer Chiffon mit daraufgenähten, kleinen bestickten Schmetterlingen. Die Flügel der Schmetterlinge konnten sich bewegen und waren mit winzigen Perlen bestickt.

»Der Stoff ist aus Paris«, sagte die Schneiderin hoheitsvoll.

»Wenn du willst, können wir dir ein Abendkleid daraus machen. Wir sind auf einer Hochzeit eingeladen.«

Meine Augen weiteten sich: »Und da darf ich mit?«

Ich war es nicht gewohnt, dass meine Eltern mich zu Einladungen mitnahmen. Ich fand es normal, mich abends alleine mit meinem Teddy zu Hause zu fürchten, während sich meine Eltern in Anzug und Abendkleid in einer Parfümwolke von mir verabschiedeten, seit ich vier war.

»Ja, da kannst du mit. Dein Großcousin heiratet. Da kommen auch Kinder.«

Ich zeichnete der Schneiderin auf, wie ich das Kleid wollte: mit breiten Trägern, engem Oberteil und einem weiten, langen Rock. Dann stellte ich mir mich selbst auf einem Poster vor, mit Weichzeichner fotografiert in dem Kleid, auf dem Boden sitzend, in einer Ballettpose, und bekam Gänsehaut vor Vorfreude über meinen Auftritt in diesem wundervollen Gewand.

Als wir mit der Schneiderin alles besprochen und den Termin für die erste Anprobe festgelegt hatten, wollte meine Mutter in das Schuhgeschäft gehen, in dem sie sich ein paar zu einem Kostüm passende Pumps hatte anfertigen lassen, und ihn fragen, ob er auch für mich Schuhe machen könne.

Der Schuster hatte ganz viele tolle ausländische Magazine. Ich suchte mir ein paar rote Mädchenschnallenschuhe zu meinen neuen Kleidern aus und Schnürschuhe aus braunem Leder, wie sie Laura Ingalls, die kleine Heldin meiner neuesten Lieblingsserie »Unsere kleine Farm« trug.

Zwei Wochen später hatte ich die neuen Sachen. Ich zog mein neues Millefleurkleid mit dem Unterkleid und dem großen Kragen und die Laura-Ingalls-Schuhe in die Schule an und fühlte mich darin zum Leidwesen meiner Mutter wie ein Filmstar, der zurzeit einen Schulfilm drehen muss.

Der blasse Jens aus meiner Klasse trug nie Jeans, sondern hatte genau die Hosen an, die meine Mutter gerne an mir gesehen hätte. Er trug spießige graue Stoffhosen und gestreifte Polo-Shirts. Und er hatte immer sauber in Papier eingepackte Butterbrote dabei. Das hatten auch nur die, die zu Hause nichts zu sagen hatten und wie kleine Kinder behandelt wurden. Wir anderen hatten alle immer genug Geld in der Tasche und konnten uns am Schulkiosk kaufen, was wir wollten, was auch eine Art gesellschaftliche Verpflichtung war. Beim Kiosk abzuhängen, sich in der Pause in die Schlange zu quetschen und vom Kioskbetreiber Dudi mit Namen begrüßt zu werden, war einfach die unterste Sprosse der Gesellschaftsleiter eines Zehnjährigen. Aber von alldem blieb Jens völlig ungerührt. Er aß die Brote seiner Mutter und machte seine spießigen Klamotten nicht schmutzig. Als er mir einmal im Weg stand und ich ihn beim Hinausrennen aus der Klasse aus Versehen anrempelte, stolperte und hinfiel, stand ich auf, untersuchte meine ohnehin schon vom vielen Stürzen zerschundenen und schmerzenden Knie, ging zu ihm hin, stellte mich ganz nah vor ihn und riss ihm die Brille vom Gesicht. Er fing sofort an zu schreien:

»Meine Brille! Spinnst du? Gib die her! Gib meine Brille her!«

Sein Geschrei kam so quiekend und jämmerlich, dass es mich überraschte und gleichzeitig motivierte. Er fuchtelte vor mir herum und versuchte linkisch, mir die Brille aus der Hand zu reißen. Jens quiekte wie ein ängstliches Schweinchen, bekam einen feuerroten Kopf und war mir überhaupt nicht gewachsen.

»Schau mal«, lachte ich, warf die Brille auf den Boden und trat mit meinen Sneakers langsam darauf herum und grinste ihn an, während ich die Brillengläser unter meiner Adidas-Gummisohle laut knirschend zerrieb.

Jens starrte mit hummerfarbener Birne auf den Haufen Scherben und Metall und konnte nicht glauben, was passiert war. Ich rannte weg, hörte ihn aber noch hinter mir laut heulen. Wie kann man wegen einer Brille heulen, das war mir ein Rätsel.

Natürlich ist der heulende, unbebrillte Jens mit seinem Beweismaterial zu Frau Schimmek gerannt. Frau Schimmek verlor total die Fassung und schrie mich vor der gesamten Klasse an: »Deine Eltern werden das bezahlen! Was bist du für ein schreckliches Mädchen! Zerstörst mutwillig das Eigentum von anderen Kindern!«

Alle sahen mich an, wie man jemanden ansieht, der bald zum Galgen geführt wird.

Beim Mittagessen war ich etwas bedrückt und stocherte lustlos in meinem Blumenkohlauflauf herum. Mir wurde erst langsam klar, dass das wohl eine Riesengeschichte werden würde. Jens konnte ohne Brille nichts sehen. Und ich hatte sie einfach zertreten.

»Mama, wie viel kostet eine Brille?«

»Kommt darauf an. Papas Brillen sind sehr teuer, weil sie aus Horn sind, aber es gibt auch billige. Warum? Brauchst du eine?«

»Mama …«

»Ja? Wieso isst du nichts? Hast du wieder zu viel Mist in der Schule gegessen?«

Sie schaute mich prüfend an, ob man mir eine Tüte fettiger iranischer Chips oder einen genauso fettigen Donut vom Kiosk ansah.

»Mama …«

»Ja! Was ist? MamaMama.« Sie äffte mich nach.

Ich fasste mir ein Herz und versuchte, unbeteiligt zu klingen.

»Mama, wenn ein Kind einem anderen Kind aus Versehen die Brille kaputt macht, müssen es dann die Eltern von dem einen Kind bezahlen?«

Meine Mutter sah mich verwundert an. Dann grinste sie böse:

»Bist du das eine Kind? Wem hast du die Brille kaputt gemacht?«

Ich riss die Augen auf und schüttelte den Kopf.

»Nein, ein Kind aus der Klasse hat das gemacht.«

»Ich schätze schon. Aber warum interessierst du dich dafür? Hast du Hausaufgaben?«

»Nein.«

»Was habt ihr heute in der Schule gemacht?«

»Nichts.«

»Das sagst du immer! Nichts gemacht und keine Hausaufgaben! Was für eine Schule! Unsere Schulzeit war anders.«

Das stimmte. Sie fragte mich jeden Tag, was wir in der Schule gemacht hatten und was ich für Hausaufgaben hatte. Und ich sagte immer »nichts«, denn ich machte grundsätzlich nie Hausaufgaben. Ich kam überhaupt nicht auf die Idee, Hausaufgaben zu machen. Schlimm genug, dass ich jeden Tag in den Unterricht musste, mehr konnte man von mir nicht verlangen. Wenn der Lehrer unsere Aufgaben sehen wollte, zeigte ich meistens entweder etwas anderes in meinem Heft, oder ich hatte es eben vergessen. Aber meistens musste nur einer seine Aufgaben vorlesen, der sich dafür meldete. Und über den Unterricht zu sprechen, hatte ich nun wirklich überhaupt keine Lust. Aber ich erzählte ihr jeden Tag gern und ausführlich, was außerhalb des Unterrichts los war.

Sie stand auf, um sich hinzulegen.

Ich blieb beunruhigt auf meinem Stuhl sitzen. Frau Schimmek hatte mich schlimm angeschrien. So eine Brille kostete bestimmt sehr viel Geld. Meine Eltern würden also in Kürze total ausflippen. Dabei war es gerade so schön friedlich. Ich ging in mein Zimmer, machte den Fernseher an und dachte nach.

Am nächsten Tag ging ich wieder zu Jens. Er trug eine andere, komische Brille, die irgendwie zu klein für sein Gesicht war. Er ging rückwärts, als ich auf ihn zuging, dann drehte er sich um und rannte weg. Ich rannte hinterher: »Bleib stehen, bleib sofort stehen!«

Dann rief ich noch: »Ich tu dir nichts!«

Jens blieb stehen und hatte wieder einen dunkelrosa Kopf. Ich sah ihm fest in die wasserblauen Augen und flüsterte: »Wenn deine Eltern wegen deiner Brille bei mir zu Hause anrufen, dann wird mit dir etwas ganz Fürchterliches passieren. Aber ich sage dir nicht, was.«

Etwas weiter weg hatten sich die Jungs mit langen Ästen von den alten Bäumen bewaffnet, schlugen sich damit gegenseitig und schrien dabei so laut wie eine ganze Viehherde.

Ich blickte bedeutungsvoll in ihre Richtung und dann wieder zu Jens.

»Etwas wirklich Schlimmes. Du bist selbst schuld, dass deine Brille kaputt ist.«

Dann schubste ich ihn noch und rannte zu den anderen.

Drei Tage verbrachte ich mit Herzklopfen in der Nähe

des Telefons. Jedes Mal, wenn es klingelte, sprang ich auf und rannte schnell hin, bevor meine Mutter kam. Ich hatte schon geübt, mit verstellter Stimme zu sagen: »Guten Tag, jaja, nicht so schlimm, das kann ja mal passieren. Wir bezahlen diese Brille nicht. Ihr Sohn war sicher selbst schuld, denn unsere Tochter ist ein ganz liebes Mädchen.«

Gleichzeitig wurde ich von Frau Schimmek mit verschiedenen Drohungen eingeschüchtert. Von »Deine Eltern bekommen von mir einen Brief über dein Verhalten in der Klasse« bis »Du wirst schon sehen, was du davon hast«.

Aber es kam kein Anruf. Ich weiß bis heute nicht, was Jens seinen Eltern erzählt hat, sie haben jedenfalls nie angerufen, und meine Eltern mussten nie erfahren, was ich getan hatte.

Falls er diese Zeilen liest, möchte ich ihm nachträglich sagen: Es tut mir nicht leid. Er hätte mir einfach eine scheuern müssen, und die Angelegenheit wäre für alle sofort erledigt gewesen.

Einige Wochen später kam es zu einem Zwischenfall, der meine Begeisterung für Gewalt dämpfen sollte.

Wir waren in der Pause im Klassenzimmer. Andi, ein ziemlich dicker und schwerer Junge, hatte mich von hinten gepackt und hielt meine Arme auf dem Rücken fest. Dann bog er mich an den Armen nach hinten und hob mich mit meinem Fliegengewicht so weit hoch, dass meine Füße den Boden nicht mehr berührten. Ich schrie wie am Spieß, weil es natürlich in den Schultern und Armgelenken wehtat. Dann ging alles sehr schnell, er wollte mich wie eine Puppe wieder nach vorne biegen, verlor das Gleichgewicht und fiel, festgeklemmt an meinen Armen, hin und begrub mich unter sich.

Ich fiel mit dem Gesicht mit voller Wucht auf den grauen Steinboden in unserem Klassenzimmer, da meine Arme ja noch von Andi festgehalten wurden, konnte ich den Fall nicht mit meinen Händen abfedern. Ich lag bäuchlings auf dem Boden, der dicke Andi auf mir, und öffnete einige Zentimeter über dem grauen Stein die Augen: Ich sah sehr viel Blut und ein paar weiße Stückchen darin. Es waren mein Blut und meine Vorderzähne.

Kurz darauf saß ich blutüberströmt auf der Krankenstation, und eine aufgebrachte Lehrerin versuchte, meiner Mutter am Telefon beizubringen, was eben passiert war. Ich trug an dem Tag, das werde ich nie vergessen, einen knallgelben, engen Rollkragenpullover und einen rotkarierten Schottenrock mit einer Riesensicherheitsnadel an der Seite. Mein Pullover war vorne komplett rot, nur an den Ärmeln sah man noch etwas gelb. Meine Oberlippe hing mir in Fetzen im Gesicht, und es lief mir immer noch Blut aus allen Teilen meiner Mundwerkzeuge. Die Krankenschwester war völlig schockiert und überfordert und drückte mir bloß immer wieder frische Kleenex in die Hand, damit ich das Blut auffangen konnte.

Irgendwann wurde die Tür endlich aufgerissen, und meine Eltern kamen zusammen durch die Tür gehetzt, sahen sich im Raum um, sahen mich und wurden blass. Meine Mutter fing an zu schwanken, griff nach der Tischplatte und sagte nur heiser: »Was hast du gemacht? Was hast du gemacht? Wer hat das gemacht? Wo ist der Schuldige? Ich werde den jetzt erschlagen, was bist du für ein verwildertes Biest, was hast du gemacht …«

Sie tröstete mich mit keinem Wort, sie fuhr die Lehrerin und die Krankenschwester an, dass diese Schule ein Schweinestall für Wilde und Verwahrloste sei, ließ einige Schimpftiraden auf die Verantwortlichen ab und beleidigte den Rektor noch einmal ganz explizit.

Dann schrie sie laut: »Dafür zahlen wir nicht das teure Schulgeld, dass sie unser Kind durch den Fleischwolf drehen!«

Das Beispiel war ziemlich gut, ich sah genauso aus: frisch durch den Wolf gedrehtes Hackfleisch mit etwas gelber Wolle und schwarzen Haaren dran.

Mein Vater sagte gar nichts. Ihm stiegen die Tränen in die Augen, und er sagte leise zu der Lehrerin:

»Oh mein Gott. Sie ist doch ein Mädchen.«

Er versuchte das blutende, immer mehr anschwellende und blau anlaufende Loch aus rohem Fleisch zu untersuchen, was einige Stunden vorher noch die niedliche Schnute mit den zwei prächtigen weißen Schneidezähnen seiner zehnjährigen Tochter gewesen war.

Als wir gingen, bestand meine Mutter darauf, in meinem Klassenzimmer den Schuldigen ausfindig zu machen, aber mein Vater sagte, das würde jetzt nichts mehr bringen.

Wir fuhren nach Hause, wo mir mein Pullover aufgeschnitten werden musste, weil der Rollkragen nicht über mein demoliertes Gesicht passte. Sie reinigten und desinfizierten mich unter lautem Geschrei meinerseits und den Beschimpfungen meiner Mutter. Sie nannte mich eine Wahnsinnige, die sich mit Jungs kloppt, anstatt ein süßes Mädchen zu sein. Sie brauchte eine Erklärung dafür, wie so etwas überhaupt passieren konnte, und die Erklärungen fand sie in meinem nicht entwickelten Verstand und meiner desolaten Psyche.

Der nächste Tag sollte zu einem der schlimmsten Tage meines Lebens werden. Wir fuhren zu einem befreundeten Zahnarzt meiner Eltern. Mittlerweile war mein ganzer Mund dick geschwollen. Über den Schneidezähnen hatte sich auf meiner zerrissenen Oberlippe eine dicke Kruste gebildet. Der rechte Schneidezahn war fast bis zur Hälfte abgebrochen, dem Linken fehlte eine große Ecke.

Der Zahnarzt sah sich das Elend an, schüttelte immer wieder schockiert den Kopf und fragte meine Mutter, wie sich ein Mädchen so schlimm verletzen könne.

Er sagte, bei beiden Zähnen sei der Nerv verletzt und müsse entfernt werden. Dann bekam ich unter lautem Geschrei ein paar Spritzen in mein völlig verwundetes Zahnfleisch, und die Tortur konnte beginnen.

Sie hielten mich zu viert fest: zwei Zahnarzthelferinnen, meine Mutter und der Arzt, und ich schrie und schlug um mich. Es war der schlimmste Schmerz meines Lebens, sowohl davor als auch danach habe ich Derartiges nie wieder erlebt.

Der Zahnarzt war einfach ein brutales Arschloch, der mir nichts ersparen wollte.

Ich blieb eine Woche zu Hause und ernährte mich von Säften und allem anderen, was man durch einen Strohhalm zu sich nehmen konnte. Meine Oberlippe sah immer noch verheerend aus, ich konnte den Mund nicht bewegen und deshalb auch nicht sprechen, lachen oder essen.

Die ganze Familie kam mich natürlich besuchen und bestaunen, als wäre ich eine Kuh mit mehreren Köpfen. Dabei hatte ich nur einen zerstörten Mund. Meine Großmutter jammerte, ich würde so nun keinen Mann mehr finden, denn wer will schon eine Frau ohne Zähne? Woraufhin meine Muter aggressiv wurde und antwortete: »Sie braucht keinen Mann, außerdem bekommt sie schöne Jacketkronen, wenn sie ausgewachsen ist.« Meine Tante murmelte immer nur, dass sie mich auch so liebte und gerne ihre Zähne für mich opfern würde, und ich zischte: »Nein danke, Tante.«

Meine stinkende Cousine sagte gar nichts und glotzte nur wie immer mit ihren dummen Kulleraugen, die nichts aussagten außer Leere und Angst.

Als ich dann endlich mit meinem schwer verwundeten, verkrusteten Mund und den zwei Schneidezahn-Stumpen darin ziemlich abgemagert das erste Mal zurück in die Schule durfte, fühlte ich mich wie ein Soldat nach dem Krieg, dem man aber den heroischen Einsatz für das Vaterland nicht dankt. Die Kinder wichen vor mir zurück, keiner sprach mit mir, und Frau Schimmek war auch sehr komisch. Sehr korrekt und sachlich, aber vollkommen kühl und unherzlich.

Ich erfuhr später, dass meine Mutter dann doch, während ich apathisch zu Hause an meinem Strohalm hing, in der Schule aufgetaucht und einfach mitten in den Unterricht geplatzt war und laut gefragt hatte, wer Andi sei, woraufhin der sich meldete. Sie war mit klappernden Absätzen durch die Bänke zu ihm gegangen, hatte ihn am Kragen gepackt und ihm rechts und links eine gescheuert, dass es wohl nur so knallte, und dann hatte sie noch Frau Schimmek als liederlich, unfähig und asozial beschimpft. Zuletzt drohte sie mit weiteren Konsequenzen, auch mit der Schließung der Schule, bevor sie, die Klassentür hinter sich zuknallend, abgerauscht war.

Alle, sogar die Lehrer, hatten jetzt deshalb Angst vor mir und gingen mir aus dem Weg. Der dicke Andi und alle anderen Jungs sahen immer weg, wenn ich in ihre Richtung sah.

Mich machte das natürlich fertig. Keine Schneidezähne und keine Freunde mehr, das hatte meine Mutter wieder super gemacht.

Nach ein paar Tagen sozialer Isolation brach ich über meinem Teller mit sehr kleingeschnittenem Fleisch und Kartoffelpüree in Tränen aus.

»Was ist jetzt schon wieder los?«, fuhr sie mich ungeduldig an.

»In der Schule reden sie nicht mehr mit mir, weil du so ein Theater gemacht und Andi geschlagen hast«, heulte ich.

»Na und!«, schnauzte sie mich an. »Wenn Lehrer fremde Kinder nicht beaufsichtigen können, dann muss man ihnen sagen, was sie für Versager sind. Sei froh, wenn keiner von den Asozialen mit dir spricht.«

»Nein, Mama, ich bin nicht froh, wenn keiner mit mir spricht … ich bin jetzt ganz allein …«

Durch die Heulerei schwoll mein Mund nur noch mehr an, und der Rotz lief mir aus Nase und Mund, und die Kruste tat entsetzlich weh. Es war alles so schrecklich. Ich wusste nicht, wie mein Leben weitergehen sollte.

»Vielleicht kannst du ja am Ende dieses Jahres doch noch auf eine gute persische Schule«, sagte sie wie zum Trost und gab mir zwei Kleenex. »Da sind die Lehrer aufmerksam und die Kinder anständig erzogen und nicht so verwildert. Da prügelt sich niemand.«

Meine Zeit außerhalb des Unterrichts verbrachte ich nach dem Verlust meiner Schneidezähne fast ausschließlich mit Lesen. Vor allem, als es im Dezember plötzlich kalt und Winter wurde, und ich nicht mehr mit meiner Katze in den Garten konnte. Man hatte mir Provisorien eingesetzt. Meine Oberlippe war komplett vernarbt.

Meine Eltern hatten ständig Gäste, was meistens so aussah, dass sehr viele langweilige Leute rundherum in unserem Salon saßen, Tee aus kleinen Gläsern tranken und sich nonstop mit Zuckermelonen und anderen Dingen vollstopften, die ihnen meine Mutter und das Hausmädchen auf kleinen goldenen Tellern, die man nicht in die Spülmaschine stellen durfte, reichten. Dann wurden auf unserem riesigen Esstisch Mahlzeiten für ganze Heerscharen von Gästen aufgetischt. Alle setzten sich, aßen und aßen und lobten ständig die vorzüglichen Kochkünste meiner Mutter, obwohl ihr Massume Chanum die Hälfte der Arbeit abgenommen hatte. Alle verdrückten Berge, trotzdem blieb auf den Platten noch genug für eine weitere Gesellschaft übrig. Und während die Mädchen die Tafel abräumten, fing im großen Salon alles wieder von vorn an: Tee, Obst, Süßigkeiten und Sahnetörtchen, die meine Mutter ihnen reichen musste. Es war alles vollkommen sinnlos und widerlich, ein Fress-und-Bedien-Marathon. Meine Mutter wollte sich und alle Gastgeber im Iran oder auf der ganzen Welt übertrumpfen. Mit dem pompösesten Haus, dem größten Salon, den elegantesten Möbeln aus Deutschland, den teuersten Seidenteppichen, den glitzerndsten Kristalllüstern aus Frankreich, dem tollsten Essen und dem kostbarsten Silber. Und natürlich ihrem eigenen perfekten Aussehen, ihrer modischen Kleidung und ihren Brillanten an den Fingern. Und als würde das alles nicht reichen, wollte sie auch noch mit mir angeben und wollte deshalb immer, dass ich den Leuten Tee auf einem Tablett bringe. Jedes Mal gab es denselben Streit, weil ich mich natürlich weigerte und meine Mutter mich anzischte: »Los, *Badde,* du bist die Tochter des Hauses. Du musst Tee servieren, das machen alle Töchter des Hauses!«

Und ich tippte mir an die Stirn: »Ich bin aber nicht deine Angestellte. Ich serviere den Arschlöchern keinen Tee.«

»Das ist unhöflich, wenn es eine so große Tochter gibt und die Kolfat bringt den Tee …«

»Ist mir doch scheißegal, was unhöflich ist. Ich bringe denen keinen Tee, ich bin hier nicht die Putzfrau. Ich hasse Tee. Teetrinken ist asozial.«

Sie versuchte, mir das silberne Tablett mit den kleinen gefüllten Teegläsern in die Hand zu drücken, und ich stellte das Tablett wieder ab und ging in mein Zimmer.

»Warte bloß, du kannst was erleben«, rief sie mir dann zornig auf Deutsch hinterher.

Dann servierte sie den scheiß Tee selbst, und ich hörte in meinem Zimmer, wie sie sich bei den Gästen entschuldigte, ihre Tochter wäre so schüchtern, deshalb müsse sie den Tee bringen.

Sie war einfach komplett verrückt geworden.

Manchmal kam sie dann in mein Zimmer geschossen und zischte: »*Badde,* setz dich zu uns.«

»Ich setz mich nicht dazu, was soll ich mich langweilen bei den Arschlöchern?«

»Die fragen die ganze Zeit, wo du bist, badde.«

»Die sollen sich verpissen.«

Meine Mutter holte dann aus, ich duckte mich, sie lief wutrot an und verschwand. Sie versuchte mir immer wieder diese kranke Sitte zu erklären, dass die Tochter des Hauses den Gästen alles servieren müsste und dass es alle tollen Töchter so machten, egal, wo sie hinging, aber ich hasste sie dafür, dass sie diese peinlichen Sachen überhaupt gut fand, anstatt sich darüber totzulachen, dass die blöden Töchter der anderen den Quatsch mitmachten.

Egal ob wir Gäste hatten oder eingeladen waren, ich zog mich mit einem Buch zurück und las. Ich konnte stunden-

und tagelang durchlesen, ich wurde nicht müde. Ich las wirklich sehr viel in diesen Jahren, Berge von Büchern las ich, je dicker, desto besser, dann musste ich keine Angst haben, dass mittendrin die Geschichte zu Ende sein könnte und ich wieder allein und verloren war. Ich glaube, wenn wir nicht so viele Gäste gehabt hätten und nicht so viel eingeladen gewesen wären und alles nicht so langweilig und blöd gewesen wäre, wäre ich heute viel dümmer, weil ich viel weniger Bücher gelesen hätte.

Während der Unterrichtszeit hatten wir zwischendurch immer mal wieder eine sogenannte Freistunde. Da ich jetzt als gefährlich galt, wurde ich von den Coolen ignoriert und saß meistens entweder alleine in unserer winzigen Schulbibliothek herum oder schlich mich vom Schulgelände über die Straße in die kleine Buchhandlung gegenüber eines unserer Schultore unten am Bushof. Die Buchhandlung gehörte einer deutschen Frau, die mit einem Iraner verheiratet war. Der Laden war ein Paradies für mich. Es gab alle deutschen Kinderbücher, Jugendromane und alle wichtigen Comics. Von Zeit zu Zeit machten meine Mutter und ich dort einen Besuch. Die Buchhändlerin zeigte uns dann die neuesten Lieferungen aus Deutschland und erzählte zu jedem Buch etwas, und ich durfte mir alles aussuchen, was ich wollte. Wenn meine Mutter gezahlt hatte, trugen wir zwei große Plastiktüten mit vielen herrlichen neuen Büchern ins Auto. Ich brachte meine Beute in mein Zimmer und baute einen Bücherturm neben meinem Bett auf. Ich lag mit Mr Molly auf meinem Bett, und wir aßen beide fettige iranische Kartoffelchips, die mir zwar nicht besonders schmeckten, aber immer noch besser waren als nichts, krümelten mein Bett voll und machten Fettflecken in die Bettwäsche, bis ich ein Buch nach dem anderen gelesen hatte und der Turm verschwunden und alle Bücher in meinem Regal und die Geschichten in meinem Kopf waren. Dann fuhr ich mit Mama wieder in die schöne Buchhandlung, und wir kauften Nachschub für mich. Ich hatte dort auch das Buch zu meiner Lieblingsserie, die vor unserer Abreise im deutschen Fernsehen im Kinderprogramm lief, gefunden: »Robbi, Tobbi und das Fliewatüüt« von Boy Lornsen. Es handelte von einem Jungen und seinem Freund, dem Roboter Robbi, und seiner Erfindung, die Robbi gebaut hatte, das Fliewatüüt. Das Buch war sehr dick, und es machte Spaß zu lesen, was ich schon im deutschen Fernsehen mit Marionetten gesehen hatte.

Ein anderes Buch, das ich so oft las, dass ich es bis heute auswendig kenne, hatte einen senffarbenen Schutzumschlag, und es stand in blauer Schrift drauf: Ausgezeichnet mit dem Deutschen Jugendliteraturpreis. Es hieß »Als Hitler das rosa Kaninchen stahl«, geschrieben von Judith Kerr. Sie erzählt in diesem ersten Band einer Trilogie die Geschichte ihrer eigenen Kindheit aus der Sicht des kleinen jüdischen Mädchens Anna, die wie sie 1933 nach der Reichskristallnacht mit ihren Eltern vor den Nazis aus Berlin in die Schweiz flieht, und wie es von dort die Familie nach Paris verschlägt, und am Ende des ersten Buches feiert sie in London auf dem Trafalgar Square mit Millionen anderen das Ende des Krieges. Ich weiß nicht, warum mich gerade dieses Buch so gefesselt und tief beeindruckt hat, aber ich konnte Anna in allen Zeiten ganz genau verstehen. Die Stimmung der Eltern, die Traurigkeit ihres Vaters, eines berühmten Theaterkritikers, dessen Texte niemand mehr drucken wollte, weil er Jude war, die Verwirrung in der Fremde und der Druck, etwas Unbekanntes lernen zu müssen, und die Freude, es dann plötzlich zu können und zu verstehen.

Eine Stelle in dem Buch beschäftigte mich besonders. Die kleine Anna liest die Biographien von ein paar berühmten Menschen, denn sie möchte selbst auch unbedingt berühmt werden, genau wie ich. Sie stellt fest, dass alle berühmten Menschen eine schwere Kindheit hatten. Und schließt dadurch darauf, dass man eine schwere Kindheit gehabt haben muss, um berühmt zu werden. Dann fällt ihr ein, dass sie eigentlich eine glückliche Kindheit hatte. Sie, ihr Bruder und ihre Eltern waren immer zusammen, egal was passierte und wo sie waren. Die Stelle erschütterte mich sehr. Ich senkte das Buch und sah mich in meinem Zimmer um. Wenn Annas Kindheit mit der Flucht vor den Nazis nicht als hart durchging, was sollte ich dann sagen. Hinter mir waren keine Nazis her, ich war nicht jüdisch, wir mussten nirgends hin fliehen. Mein Vater hatte den tollsten Beruf, den man in Persien haben konnte. Er war ein Doktor aus Deutschland, alle lagen ihm zu Füßen, und er verdiente viel Geld. Ich lebte in einem großen Zimmer mit schönen Möbeln aus einem deutschen Möbelhaus, die ich mir selbst ausgesucht hatte, was andere persische Kinder überhaupt nicht kannten. Wenn ich auf meinen Balkon ging, sah ich nach unten auf den hellblauen Pool. Für mich wurde extra gekocht, und ich hatte ein geliebtes Haustier. Ich war nicht unterernährt, und mein Wintermantel war mir nicht zu klein, und meine Mutter musste nicht überlegen, woher sie das Geld für einen neuen nehmen sollte, sondern ließ ihn bei einer exquisiten Schneiderin für mich maßanfertigen. Jeden Morgen wartete ein großes Glas mit frisch gepresstem Orangensaft auf mich, damit mein Körper auch genug Vitamine bekam. Von dem Schulgeld, das meine Eltern in einem Monat für mich zahlten, lebten im Süden Teherans zehnköpfige Familien. Ich wurde plötzlich wahnsinnig traurig: Es war einfach vollkommen ausgeschlossen für mich, jemals berühmt zu werden.

3

Am Ende der Ehrenrunde wurde ich ohne Probleme auf das Gymnasium versetzt. Aber Frau Schimmek hatte nicht darauf verzichtet, handschriftlich unter mein Zeugnis zu schreiben:

»Leily benahm sich ihren Mitschülern gegenüber oft unsozial.«

Ich legte das Zeugnisheft mittags auf den Esstisch und ging in mein Zimmer. Kurz danach hört ich meine Mutter laut schreien.

»Gut gemacht, dieses Zeugnis kann man auch niemandem zeigen!« Sie hatte ihre berühmte Keifstimme eingeschaltet, die ich so sehr hasste, weil sie in meinen Ohren wehtat, ein Schmerz, der durch meinen ganzen Körper drang und sich zum Schluss, wenn sie fertig war mit Keifen, in meinem Herzen wie ein glühend heißer Stachel festsetzte, der mich oft für Stunden lähmte. Was sie sagte, war eigentlich egal. Sie stand im Türrahmen und wedelte mit angewidertem Gesicht aggressiv mit dem schwarzen Heft.

»Das ist nichts, worauf du stolz sein könntest! Schäm dich!«

»Du sollst mein Zeugnis auch niemandem zeigen! Ich bin doch kein Arsch, dessen Scheißzeugnis man rumzeigt.«

Ich ging zu ihr, riss ihr das Heft aus der Hand und steckte es zurück in meinen Schulranzen. Es war meins.

»Arsch, Scheiß, Arsch, Scheiß«, äffte meine Mutter mich nach. »Dein Mund ist wie eine Toilette! Wenn du ihn öffnest, stinkt es!«

Mir hingen die Hasstiraden meiner Mutter zum Halse heraus. Der Inhalt glitt zwar an mir ab wie Öl, aber sie hatte für mich mittlerweile eine ganze Reihe von speziellen Beschimpfungen reserviert, die sie sonst zu niemandem sagte, um mich maßzuregeln, zu beleidigen, mir ihren Willen aufzuzwingen oder meinen Stolz anzukratzen. Es ging immer darum, was für ein verachtenswerter Nichtsnutz ich in allen Bereichen des Lebens war. Je aggressiver sie wurde, desto mehr zwang sie mich, meinen Fäkalwortschatz noch ein wenig mehr auszubauen, um bei der nächsten Gelegenheit zurückzuschießen. Ich konnte mittlerweile auch sehr gut die Ohren schließen. Oft stand sie minutenlang vor mir und brüllte mich an, und ich hörte kein einziges Wort davon.

Ich war versetzt worden, mehr konnte man von mir nun wirklich nicht erwarten. Ich zog mein Sommerkleid aus und einen Bikini an, ging aus der Wohnung und hüpfte mit meinen nackten Füßen die kalten Marmortreppen hinunter. Meine Mutter schrie mir noch hinterher:

»Nicht vor dem Essen in den Pool, es ist Mittagssonne! Komm hoch.«

Aber ich überhörte das. Ich wollte nichts essen, denn wir hatten uns alle noch ein großes Eis in dem Krämerladen vor dem Bushof reingeschoben. Ich nahm Anlauf, sprang ins Wasser und warf mich auf die gelbe Luftmatratze, die einsam im Wasser trieb, legte den Kopf auf das heiße Plastik und machte mir Sorgen.

Sechs lange Wochen Sommerferien standen mir bevor, und wieder sprach niemand von einer Reise nach Südfrankreich. Die meisten meiner Schulfreunde würden in den nächsten Tagen nach Deutschland fliegen, zu ihren deutschen Omas und Verwandten. Ich konnte mir nichts Schöneres vorstellen, als die Sommerferien in Deutschland bei einer liebevollen deutschen Oma zu verbringen, die für mich Kartoffelpuffer und Apfelkuchen buk und mir mit Begeisterung alles kaufte, was ich gern hätte. Stattdessen saß ich hier fest, entweder oben mit meiner hysterischen, immer genervten Mutter oder hier unten in dem Garten meiner noch hysterischeren Großmutter, die jetzt zum Glück ihren Mittagsschlaf hielt. Während mir die heiße Teheraner Juni-Mittagssonne auf den nackten Rücken brannte, stellte ich mir deutsche Ferien vor, lange Tage in einem Freibad, mit einem Brauner-Bär-Eis in der Hand vor der Langnese-Tafel in einer lauten Schlange von nassen, zitternden Kindern vor dem Kiosk stehend. Und später in dem Meer von Fahrrädern sein eigenes wiederfinden und mit einer Freundin auf dem Gepäckträger eiernd nach Hause fahren und sich müde und hungrig aufs Abendessen vor dem Fernseher stürzen. Ich hatte, seit wir in Teheran waren, auf keinem Fahrrad gesessen, mein Rad vergammelte in dem feuchten, nach Moder stinkenden Keller meiner Großmutter. Wo hätte ich auch damit hinfahren sollen? Da wo wir wohnten, gab es keine Radfahrer, nur die Glücklichen, die in Gholhak in der Nähe unserer Schule wohnten, hatten Fahrräder oder Motorräder.

Für mich gab es höchstens die Möglichkeit, ans Kaspische Meer zu fahren, wo der Vater meiner Mutter in der Stadt Rasht ein großes Anwesen besaß. Mein Großvater war Tee- und Reisfabrikant und nannte in der Umgebung von Rasht große Ländereien mit Tee- und Reisplantagen samt einer großen Fabrik, in der beides verarbeitet wurde, sein Eigen. Die Gegend am Kaspischen Meer besteht aus sehr feuchtem und fruchtbarem Flachland, wie ich im Erdkundeunterricht lernte, also ideal für Reisfelder, die halb unter Wasser stehen.

Das Holzhaus meines Großvaters hatte mehrere Ebenen und Stockwerke, die ineinander übergingen. Wenn man über den knarzenden Dielenboden durch das Haus lief, irrte man von einem Salon in den nächsten, und überall standen angestaubte Antiquitäten auf vielen Lagen alter Teppiche. Manche Teppiche waren so kostbar, dass man sie nicht auf den Boden legen durfte, sie mussten an der Wand hängen, neben gigantischen Spiegeln, und lauter Kristallzeug, große, leere Kristallschalen und Bodenvasen standen einsam herum, und darüber hingen große Lüster, so viele und so groß, wie ich sie noch nie in meinem Leben gesehen hatte. Aber die Lüster und das ganze Zeug waren nicht so hässlich wie die Papageien und der Ramsch von Maman.

»Das hat alles mein Großvater vor fünfzig Jahren aus Russland mitgebracht, meine Liebe!«, sagte meine Mutter hoheitsvoll, als ich mich auf einen kleinen hellrosa Seidensessel setzte. »Das ist aus der Zarenzeit, solche Sachen gibt es heute gar nicht mehr zu kaufen. Und setz dich nicht mit deinem dreckigen Hintern auf die Seide! Los, weg da.«

Die Veranda zog sich rund um das erste und zweite Stockwerk des Hauses, sodass es fast ein wenig aussah wie die alten Häuser, die ich von den Schwarz-Weiß-Fotos im einzigen chinesischen Restaurant in Teheran kannte. Ich war einmal dort gewesen, mit meiner Freundin Hilde und ihren deutschen Lehrer-Eltern, die beide an unserer Schule unterrichteten.

Aber jedes Mal, wenn wir ans Kaspische Meer, oder »Kaspi«, wie es die Deutschen nannten, wollten, gab es vorher einen Riesenkrach zwischen meinen Eltern. Aus irgendwelchen Gründen hasste mein Vater die Familie meiner Mutter und meine Mutter die von meinem Vater. Im Gegensatz zu meinem Vater war meine Mutter immer sehr nett und liebenswürdig zu den Eltern und Geschwistern meines Vaters und ließ sich nichts anmerken. Mein Vater hingegen machte aus seiner Abscheu kein Geheimnis. Warum er meinen Großvater so sehr hasste, dass er jedes Mal streiten musste, wenn wir dorthin eingeladen waren, habe ich nie herausfinden können. Es hatte auf jeden Fall etwas mit Geld zu tun, wovon der Vater meiner Mutter sehr viel besaß, viel mehr als der Vater meines Vaters, und damit, dass bei der Hochzeit meiner Eltern irgendetwas nicht so gelaufen war, wie mein Vater es wollte. Er trug auch nie die goldene Uhr, die die Eltern meiner Mutter ihm zur Hochzeit geschenkt hatten, das warf ihm meine Mutter dann im Streit gerne vor, um sofort zu erwähnen, dass ihr Hochzeits-Brillantring zwei Nummern kleiner ausgefallen wär als von ihr erwünscht. Und dann zählten sie sich gegenseitig auf, wann, wie und wo sie unter der Familie des anderen gelitten hatten.

Wenn dann endlich entschieden wurde, dass wir doch ans Meer fuhren, fiel meinem Vater ein, dass er seine Praxis nicht zu lange schließen konnte, und so kam er immer nur zum Schluss auf das verhasste Anwesen seines Schwiegervaters, um uns abzuholen und auf der Rückfahrt nach Teheran meine Mutter ausgiebig anzuschreien und ihre Familie gehörig mit Worten, die ich nicht kannte, zu beleidigen. Die Zeit dazwischen war immer ziemlich langweilig für mich, außer wenn Cousine Pouri mit Klaus, Pauli und Minou auch in ihrem Haus in Rasht waren. Die Mutter von Pouri lebte bei ihrer Tochter und ihrem Schwiegersohn, sie war die Schwester vom Vater meiner Mutter und war auch mit irgendwie im Reis- und Teebusiness.

Pouri war vor vielen Jahren zu ihrem Bruder nach Deutschland geschickt worden, um irgendetwas zu studieren. Ihr Bruder studierte Medizin wie mein Vater, nur wollte er nach dem Studium nie mehr zurück in den Iran und lebte mittlerweile glücklich mit seiner Modelfreundin als Arzt in Berlin. Ich weiß nicht, was Pouri in Deutschland machte, jedenfalls war sie in den Sommerferien in Teheran und entdeckte einen großen, blassen Mann, der in einem Teppichgeschäft verzweifelt versuchte, sich zu verständigen. Pouri kam ihm mit ihren guten Deutschkenntnissen zu Hilfe, er kaufte erst den alten Teppich und verknallte sich dann total in sie. Verknallen bedeutete heiraten für Pouri und ihre Familie, also musste Klaus auf iranische Art um ihre Hand anhalten, und es gab eine rauschende persische Hochzeit mit einer achtstöckigen Torte, Blumenmeer und kreischenden Brautjungefern in Petticoats und spitzen Pumps. Es waren ja die Sechziger. Klaus und Pouri lebten nach der Hochzeit in Teheran, denn Klaus war Ingenieur für ein Deutsch-Iranisches Raffinerieprojekt und baute den doofen Persern Raffinerien für ihr Öl.

Ich mochte Pouri, Klaus und die Kinder sehr. Sie waren nett, angenehm liebevoll, ohne dabei falsch und verlogen zu sein wie die anderen, und irgendwie total normal. Und sie sprachen gerne Deutsch mit mir. Pouri war so etwas wie meine allererste Stilikone zum Anfassen. Sie war auf eine sexy Art sehr knochig, was ich schön und auch etwas rührend fand. Ich mochte zu dünne Mädchen, ich war ja auch selbst eins. Klaus war ein stiller Mann. Obwohl er perfekt Farsi sprach, sagte er selten etwas. Er nervte mich nie mit blöden Fragen, sondern fragte mich ganz normal, wie es mir ging und was ich so machte, so als wäre ich ein vollwertiger Mensch, was sonst niemand in meiner Familie hinbekam.

Klaus war angenehm und respektvoll distanziert, was ich von meinem Vater nicht kannte, der mich immer mehr mit seiner lauten Anwesenheit und seinen merkwürdigen Ansichten und neuen Erkenntnissen zur Weißglut brachte und neuerdings ständig irgendwelche beknackten Gesetze verabschiedete. Er sagte meiner Mutter sogar, wenn ihm nichts anderes mehr einfiel, wie sie das Fleisch braten, die Salatsoße machen und was für ein Tischtuch sie nehmen sollte. Und meine Mutter gehorchte dann auch noch, was mich wütend machte. Bei uns wurde die meiste Zeit geschimpft, geflucht und beleidigt. Wenn meine Eltern nicht mich beschimpften, beschimpften sie einander oder redeten schlecht über andere Leute. Lieber wäre ich Klaus' und Pouris Kind gewesen, allein schon, weil ich dann einen herrlichen deutschen Nachnamen gehabt hätte: Müller!

Meine Großeltern mütterlicherseits interessierten sich beide überhaupt nicht für Kinder, auch nicht, wenn es ihr einziges Enkelkind war, und redeten kaum mit mir, was ich nur bedingt angenehm fand. Ich war Feedback gewöhnt, und hier war ich immer nur das lästige Anhängsel meiner Mutter. Meine Stiefgroßmutter verbrachte die Sommer nur deshalb bei ihrem Mann in Rasht, damit es nach außen so aussah, als wäre die Ehe noch intakt. Sie saß die meiste Zeit rauchend im Wohnzimmer und zog ein angewidertes Gesicht, bis ihre Freundinnen zum Rommé und einem Glas Cognac kamen und sie sich darüber beklagen konnte, wie unglamourös ihr Leben im Iran sei und wie sie froh sei, bald wieder in London zu sein. Mein Großvater war tagsüber meistens unterwegs, kam abends nach Hause, hatte einen prächtigen Weißfisch aus dem Kaspischen Meer dabei, den er selbst zubereitete und in den Ofen schob und der wirklich köstlich schmeckte, im Gegensatz zu dem Essen, das Hadi, der Hausknecht, sonst für uns kochte.

Meine Stiefgroßmutter hasste es zu kochen und kam aus einem Elternhaus, in dem die Dame des Hauses natürlich nie die Küche betreten hätte. Deshalb war es ihr egal, ob Hadi kochen konnte oder nicht, Hauptsache, sie musste es nicht tun, wenn sie in Rasht oder Teheran war. In London ging sie immer ins Restaurant oder ließ das Essen nach Hause liefern. Wenn ich mich über Hadis wässriges Essen beklagte, tat ich meiner Mutter leid, aber sie konnte es nicht ändern – wenn sie sich selbst in die Küche stellte, würde sie sowohl die Eltern beleidigen als auch sich selbst degradieren. Früher hätten sie richtige Köche gehabt, die hätten auch gut gekocht, aber ihr Vater kochte gerne selbst, jetzt wo der Drachen in London saß, und für die paar Wochen im Sommer musste eben Hadi herhalten.

Ich fand Hadis Essen aber bei weitem degradierender, als ein weibliches Mitglied unserer Familie in der Küche kochen zu sehen.

Meistens waren die hübschen Halbschwestern meiner Mutter aus London auch da. Meine Tanten waren der Hit. Sie hatten sich beide schon mehrmals die Nasen operieren lassen, rauchten Kette, machten dreckige Witze und hatten am Strand immer so winzige Bikinis an, dass sogar meine Mutter sich darüber aufregte. Und sie hatten beide einen Boyfriend in London, was ich zufällig von ihnen erfuhr, da es mir meine

Mutter nicht erzählt hatte, weil es meinem Großvater nicht gefiel, und sie es auch missbilligte. Aber er konnte nichts dagegen tun, seine Frau hatte die Führung bei der Erziehung ihrer Kinder übernommen. Mein Vater nannte die Tanten deshalb auch: die Nuttenschwestern.

Die Nuttenschwestern hatten aber tolle englische Modemagazine dabei, den ganzen Koffer voller Klamotten wie die aus diesen Magazinen und waren im Gegensatz zu meiner Mutter sehr albern. Wir fuhren meistens eine halbe Stunde raus aus der Stadt, ans Meer, und zwar in einen neuen privaten Beach Club. In dem Beach Club gab es einen langen, breiten Sandstrand, Sonnenschirme aus Stroh und blaue Liegen, mehrere Restaurants, einen großen und einen kleinen Pool, einen Tennisplatz und Spielplätze. Pauli und ich waren ein Team und hatten dort immer genug zu tun, und zur Not lernte man schnell noch irgendwelche Kinder kennen. Da der Club ziemlich elegant und exklusiv war, waren die Kinder auch nicht ganz so schlimm wie sonst überall. Ich fragte immer als Erstes, auf welche Schule sie gingen. Wenn sie antworteten: American School, British School, Lycée Razi oder International School, redete ich mit ihnen.

Wenn sie auf eine persische Schule gingen, drehte ich mich sofort weg, weil ich wusste, dass es keinen Sinn hatte. Einige sprachen sogar nur Englisch mit amerikanischem Akzent mit ihren iranischen Eltern, was ich cool fand. Gita, die ältere Schwester meiner Mutter, fragte mich ständig, mit Blick auf mein leeres Bikini-Oberteil und meinen mageren Oberkörper, wieso ich keinen Busen und keinen Boyfriend hätte, und wenn ich dann verlegen wurde, lachten sich die beiden Schwestern mit Pouri schlapp und fragten meine Mutter, ob ich schon meine »Regel« hätte. Und dann schüttelte meine Mutter den Kopf und rollte mit den Augen. Dann wurde darüber gesprochen, dass ich schon fast zwölf sei und jetzt meine Regel bekommen müsse. Aber ich wurde in diesem August ja erst elf. Perser machten einen immer ein Jahr älter, hatte ich festgestellt. Meine Mutter flüsterte ihnen dann leise etwas zu, und ich verstand nur das Wort »spätreif«.

Ich versprach ihnen dann allen, bis zum Ende der Ferien auf jeden Fall einen Boyfriend zu haben, weswegen mich meine Mutter böse ansah. Meine Mutter war für Gita und Bita eben die ältere, spießige Schwester, die früh geheiratet und ein Kind bekommen hatte, anstatt nach London zu gehen und eine schicke Nutte zu werden wie sie. Ich konnte das nicht verstehen.

»Warum bist du nicht nach London gegangen wie Gita und Bita, Mama? Dann könnten wir beide jetzt in London leben und hätten es super, und nicht voll blöd und in Teheran«, fragte ich meine Mutter abends, als sie mir den Sonnenbrand auf meinen dunkelbraunen Schultern eincremte.

»Dann hätte ich dich doch nicht, du Dummerchen. Außerdem hat mir hier auch niemand London angeboten, sonst hätte ich sicher nicht deinen Vater geheiratet.«

»Deinen Vater« sagte sie in einem Ton, als hätte ich ihn persönlich erfunden und ihr angedreht.

Ich glaubte ihr nicht. Mein Opa war ein gerechter Mann, warum sollte er seine beiden jüngeren Töchter nach London schicken und seine älteste nicht?

»Weil sie nicht meine Mutter ist. Sie hat ihn dazu gebracht, ihre Töchter nach London zu schicken, damit sie auch vor ihm flüchten kann.«

Ach so, ja, die Geliebte!

»Wo ist denn jetzt die hübsche Geliebte, Mama?«

»Pssscchscht!« Meine Mutter machte einen entsetzten Zischlaut, sprang zur halbgeöffneten Tür des Gästezimmers, in dem ich schlief, und schloss sie leise.

»Komm bloß nicht auf die Idee, hier auch nur irgendjemanden auf dieses Thema anzusprechen, hörst du?«

Ich glotzte sie an. »Aber es wissen doch alle schon?«

Sie starrte mich eindringlich an und bohrte ihren spitzen

Finger in meine busenlose Brust: »Mit niemandem! Kein Wort!«

Und dann sagte sie drohend:

»Du bist schon fast eine Frau, bald bekommst du deine Regel. Da weiß man, was man sagen darf und was nicht.«

Jetzt war ich völlig entsetzt. Ich war elf. Und an meine Regel wollte ich überhaupt nicht denken, nie.

Meine Klasse nach den Ferien war vollkommen neu gemischt. Ich kannte fast niemanden von meinen Mitschülern. Es ging also zum dritten Mal auf dieser Schule von vorne los. Allein unter lauter Fremden. Aber ich fand bald zwei neue Freundinnen, meine ersten richtigen Freundinnen in Teheran. Carmen war hellblond und gerade erst mit ihren deutschen Eltern nach Teheran gezogen. Ihr Vater war Ingenieur bei Krupp, und ihre Mutter war genauso blond wie sie und hatte viele lustige Sommersprossen. Ich war gerne bei ihr zu Hause, ihre Eltern waren nett und unkompliziert und immer gut gelaunt. Ich fuhr oft nach der Schule mit zu ihr, und wir verbrachten den Nachmittag am Pool oder in ihrem Kinderzimmer mit den neuen schönen, roten Kinderzimmermöbeln aus Deutschland. Einmal fand ich bei ihren Eltern im Wohnzimmer einen alten *Stern*. In dem Heft war ein großer Bericht über einen Jungen, den die Mafia in Rom entführt hatte. Da mich alle Geschichten über berühmte Menschen interessierten, vertiefte ich mich in die unglaubliche Geschichte dieses Jungen, der hier von der Zeit seiner Entführung erzählte. Der Großvater des Jungen war einer der reichsten Männer von Amerika, und die Entführer wollten, dass der Großvater eine Menge Geld zahlte, damit sie den Jungen wieder freiließen. Der Großvater war aber ziemlich eklig, soweit ich das in dem Text mitbekam, und wollte kein Geld rausrücken. Da schnitten die Entführer dem Jungen einfach ein Ohr ab und schickten es dem Großvater mit der Post nach Amerika. Zufällig streikte die Post, das Ohr war viele Monate unterwegs, und der Junge musste ewig auf seine Freilassung warten. Besonders schockierend fand ich, wie der Junge genau erzählte, wie sie einfach mit einem Messer sein Ohr absäbelten, die Knorpel durchschnitten und wie das ganze Blut in seinen Haaren verkrustete. Er sagte, das Schlimmste war für ihn, dass er keine Sonnenbrille mehr aufsetzen konnte, wo er doch Sonnenbrillen über alles liebte. Die Sonnenbrillen hielten nicht auf dem Ohrstumpen, der ihm geblieben war.

Die Geschichte ging mir wahnsinnig nahe, und ich musste immer wieder an den Jungen denken, so ganz allein in Rom, in der Hand der grausamen Entführer, und der böse Großvater, der ihn einfach im Stich ließ. Es war ein Foto des Jungen dabei, er hatte lange braune Locken und sah sehr hübsch aus. Ich stellte mir vor, wie weh es tun musste, wenn einem ohne Betäubung mit einem Klappmesser das Ohr abgeschnitten wird. Ich wollte mit Carmen über Ohramputationen sprechen, aber es interessierte sie überhaupt nicht. Sie wollte lieber weiter mit unseren Barbies spielen.

Mit meiner anderen Freundin Angela kam ich im Ballettunterricht ins Gespräch. Seit Anfang des Schuljahres ging ich nämlich wieder in die Ballettstunde. Eine unserer Sportlehrerinnen, Frau Armenian, war Deutsche, vor ihrer Ehe professionelle Tänzerin in Berlin und gab im Bowling-Club einmal pro Woche Ballettunterricht. Der Bowling-Club war ein großer amerikanischer Club am obersten Ende der Pahlewi Avenue, eine halbe Autostunde Richtung Norden von uns entfernt, da, wo die Bäume prächtig und gesund waren, und rechts und links nur lange Mauern zu sehen waren, hinter denen die ganz krassen Villen von Leuten, die meistens irgendetwas mit dem Hof zu tun hatten, in großen Parks versteckt waren und keine Schafherden im Wassergraben neben der Straße, dem *Djub,* rumstanden und Melonenschalen futterten. Der Bowling-Club war die ganzen Jahre über einer der beliebtesten Plätze für uns von der Deutschen Schule. Oben war zum Beispiel eine große Rollschuhbahn, wo wir manchmal

Sportunterricht hatten. Das fand ich super, weil ich immer eine große Niete in Sport war, aber sehr gut Rollschuh fahren konnte. Ich hatte mir meine ersten Rollschuhe mit sechs gewünscht, das waren solche, die man sich unter die Turnschuhe schnallte, und an denen man mit einem Kreuzschlüssel die Größe verstellen konnte, sobald man wieder etwas gewachsen war. Ich bretterte so lange erbarmungslos auf das unebene Bürgersteigpflaster in unserer Straße in Deutschland, bis meine Knie komplett blutverkrustet waren und ich endlich schneller war als alle Fußgänger. Die Rollschuhe im Bowling-Club waren aus weißem Leder, sahen aus wie Schlittschuhe und hatten vorne Stopper aus Gummi, die Bahn war aus aalglattem Linoleum. Für mich überhaupt keine Herausforderung, ich war immer die Beste und konnte mich damit vor der Fünf in Sport retten. Frau Armenian war erstaunt darüber, wie jemand, der keinen Ball fangen und nur zwei Meter weit werfen und nur einen halben Meter weit springen konnte, mit einem Bein nach hinten gestreckt im Takt der Musik eine perfekte Acht fahren konnte. Unten im Erdgeschoss waren gigantische Bowlingbahnen, wo gut gelaunte Amerikanerinnen mit fetten Hintern in Jerseyhosen hochmotiviert die schwarze Kugel schwangen, dazu Bier tranken und laut auf Amerikanisch grölten. Gleich daneben in der Eingangshalle war ein Foto-Automat, der schwarz-weiße Passbilder machte. Es gehörte einfach dazu, sich zu zweit oder zu dritt in die kleine Kabine zu quetschen und komische Grimassen zu ziehen, während es viermal blitzte. Ich glaube, es gibt niemanden von uns, der nicht wenigstens eine Serie von diesen Bildern besitzt. Der Ballettunterricht dagegen war weniger amüsant. Spitze wurde überhaupt nicht getanzt, die meisten hatten nur Gymnastikschuhe mit einer geriffelten Gummisohle, was mich massiv störte. Meine Ballettschuhe waren aus rosa Leder, hatten eine Wildledersohle und ein rosa Gummiband um den Spann. Auch mein Trainingsanzug war rosa, genau wie meine Ballettstrumpfhosen, und natürlich hatte ich rosa Stulpen. Der

Rosa-Fimmel beim Ballett war meine geheime dunkle Seite. Das ganze Zeug war neu und aus Paris. Parvin hatte es mir von einer Paris-Reise mitgebracht.

Es gab kein Klavier, wir mussten zur Klaviermusik aus einem kleinen schrottigen Kassettenrekorder tanzen, und Frau Armenian spulte ständig zurück, während sie uns streng und humorlos herumkommandierte. Mir machte das Ballett dort so gut wie keinen Spaß, denn mir fehlte völlig das Gefühl, eine Bühne zu betreten, und die unprätentiöse Einstellung zum Ballett der anderen in ihren schlecht sitzenden Sportklamotten langweilte mich. Ballett musste rosa-weiß sein, mit Tüll und streng zurückgekämmten Haaren, sodass die Ohren leuchtend abstanden. Aber hier hatte niemand Primaballerina-Träume. Ich ging trotzdem hin, denn es war besser als nichts. Außerdem wollte ich mittlerweile unbedingt eine berühmte Schauspielerin werden, am liebsten sofort, und ich wusste, ohne Ballett hatte man als Schauspieler keine Chance. Filmschauspielerin wollte ich werden. Im Kino des Goethe Instituts wurden immer wieder deutsche Kinderfilme speziell für uns vorgeführt. Ich hatte »Die Vorstadtkrokodile« und »Nordsee ist Mordsee« mit Uwe Bohm gesehen und war von beiden Filmen beeindruckt.

In genau solchen Filmen wollte ich mitspielen, und zwar jetzt sofort, als Kind, und nicht erst, wenn ich erwachsen war und eine Schauspielschule besucht hatte.

Eines Tages standen ein paar Leute mit Kameras auf dem Schulhof, machten Bilder von uns und schrieben dazu unsere Namen auf. Sie waren von einer Werbeagentur und suchten Kinder für einen Kinospot. Ich drängelte mich vor und versuchte so niedlich wie möglich auszusehen, aber die Leute waren vollkommen umzingelt von Kindern, und ich konnte mir nicht vorstellen, dass sie sich überhaupt je wieder an mich erinnern würden.

Zwei Tage später kam ich aus der Schule, und meine Mutter

öffnete mir die Tür mit einem überraschten Gesicht. Die Leute hatten angerufen und ihr gesagt, sie hätten mich zusammen mit vier anderen Kindern aus Hunderten ausgewählt, um in einem Kinospot für Elefanten-Schuhe mitzuspielen.

Ich war begeistert! Das war endlich der Anfang einer glorreichen Karriere als Schauspielerin, alle großen Schauspieler in Hollywood hatten mit kleinen Rollen angefangen. Ich würde berühmt werden.

Die Dreharbeiten fanden an einem verregneten Tag auf dem Minigolfplatz des gigantischen Schahanschahi-Parks am oberen Viertel der Pahlewi Avenue statt, wo ich oft freitags mit meiner gesamten Familie spazieren gehen musste, was unglaublich langweilig und qualvoll war und was ich natürlich abgrundtief hasste. Dazu der Anblick der anderen Familien, die von Großeltern bis Enkelkindern gemeinsam durch den Park liefen und das auch noch für ein vergnügliches Freitagserlebnis hielten, Eis aßen und sich von den Männern mit der Polaroidkamera für zehn Toman fotografieren ließen. Es war furchtbar und es deprimierte mich unglaublich. Nichts war deprimierender als Familien, je größer, desto schlimmer. Ich hasste Familien einfach, Familien waren nur dazu da, einen zu quälen und dazu zu zwingen, Dinge zu tun, die man nicht wollte, und zu Leuten nett zu sein, die man hasste.

Es regnete sehr selten in Teheran, aber an diesem Tag hörte der widerliche, warme Nieselregen nicht mehr auf. Es standen irrsinnig viele, wichtig aussehende Leute herum, Kameras waren aufgebaut, und ein paar Frauen standen vor einem Stapel Schuhkartons, in denen wohl die Schuhe für uns waren. Außer mir war noch zwei Mädchen und zwei Jungs aus meiner Schule dabei, die alle eher europäisch aussahen, ich war die dunkelste, und es blieb unklar, welche Strategie die Werbeleute bei ihrer Auswahl verfolgt hatten.

Die Frauen erklärten uns, was zu tun sei: Wir sollten die kleine Betonbrücke hinaufmarschieren, Arme und Beine synchron bewegen, in der einen Hand einen kleinen lächerlichen Regenschirm halten und dazu ein Lied singen. Das Lied ging so:

»Ma mirim be madresseh, ba Elefantenschuheh.« Was so viel heißt wie: »Wir gehen zur Schule in Elefantenschuhen.«

Als wäre das nicht schon peinlich genug, sollten wir auch noch die knöchelhohen Gummistiefel aus den Kartons tragen. Meine Gummistiefel waren immer kniehoch, wer außer Gartenzwergen trug solche Stiefelchen? Uns hatte auch niemand vorher gefragt, welche Schuhgrößen wir hatten. Die größten Stiefel in den Kartons hatten Größe 34, es waren ja Kinderstiefel für persische, kleinfüßige Kinder. Ich hatte mittlerweile Größe 38. Die beiden Jungs weigerten sich, ihre Würde in Form der neuen High Tech Adidas überhaupt erst abzustreifen und die lächerlichen kleinen Stiefelchen zu probieren. Nur eins der Mädchen stopfte seine Füße brav in die winzigen roten Stiefel und humpelte auf die Brücke. Ich wälzte mich vor Lachen auf dem nassen Boden, weil die Jungs richtig sauer waren, rote Zwergenstiefelchen angeboten zu bekommen. Dann sagte ich der Frau, die Schuhe seien zu klein. Sie bekam sofort eine genervte Falte zwischen den Augenbrauen, genau wie meine Mutter, bevor die Kreischstimme einsetzte, und sah mich mit ihren fiesen persischen Augen an:

»Haben wir nicht, los, zieh die hier an!«

»Blöde Nutte«, dachte ich, schnürte meine Kickers auf und versuchte, einen Fuß in den Stiefel zu bekommen. Die Frau sah mir noch genervter dabei zu und fuhr mich an, ich solle meine dicken Frotteesocken ausziehen, wie dumm wäre ich, dass ich denken würde, die Schuhe wären zu klein.

Wie sprach die Kuh denn mit mir? Ich war doch Filmstar und keine Hausangestellte.

Jedenfalls schafften wir es dann doch laut fluchend, unsere nackten Füße in die Gummidinger zu quetschen, die von unseren Füßen völlig ausgebeult und deformiert wurden. Natürlich tat es höllisch weh, immer wieder die kleine Brücke mit den eingeklemmten Füßen rauf und runter zu marschieren, dabei den Schirm zu halten, sich von dem lauwarmen Regen berieseln zu lassen, dabei noch fröhlich auszusehen und das bescheuerte Lied zu singen.

Als wir unsere schmerzenden Füße zusammen mit unserer Identität aus den Kinder-Gummidingern raus und zurück in unsere eigene Coolness stecken konnten, war ich leicht verunsichert, was meine Schauspielambitionen anbelangte.

Ich hatte mir mein erstes Engagement glamouröser vorgestellt.

Ein paar Wochen später rief mich Tante Mahin an und erzählte aufgeregt, sie hätte mich im Kino in einem Elefanten-Schuhe-Werbespot gesehen und sie wollte sich deswegen sofort für mich opfern. Sie erzählte, ich wäre die Schönste, die ganze Zeit groß im Bild, und sie hätte laut in den dunklen Kinosaal schreien wollen: Das ist meine Nichte!

»Mama, wir müssen ins Kino, sofort.«

Auf der Pahlewi Avenue war wenige Meter von unserer *Kutsche* ein großes Kino, dorthin gingen wir gleich in die nächste Vorstellung, einen persischen Film. Es war ein erhebender Moment, als der Spot gezeigt wurde, und ich wusste, alle in dem Kino konnten mich auf der Leinwand sehen. Jetzt fühlte ich mich doch ein bisschen wie ein Star. Wir schlichen uns nach der Werbung aus dem Kino, den persischen Liebesfilm wollten wir nicht sehen.

»Mama, ich will Schauspielerin werden.«

»Hör auf damit. Badde, wenn du das ständig sagst. Wer wird denn schon Schauspielerin?«

»Ich, Mama. Ich mein's ernst.«

Sie sah mich mit diesem angespannt-gereizten Blick an, als sei ich das nervigste Insekt, das sogar gegen das hochgiftige iranische Insektenvernichtungsspray PifPaf resistent sei. In Teheran gab es in jedem Haushalt eine Riesenflasche PifPaf, ich hatte damit schon die allergrößten Kakerlaken ins Koma befördert und mich sogar einmal selbst nach einem Powerspraying übergeben müssen, so giftig war es.

»Was ist denn so schlimm daran?«, fragte ich und schleckte genüsslich an dem Schokoladeneis, das ich mir nach dem Kino gekauft hatte. Die geschmolzene braune Soße tropfte auf einer Seite aus der Waffel zwischen meinen Fingern auf den Boden.

»Warum musst du immer so eine Sauerei machen, wenn du ein Eis isst?« Sie gab mir ein Taschentuch. »Und hör auf, jedem zu erzählen, dass du Schauspielerin werden willst. Alle Schauspielerinnen sind Huren. Du musst mit jedem schlafen, sonst bekommst du keine Rollen.«

»Quatsch, Mama. Ich will jetzt Schauspielerin werden. Kinderfilme, da muss man doch mit niemandem schlafen!«

»Aber du wolltest doch Schriftstellerin werden!«

Sie hatte jetzt zwei genervte Falten zwischen den dünn gezupften, goldbraun gefärbten Augenbrauen.

»Ja, klar, irgendwann. Aber erst Schauspielerin!«

»Red keinen Quatsch. Du willst doch nicht Hure werden. Du bist in Europa aufgewachsen, die Tochter von einem Arzt und gehst auf die Deutsche Schule!«

Und damit war für meine Mutter die Diskussion über meine Karriere beendet. Wenn sich etwas nicht gehörte, kam sie immer mit dem Argument, ich sei die Tochter eines Arztes aus Europa und würde auf die Deutsche Schule gehen. Sie sagte es, wenn ich in der Nase bohrte, breitbeinig saß und man meinen Schlüpfer sehen konnte oder mit den Fingern aß. »Dochtare Dokor« und »Madrassehe Almani« waren der Hemmschuh für alles, was mit Freiheit und einem Hauch von Spaß zu tun hatte. Sie meinte dann, ich solle schon mal nach Hause gehen, sie wollte noch in den Supermarkt. Ich stopfte mir schnell den Rest der mittlerweile aufgeweichten Waffel in den Mund und rannte hinter ihr her. Supermarktbesuche mit meiner Mutter gehörten zu meinen Lieblingsbeschäftigungen, die Gelegenheit ließ ich mir nicht entgehen, vor allem, weil sie dabei überhaupt keinen Wert auf meine lästige Gesellschaft legte.

Das große Kaufhaus am Ende der *Kutsche* an der Ecke der Pahlewi Ave war mein zweites Zuhause. Ich trieb mich da mehrmals in der Woche herum, manchmal, um etwas für meine Mutter zu besorgen, manchmal auch nur, um in der Baby-Abteilung Kleidung für Mr Molly zu stehlen. Mir machte nicht nur das Anziehen der Katze, sondern auch das Klauen unglaublichen Spaß. Den dicken Geldstapel, den ich in meinem Schreibtisch versteckt hatte, rührte ich nicht an. Der musste wachsen, falls ich irgendwann doch schnell abhauen wollte, brauchte ich viel Geld. Aber das war kein Problem, ich bekam so viel Geld, wie ich wollte. Das Klauen hatte damit nichts zu tun. Es war lustig und befriedigend. Leider gab es nicht besonders oft etwas Schönes, das Angebot der Waren war nicht wirklich überwältigend.

Es gab damals noch keine Diebstahlsicherungen, und man konnte ungehindert kleine T-Shirts, Mützchen und Schürzchen in Katzengröße mitgehen lassen. Meine Mutter fragte mich auch nur nebenbei, wo die Sachen für die Katze herkamen, ich log sie an, das wären Sachen des Babybruders einer Schulbusfreundin, und es interessierte meine Mutter auch nicht weiter.

Bis auf einen blöden Zwischenfall wurde ich nie dabei erwischt. Ich war mit meiner Mutter unten im Supermarkt, sie war schon an der Kasse, und ich lungerte noch zwischen den Regalen in der Süßigkeitenabteilung herum und entdeckte eine aufgerissene Tüte mit interessant aussehendem, buntem Gebäck. Ich nahm eins davon, schob es mir in den Mund, und es schmeckte eklig. Da kam ein männlicher Supermarktangestellter auf mich zu, packte mich am Arm und schimpfte, was mir einfiele, was ich da machte, sei verboten. Er wollte wissen, ob ich alleine da sei, und zog mich dann hinter sich her zur Kasse, wo meine Mutter ihre Einkäufe auf das Rollband legte und erstaunt auf mich mit dem Typen im blauen Kittel sah.

»Tschi schod?«, fragte sie. Was ist los?

Der Verkäufer schimpfte, ich hätte die Packung aufgerissen

und einfach gegessen, und legte die kaputte Tüte als Beweis zu ihren Einkäufen aufs Rollband, entschuldigte sich für die Belästigung und ging.

»Warum hast du das gemacht?«, fragte meine Mutter erstaunt. »Ich hätte es dir doch gekauft.«

»Mama«, fing ich an. Aber dann verließ mich die Lust, überhaupt etwas zu erklären. Ich war kurz davor, meiner Mutter zu sagen, dass ich oben im dritten Stock das Zeug bergeweise hinaustrug und mich sicher nicht bei so etwas Blödem wie ein paar Keksen erwischen lassen würde.

Aber ich sagte nur: »Die Tüte war schon offen, ich hab mir nur einen Keks herausgenommen, das hat er gesehen.«

Damit war das Thema für uns erledigt.

Ein großes Problem neben allen anderen Problemen war weiterhin der verdammte Persischunterricht. Ich hasste Persisch noch mehr als Mathe und saß während der obligatorischen sechs Stunden Farsi wie eh und je hinten in der Deppenreihe und war immer noch ein Fristi. Meine Frist musste verlängert werden, weil ich längst nicht auf dem ziemlich niedrigen Persisch-Niveau der Klasse war. Meine Nachhilfelehrerin hatte mich auf das Niveau der dritten Klasse gehievt, ich las mit Mühe und konnte kaum ein Wort fehlerfrei schreiben. Das Schwierige an Farsi ist, dass es jeden Buchstaben mehrmals gibt. Sieben S, fünf T, mal wurde das A geschrieben, mal war es nur ein Akzent, es war jedenfalls verwirrend und für mich unlernbar. Man musste im Gefühl haben, ob das Wort arabischen oder iranischen Ursprungs war, und dann wusste man, welches T das richtige war oder welches von den sieben verschiedenen S. Ich hatte aber gar keine Ahnung, was woher kam und wollte es auch nicht wissen. Ich fand Farsi vollkommen sinnlos und langweilig und deprimierend. Wer sprach schon Farsi auf der Welt, dachte ich. Der Stress lohnte einfach nicht, in meinem Gehirn war auch schon alles voll und kein Platz für Gedichte, die man, selbst wenn man gut Farsi sprach, nicht verstand, denn die Literatursprache unterschied sich von der gesprochenen etwa so wie Altdeutsch von Bayerisch. Leider war das Persischbuch voll von diesen nutzlosen Gedichten. Außerdem hasste und verachtete ich meine neue Nachhilfelehrerin, die eine einfache, freundliche und extrem devote Frau war, uns großen Respekt entgegenbrachte und mit meinen Eltern nur in Höflichkeitsfloskeln sprach, wie es fast alle Perser taten. Sie hätte es zum Beispiel nie gewagt zu sagen, dass ich sehr faul war und mir kaum Mühe gab. Stattdessen sagte sie, dass ich mich anstrengte, aber nur schwer vorwärts komme, es sei auch alles sehr schwer für mich. In ihrer Position als normale Grundschullehrerin wäre es für sie nicht denkbar gewesen, ein Kind aus der Oberschicht, noch dazu das Kind eines Arztes aus Deutschland, als faul und verzogen zu titulieren. Das war einfach so. Gut für mich. Zur Strafe für ihre untertänige Art trat ich ihr mit einer unglaublichen Hochnäsigkeit entgegen, so, als müsste sie dankbar sein, ein solch elitäres Wesen wie mich überhaupt unterrichten zu dürfen.

Aber noch schlimmer als der Farsi-Unterricht war der Religionsunterricht. Carmen war katholisch und ging in den katholischen Religionsunterricht, und Angela war wie ich im islamischen Unterricht. Wer eine Christin als Mutter hatte, war meistens trotzdem Moslem, konnte es sich aber aussuchen. Meine Eltern waren beide Perser, ich konnte schlecht sagen, ich sei katholisch oder evangelisch. Und moslemische Kinder waren verpflichtet, am islamischen Religionsunterricht teilzunehmen, so lautete das iranische Gesetz. Der islamische Religionsunterricht im letzten Schuljahr sah so aus, dass ein kleiner iranischer Mann mit Bartstoppeln in einem schlecht sitzenden Anzug in die Klasse kam, seine Schuhe auszog und uns zeigte, wie man gen Mekka betete.

Die ganze Klasse war schockiert darüber, dass seine Socken Löcher hatten. Ich saß als Fristi zwar in der letzten Reihe und bekam mit meinen Sprachkenntnissen so gut wie nichts davon mit, dachte aber schon während der ersten Stunde: Das geht jetzt zu weit! So etwas kann man mit mir nicht machen. Ich konnte mir nicht von einem Typen, der aussah wie ein Wassermelonenhändler, der an der Straße neben einem offenen Pick-up voller Melonen steht, irgendetwas beibringen lassen, was ich überhaupt nicht wissen wollte. Als er dann anfing, mit uns Suren aus dem Koran zu lesen, war mir völlig klar, dass ich mir ernsthaft etwas überlegen müsste, sonst würde ich womöglich für immer verrückt. Ich wollte generell nichts mit Religion zu tun haben und schon gar nicht mit der islamischen. Den Evangelischunterricht hätte ich zur Not noch mitgemacht, immerhin stammte Mr Molly von unserem Pfarrer Berner, und die machten nette Ausflüge und lasen schöne Geschichten. Aber das ging ja nicht, weil jeder wusste, dass ich keine deutsche Mutter hatte. Es gab zwei halbiranische Kinder in der Klasse, die nahmen an gar keinem Unterricht teil. Sarah war jüdisch, und Babak war Bahai. Da war mir klar, was zu tun war.

Ich sagte am Anfang des fünften Schuljahres bei den Einzelgesprächen mit unserer Klassenlehrerin, ich sei jüdisch. Frau Sarmadi trug hinter meinem Namen »keine Religion« in das Klassenbuch ein, und der Fall war für immer erledigt. Ich hatte somit eine Freistunde in der Woche und musste mir keine löchrigen Socken ansehen. Am Ende des Schuljahres fragte meine Mutter beim Anblick meines Zeugnisses: »Warum hast du keine Religionsnote?«

Und ich antwortete ernst: »Mama, Herr Yazdi war so viel krank, dass wir gar keine Note bekommen konnten.«

Sie glaubte es. Und Angela war natürlich neidisch, dass ich mich heimlich durch das einzige unbewachte Tor vom Bushof stehlen und mir aus der Krämerladen-Eisdiele an der Ecke ein köstliches Vanilleeis in der Waffel holen konnte, während sie sich die löchrigen Socken von Herrn Yazdi ansehen musste und arabische Suren auswendig lernte.

Angela sprach auch nicht besonders gut Persisch, obwohl sie in Teheran geboren war, kam aber im Farsi-Unterricht ganz gut mit und konnte schön schreiben. Meine Buchstaben sahen immer aus wie von einem Blinden gemalt. Angelas Vater war Arzt, genau wie meiner, aber er hatte in Paris studiert und dort Angelas deutsche Mutter an der Universität kennengelernt. Sie sprachen untereinander und mit den Kindern Französisch, was ich sehr vornehm fand. Angela sprach aber auch gut Deutsch und eben nicht besonders gut Persisch, weil sie zu Hause nie Persisch hörte, im Gegensatz zu mir, die mittlerweile nichts anderes mehr hörte, weil meine Eltern es plötzlich affig fanden, mit mir Deutsch zu sprechen, und noch affiger, dass ihr persisches Kind in Persien die Landessprache nicht beherrschte. Angela wohnte in einer alten, schönen Villa direkt neben unserer Schule, worum ich sie total beneidete. Sie konnte jeden Morgen eine Stunde länger schlafen als ich. In unseren Freistunden saßen wir oft bei ihr im Garten, aßen frisches Sanggak-Naan mit Butter und Honig. Das Brot brachte immer Nargess, das Hausmädchen, von der Naan-Bäckerei eine *Kutsche* weiter mit, und es war noch so frisch, dass teilweise die heißen Steine, auf denen es gebacken wurde, noch daran klebten und die Butter darauf zerfloss und die Butter-Honigmasse durch die Löcher tropfte und einem langsam zwischen die Finger rann.

Angela war eine Schönheit mit langen glatten dunklen Haaren, schrägen grünen Katzenaugen und Sommersprossen, sie hatte zwei jüngere Schwestern, die genauso aussahen wie sie, lange Haare und Pony, sie waren bloß kleiner und hatten braune Augen. Wenn wir bei Angela im Zimmer saßen, Musik hörten und über die anderen Mädchen in der Klasse lästerten, kam immer eine der beiden Schwestern und wollte irgendetwas. Wir schrien dann beide: »Hau ab!«

Und schlugen die Tür zu.

Manchmal, wenn Angelas Mutter, die grüne Katzenaugen wie Angela hatte, zu Hause war, kam sie nach oben und sagte, wir könnten nicht so mit den Schwestern umgehen und es wäre nicht schön, dass die beiden ganz alleine in ihrem Zimmer sitzen, während wir nebenan laut Musik hören und tanzen.

Wir nickten dann beide stumm, Angela verdrehte noch etwas die Augen, und wenn eine der beiden das nächste Mal klopfte, schrien wir wieder: »Haaau aaab!«

Wir waren einfach scheiße.

Angela und ihre Schwestern hatten immer spießige graue Stoffhosen an, nie Jeans und auch keine Turnschuhe. Keine Turnschuhe, davon hatte ich bei Spießerfamilien schon gehört, und so bescheuerte Ausdrücke wie Turnschuhgeneration und Hippiemode. Ich stachelte Angela oft etwas auf und sagte, sie solle einfach heimlich eine Jeans von mir anziehen, es wäre doch egal, was ihr Vater denkt. Sie schüttelte dann ernst den Kopf, sah mutlos auf meine dreckigen weißen Adidas und meinte, das ginge nicht.

Ich hatte das Gefühl, mit dem Vater war etwas nicht in Ordnung, und man dürfe da besser nicht weiterfragen.

In der Villa von Angela stand mitten in einem wunderschönen Garten mit Blumen und alten Bäumen ein kleiner, charmanter Pool, alles war viel schöner als bei uns. Als ich das erste Mal zu Besuch war, wartete ich ungeduldig darauf, dass wir uns Badesachen anzogen und in den Pool sprangen, aber es machte niemand irgendwelche Anstalten.

Bis ich bei meinem zweiten Besuch mein Bikini-Oberteil aus der Schultasche zog und sagte: »Komm, wir gehen schwimmen.«

Angela riss die Augen auf und schüttelte den Kopf: »Wir gehen nie schwimmen.«

Im Gegensatz zu mir war sie schneeweiß. Ich war dunkelbraun bis auf die weißen Dreiecke, wo mein Bikini die Sonne nicht durchgelassen hatte.

Warum nicht? Ich setzte mich auf den Teppich in ihrem

Zimmer und begann seelenruhig, meine Sneakers aufzuschnüren, dann zog ich meine engen Jeans aus, darunter hatte ich schon die Bikinihose an, schlüpfte aus dem T-Shirt und band mir noch das Oberteil um meine mittlerweile leicht gewölbte Brust.

»Willst du echt schwimmen gehen?« Sie tat so, als wären Krokodile im Wasser.

»Jaaaaaaa! Los, zieh dich aus. Lass uns runter gehen! Mann!«

Natürlich war es toll im Pool. Ich sprang ins Wasser, tauchte ab, kletterte raus, sprang wieder hinein und hatte einen Riesenspaß.

Wir saßen später am Poolrand und stellten uns vor, wie es wäre, wenn wir Schauspielerinnen wären, die man für die *Vogue* im Bikini fotografierte. Als wir anfingen, uns in verschiedenen Posen an den Pool zu legen, kam Angelas Mutter mit ihren hochtoupierten Haaren an den Pool zu uns und war ganz verzückt.

»Ach, wie schön, Kinder!«, rief sie überwältigt aus. Sie sagte immer »Kinder« zu uns. Und dann konnte sie sich gar nicht mehr darüber beruhigen, dass wir an einem heißen Spätsommertag im Garten ihrer Villa etwas ganz Normales getan hatten, nämlich in den Pool zu springen. Es war einfach eine komische Familie.

In Teheran war es noch sehr lange warm, bis Anfang Oktober konnte man mittags noch schwimmen gehen. Ende Oktober waren plötzlich die lehmbraunen Gipfel des Elburz-Gebirges schneeweiß, als hätte jemand über Nacht die Spitzen in Zuckerguss getunkt. Gott musste einen guten Tag gehabt haben, als er diese Berge schuf. Erhaben und anmutig erhoben sich die Gipfel im Norden, direkt hinter unserem Schulgelände, und bildeten eine natürliche und Respekt einflößende Grenze der Stadt. Dahinter lag das Kaspische Meer. Immer, wenn wir nach Rasht fuhren, mussten wir durch diese Berge hindurch, die kurvigen, schmalen Gebirgsstraßen entlang, links ging es steil nach oben und rechts viele Meter tief in die Schlucht, wo ein fast ausgetrocknetes Flussbett war. Ich wurde jedes Mal an unsere Fahrt nach Split erinnert.

Aber wenn mir nicht schlecht wurde, genoss ich die Fahrt durch die braunen Berge, neben dem breiten, reißenden Fluss Damavand und die mit Bommeln, Teppichen und anderem lustigen Schnickschnack dekorierten Lastwagen mit empört mähenden Schafen auf der Ladefläche. Es war schade, dass sich die Perser an der Schönheit der Natur beim Bauen ihrer Städte kein Beispiel genommen hatten. Teheran war leider ein grauer Moloch. Und alles, was die Stadt an nennenswerten historischen Stätten zu bieten hat, war ein zu Ehren des Schahs errichteter Triumphbogen, der insofern symbolisch für Teheran war, als er groß war und auf allen Postkarten abgebildet, aber nicht schön. Die vielen Moscheen waren auch nicht schön, es waren ja Moscheen, und ich hatte mittlerweile große Angst davor, weil alle immer so hysterisch waren und sich wie irre dort aufführten, nur weil ein toter Prophet von vor tausend Jahren dort sein Mausoleum hatte. Und das Beten war mir auch unheimlich. Moslem sein war mir unheimlich. Bei denen stimmte was nicht.

Aber die Berge waren wirklich schön, das musste ich zugeben, ich freute mich jeden Morgen, wenn ich in den Schulbus stieg und Richtung Norden, Richtung Berge fuhr, sie in ihrer riesigen Pracht vor dem fast immer tiefblauen Teheraner Himmel zu sehen. Sie hatten etwas Beruhigendes. Eines der ganz wenigen Dinge, auf die man sich in diesem Land verlassen konnte: Die Berge waren einfach immer da.

Wir Fünftklässler durften dieses Jahr zum ersten Mal bei dem legendären Skikurs unserer Schule mitfahren, also eine Riesenaufregung. Es gab zwei großartige Skigebiete im Elburz-Gebirge, jedenfalls schwärmten unsere Lehrer davon. Das kleinere und an Teheran näher gelegene hieß Shemshak, das andere, größere hatte der Schah von einem Schweizer Skigebiet-Architekten nach seinem Geschmack errichten lassen, damit er nicht mehr nach St. Moritz fahren musste. Die ganze Schah-Clique hatte dort ihre Villen und Chalets, die man teilweise nur mit dem Hubschrauber erreichen konnte, und es gab noch ein Fünf-Sterne-Hotel für normale Leute. In diesem Hotel sollten wir untergebracht werden! Eine ganze Woche! Ohne Eltern!

Es gab sechs verschiedene Kurse, für die wir uns eintragen sollten. Von Noch-nie-auf-Skiern-gestanden, was auf mich zutraf, bis zu Tiefschneewedeln. Außerdem stand auf dem Zettel, dass wir Skikleidung bräuchten, aber nicht zwingend eine Ausrüstung, die konnte man auch leihen. Die fünf Tage kosteten 1200 Toman, etwa so viel wie vierhundert Euro heute.

Ich brachte den Zettel aufgeregt nach Hause und erzählte meiner Mutter begeistert von dem Skikurs. Sie sagte nur: »Willst du Skilaufen gehen, um dir die Knochen zu brechen?« Dann keifte sie ein bisschen, dass sie keine Lust auf Knochenbrüche hätte, und brach mein Geschrei mit einem Schulterzucken ab: »Frag deinen Vater.«

Ich hasste es, meinen Vater etwas fragen zu müssen. Dieses Um-Erlaubnis-Bitten war ohnehin entwürdigend genug, ich hätte es lieber gehabt, grundsätzlich alles machen zu können, was ich wollte, ohne zu fragen und ohne Verbote, und es ihnen dann nur noch mitzuteilen: »Ach, ich gehe übrigens im Januar eine Woche Skilaufen, und ihr? Fahrt ihr auch weg?«

Hinzu kam, dass mein Vater mittlerweile fast immer schlecht gelaunt war und zu allem nur noch nein sagte, aber wir immer das machen mussten, was er wollte. Zum Beispiel jeden Freitag mit seinen langweiligen Eltern verbringen, was mir zum Hals raushing.

»Papa, schau mal«, sagte ich mit Kleinmädchenstimme auf Farsi, um ihm zu gefallen, »es gibt für uns dieses Jahr den tollen Skikurs, im Januar, und … ich darf schon mitfahren, ja?«

Ich lächelte ihm motivierend zu und dachte: Sag schnell ja, sag einfach nur ja, verdammt!

Er sah mich gar nicht an, schüttelte den Kopf und sagte: »Nein, Skifahren kommt nicht in Frage. Rede nicht mehr davon.«

Mir blieb der Mund offen stehen. Ich hatte mich auf ein unangenehmes Gespräch gefasst gemacht, mit Vorwürfen, meinen schlechten Schulleistungen und dass ich generell eine Enttäuschung als Tochter sei und keinen Skikurs verdient habe, aber kein eiskaltes Nein.

»Wie? Warum?«

Er schüttelte wieder den Kopf und sagte angewidert: »Oberschenkelfraktur, Wirbelsäulenbrüche, Schädeltraumata, gesplitterte Gelenke, das kommt überhaupt nicht in Frage!«

Was redete er da?

»Aber Papa, die ganze Klasse fährt mit. Alle. Ich kann doch nicht als Einzige zu Hause bleiben, nur weil du Angst vor Brüchen hast!«

Mein Vater wiegte seinen Kopf hin und her und sagte auf Deutsch: »Doch. Sag dainen Lährrerrn, isch kann nischt mittfahrren, meine Eltern wollen das nischt. Wir fahrren kein Schi.«

Ich fing an zu heulen. Schlimmer als der verpasste Skikurs wäre die gesellschaftliche Schmach, als das Kind ohne Möglichkeiten geoutet zu werden, das Kind mit den uncoolsten Eltern der ganzen Klasse, das Kind, für dessen Eltern Skilaufen nicht selbstverständlich, sondern unvorstellbar war. Ich hätte das nie zugeben können. Ein Image-Schaden, den ich unter keinen Umständen bereit war, zu tragen. Lieber würde ich sagen, dass wir zu arm für den Skikurs seien. Aber dann würden andere Eltern für mich mitbezahlen.

Es folgten zwei unschöne Wochen, sowohl für mich als auch für meine Mutter und für meinen Vater. Ich zog alle Register, von Weinanfällen zu Erpressungen bis zu langen Überredungsdebatten. Ich flehte, ich bettelte, ich wälzte mich auf dem Boden und ich schwor, mir keinen Knochen zu brechen bzw. nie wieder fröhlich zu sein.

Nach zwei Wochen hatte ich ihn soweit. Er erlaubte es, aber nur unter der Voraussetzung, dass mir meine Mutter die teuerste, sicherste Hightech-Skiausrüstung kaufte, die es auf der Welt gab.

Es gab damals in Teheran einige Sportgeschäfte, die das neueste Zeug aus Österreich, Deutschland und Amerika verkauften. Merkwürdigerweise war das Importieren von Skiausrüstungen erlaubt, aber das von coolen Turnschuhen oder Markenjeans nicht.

Wir fuhren in die Mirdamad Avenue, wo ein neuer Laden direkt neben meiner geliebten Deutschen Buchhandlung eröffnet hatte. Bei den Sportfreaks war die Hölle los. Halb Teheran kaufte bei ein paar Jungs, denen der Laden gehörte, Skier und Zubehör. Ich wurde von einem von ihnen gemessen, gewogen und hingesetzt. Dann brachte er einen Technica-Skischuh nach dem anderen, bis mir endlich Größe 40 passte. Er sagte beeindruckt, er hätte in der Größe noch keinen Schuh an ein Mädchen verkauft. Dann suchte ich mir noch blaue Anfängerskier von Elan mit den teuersten Bindungen, die es gab, eine Carrera-Brille mit breitem Gummiband und Lederrennhandschuhe aus.

Einen Skianzug für mich hatten sie nicht, den sollte mir Pouri nach den Weihnachtsferien aus Deutschland mitbringen. Ich fand es toll, dass Paulis Mutter mir einen Skianzug mitbrachte, obwohl er selbst noch nicht mitdurfte. Er war ja ein Jahr jünger und erst in der vierten Klasse.

Eine Kolonne von gelben Schulbussen brachte uns durch das Elburz-Gebirge nach Dizin. Wir waren schon fast angekommen, da fing es so stark an zu schneien, dass innerhalb von Minuten die Straße weiß wurde. Wir hielten an, die Busfahrer holten die Ketten raus, und es dauerte ungefähr zwei Stunden, bis alle Reifen von sämtlichen Bussen Ketten hatten, und wir langsam und ratternd weiterfahren konnten. Als wir vor dem Hotelkasten ankamen, war es schon dunkel. Alles war weiß verschneit, und etwa hundert Meter vom Hotel entfernt war eine Liftstation. Um uns herum waren nur Berge, Schnee, Stille und Dunkelheit.

Das Zimmer, in dem ich mit sieben anderen Mädchen untergebracht war, war eigentlich eine zweistöckige Suite, in die man einfach noch ein paar Betten hineingestellt hatte.

Morgens um acht wurden wir telefonisch geweckt, dann gab es unten im Restaurant Frühstück, und um halb zehn mussten wir uns schon alle in voller Montur in der Hotellobby versammeln.

Danach begannen schreckliche Tage, gefüllt mit Blut, Schweiß und vielen Tränen. Direkt vor der Zwischenstation, wo wir mittags unter knallblauem Himmel in Liegestühlen in der Sonne saßen und Hamburger aßen, war der Idiotenhügel.

Wir verbrachten die Tage damit, mit den schweren Skischuhen an den Füßen, die noch schwereren Skier auf unseren schmalen Schultern, diesen Hügel hochzustapfen, um dann mehr liegend als stehend schnell nach unten zu kommen. Und wieder von vorne. Manchmal stolperte man auch auf halbem Weg, brach unter der Last der Skier zusammen, überschlug sich mehrmals und bekam noch den Ski an den Kopf geknallt. Es war teilweise so unfassbar anstrengend und qualvoll für mich, dass mir die Tränen unter dem gelben Carreraschirm meiner Brille herunterliefen, sich mit meinem Rotz vermischten, um dann zusammen mit meinem Sabber in meinen Schal zu sickern, wo alles in der Kälte festfror. Trotz des herrlichen Wetters und der strahlenden Sonne war es auf dreitausendfünfhundert Metern Höhe im Januar natürlich entsprechend kalt. Abends tat mir jeder Knochen weh, und ich spürte die vielen Stürze am ganzen Leib. Unser Abendessen war leider nicht das À-la-Carte-Menü der anderen Hotelgäste, sondern das, was nach Ansicht der Hotelköche deutschen Schulkindern schmecken könnte. Ich aß das Würstchengulasch nicht und legte mich mit einer Tüte Chips ins Bett. Als das Licht ausging, musste ich plötzlich heulen, ich fand die anderen Kinder alle blöd, ich fühlte mich wahnsinnig allein und wollte zu meiner Mutter. Ich weinte vor Heimweh während der gesamten Woche fast jede Nacht heimlich in mein Kissen, ganz leise, damit es niemand merkte. Ich war noch nie so lange von zu Hause weg gewesen und schon gar nicht unter solch körperlich anstrengenden Umständen. Aber ich war nicht allein mit dem Problem, es wurde generell viel geheult. Wir waren eben alle noch ziemlich klein, und die Skilauferei machte die meisten von uns fertig. Als ich am dritten Tag auch noch nach dem Mittagessen den Hamburger erbrach und von unserem Lehrer alleine ins Hotel zurückgeschickt wurde, rief ich meine Mutter an.

»Mamaa«, jaulte ich und schilderte ihr alles in den düstersten Farben.

Meine Mutter wurde sofort aggressiv und schrie mich an: »Was? Die spinnen wohl! Was fährst du da auch hin? Ich habe dir doch gesagt, fahr nicht! Du musst sofort zum Arzt! Ich ruf jetzt Papa an, und wir holen dich, wenn's sein muss, mit dem Hubschrauber!«

Ich erschrak. So war das nicht gemeint. Ich wollte nur ein bisschen wehleidig sein und eine Portion Mutterliebe. Aber sie zeterte schon wieder herum, was meine Schule für ein Saftladen sei, meine Lehrer für Penner, und ich solle sofort nach Hause.

»Nein, Mama, ich komm nicht nach Hause. Es ist super hier.«

Danach riss ich mich zusammen. Und als ich am nächsten Tag den Idiotenhügel im Schneepflug nach unten fuhr und sogar bremsen konnte, dann zu den Auserwählten gehörte, die schon auf den Tellerlift durften, machte alles plötzlich Sinn. Zehnmal aus dem Tellerlift zu fliegen, bevor man endlich mit wackeligen Beinen oben ankam, um dann dort oben am Ende der Liftspur mit dem Metallstab zwischen den Beinen in der

Luft hängenzubleiben, weil man sich nicht traute, abzuspringen, war nicht mehr ganz so schlimm.

Angela hatte sich gleich am ersten Tag, nachdem sie, genau wie jeder im Kurs, vor versammelter Mannschaft den Hügel hinuntergekugelt war, von uns allen verabschiedet und in einen der Liegestühle vor das Restaurant gesetzt, sich gesonnt und uns nur noch angewidert zugesehen. Sich abzuquälen war unter ihrer Würde. Ich fand das mehr als scheiße von ihr. Wir sind hier im Krieg, erklärte ich ihr. Einer für alle, alle für einen. Das hatte ich irgendwo gelesen. Sie war dadurch kein vollwertiger Kamerad mehr für mich. Die Option Verweigerung kam mir hier ausnahmsweise überhaupt nicht in den Sinn. Ich wollte unbedingt Ski laufen können, so wie alle coolen Leute, so wie die Älteren, die bei unserem Aufstieg mit den Skiern auf den Schultern sst-sst-sst an uns in kleinen schnellen Schwüngen elegant vorbeifuhren und uns mit feinem Schneestaub bedeckten, während ich ihnen bewundernd hinterher sah und mir die Rotz-Tränen-Speichel-Mischung von der Oberlippe leckte.

Aber Angela ließ sich nicht von mir überreden, mitzumachen. Und als wir nach einer Woche wie normale Skifahrer mit dem Sessellift ganz nach oben fuhren, um dann die gesamte Piste nach unten zu fahren, und einer nach dem anderen im Schuss mit den Stöcken unter den Armen wie kleine Raketen an ihrem Liegestuhl vorbeischossen, tat sie mir auf eine ganz eklige Art leid: Ich fühlte mich plötzlich sehr stark und ihr haushoch überlegen. Denn ich hatte etwas in mir entdeckt, was ich von mir selbst nicht kannte: Ehrgeiz und die Kraft, etwas zu erreichen, was ich unbedingt wollte.

Das Leiden hatte sich mehr als gelohnt.

Als wir endlich am siebten Tag am späten Nachmittag in einer gelben Buskolonne auf dem Bushof einfuhren, standen schon überall Mütter mit kleinen Geschwistern, und alle winkten aufgeregt. Meine Mitschüler flogen ihren Müttern in die Arme, um mich herum herrschte auf allen Seiten helle Wiedersehensfreude. Nach und nach leerte sich der Bushof, und als das letzte Kind mit Mama und kleinem Bruder den Bushof verlassen hatte, stand ich immer noch da. Allein. Meine Mutter war nicht da, obwohl ich sie zweimal angerufen und ihr aufgeregt gesagt hatte: »Mama, wir kommen um fünf!«

Wir waren pünktlich angekommen, und die anderen Mütter waren da, nur meine Mutter respektierte keine Pünktlichkeit, schon gar nicht, wenn es um die Ankunft ihres einzigen Kindes ging. Um halb sechs stand ich immer noch am Tor, im Dunkeln, in meinem Skianzug, die Skier an die Wand gelehnt, mit den Skischuhen und meinem Koffer. Ich hatte mich unendlich auf die Ankunft nach meiner ersten langen Reise gefreut, und jetzt war es mir peinlich den Busfahrern gegenüber, die alle im Bushäuschen saßen und sich sicher dachten, ich hätte keine Eltern, und was sie mit mir machen sollten, wenn mich niemand abholte.

Dann kam sie endlich in ihrem kleinen gelben Renault vorgefahren. Sie blieb am Steuer sitzen, kaugummikauend und sichtlich gut gelaunt. Sie winkte mich herbei. Ich riss die Beifahrertür auf und brüllte sie an: »Wo warst du? Mann! Alle sind schon lange weg!«

Sie sah mich unschuldig an. »Ich war bei Pouri, du hast gesagt, fünf Uhr!«

»Aber es ist viertel vor sechs! Maaannnn!«

»Stell dich nicht so an …«

Ich stopfte meine Skier und die anderen Sachen auf den Rücksitz und ließ mich wütend auf den Sitz plumpsen.

Ich konnte es nicht glauben: Sie saß den ganzen Nachmittag bei Pouri und hatte so viel gequatscht, dass sie mich vergessen hatte! Und ich war ganz zittrig gewesen vor Wiedersehensfreude. Ich war traurig und wütend zugleich. Meine erträumte Ankunftsszene war völlig versaut.

»Und, wie war's?«, grinste sie mich an und bog in die Yachtschal Kutsche. »Hast du mich vermisst?«

»Nein!«, brüllte ich. »Es war supertoll ohne dich! Ich wollte überhaupt nicht nach Hause.«

Als wir in der Wohnung waren, ging ich gleich in die Küche, um zu sehen, was es für ein Wiedersehensmenü für mich gab. Die Küche war sauber.

»Hast du nichts gekocht?«

»Ich war doch bei Pouri, ich mach später Spinat mit Ei.«

Ich konnte es nicht glauben. Ich hatte ihr am Telefon mehrmals vorgejammert, wie scheiße das Essen sei, und die anderen Kinder hatten sich schon alle auf ihr Lieblingsessen bei ihren Müttern gefreut. Spinat mit Ei fand ich doppelt asozial: Spinat und Ei eben. Aber meine Mutter liebte Spinat mit Ei. Sie liebte alles mit Ei. Bohnen, Tomaten und eben den scheiß Spinat, den sie mit Knoblauch so lange briet, bis er dunkelgrün und bitter war, und dann schlug sie Eier darüber. Das aßen meine Eltern mit Joghurt und Brot, und ich ekelte mich. Ich mochte nur Rahmspinat, aber den fand meine Mutter wiederum asozial.

Ich nahm Mr Molly und ging in mein Zimmer, legte mich mit ihm aufs Bett und sah in seine bernsteinfarbenen Augen. Ich schüttelte ihn etwas und fragte ihn, wieso ich eigentlich die ganze Woche Heimweh gehabt hatte. Es war doch superschön in den Bergen mit den anderen Kindern. Und Würstchengulasch war nicht so schlimm wie Spinat mit Ei. Mr Molly kuschelte sich an mich und leckte etwas an meiner Hand. Ich drückte ihn und spürte plötzlich wieder ganz klar und stark diese Leere in mir, dieses Ziehen im Bauch, als wäre ich die Einzige, die einfach kein Zuhause hat, obwohl ich mir nichts sehnlicher wünschte, als endlich auch einmal nach Hause kommen zu können.

4

Am Ende der nächsten Sommerferien, ein paar Wochen nach meinem zwölften Geburtstag und bevor ich in die sechste Klasse kam, waren wir mit meinen Großeltern auf einer großen Hochzeit eingeladen. Es war nicht meine erste Hochzeit, ich war schon auf einigen gewesen, seit wir in Teheran lebten. Kinder rannten auf Hochzeiten immer solange zwischen den Erwachsenen herum, bis sie irgendwo einschliefen und in eine Ecke gelegt wurden. Diesmal war es aber eine Hochzeit im ganz großen Stil in einem exklusiven Privatclub, eine Abendveranstaltung, zu der man keine Kinder mitbringen sollte. Ich war dennoch explizit eingeladen. »Du bist jetzt in dem Alter, wo wir für dich einen Schohar, einen Ehemann, finden müssen, deshalb wurdest du eingeladen«, machte meine Mutter wieder einen ihrer bescheuerten Witze. »Also benimm dich, sonst findest du keinen Mann!« Sie lachte minutenlang fies vor sich hin.

Ich tat so, als hätte ich nichts gehört. »Was sollen wir anziehen, Mama?«

Meine Mutter hörte sofort auf zu lachen. »Wir brauchen Kleider! Das sind sehr reiche Leute! Die halbe Familie der Braut kommt aus Los Angeles eingeflogen. Die haben richtiges Geld und Geschmack! Die Frauen kommen alle in langen Abendkleidern!« Kurze Pause. »Und Juwelen! Oje! Die Juwelen!« Sie nickte nervös, um mich darauf hinzuweisen, dass ich keine Ahnung von richtigem Geld hätte, da meine Familie, die sie nicht als die ihre erachtete, viel zu kleinkariert und provinziell wäre. Sie war ja mondäne Fabrikantentochter und ich nur das Kind meines Vaters, eines armen Arztes ohne Ländereien.

Ich kaufte mir mittlerweile regelmäßig die englische *Vogue* im amerikanischen Supermarkt, weil darin alles zu sehen und zu lesen war, was ich wissen wollte. Außer umwerfenden Bildern von wunderschönen Frauen in flatternden Chiffonkleidern vor Sonnenuntergängen, in Pumphosen und Turbanen in marokkanischen Gassen oder in den schönsten Bikinis mit Bauchketten und gigantischen Sonnenbrillen vor endlosen Sandstränden gab es auch faszinierende Geschichten aus dem Leben von Schauspielerinnen, die ich bewunderte. Ich wusste alles über Jane Birkin, Catherine Deneuve, Jacqueline Bisset oder Lauren Hutton, sie beamten mich in eine andere Welt, und die *Vogue* verbesserte so meinen englischen Wortschatz enorm. Für einen Artikel, der darüber berichtete, wie Aristoteles Onassis die arme Maria Callas für Jackie Kennedy verließ, brauchte ich drei Tage und die Hilfe von zwei Wörterbüchern. Aber das daraus gezogene Wissen war unglaublich. Ich plauderte mit meiner Mutter über Jackie, Maria und Tina Onassis, die schwerreiche Tochter von Aristoteles.

»Die Arme ist hässlich und sieht aus wie ihr Vater«, sagte meine Mutter und sah mich an. »So wie du …« Dann lachte sie gemein.

Die Gemeinheiten meiner Mutter waren allgegenwärtig und machten mir nichts mehr aus. Ich zahlte es ihr einfach an anderer Stelle heim. Außerdem fand ich nicht, dass ich aussah wie mein Vater, sondern wie ich. Und ich wollte genauso so leben wie diese Frauen. Immer perfekt gekleidet, geschminkt und frisiert, in tollen Villen irgendwo auf der Welt, zwischen einer gigantischen Wohnlandschaft mit weißen Ledermöbeln und gelangweilt an einer Zigarette ziehen, obwohl ich Zigaretten blöd fand und den Rauch hasste. Oder mit meiner Lieblingskatze am Swimmingpool meines Ferienhauses auf Jamaika fotografiert werden wie C. Z. Guest, eine Freundin des berühmten Schriftstellers Truman Capote. Ich hatte »Frühstück bei Tiffany« aus dem Bücherschrank meiner Mutter gezogen und gelesen, nachdem ich Bilder von ihm mit lauter schönen, reichen Frauen in der *Vogue* gesehen hatte. Mein Leben sollte bitte auch so aussehen wie in der *Vogue* und nicht so, wie es meine Eltern gestalteten. Ich verstand auch nicht, warum sie aus Deutschland diese scheußlichen Stilmöbel mitgebracht hatten, deren Bezüge so leicht schmutzig wurden, dass man sich nur darauf setzen durfte, wenn Gäste da waren. Sie hatten mich nicht nach meiner Meinung gefragt, sondern einfach alles ohne mich gekauft.

»Die Möbel, die du magst, versteht man hier nicht. Hier muss man Stilmöbel haben. Das ist hier der Iran! Wir haben alles richtig gemacht.«

»Ist doch egal, was die hier verstehen«, sagte ich dann, verdrehte die Augen und stöhnte laut: »Wer sagt denn, was man hier muss? Hier haben doch alle hässliche Scheißmöbel, was wissen die schon? Sescht, sescht-tar!« *Sescht* heißt hässlich auf Farsi, und *tar* ist immer die Steigerung, also hässlicher.

Und meine Mutter: »Was weißt du schon? Wir mögen unsere Möbel, sie sind sehr geschmackvoll und edel. Wenn du erwachsen bist, kannst du ja in so hässlichen modernen Möbeln wohnen.«

»Mache ich auch!«, rotzte ich sie an und konnte es in diesem Moment wieder kaum erwarten, mein eigenes Leben zu gestalten. Wie herrlich müsste das sein! Ein Leben ohne Perserteppiche, Kristalllüster und Blechküche und der ständigen Einmischung von irgendwelchen Familienmitgliedern, die einem sagen, was geht und was nicht geht, ohne echte Gründe dafür liefern zu können. Stattdessen eine dieser tollen Reklame-Einbauküchen, ein riesiges leeres Schlafzimmer ohne Perserteppich, aber dafür mit einem großen weißen Bett darin und riesigen Fensterfronten mit weißen Jalousien, aus denen ein großer grüner Garten und ein perfekt gekachelter Pool zu sehen wären, an dem ich mich wie die Frauen in der

Vogue in einem winzigen Bikini räkeln könnte. Unser Pool war, wie alle Pools in Teheran, mit knallblauer Farbe angemalt, die überall am Rand abblätterte. Den von meiner Großmutter mit teurem Trinkwasser mühsam gezüchteten Rasen durfte man nicht betreten. Drumherum hatte sie hässliche Großmutterblumen gepflanzt. Eigentlich fand ich meine gesamte Umgebung unerträglich hässlich. Alles war hässlich, unsere Wohnung, die Wohnungen der anderen, fast alle Einrichtungen überall, die entsetzlich kitschigen, überkandidelten Stilmöbel mit Gold, Ornamenten und Brokatstoffen, die opulenten Vorhänge mit goldenen Bommeln dran aus scheußlichen Stoffen, die zwanzigarmigen Kristalllüster mit ihrem grellen Licht, weil Perser Helligkeit liebten und in gedämpftem Licht depressiv wurden. Die immer und überall lieblos gedeckten Tafeln, das geschmacklose Geschirr, die Tischtücher, die mit viel zu vielen bunten Teppichen bedeckten Böden, die kitschigen Gemälde in Goldrahmen und die generell seltsame Auffassung von Dekoration. Je reicher die Leute waren, desto größer die Lüster, desto mehr Gold und Säulen, Spiegel und desto mehr Zimmerbrunnen mit Wasserfontänen mitten im Salon. Und richtig schlimm wurde es, wenn sie ihre geliebte persische Musik spielten, die mir vor Abscheu teilweise die Tränen in die Augen trieb, und die ersten Frauen ihre Schuhe auszogen und auf Nylonstrümpfen zu tanzen begannen. Ich fand das mehr als schrecklich entwürdigend und schämte mich ganz entsetzlich. Für mich und für alle anderen mit. Dann zogen die Frauen die Männer aus ihren Sesseln heraus, die sich nicht schämten, in ihren Anzügen zu der grauenvollen Musik ihre persischen Moves zu machen, als wären sie in einem Tanztempel. Meistens verzog ich mich vorher schon unauffällig, aber spätestens wenn mich dann irgendeine entfernte Tante am Arm zog und schrie: *Lilly bayad beraghse* (Lilly muss tanzen), stand ich wütend auf, ging in ein anderes hässliches Zimmer und begann schnell in dem Buch zu lesen, was ich vorsorglich immer bei Einladungen bei mir trug, um vor all dem zu flüchten, was um mich herum geschah. Für die anderen war ich eben das sozial gestörte Kind meiner Eltern, das einfach immer schlecht gelaunt war, weil es keine Geschwister hatte. Ich wusste damals selbst nicht, wie es sein konnte, dass ich als Einzige ein ganzes Volk und seine Gewohnheiten mitsamt dem Land, in dem es lebte, so ablehnen musste. Aber für mich war einfach fast alles eine Enttäuschung oder peinlich oder unerträglich bis zur Schmerzgrenze. Ich fand sogar die Straßen hässlich, die vielen rostigen, verbeulten Autos, die ich in einem anderen Land noch nie gesehen hatte, die Geschäfte mit ihren scheußlichen Schaufenstern, randvoll gestopft mit billigen Waren, die Restaurants, die Schilder, die Reklame, die Häuser, die Tore, die Fenster und ihre Metallrahmen, die beim Anstreichen von den Malern achtlos übermalt wurden, genau wie die Lichtschalter, die gegipsten Wände ohne Tapeten, die vielen, vielen Mauern in der ganzen Stadt und die großen rostigen Cooler der Klimaanlagen, die einsam auf den Flachdächern der Häuser rumstanden. Nichts, außer Pouri und den Freundinnen meiner Mutter, sah in meiner Umgebung aus wie in der *Vogue,* ganz im Gegenteil. Ich hatte auch deshalb ständig das Gefühl einer tiefsitzenden Unzufriedenheit, gepaart mit der Gewissheit, aus Versehen an einem vollkommen falschen Ort gelandet zu sein.

Zwei Wochen später war die Hochzeit im Schahanschahi-Club, einem teuren Privatclub in einem großen Park, dessen Mitglieder in irgendeiner Weise mit dem Hof in Verbindung standen. Wir waren natürlich nicht Mitglied, aber die Familie der Braut, die das Fest nach persischer Tradition ausrichten musste, war es anscheinend. Der ganze Garten, oder besser Park, war mit Lampions geschmückt, um den großen Pool waren lange Tische aufgebaut, wo Männer in weißen Jacketts Champagner ausschenkten. Es gab junge, schöne Frauen in langen Kleidern mit nackten Schultern und viele alte Frauen mit blond gefärbten Turmfrisuren und gigantischem Brillantschmuck. Der Pool war beleuchtet, und man sah die Netze des Tennisplatzes von weitem. Hier war nichts hässlich. Meine Eltern sahen toll aus. Leider waren meine Großeltern auch dabei, aber ich ignorierte sie mit ihren missmutigen Gesichtern einfach. Mein Vater hatte einen schwarzen Smoking an und meine Mutter das Geha-tintenblaue Chiffonkleid mit einer großen Blume aus demselben Stoff, das ich für sie ausgesucht hatte. Sie sah fast besser aus als das Vorbild in der *Vogue*. Mein Kleid war aber das Allertollste, fand ich: ein Maxikleid in fliederfarben-weißem Vichykaro, Träger mit Rüschen und weißer Spitze und einem weiten Stufenrock. Die Schneiderin hatte zu meiner Überraschung Talent bewiesen und zwei Meisterstücke hingelegt. Ich war mit der Gesamtsituation sehr zufrieden und erhob mich bald von unserem Tisch, um den restlichen Abend allein zu verbringen und die Party zu erforschen. Ich lustwandelte zwischen den langen Buffettischen entlang, wo es unter anderem riesige Kristallschüsseln auf Eisbergen, gefüllt mit schwarzem Kaviar, und ganze gegrillte Lämmer gab. Ich fand Kaviar superekIig, aber ließ mir von einem der knusprigen Lämmer eine kleine Scheibe abschneiden und auf den Teller legen. Das Fleisch schmeckte köstlich, und plötzlich stand Persiens größter Popstar der damaligen Zeit auf der Bühne: Googoosh! Googoosh war eine junge Frau, die die Herzen aller Perser erobert hatte, sogar der Schah und die Schahbanu hatten sie schon mehrmals eingeladen, auf Festivitäten im Kaiserpalast für die Gäste zu singen. Sie war damals höchstens dreißig, sang persischen Herzschmerz-Pop, spielte Hauptrollen in traurigen Kinohits und wurde von allen persischen Mädchen kreischend vergöttert. Ich konnte weder mit ihrer Musik noch mit den Filmen etwas anfangen, fand ihre Musik eigentlich genauso schrecklich wie jede persische Musik, die ich nur »Gejaule« nannte, und ihre Filme eher seicht und peinlich. Aber als Person mochte ich Googoosh total. Sie war ohne Frage wunderschön und hatte immer einen einfach umwerfenden Style. Sie war absolut *Vogue* und ließ sich ihre honigblond gefärbten Haare sogar von der

Geliebten meines Großvaters frisieren, die ja mitsamt ihrem Salon auch supervogue war. Und als sie plötzlich an diesem Abend auf der Bühne stand, in einem langen, engen weißen Kleid mit einem Turban aus demselben Stoff, das Mikrophon in der Hand, und anfing, einen ihrer Hits zu trällern, passierte etwas Seltsames mit mir: Ich ging ganz allein zu den vielen Leuten auf die Tanzfläche und fing an zu tanzen.

Ich hatte mich gerade neben der hübschen Freundin des Bruders der Braut und ihren California-Girls-Freundinnen in den tollen Kleidern warm getanzt und jubelte mit mindestens tausend anderen Gästen im ganzen Saal Googoosh auf der Bühne zu, die ihren Hit: »Mano koschti« (»Du hast mich getötet«) angestimmt hatte, da kam meine Mutter auf die Tanzfläche, verdrehte die Augen und stöhnte mir ins Ohr: »Deine Großeltern wollen nach Hause!«

»Dann sollen sie gehen!« Ich stampfte mit dem Fuß auf.

»Lilly, komm jetzt, wir müssen mit.« Sie konnte es selbst nicht glauben, was hier geschah, und war unendlich genervt.

Meine Großeltern standen wie zwei Vogelscheuchen mit sauertöpfischer Miene am Eingang, und mein Großvater sah mich entnervt an und schüttelte den Kopf, als hätte ich etwas unfassbar Asoziales getan: mich amüsiert.

Es war einfach so, als würde ein Fluch auf mir liegen. Sobald es anfing, schön zu werden, tauchte sofort jemand Dummes auf und machte alles kaputt.

Eines Tages wollte ich Angela mein Viertel zeigen: »Komm, wir gehen raus und laufen durch die Geschäfte.«

»Was? Du meinst ganz raus?

»Ja, klar. Komm.«

Ich rief meiner Mutter zu, dass wir rausgehen, und ich etwas Geld bräuchte. Sie rief zurück, ich wisse doch, wo ihre Tasche sei. Ich wusste es tatsächlich, holte das Portemonnaie heraus, nahm mir zwei Hundert-Toman-Scheine heraus und steckte sie in meine Hosentasche. Angela starrte mich ungläubig an und meinte, sie dürfe nie, niemals an die Handtasche ihrer Mutter gehen, das wäre für Kinder einfach unvorstellbar.

»Und wenn sie keine Lust hat, aufzustehen?« Angela schüttelte den Kopf und war schon wieder wegen nichts schockiert. Ich hatte mir nur Geld genommen. Es war doch auch irgendwie mein Geld. Ich war ja ihr Kind.

»Und fragt sie dich nicht, wie viel du dir genommen hast und was du damit gemacht hast?«

»Nein, fragt sie nicht!«

Ich hatte keine Lust, über Geld zu reden. Meine Eltern redeten nie über Geld und hatten mir das auch so beigebracht: »Wenn man über Geld redet, denken die anderen, man ist neureich.«

Zum Glück machten sie auch kein Theater darum, was sie mir gaben, wie andere Eltern. Bei uns war es so, dass das Geld für alle da war. Ich bekam kein Taschengeld, ich bekam, was ich brauchte, sie wollten mich nicht finanziell einschränken. So in etwa waren meine Eltern drauf.

Nur meine Mutter kippte oft in ihren Keifwahn und fing mit dem peinlichen »Teures-Schulgeld-Scheißkind«-Geschrei an. Aber das meinte sie nicht ernst. Wenn man sie im normalen Zustand fragte, ob sie wirklich fand, ich sei das Schulgeld nicht wert, lachte sie nur.

»Warum sagst du das dann dauernd, Mann?«

»Weil du mich so aufregst.«

Ich lief schnell mit Angela die Treppe hinunter, damit sie auf andere Gedanken kam, öffnete das große blaue Eisentor und ging auf die *Kutsche* in Richtung Pahlewi Avenue. Wir gingen ein paar Meter, dann blieb Angela stehen:

»Wir können doch nicht einfach raus!«

»Wieso nicht?«

»Auf die Straße!«

Sie sah mich gequält an, als würde ich sie überreden wollen, von einem Dach zu springen.

»Was ist denn? Wieso nicht?«, fragte ich sie noch einmal

und fing an, auf dem schmalen Bürgersteig im Halbschatten der mickrigen Bäume, die neben dem Bürgersteig in einem schmalen *Djub* gepflanzt waren, von der ersten Ballettposition in die dritte zu hüpfen.

Ich hüpfte solange hin und her, bis sie sich endlich vom Fleck bewegte.

»Gut«, sagte sie, »aber das darf nie jemand wissen.«

Ich machte ein Plié vor ihr: »Nein, nie, niemand.« Und dann hielt ich mir die Hand vor den Mund, weil ich lachen musste.

Ich zeigte Angela mein Kaufhaus, vom obersten Stockwerk bis zum Supermarkt im Keller. Sie war völlig überwältigt und sagte, sie sei vorher noch nie in einem Kaufhaus gewesen. Ich glaubte ihr nicht. In ein Kaufhaus zu gehen war nun wirklich das Normalste der Welt.

»Wo kauft ihr denn euer Essen?«

»Das kauft meine Mutter, wenn wir in der Schule sind.«

»Und wo kauft ihr eure Kleider, wenn ihr in Deutschland seid, Mann?«

»In Geschäften.«

Was sollte ich davon halten? In Deutschland streunten meine Mutter und ich auch immer durch Kaufhäuser, wenn wir in Bremen in die Stadt gingen oder einen Ausflug nach Hamburg machten. Ich liebte Karstadt und auch die Palomino-Klamotten mit dem Plastikpferdchen, die meine Mutter manchmal bei C&A in der Kinderabteilung für mich kaufte und mir dann immer vor allen Leuten einfach die Hose runterzog, um alles schnell anzuprobieren, weil sie keine Lust auf die engen C&A-Kinderumkleidekabinen hatte. Und dann natürlich die feine Kinderboutique mit den fröhlichen Verkäuferinnen, die einem zu jedem Kleid die passenden Strümpfe und Haarschleife brachten. Einkaufen war für mich eines der schönsten und wichtigsten Erlebnisse überhaupt. Wie konnte man das nicht kennen?

Um ihr zu zeigen, wie schön Einkaufserlebnisse sind, kaufte

ich am Kouroush-Zeitschriftenkiosk ein bisschen ein. Ich kaufte eine *Bunte,* eine *Mädchen* und eine *Bravo,* zwei Päckchen RED-Kaugummi mit Zimtgeschmack und zwei von den neuen amerikanischen Lollis.

Dann gingen wir raus, jede mit einem rosa Lolli im Mund, und spazierten die Pahlewi Ave hinunter. Auf der rechten Bürgersteigseite, gegenüber von den Schaufenstern der Läden, hatten Händler ihre Stände aufgebaut und boten ihre Waren feil. Das meiste war einfach nur Schrott. Selbst bespielte Kassetten mit ausländischer und iranischer Popmusik, billige Handtaschen und Schuhe aus Plastik, billige Klamotten mit kopierten Labels. Manche hatten statt »Adidas« aus Versehen »Abibas« auf die Shirts gedruckt und »Channel« statt »Chanel«.

Wir kauften einem Händler zwei Donna-Summer-Kassetten ab, der dabei die ganze Zeit dahin starrte, wo irgendwann unser Busen sein würde.

Es gab kaum einen Händler oder überhaupt fast keinen Mann, der uns nicht anstierte, etwas Blödes sagte oder uns sogar aus der Ferne etwas Schweinisches zurief. Ich hatte mich daran gewöhnt. Es war klar, dass die Typen alle krank und verrückt waren, denn wir waren kaum zwölf und sahen auch so aus, also wie Kinder. Ich hatte mir deshalb schon lange angewöhnt, immer auf den Boden zu schauen, wenn ich auf der Straße lief, denn wenn man den Typen in die Augen sah, empfanden sie es als Aufforderung, noch frecher zu werden. Aber Angela hatte keine Ahnung, sah sich ständig um und schämte sich.

Es gab Stände, an denen Spieße mit Lammleber und Lammnieren auf Holzkohle gegrillt und auf Naan verkauft wurden. Manche verkauften Sandwiches, Eis und Wassermelonenstücke. Andere hatte ein Feuer in einer aufgesägten Blechmülltonne gemacht, brieten große Rote-Beete-Stücke darauf und schrien die ganze Zeit: »Labu! Labu!«

Labu stank so unglaublich, dass mir schlecht wurde, ich

hasste Rote Beete und fast alles andere, was sonst so an Essbarem auf der Straße verkauft wurde. Meine Eltern bläuten mir zudem immer wieder aufs Neue ein, mir unter keinen Umständen jemals auf der Straße oder an einer der Buden etwas zu essen zu kaufen, weil alles völlig verschmutzt sei und man davon sterben würde. Schon der Gedanke daran war verboten. Aber ich war scharf auf Hamburger und solche Sachen, denn amerikanisches Junk-Food hatte natürlich eine ganz andere Anziehungskraft auf mich, als ein blödes Stück gegrillte stinkende Rote Beete oder mir unbekannte rote Beeren, rote Mispeln, die nur sauer schmeckten und nichts brachten.

Wir standen vor der blinkenden Wendy-Filiale und studierten die große Speisekarte. Ich überlegte, ob man wohl von Pommes auch sterben würde, da fragte mich Angela:

»Hast du hier schon einmal etwas gegessen?«

Ich schüttelte den Kopf und meinte: »Das ist verboten. Ich darf nicht.«

Sie riss die Augen weit auf: »Was? Du darfst nicht?«

Meine Mutter sagte jedes Mal, wenn ich einen Burger wollte, sollte ich ihr das sagen, sie kaufte mir dann die soften Brötchen im amerikanischen Supermarkt und briet mir Hackfleischsteaks mit Salat, Ketchup und Tomate. Aber das war natürlich nicht dasselbe wie bei Wendy einzukehren.

Aber meine jugoslawischen Erfahrungen hatten bewiesen, dass meine Eltern zumindest in punkto verschmutztes Essen keinen Quatsch redeten.

Ich schämte mich jetzt, dass ich diejenige war, die keinen Burger essen durfte. Anscheinend durften das sogar Leute wie Angela, die sonst gar nichts durfte und von ihren Eltern wie eine Zurückgebliebene behandelt wurden.

»Du darfst hier mitten in Teheran allein auf die Straße, dir aus der Tasche deiner Mutter einfach so viel Geld nehmen, wie du willst, Jeans mit Löchern und dreckige Turnschuhe anziehen, den ganzen Tag Fernsehen, und zwar in deinem Zimmer, den Religionsunterricht schwänzen, dir einfach ungefragt

Ohrlöcher stechen und alles andere, was ich nie erlaubt bekomme, und das darfst du nicht?«

Ich zuckte die Schultern. Das durfte ich eben nicht, und diese Grenze wollte ich ausnahmsweise auch nicht übertreten. Ich spürte echte Gefahr.

Ich hatte an dem Tag alle unsere Einkäufe bezahlt, und es war noch mehr als die Hälfte übrig. Der Rest würde wieder auf meinem Geldstapel landen. Meine Mutter fragte nie nach Restgeld. Was ich mit Geld oder überhaupt die ganze Zeit machte, interessierte eigentlich niemanden.

5

Ein Jahr später, ich hatte gerade meinen dreizehnten Geburtstag mit den spärlichen Klassenkameraden gefeiert, die im August in Teheran und nicht mit ihren Müttern in Deutschland waren, eskalierten die Streitereien zwischen meinen Eltern. Meinen Vater sah ich eigentlich nur noch am arbeitsfreien Freitag, wenn er nicht in die Praxis ging, sofern er nicht unten bei seinen Eltern herumsaß. Er verließ sechs Tage in der Woche sehr früh morgens, noch bevor ich aufstehen musste, das Haus und kam abends mittlerweile so spät wieder, dass ich meistens schon im Bett lag. Aber die beiden nutzten die wenige Zeit, die ihnen miteinander blieb, um sich immer schlimmere Gefechte zu liefern. Stein des Anstoßes war der neue Job meiner Mutter bei der iranischen Niederlassung des Chemiekonzerns Hoechst. Die Tatsache, dass meine Mutter angefangen hatte zu arbeiten, gefiel meinem Vater nicht und machte ihn noch unausstehlicher, als er ohnehin schon geworden war.

Er behauptete, meine Mutter würde den Job nur dazu nutzen, um den männlichen Kollegen in der Firma den Kopf zu verdrehen. Als würde sie seinen Verdacht bestätigen wollen, wurde meine Mutter durch den Job immer hübscher und sexier. Das fiel sogar mir auf, dass sie einfach sehr gut aussah mit ihrer honigfarbenen Föhnfrisur, den engen wadenlangen Röcken und den hochhackigen Schnürsandalen, deren lange Bänder sie um ihre schlanken Fesseln band. Ich wusste ja, wie die anderen Mütter aussahen, die alle deutsch, unförmig und ziemlich hässlich und schlecht angezogen waren. Je hübscher meine Mutter wurde, desto aggressiver wurde mein Vater. Irgendwann war es so weit, dass sie sich jeden Abend noch vor dem Abendessen so schlimm anschrien, dass meine Mutter das ganze Essen in den Mülleimer warf, sich die Klamotten vom Leib riss und in einem alten Nachthemd ins Fernsehzimmer ging und die Tür hinter sich zuknallte. Meistens klopfte mein Vater einige Zeit nach dem Knallen an meine Zimmertür und hatte Zigaretten und ein Glas Whisky dabei. Eigentlich war Rauchen bei uns zu Hause verboten, weil meine Eltern beide Zigarettenrauch hassten. Aber seit meine Mutter arbeiten ging, rauchte mein Vater Kette. Er setzte sich dann auf meinen dunkelgrünen Schreibtischstuhl, tat einige Zeit so, als würde er mit mir zusammen das verfolgen, was ich gerade im Fernseher sah. Aber ich wusste, dass er sich nicht für amerikanische Serien interessierte, die ich immer gern sah. Außer mir sah niemand »Die Straßen von San Francisco«, »Starsky & Hutch« und meine Lieblingsserie »Reich und Arm« mit Nick Nolte und Peter Strauss.

Jedenfalls fragte er irgendwann devot, ob er rauchen dürfte, und ich erlaubte es ihm. Er rauchte ein paar Merit und sah mit mir gequält solange den Film, bis ich mich seiner erbarmte und den Fernseher lautlos stellte. Dann sagte er: »Mama macht einen Fehler.«

Ich sah ihn fragend an.

»Sie weiß nicht, was es bedeutet, wenn sie jeden Tag alleine in so einer Firma herumläuft. Die Männer haben doch alle eine schmutzige Phantasie.«

Ich versuchte mir, soweit es mir meine gerade dreizehn Jahre erlaubten, eine schmutzige Männerphantasie vorzustellen, die beim Anblick meiner Mutter ausgelöst werden könnte. Zum Beispiel während sie am Kopiergerät stand.

Mein Vater jammerte sich bei mir aus. Meine Mutter würde dies und würde das. Ich hörte ihm nicht zu. Ich fand es sehr uncool von ihm, ausgerechnet mich als Schulter zum Ausweinen zu missbrauchen, denn ich erzählte ihm auch nie etwas von meinen Problemen, und ansonsten hatten wir ziemlich wenig miteinander zu tun. Unser Verhältnis war eher mit einer unfreiwilligen Wohngemeinschaft zu vergleichen. Unfreiwillig, weil ich bei ihm wohnen musste, obwohl ich gar nicht wollte, nur weil ich kein Geld hatte, mir eine eigene Wohnung zu leisten. Ungefähr so sah ich das Verhältnis zu meinem Vater. Und jetzt saß er an meinem Schreibtischschrank vor den ganzen Stapeln von Comics und Büchern und lästerte über meine Mutter.

Ich fand es gut, dass meine Mutter arbeitete. Sie war viel netter geworden und schrie nicht mehr wegen jeder Kleinigkeit sofort mit Keifstimme herum. Es tat ihr also nicht nur äußerlich gut, sondern verbesserte auch ihren Charakter. Es war ein Halbtagsjob. Ich fuhr jetzt mittags immer mit einem anderen Schulbus in ihre Firma, holte sie von der Arbeit ab, und dann fuhren wir gemeinsam mit ihrem Auto oder einem Taxi nach Hause. Sie saß zusammen mit ihren Freundinnen Faride und Parri in einem großen Büro und manchmal, wenn ich an ihrem Schreibtisch herumlungerte und auf sie wartete, kam ihr Chef, Herr Kaschanipour, und blödelte herum. Er war ein stark behaarter Typ mit einer dicken Hornbrille, der sich gern über mich und meine Zahnlücke lustig machte. Da Hoechst eine deutsche Firma war, konnten fast alle, die dort arbeiteten, perfekt Deutsch. Bei meinen seltenen Auftritten im Rock sagte er dann erstaunt zu mir: »Du bist ja ein Mädchen! Das wusste ich gar nicht.« Und dann zwinkerte er mir zu, als wäre er irre lässig. Ich fand seine Witze nicht besonders gelungen, aber ich war, was dumme Witze von persischen Männern anbelangte, mittlerweile so abgehärtet, dass ich sie zwar peinlich, aber nicht unerträglich peinlich fand, wie zum Beispiel die viel dümmeren Sprüche des Mannes meiner Tante. Ich stellte mir vor, wie es wäre, wenn Herr Kaschanipour auf meine Mutter stehen würde. Meine Mutter würde ihm einen Schuh aufblasen, sie war mit einem Arzt aus Deutschland verheiratet und würde meinen Vater ganz sicher nicht verlassen, um mit einem Angestellten, der viel weniger Geld verdiente, zusammenzuleben.

Mein Vater machte sich also völlig umsonst Sorgen.

»Papa«, unterbrach ich sein Gejammer, »du musst dir keine Sorgen machen, Mama würde dich niemals verlassen, um einen von den Männern zu heiraten, die bei Hööööchst arbeiten. Die verdienen doch alle viel weniger als du!«

Und Hoechst sprach ich aus, als wäre es ein Asozialenheim.

Mein Vater verzog schmerzhaft das Gesicht, blies den Rauch übertrieben aus und sah mich dann genervt an: »Du verstehst überhaupt nicht, was los ist«, schnaubte er verächtlich.

Das war unverschämt. Mich erst mit seinen Problemen belästigen und mich dann als nicht adäquaten Gesprächspartner und schlechten Ratgeber missachten. Er hatte keinen Trost verdient.

»Na ja, wenn sie dich verlassen will, kannst du sowieso nichts dagegen tun. Vielleicht verliebt sie sich ja in einen Deutschen?« Hehe, jetzt hatte ich ihn getroffen.

Bei Hoechst arbeiteten natürlich sehr viele deutsche Männer, und die waren gar nicht übel. Sie entsprachen eher meinen Vorstellungen von gut aussehenden Männern: groß, blond und schlank, nicht so schwarz behaarte Zwerge, die nur Bullshit rausließen, wenn sie den Mund aufmachten. Und deutsche Männer fanden im Gegenzug meine Mutter auch super, das merkte ich immer, wenn sie mich bei meinen Freundinnen abholte und der Vater meiner Freundin danach ungefähr zehnmal zu mir sagte: »Du hast eine wirklich attraktive Mutter. Sie ist sehr jung! Wie alt ist sie?«

Und ich: »32.« Woraufhin der Vater durch die Zähne pfiff.

Aber davon wusste ja mein Vater nichts. Der verzog das Gesicht angewidert und meinte zu mir:

»Du bist das Opfer, wenn deine Mutter weiterhin so uneinsichtig ist. Sie kann sich als Mutter einer Heranwachsenden nicht so verhalten. Was sollen die Leute denken, was du für eine bist, wenn deine Mutter schon so ist? Sie werden sagen, die Tochter ist genauso lasch wie ihre Mutter.«

Lasch ist Farsi und bedeutet Schlampe.

Ich kam nicht mehr mit, er war verrückt. Was die Leute denken, war doch so was von superscheißegal. Mit ging dieses ständige »Was die Leute denken« dermaßen auf die Nerven, zumal ich keinen einzigen Menschen kannte, dessen Meinung mir wichtig war. Außer Angelas und Carmens vielleicht. Aber denen war es egal, ob meine Mutter eine Schlampe war oder nicht, obwohl ich gerne eine Schlampe zur Mutter gehabt hätte. Und ich würde leider auch keine werden, so wie es aussah, obwohl ich gerade »Lolita« von Nabokov aus dem Bücherschrank meiner Mutter gelesen hatte, also eigentlich hatte ich nach ein paar Seiten nur noch nach den schweinischen Stellen gesucht, denn das Buch hatte mich wahnsinnig gelangweilt, und ich wusste nicht, warum es so berühmt geworden war. Ich war keine Lolita und wollte auch keine sein. Ich fand Männer widerlich.

Ich zog mich aus und legte mich mit T-Shirt und Unterhose ins Bett, wie immer. Er machte das Fenster zum Lüften auf, knipste das Licht aus, wünschte mir eine gute Nacht und ging hinaus. Kurz danach hörte ich ihn an die Tür des Fernsehzimmers klopfen, in dem meine Mutter sich auf dem Sofa ein Bett gebaut hatte.

Wenige Tage später wachte ich gegen zwölf Uhr mittags auf, ging in die Küche, machte mir einen kalten Kakao und hörte plötzlich Geräusche aus dem Schlafzimmer. Ich war während der Sommerferien vormittags mir selbst überlassen. Ich schlief immer bis mittags, dann machte ich mir mein Frühstück selbst, weil das Dienstmädchen meistens schon für das Abendessen einen Riesenhaufen Spinat und ein Gebüsch Küchenkräuter putzte oder einen Berg roter Fleischstücke durch den Wolf drehte, während in zwei großen Pfannen gleichzeitig Frikadellen in heißem Öl brutzelten. An diesem Morgen war die Küche leer und sauber, keine Fatima weit und breit.

Ich frühstückte jeden Morgen das Gleiche: kalten Kakao und Toast mit Philadelphia-Frischkäse und Erdbeermarmelade, weil ich froh war, endlich etwas gefunden zu haben, was mir schmeckte. Philadelphia gab es plötzlich im amerikanischen Supermarkt zu kaufen, ich schickte dem Menschen, der die Idee mit dem Import hatte, jeden Morgen versöhnliche Gedanken. An diesem Morgen hörte ich, während ich die weiße Oberfläche unserer Bar in der Küche wie jeden Morgen mit braunen Kakaoflecken besudelte, dass jemand im Schlafzimmer hin- und herrannte. Mit der Kakaotasse in der Hand ging ich in Richtung Schlafzimmertür. Mein Kater kam aus meinem Zimmer, sah mich und lief hinter mir her. Ich stieß die halboffene Zimmertür auf und was ich sah, ließ mir beinahe die Kakaotasse aus der Hand rutschen. Alle Schlafzimmerschränke waren weit aufgerissen, und auf dem Bett und auf dem Boden lagen drei aufgeklappte Koffer, in denen sich Haufen von Kleidern, Schuhen, Handtaschen und anderem Zeugs türmten.

Meine Mutter riss immer mehrere Kleiderbügel gleichzeitig aus dem Schrank und warf sie mitsamt Bügeln in die Koffer. Die Schubladen ihrer Kommoden waren schon leer.

»Was machst du?«, jaulte ich.

»Ich packe meine Sachen!«, schrie sie mich an.

»Wo willst du hin?«, jaulte ich noch einmal.

»Weg! Einfach weg von ihm. Ich halte es nicht mehr aus. Ich ertrage dieses Leben nicht mehr. Ich kann nicht mehr.«

»Dann packe ich jetzt auch meine Sachen«, sagte ich zu ihr, um meine Solidarität zu beweisen.

Sie blieb einen Moment stehen. Sie hatte einen Wickelrock und nur einen BH an und Lockenwickler auf dem Kopf.

»Was soll ich mit dir? Du bleibst hier.«

Ich nahm die Katze auf den Arm und setzte mich auf den Boden. Mir kamen die Tränen.

»Du kannst nicht gehen«, heulte ich. »Du kannst mich nicht hierlassen, ich will mit.«

Sie schloss den ersten Koffer und schleppte ihn zur Wohnungstür. Dann den zweiten und den dritten. Vorher hatte sie noch die erhitzbaren Lockenwickler aus ihren Haaren gedreht, laut in den Kasten zurückgeschmissen und ihn dann zu ihren Schminksachen in den Koffer geworfen.

Sie sah mich die ganze Zeit nicht an, nicht, als sie sich ein T-Shirt anzog, und nicht, als sie zum Telefon ging und zu jemandem sagte, sie sei fertig.

Ich hatte aufgehört zu heulen. Das war jetzt zu schlimm. Was sollte aus mir werden? Was war hier letzte Nacht passiert?

Es klingelte an der Wohnungstür, sie ging hin, drückte den Türöffner, schleppte den dritten Koffer auch zur Tür und nannte jemandem die Adresse meiner Großeltern.

Sie kam noch mal zu mir, sah mich wütend an und sagte: »Sag deinem Vater, ich bin weg, jetzt kann er mit sich selbst verrückt spielen. Ich kann nicht mehr.« Dann nahm sie ihre Handtasche und ging zur Tür.

Ich rannte ihr hinterher und schrie:

»Nimm mich mit! Nimm mich mit! Ich will mit!«, und klammerte mich an ihren Arm. Sie schüttelte mich ab und stieß mich, heulend und nur in Unterwäsche, zurück:

»Nein, ich nehme dich nicht mit. Du bleibst schön hier, damit dein Vater sieht, wie hart mein Leben ist!«

Und dann rannte sie die Treppen mit laut klappernden Absätzen hinunter. Ich stand oben auf der Treppe und schrie noch eine Weile heulend: »Nimm mich mit, nimm mich mit!«

Irgendwann legte ich mich auf die Marmorstufen und schluchzte nur noch. Meine Mutter war gegangen. Was sollte nun aus mir werden?

Ich ging zurück in die leere Wohnung, setzte mich an die Küchenbar und beruhigte mich.

Dass sie weg war, war die eine schreckliche Sache. Aber dass ich jetzt mit meinem Vater alleine sein musste, war die andere, sehr viel schlimmere Geschichte. Wenn sie mich ganz allein gelassen hätte, wäre ich eigentlich kaum verzweifelt gewesen. Was würde er sagen, wenn er heute Abend nach Hause kam und es erfuhr. Er würde sie sicher sofort zurückholen. Was würden seine Eltern sagen? Meine Tante? Mein Gehirn ratterte in einer Tour vor sich hin, ich war total überfordert von der Situation und merkte, ich konnte jetzt nichts tun außer zu warten.

Ich öffnete den Kühlschrank, um zu sehen, was sie mir zum Überleben dagelassen hatte.

Als mein Vater abends etwas früher als sonst nach Hause kam, wusste er schon Bescheid.

Ich lag wie immer mit der Katze vor dem Fernseher, sprang aber beflissen auf und rannte zur Tür, so wie er es sich immer wünschte, um ihn zu begrüßen.

Bei meinem Vater war es so: Wenn er schlecht gelaunt war, bekam ich immer die schlechte Laune ab. Ich kannte es bis dahin nicht, dass seine schlechte Laune nichts mit mir zu tun haben könnte. Wenn ihm irgendeine Laus über die Leber gelaufen war, war es logisch, dass ich kurz danach auch nichts mehr zu lachen hatte.

An dem Abend war mein Vater sehr schlecht gelaunt, aber er bemühte sich regelrecht, nett zu mir zu sein. Ich hatte aber nicht das Gefühl, dass er sich zusammenriss, weil ich es schon schwer genug hatte und er mich nicht noch mehr belasten wollte, sondern weil ihm außer mir niemand geblieben war.

Er ging in die Küche und wollte Reis und Spiegeleier kochen. Ich mochte keinen Reis mit Eiern, hatte aber auch keine bessere Idee. Also kochten wir Reis und brieten Eier.

»Sie ist verrückt«, sagte mein Vater, während er die Eier in die Pfanne haute, wo die Butter schon brutzelte.

»Total verrückt. Keine ehrbare Frau macht so was. Sich

jeden Tag auftakeln, um in einem Büro den Männern den Kopf zu verdrehen. Sie genießt diese Aufmerksamkeit, deswegen liebt sie auch diese Arbeit. Es geht ihr nur darum, bewundert zu werden. Ich arbeite wie ein Pferd, sitze jeden Tag 16 Stunden in der Praxis, und deine Mutter macht sich schön für andere Männer …«

»Macht sie nicht«, sagte ich genervt. Mein Vater war so dumm, dass man nicht wusste, wo man anfangen sollte, etwas zu erklären. Das war auch der Grund, warum ich nie mit ihm redete. Ich hasste meine Mutter dafür, dass sie gegangen war, und mich mit ihrem dummen Mann alleine gelassen.

»Doch, macht sie«, mein Vater zog ein angewidertes Gesicht, ließ die Eier auf zwei Teller gleiten, zwei für ihn, eins für mich, weil ich eigentlich keine Eier mochte, nahm den Reistopf mit einem Handtuch und ging ins Esszimmer. Ich balancierte die Teller hinterher.

Meine Mutter hasste Töpfe auf dem Esstisch und servierte immer alles auf Platten und Schüsseln, aber mein Vater liebte es einfach, weil er ein einfacher Mensch war und ein einfaches Leben liebte, wie er immer betonte.

Wir nahmen uns Reis, und mein Vater klagte die ganze Zeit mit vollem Mund über seine aufmerksamkeitssüchtige Frau, meine Mutter. Irgendwann war er bei dem Thema Scheidung angelangt, nämlich dass es bei so einer Frau und einer solchen Ehe besser sei, sich scheiden zu lassen.

»Ja, das glaube ich auch«, sagte ich hoffnungsfroh. Ich sah plötzlich ein Licht am Ende des Tunnels. Ich würde mit meiner Mutter alleine wohnen, und alle Probleme wären gelöst! Herrlich!

»Dann wirst aber du eine arme Kreatur, du wirst ohne Eltern aufwachsen. Aus dir wird dann nichts werden. Verloren wirst du durchs Leben torkeln. Vielleicht wirst du drogenabhängig …«

Wieso sollte nichts aus mir werden? Was hatte ich jetzt davon, einen Vater zu haben, außer ständig schlechter Stimmung?

Wir hatten fertig gegessen. Ich trug die Teller in die Küche, stellte sie in die Spülmaschine und den restlichen Reis in den Kühlschrank und wollte in mein Zimmer gehen, »Reich und Arm« gucken.

»Komm, setz dich doch zu mir«, säuselte mein Vater.

Oh nein, dachte ich. Jetzt wird der auch noch anhänglich.

Ich wollte kein einziges Wort mehr über meine Mutter hören. Andererseits tat er mir leid, weil er nun allein sein musste. Warum tat er mir leid, wenn er allein war, aber ich selbst tat mir nicht leid? Ich war gerne allein.

Also setzte ich mich zu meinem Vater ins Fernsehzimmer, der jetzt auch hier Kette rauchte, und mir den ganzen Schlamassel ihrer Ehe, und zwar von Anfang an, erzählte. Das meiste kannte ich schon, aber er schien die Familie meiner Mutter wirklich zu hassen. Ich stellte mir vor, wie es wäre, mit jemand verheiratet zu sein, dessen Mutter, Vater und Geschwister ich zum Erbrechen finden würde.

Im Moment war es so, dass ich in eine Familie hineingeboren war, in der ich eigentlich alle, außer meiner Mutter, zum Erbrechen fand.

Mein Vater schlug mir vor, die Woche, bis die Schule wieder anfing, jeden Tag mit ihm in die Praxis zu fahren, um ihm zu helfen und zu sehen, wie schwer er arbeitete.

»Nein, ich muss mich auf die Schule vorbereiten.«

Er glaubte mir die freche Lernlüge. Ich hatte mich in meinem Leben noch nie auf die Schule vorbereitet, und schon gar nicht in den Sommerferien. Das machten nur persische Kinder. Die gingen sogar in ihren Sommerferien auf eine Art Zusatz-Ferienschule, damit sie dadurch gestärkt das grauenvolle Schuljahr besser durchstehen konnten.

»Dann gehst du morgen früh runter zu deiner Großmutter. Da kannst du schön lernen.«

Ich wurde blass. Seine Mutter war das Schlimmste, was mir passieren konnte. Dagegen war die persische Zusatz-Ferienschule eine vergnügliche Institution.

»Nein, ich bleibe hier oben, sonst muss ich die vielen, vielen Bücher mitschleppen, die Katze ist allein, Großmutter hat dadurch Arbeit, ich will mein Zimmer aufräumen …« Mir fielen plötzlich haufenweise Argumente gegen meine Großmutter ein.

Es gab einen kurzen Kampf, bis mein Vater bereit war, mich alleine zu Hause zu lassen, wenn ich versprechen würde, das Haus nicht zu verlassen. Ich versprach es hoch und heilig.

Am nächsten Morgen rief ich, noch verschlafen, als Erstes meine Mutter im Büro an.

»Mama, du musst sofort zurückkommen, hier ist alles Scheiße.«

Sie lachte gehässig. »Jetzt sieht er, wie es ohne mich ist.«

»Nein, Mama«, schrie ich, »nicht für ihn, für mich! Ich halte es nicht aus mit ihm, wenn du nicht zurückkommst, laufe ich weg.«

»Wohin willst du denn?«, fragte sie erstaunt. Dann schlug sie mir vor, ich solle mit einem Taxi zu ihr ins Büro kommen und mit ihr Mittag essen.

Wir gingen in mein Lieblingsrestaurant, das Chattanooga, das war ein großer, poppiger Raum mit riesigen Fensterfronten im totalen Siebziger-Jahre-Look direkt am oberen Teil der Pahlawi Avenue im Norden Teherans gegenüber dem Schahanschahi-Park, wo ich manchmal den Jungs aus der Schule beim Skaten zugesehen hatte. Das Lokal war mit lila und pinkem Teppichboden und pinken tiefen Sofas und Ball Chairs eingerichtet. Ich bestellte wie immer Wiener Schnitzel und Pommes. Meine Mutter hatte einen bunten Salat vor sich stehen.

»Mama, ich kann nicht jeden Abend mit ihm reden. Es ist so langweilig. Er redet nur davon, wie scheiße du bist und Opa, und Gita und Bita … und er sagt so komische Sachen … ich will das nicht hören.«

»Er ist selber scheiße«, sagte meine Mutter abfällig und verzog ihren schönen, rotbemalten Mund.

»Lass dich unbedingt scheiden«, riet ich meiner Mutter und nickte ihr mit dem Mund voller Pommes und Ketchup motivierend zu. »Unbedingt! Ich brauche keinen Vater!«

Sie sah mich angeekelt an und sagte: »Iss nicht wie ein Schwein.«

»Aber ich bin doch jetzt mutterlos!«

Ich hob die Schultern entschuldigend und verzog meinen vollen Mund.

Da mussten wir beide lachen.

Am nächsten Abend kam mein Vater abends früh nach Hause und hatte zwei Frauen dabei. Die eine war jung und hübsch, und die andere war etwa doppelt so alt und, wie ich später merkte, ihre Mutter. Ich hatte die Tür mit dem Kater auf dem Arm geöffnet, damit er nicht abhaute. Ich gab der älteren Frau die Hand und knickste, und als ich mich der Jüngeren zuwandte und die aus der Nähe sah, dass ich einen lebendigen gelben Fellhaufen auf dem Arm hielt, quiekte sie, machte einen Satz zurück und zog ein entsetzt-angewidertes Gesicht.

»Das ist Mr Molly«, sagte ich und winkte ihr mit seiner rechten Katzenpfote zu, »er wohnt auch hier.«

Mein Vater sagte zu mir auf Deutsch: »Bring den weg. Sie wird uns ein wenig helfen und sich um dich kümmern.«

Ich hatte nichts dagegen, dass sich eine junge hübsche Frau, die sich vor einer faulen dicken gelben Hauskatze fürchtete, ein wenig um mich kümmerte.

Mein Vater führte die beiden durch das ganze Haus, öffnete die Türen zu allen Zimmern und schämte sich unglaublich, weil in der Küche schmutziges Geschirr stand, im Bad ein Berg Schmutzwäsche, weil Fatima die Waschmaschine nicht bedienen konnte, und mein geflicktes Schlauchboot in der Wanne war und wir auch ansonsten alles ziemlich eingesaut hatten.

Die Junge meinte immer nur: »Machen Sie sich keine Sorgen, das wird alles erledigt.«

Und die Alte nickte: »Ja, das ist alles überhaupt kein Problem, sie kann das alles.«

Dann gaben mir beide übertrieben nett die Hand, sahen mich mitleidig an und warfen der Katze noch einen letzten, ungläubigen Blick zu, und waren weg.

»Wie fandest du sie?«, fragte mich mein Vater erwartungsvoll.

Ich zuckte die Schultern. »Hoffentlich kann sie kochen und setzt mir keinen persischen Arme-Leute-Mansch vor.«

»Nein, mach dir keine Sorgen. Das ist eine ganz feine Familie!« Er war ganz aus dem Häuschen. »Sie studiert hier an der Universität Literatur, ihre Mutter kommt schon sehr lange zu mir in die Praxis, sie hat mir erzählt, dass sie sich etwas Abwechslung wünscht und Kinder liebt.«

»Wo sind denn hier Kinder?« War er verrückt geworden?

»Du bist doch ein Kind.« Er grinste.

Ich sah mich nicht als Kind, sondern als geilen Teenager.

Meine Jeans waren so eng, dass ich mich zum Zuziehen des Reißverschlusses auf mein Bett legen und den Bauch einziehen musste. Mein Schönheitsidol war Brooke Shields. Ich hatte in der *Bravo* ein Riesenposter von ihr aus dem Film »Pretty Baby« entdeckt, in dem sie die Tochter einer Prostituierten in einem Bordell spielt, das hing riesengroß in meinem Zimmer. Ich wollte alles so haben wie Brooke. Brooke war für mich die Menschwerdung meiner Träume und Sehnsüchte. Ich wollte Model sein und viele supertolle Klamotten anziehen wie sie, in Filmen mitspielen, wo ich die ganze Zeit nur eine Schnute ziehen musste, und die kritischen Stimmen, die ich auch gelesen hatte, dass das arme Mädchen von ihrer ehrgeizigen Mutter als Marionette in einer Erwachsenenwelt missbraucht wurde, interessierten mich nicht. Ich stylte mich genau wie sie. Aber ich war natürlich überhaupt nicht so schön und perfekt wie sie, hoffte jedoch, es noch zu werden. Mit meinem

Gesicht war ich nicht besonders zufrieden, aber ich wusste: Mein Kapital war meine Figur. Wenn die Freundinnen meiner Mutter kamen, raunten sie meiner Mutter immer zu: »Sie ist so langbeinig, von wem hat sie das?«

Und meine Mutter schnaubte dann verächtlich: »Sie futtert zu viele Süßigkeiten und Chips. Wenn sie so weitermacht, wird sie fett.«

Aber die Freundinnen sagten dann anerkennend: »Sie ist doch nicht dick, sondern langbeinig wie eine Gazelle!« Ich hatte es genau gehört.

Und die Schwester meines Vaters rief immer auf ihre penetrante Art, ich hätte einen Körper wie Barbie, bloß ohne Busen. Ich wollte nicht wie die blöde Barbie sein, mit dem doofen Spitzbusen und dem dummen blonden Kopf. Ich wollte einfach nur so sein wie Brooke auf dem Poster, ein ernstes Mädchen mit wunderschönen, ungezupften Augenbrauen und langen, dunklen, gewellten Haaren, die ich mir abends nach dem Waschen feucht in Zöpfe flocht, um am nächsten Tag die richtige Mähne zu haben. In hautengen zerfetzten Jeans und großen, weißen Herrenhemden. Meine Mutter hatte mir schon mehrmals angeboten, mir die Brauen etwas zu zupfen, aber ich hatte jedes Mal geschrien: »Spinnst du? Dann sehe ich ja aus wie eine persische Tussi! Also wie alle!« Persische Mädchen hatten alle, genau wie ihre Mütter, ein Riesenproblem mit ihrer Körperbehaarung. Meine Mutter hatte das Thema natürlich auch und hatte immer einen Vergrößerungsspiegel und eine Pinzette in ihrer Nähe, falls plötzlich irgendwo ein Haar aus ihrem Körper sprießen sollte. Deshalb waren gezupfte Augenbrauen und gewachste Achseln und Beine schon bei Dreizehnjährigen obligatorisch. Aber ich ließ meine Mutter nicht ran. Ich fand den zarten Flaum an meinen Armen und Beinen sehr sexy, vor allem im Sommer, wenn er blond wurde in der Sonne.

Also meine Figur, meine Haare und meine Augenbrauen waren schon sehr brookig, nur mein Gesicht nicht, obwohl ich stundenlang vor dem Spiegel ihren Schmollblick übte. Aber ich war ja gerade erst dreizehn geworden, es bestand noch Hoffnung.

»Du brauchst jemand, der sich um dich kümmert, damit du nicht allein bist, der dich zur Schule schickt und für dich Essen kocht. Samira wird sich um alles kümmern«, sagte der Mann, dessentwegen meine Mutter davongelaufen war.

Damit hatte er allerdings recht. Also versprach ich ihm, Samira das Leben nicht zur Hölle zu machen und lieb zu sein.

Samira kam am nächsten Morgen mit einem Koffer. Ich war erstaunt, dass sie bei uns wohnen sollte, aber wenn sie unbedingt wollte, hatte ich nichts dagegen. Samira war sehr distanziert zu mir und fragte mich schlecht gelaunt, wo das Waschpulver für die Waschmaschine war. Und fing dann an, die Wäsche lustlos in die Maschine zu stopfen und Fatima anzukacken, sie hätte gewaschen, Fatima sollte gleich wenigstens die Wäsche aufhängen.

Dann ging sie ins Fernsehzimmer, machte einen iranischen Sender im Fernseher an und fing an zu heulen.

Ich stellte mich in die Tür und beobachtete sie eine Zeitlang.

»Warum weinst du?«

Sie machte eine abweisende Kopfbewegung: »Welam kon.« (Lass mich in Ruhe)

»Ich fahr jetzt mit dem Taxi zu meiner Freundin Angela und bin heute Abend wieder zu Hause.«

Samira saß verheult vor dem Fernseher und hatte einen Kranz aus zerknüllten Kleenex um sich herum gelegt.

Sie zuckte mit den Schultern, ohne mich anzusehen.

Ich war verärgert. Der war ja total egal, was ich machte.

Seit ich mutterlos war und Angela die Geschichte ihrer Mutter erzählt hatte, war ich immer, wenn ich wollte, bei Angela eingeladen, weil ich ihrer Mutter leid tat. Irgendwie hatte ich das Gefühl, Angelas Mutter wäre auch gerne einfach abgehauen, traute sich aber nicht. Von dem Vater der drei wusste ich nicht viel, außer dass er Jeans verboten hatte.

Ich wollte auch keine weiteren persischen Väter näher kennenlernen, ich hatte mit meinem eigenen schon genug zu tun.

Aber an diesem Nachmittag gingen wir nicht schwimmen, Angelas Mutter begrüßte mich mitleidig und fragte betont mütterlich, ob es mir denn gut gehe. Ich nickte wortlos, ging gleich mit Angela nach oben und schloss die Zimmertür. Dann verdrehte ich die Augen und erzählte, wie schlimm alles war und dass mein Kindermädchen eine blöde Kuh war. Und dass ich ins Internat gehen würde. Ich müsste nur meinen Vater noch überreden.

»Wohin willst du ins Internat?«, fragte Angela total erschrocken.

»Nach Deutschland natürlich. Nach Schloss Salem, Mann.«

Ich hatte von Schloss Salem irgendwo gelesen und wusste sofort, ein Schloss in Süddeutschland am Bodensee, wohin die Kinder von sehr reichen Leuten mit familiären oder schulischen Problemen abgeschoben wurden, wäre genau das richtige Umfeld für mich.

»Aber dann bist du ja ganz allein in Deutschland!« Angela war entsetzt und konnte es nicht fassen.

»Genauuu!«, grinste ich sie an. »Ich kann mir nichts Schöneres vorstellen. Allein! Und in Deutschland. Und im Internat. Auf einem Schloss! Oh Maaaaaann!« Ich warf den Kopf nach hinten und kreischte laut vor Vergnügen und Vorfreude.

Dann holte ich die Donna-Summer-Kassette aus meinem Beutel, und Angela brachte den Kassettenrekorder aus dem Zimmer ihrer Mutter herüber, weil sie keinen eigenen besaß, eine Tatsache, die ich auch nicht verstand. Ich hatte mir vor einiger Zeit einfach den Dual-Plattenspieler, den Verstärker und die großen Boxen meiner Eltern aus dem Salon genommen, in meinem Zimmer installiert und bei einer Fahrt in den Süden der Stadt meinen Vater dazu gebracht, mit mir in ein Elektronikgeschäft zu gehen und mir ein Kassettendeck von JVC zu kaufen, was ich an den Verstärker angeschlossen hatte. Ich hatte mich also mit einem perfekten Soundsystem ausgestattet, was ich richtig laut drehen oder mit dem fetten Kopfhörer meiner Eltern hören konnte. Meine Mutter beschwerte sich ein paar Mal schwach, warum ich in meinem Kinderzimmer so eine große Anlage brauchen würde, und dass es ihre Anlage sei, aber ich antwortete nur: »Weil ich Musik hören will und ihr nicht.«

Musik war mir superwichtig, und am wichtigsten war, dass sie sehr laut war, das ganze Zimmer musste voller Musik sein, damit man eintauchen konnte wie ein Fisch ins Wasser. Bevor ich mir die Anlage meiner Eltern genommen hatte, hörte ich meine Kassetten auch auf so einem Stereo-Kassettenrekorder, wie ihn Angela jetzt hereinbrachte. Ich legte die Kassette rein und spulte bis zu »I feel love«, dann drückte ich die Play-Taste. Angela hatte die Vorhänge zugezogen, wir stellten uns nebeneinander auf den Teppich und fingen in einer Art Robot Dance an, zu dem Lied zu tanzen. Ich nahm die Schreibtischlampe von ihrem braunen Holzschreibtisch und stellte sie hinter den Vorhang, das Kabel mit dem Schalter legte ich so, dass ich beim Tanzen ständig auf den Schalter trat, damit sich das Licht an- und abschaltete. Ich wusste damals nicht, dass es überhaupt so etwas wie Stroboskoplampen gab, ich wusste nur, zu der Musik und unseren Bewegungen musste das Licht ganz schnell an- und ausgehen.

Kurz darauf fing die Schule wieder an, und alles wurde irgendwie anders. Mir gegenüber auf der anderen Seite des U aus Schultischen saß ein wahnsinnig hübscher Junge, der sitzengeblieben und jetzt neu in unserer Klasse war. Armin trug dieselben blauen Kickers wie ich, immer eine dunkelblaue Röhrenjeans und Sweatshirts mit dem Namen von amerikanischen Hochschulen darauf und war etwas kleiner als ich. Das machte mir aber nichts aus, ich fand ihn einfach nur wunderschön und verbrachte den gesamten Unterricht damit, ihn zu beobachten, anstatt wie sonst unterm Tisch Comics zu lesen oder mit Carola Briefchen zu schreiben. Ich musste mich darauf konzentrieren, ihn im richtigen Moment anzulächeln, und zwar so, dass er meine falschen Schneidezähne nicht sehen konnte. Ich war einfach wahnsinnig verliebt in ihn. Zur Schule zu gehen war plötzlich schön. Morgens aufzustehen war schön. Sich zu waschen war schön. Meine Mutter dachte, die plötzlich einsetzende Körperpflege hätte etwas mit der Pubertät zu tun. Ich stand morgens sogar eine Stunde früher ganz von alleine ohne mütterliches Geschüttel und Gerufe auf, um mich zu duschen, einzucremen, zu parfümieren und mir meine Brooke-Shields-Frisur zu stylen. Um mich dann, nach Erdbeer-Lipgloss und Apfelshampoo (hatte mir Carola aus Deutschland mitgebracht) duftend und lächelnd auf meinen Platz zu setzen und Armin den ganzen Vormittag zuzulächeln und eine Gänsehaut zu bekommen, wenn er rot wurde und schüchtern zurücklächelte.

Obwohl wir erst in der siebten Klasse waren, hatten sich einige der coolen Jungs in den Sommerferien Motorräder gekauft, solche, wie die Großen in den oberen Klassen hatten. In Teheran gab es damals weder Führerschein- noch Helmpflicht, man musste also nur seinen Vater überzeugen. So fuhren jeden Morgen vierzehn-, fünfzehnjährige Jungs mit laut knatternden Enduro-Maschinen in Knallfarben durch das obere Schultor und parkten ihre Motorräder an den Fahrradständern. In unserer Klasse war Hartmut der Star. Er hatte längere, braune, gewellte Haare und braune Augen, trug enge Jeans mit Knöpfen statt Reißverschluss und weite Männerhemden, die er bis zum Bauchnabel aufgeknöpft ließ, und sah insgesamt aus wie einem *Bravo*-Sexposter entstiegen. Fast alle Mädchen in der Schule waren verliebt in Hartmut, wobei man seinen Namen persisch aussprach, Harrrtmuut, denn Hartmut sprach, wie alle Coolen, meistens nur Farsi und nur dann angestrengt sein holpriges Deutsch, wenn er im Unterricht dazu gezwungen wurde. Hartmut hatte eine Freundin aus der Stufe über uns, sie war älter als er, schon fünfzehn, und man munkelte, sie hätten sogar schon Sex. Um sich morgens zu erfrischen, hatte er die Angewohnheit, noch vor der Schule zu Hause in den Pool zu springen, bevor er mit seiner dottergelben Gelände-Yamaha zur Schule knatterte. Deshalb kam er immer erst nach dem Klingeln mit nassen Zottelhaaren zur ersten Stunde.

Hartmut war eine der Hauptpersonen der Coole-Jungs-Gang unserer Schule. Eigentlich waren nur ältere Jungs aus den oberen Klassen in der Gang, aber Hartmuts beide besten Freunde waren eine Klasse über uns, was Hartmuts Credibility enorm steigerte, zudem besaß er schon eine schwere Maschine, die ihm noch viel zu groß war. Aber mit seinen beiden Kumpel bildete er das Mädchenschwarm-Trio schlechthin. Der zweite im Bunde war Jan, der ein beneidenswert tolles Leben hatte. Seine Eltern waren geschieden, er lebte die meiste Zeit allein mit einem Hausangestellten in einem großen Haus, da sein Vater immer auf Geschäftsreise war. Hugo, der dritte Freund, war der Sohn eines deutschen Ingenieurs, der mit seiner Familie an einem Stausee außerhalb Teherans in den Bergen lebte. Jan und Hugo waren beide rein deutsch, wie wir es nannten, waren aber schon so lange in Teheran, dass sie beide perfekt Persisch sprachen. Viel besser als ich. Wenn ich mit den coolen Straßenjungs Fußball spielen könnte, wäre mein Persisch sicher auch um einiges besser. Um diese drei Jungs, die so etwas wie die Helden unserer Schule waren, scharten sich diejenigen Jungs, die etwas vorzuweisen hatten, wie zum Beispiel ein Motorrad, und dann gehörte da noch ein Haufen frühreifer Mädchen dazu. Frühreif deshalb, weil sie schon daran interessiert waren, in den Pausen und Freistunden die meiste Zeit auf dem Schoß einer der Jungs zu verbringen, häufig mit seiner Zunge in ihrem Mund und seiner Hand unter ihrem T-Shirt. Ich war leider nicht frühreif und gehörte nicht zu dem erlauchten Kreis derer, die bei und mit den coolen Jungs auf den grünen Stangen, die die Grünflächen unserer Schule abtrennten, sitzen durfte. Ich wurde weder von diesen Jungs noch von den dazugehörigen Mädchen weiter beachtet, geschweige denn auf eine der berüchtigten Donnerstags-Partys eingeladen. Ich hatte auch immer noch weder meine Tage bekommen noch war mir ein nennenswerter Busen gewachsen. Nur meine Arme und Beine wurden immer länger. Von den Donnerstags-Partys hörte man die wildesten Sachen. Sie fanden abwechselnd in dem Partykeller von einem, dessen Eltern nicht da oder unbekümmerte Deutsche waren, statt. Auf diesen Partys mussten die wundersamsten Dinge geschehen, dem Getuschel nach zu urteilen.

Ich wollte auch nichts von den Älteren, denn ich war schon in Armin verliebt, und der brauchte keine coole Gang, er war cool für sich allein. So wie er wollte ich auch sein: ein einzelner Stern, der für sich allein strahlen konnte.

Die einzige Intimität außer der Anlächelei im Unterricht war bis jetzt eine gemeinsam verbrachte Freistunde. Er saß allein in der Sonne auf der Treppe vor dem Teil der alten Villa, in dem die Chemie- und Physikräume waren und wickelte ein riesiges Sandwich aus mindestens einem Meter Alufolie. Ich schlenderte vorbei und setzte mich zu ihm, aber zwei Stufen unter seiner Stufe, und grinste zu ihm hoch.

Wir hatten frei, weil unsere Persischlehrerin Frau Meier krank war, zum Glück.

»Hoffentlich bleibt Frau Meier noch lange krank«, sagte ich leicht dahin.

Er lachte.

»Hoffentlich wird sie nie wieder gesund!« Ich fühlte mich plötzlich sicher.

Er lachte noch mehr und fragte dann: »Magst du sie nicht?«

Ich war erstaunt über die Frage. Das war wohl völlig klar, dass man die nervige Kuh nicht mögen konnte. Frau Meier war Perserin und mit einem Deutschen verheiratet, ihr Sohn Benjamin ging in unsere Klasse, musste aber absurderweise nicht an dem langweiligen Unterricht seiner Mutter teilnehmen, weil er ja Deutscher war. Er weigerte sich auch, Persisch zu sprechen, was ich an ihm, außer der Tatsache, dass er blond und blauäugig war, sehr mochte. Jedenfalls war er schon in Ordnung, aber seine Mutter blamierte ihn ständig.

Einmal hatte sie meine Mutter angerufen und sich über mich beschwert. Ich stand mit Herzklopfen an der Tür und hörte mit.

Dann sagte meine Mutter: »Oh, doch, wir sprechen sogar sehr viel mit Leily und mit Absicht nur Farsi zu Hause.«

Ich ging in unser Esszimmer, setzte mich an den Esstisch und wartete auf meine Hinrichtung.

Meine Mutter hatte ihre genervte Stirnfalte auf der Stirn, als sie zu mir kam.

»Das war deine Lehrerin, Chanum Meier. Ich glaube, die ist verrückt«, sagte meine Mutter ganz ruhig. »Sie wollte wissen, ob mit dir hier überhaupt niemand spricht, oder warum du immer noch nicht genug Farsi verstehst und warum deine Aufsätze und Diktate so mies sind. Ich hab gesagt, wir sprechen die ganze Zeit mit dir, und zwar nur Farsi.« Sie sprach Deutsch.

»Dann meinte sie«, meine Mutter verstellte ihre Stimme und äffte Frau Meiers leidende Jammerstimme perfekt nach: »Alle Kinder in der Klasse lieben mich, nur Leily nicht.« Meine Mutter fing an zu lachen. »Ich dachte, was redet die, ich hab ihr gesagt, machen Sie sich nichts daraus, uns liebt sie auch nicht, wir wissen auch nicht, was wir tun sollen, wir haben uns einfach damit abgefunden! Die will von dir geliebt werden! Verrückt! Ausgerechnet von dir!« Dann lachte sie wieder laut bei der Vorstellung, dass ich meine rare Liebe ausgerechnet einer Persischlehrerin mit leidender Stimme schenken würde.

Ich saß immer noch am Esstisch und war sprachlos. An diesem Tag liebte ich meine Mutter sehr. Wie cool und überlegen sie war.

Deshalb war ich in dem Moment auf der Treppe vor dem Chemieraum total schockiert, als Armin mich fragte, ob ich die blöde Kuh nicht mochte.

»Natürlich nicht!« Ich verzog das Gesicht.

Er klappte sein Baguette auf und sagte bedeutungsvoll zu mir: »Schnitzel!«

Und dann: »Willst du ein Stück?«

Ich wollte. Wir aßen sein Schnitzel-Sandwich, und ich erzählte ihm von Frau Meiers peinlichem Anruf und meiner coolen Mutter, die jetzt aber leider abgehauen sei und mich mit meinem Vater, der Katze und dem verblödeten Kindermädchen allein gelassen hatte.

»Bei uns kann sie gar nicht anrufen, meine Eltern sind nie da, die sind immer eingeladen, jeden Tag«, sagte Armin und zuckte die Schultern in dem neuen dunkelblauen Sweatshirt mit der Aufschrift Harvard University.

»Echt? Nie da? Was macht dein Vater denn?«

»Er verkauft Pipelines.«

»Für Öl?« Ich wusste nur, dass Pipelines Rohre waren, durch die Erdöl floss.

»Ja, er ist Vertreter für Pipelines.« Armin lachte verlegen und zuckte wieder mit den Schultern. Komischer Beruf, dachte ich. Alle Väter waren Arzt oder Ingenieur oder sie hatten eine Fabrik. Pipeline-Verkäufer kannte ich noch nicht.

Dann wechselten wir zu anderen Themen. Armin hatte in einem Spezialkino in den Sommerferien in München schon alle Filme gesehen, die ich noch nicht kannte. Ich bewunderte ihn glühend für sein Wissen.

Kurz darauf lud Alex Ardalan Leute aus unserer Klasse zu einer Party bei sich zu Hause ein. Alex war ein verwöhnter, dicklicher Junge, der mit seinem Vater und seinen beiden älteren Brüdern aufwuchs. Seine Mutter war schon lange gestorben, und der Vater hatte nicht wieder geheiratet.

Alex' Brüder waren im Gegensatz zu ihm groß und schlank,

trugen enge Jeans, hatten beide lange dunkle Locken und sahen aus wie Rockstars.

Irgendwann kam er auch zu mir, und mir fiel sofort ein Stein vom Herzen.

»Meine Brüder machen in zwei Wochen eine Party«, sagte er ernst, als wäre das eine geschäftliche Angelegenheit. »Du bist eingeladen, wenn du kommen willst. Ich gebe dir noch eine Einladung.«

Ich freute mich unbändig.

»Ich auch? Aber deine Brüder kennen mich doch gar nicht!«

Andy sah mich an, als wäre er der Kopf einer Bande.

»Wenn die eine Party machen, kann ich einladen, wen ich will.«

Endlich. Ich war dabei! Das war nicht eine von den Kinderpartys, wo man spätestens um acht abgeholt wurde, Cola trank und zu viel Kuchen aß. Das war eine ernste Sache.

Angela war auch eingeladen. Wir überlegten, wie wir es anstellen sollten, dass wir länger bleiben durften als nur bis acht. Die Party ging erst um sieben los.

Angela durfte auf keinen Fall länger als acht, ihr Vater würde sie spätestens dann abholen.

Ich könnte meinen Vater vielleicht auf neun verschieben, aber noch später hatte er keine Lust mehr, quer durch Teheran zu fahren, nur um mich abzuholen.

So erzählte Angela ihren Eltern, sie würde bei mir schlafen, weil Alex in unserer Nähe wohnte und mein Vater uns um Punkt acht abholen würde. Ich erzählte dagegen meinem Vater, die Party sei bei Sepideh, dem spießigsten und langweiligsten Mädchen der Klasse, deren Vater auch ein bekannter Arzt war. Und dass der Lehrer-Vater von Bettina, der bei uns an der Schule Mathe und Biologie unterrichtete und meine Eltern kannte, uns etwas später abholen und nach Hause bringen würde, weil die in der Nähe der Party wohnten. Mein Vater nickte abwesend und meinte nur, ob auf der Party auch Jungs eingeladen wären.

»Nein, Papa, wir sind natürlich nur Mädchen!« Ich schüttelte schockiert den Kopf, als ob er etwas sehr Widerliches gesagt hätte.

Eine Mädchen-Party war für meinen Vater zum Glück total uninteressant, im Gegensatz zu Angelas Eltern. Aber irgendwann hatte auch sie alle Genehmigungen, und wir konnten das nächste Problem wälzen: Was ziehen wir an?

Ich hatte bei einem der letzteren Treffen mit meiner Mutter in einer neuen Shopping Mall wunderbare cognacfarbene Stiefeletten entdeckt. Vorne spitzer, als ich es gewohnt war, knöchelhoch und mit einem für meine Verhältnisse ziemlich hohen Absatz. Und das Schönste war, sie waren nicht zu klein, sondern passten perfekt, da hatte sich wohl jemand vertan. Genau solche hatte ich an Suzi Quatro in einer *Bravo* gesehen, meinem Fenster zur Welt in dieser Zeit. Die Klamotten in der *Vogue* waren für mich einfach noch zu unerreichbar, um mich daran orientieren zu können. Ich war ja leider kein Kinderstar in Hollywood so wie Jodie Foster, die gerade einen Skandal wegen eines Films ausgelöst hatte, in dem sie eine Babynutte spielte. Oder die coole Tatum O'Neal, die nur etwas älter war als ich, aber schon Erwachsenenkleider trug und mit richtigen Jungs in richtige Discos ging.

Seit meine Mutter von uns getrennt bei ihren Eltern wohnte, eigenes Geld hatte und machen konnte, was sie wollte, konnte man sie locker zu allem Möglichen überreden. In der neuen Mall waren lauter kleine Boutiquen nebeneinander, die geschmuggelte ausländische Kleidung verkauften. Neben den coolen Stiefeletten erstand ich noch eine superenge Röhrenjeans mit einem Strassband an der Seite und ein schwarzes T-Shirt mit diesen neuen angeschnittenen Ärmeln und einem glitzernden Tigerkopf darauf, wie ich ihn bei Andy Scott, dem Sänger von Sweet, gesehen hatte. Das waren echte Rockstar-Klamotten. Ich war selbst erstaunt, als meine Mutter mich alles anprobieren ließ und dann auch noch ohne zu murren alles kaufte. Ich war sehr zufrieden mit ihr und nahm sie ausnahmsweise in den Arm und sagte Danke.

Sie war ganz überrascht, so viel Dankbarkeit kannte sie von mir nicht.

Nach dem Einkaufen gingen wir nebenan ins Chattanooga, und ich erzählte ihr von meiner großen Liebe. Vor mir stand ein gigantischer Coupe Danmark, mein Lieblingseisbecher, den ich in mich hineinschaufelte, während ich ihr Armins Persönlichkeit in allen Einzelheiten erklärte.

Als ich ihr seinen Nachnamen nannte, weiteten sich ihre Augen.

»Oh mein Gott, das ist eine hochfeine Familie! Gebildet und reich! Die ganze Sippe ist mit dem Schah befreundet!« Das »befreundet« stieß sie heraus, als wäre es das Höchste, was ein Mensch erreichen könnte.

»Sein Vater verkauft Pipelines«, sagte ich gelangweilt und leckte die Schokosoße von meinem Löffel.

Meine Mutter atmete schwer: »Pipelines ist gut! Die verkaufen doch Öl! Die schwimmen in Geld, und zwar schon immer. Das weiß jeder!«

Sie schüttelte den Kopf aus Ehrfurcht vor der greifbaren Nähe zu unfassbarem Reichtum und Glamour.

Dann musterte sie mich kritisch, so als hätte sie schwere Zweifel daran, ob ich Furz in der Lage wäre, einen so dicken Fisch überhaupt an die Angel zu bekommen.

Wichtig war, dass ich mir um mein Party-Outfit keine Sorgen mehr zu machen brauchte. Ich hatte mir zudem aus Lederschnüren ein Stirnband geflochten, das ich mir noch um den Kopf binden wollte.

Aber Angela war schlecht gelaunt und hatte plötzlich keine Lust mehr auf die Party. Ich wusste, dass sie Angst hatte, an diesem Ort nicht bestehen zu können. Weil sie nichts anzuziehen hatte und weil es ihr an Selbstbewusstsein fehlte. Mir war aber die Party viel zu wichtig, um das zu akzeptieren. Ich hatte überhaupt keine Lust, mir danach wieder als Außenstehende anzuhören, was ohne mich alles geschehen war. Womöglich würde sich auch bei uns eine Partyclique bilden, in der ich dann nicht war. Und alleine hingehen fiel aus, ich brauchte jemanden, der mit mir hinging. Auf die anderen Mädchen aus unserer Klasse, die auch eingeladen waren, war kein Verlass. Und ich wollte mich auch nicht mit irgendeinem Mauerblümchen dort sehen lassen. Angela wurde von den Jungs respektiert und war deshalb eine adäquate Partnerin für mich.

»Willst du eine Jeans von mir, und ich geb dir das Tigerkopf-Shirt?«

Sie schüttelte angewidert den Kopf. Sie war angewidert, weil sie mir nicht nur wie immer unterlegen war, sondern das auch noch ein ganzer Haufen Jungs mitkriegen würde. Dann meinte sie: »Okay.«

An dem Donnerstag kam Angela gleich mit dem Bus mit zu mir. Samira war am Wochenende immer bei ihrer Mutter, und mein Vater hatte nur freitags die Praxis geschlossen, so hatten wir die ganze Wohnung für uns. Ich legte erst mal meine neue Queen-Kassette »A Day at the Races« auf und stellte die Lautstärke höher als erlaubt.

Dann tanzten wir in die Küche, um uns Mittagessen zu machen, während sich Freddie Mercury die Seele aus dem Leib schrie.

Ich nahm eine schwere Pfanne, tat etwas Butterschmalz aus dem gigantischen Blechkübel neben dem Herd hinein und legte zwei riesige Scheiben Toastbrot dazu. Dann schnitt ich von dem riesigen Stück Edamer-Käse zwei dicke Scheiben ab und legte sie auf das Brot. In Teheran war immer alles riesig. Das Toastbrot war ein langer Riesenlaib, Olivenöl kam in Kanistern, Butterschmalz in Kübeln, sogar der Joghurt war in Plastikeimern, größer als die, die in Sandkästen liegen, ohne Deckel, mit einer dicken Haut obendrauf. Ich aß nur den Fruchtjoghurt aus dem amerikanischen Supermarkt. Der weiße Joghurt aus unserem *Baghali* (Krämerladen) an der Ecke schmeckte eindeutig nach Schafskacke. Aber meine

Mutter meinte, genauso müsse Joghurt schmecken und nicht so fad wie der Naturjoghurt in Deutschland. Aber ich ekelte mich vor saurem Joghurt und vor Milchhaut und vor der Geschmacksnote Schaf sowieso.

Angela saß auf einem der Barhocker, trank Cola und sah mir wie gebannt zu.

»Dass du das kannst.«

»Klar kann ich das! Ich kann auch Pudding kochen und Eier braten. Und super Sandwiches kann ich auch. Und Tomatensalat! Und Marmorkuchen! Und Streuselkuchen!«

Eigentlich war das nicht viel. Aber Angela konnte gar nichts, noch nicht einmal Rad fahren. Sie durfte nicht in der Küche herumwerkeln, ihre Mutter wollte das nicht. Meine Mutter wollte das auch nicht, aber ich tat es trotzdem.

Ich hatte ein sehr großes, dickes Buch von meiner Mutter geschenkt bekommen. Es war ein Ratgeber für Mädchen und hieß: *Von Tag zu Tag*. Es stand einfach alles drin, was man wissen musste. Zum Beispiel, wie man sich benimmt, wenn man seine Tage hat, mit einem Jungen ausgehen möchte oder eine Nachmittagsgesellschaft gibt.

Darin war auch beschrieben, wie man aus einem einzigen Teig drei verschiedene Kuchen macht: Streuselkuchen, Bienenstich und Obstkuchen.

Ich hatte den Streuselkuchen ausprobiert und war mit dem Ergebnis sehr zufrieden.

Mir machte Kochen und Backen viel Spaß, was wiederum meine Mutter nicht erfreute, denn sie meinte, ich würde ihre Küche jedes Mal einsauen. Aber jetzt war sie ja nicht mehr da und Samira hatte kein Problem damit, stumpf vor sich hin zu putzen. Nur kochen und mit mir reden wollte sie einfach nicht.

So hatten sich meine Fähigkeiten in der Küche in den letzten mutterlosen Wochen um einiges verbessert, obwohl ich mittags meistens bei Maman unten aß, was für uns beide qualvoll war. Maman hatte noch weniger Bock auf mich, als ich auf sie. Aber wir hatten beide keine Wahl und mussten da durch. Sie konnte es als Großmutter vor der Familie nicht bringen, das einzige, mutterlose Kind ihres ältesten Sohnes in ihrem Haus nicht zu füttern.

Ihr Essen war meistens gar nicht so schlecht, aber ich hatte mir mit ihr nichts zu sagen, und sie anzuschweigen, während ich ihren Reis mit Ghorme Sabzi aß, fand ich unhöflich. Es gab nichts in meinem Leben, was ich ihr hätte erzählen können und was sie auch nur ansatzweise verstanden hätte. Sie war ja noch nicht mal auf eine persische Dorfschule gegangen, wie sollte sie mein deutsches Gymnasiastendasein verstehen?

So fragte ich sie immer nach dem Rezept für das, was ich aß. Ich verstand sie nur sehr schlecht, weil sie dieses Kauderwelsch aus Türkisch und Farsi sprach. Aber sie erzählte mir trotzdem gerne immer und immer wieder, wie man den Lammbraten so richtig knusprig macht und wie viel Safran in den Reis gehört, sodass ich es bis heute im Schlaf kann.

Ich nahm zwei Teller, legte die beiden goldbraunen Rechtecke darauf, schnitt sie diagonal auf, nahm die Riesenflasche Heinz Ketchup aus dem Kühlschrank und sagte zu Angela: »Komm, wir essen in meinem Zimmer.«

Wir ließen uns ein Taxi kommen, Alex wohnte eine halbe Autostunde im Norden, in Niawaran, ganz in der Nähe des Schah-Palastes.

Das Wohnzimmer der Villa war das Hauptpartyzimmer, wo die Möbel wohl zur Seite geräumt waren, denn in der Mitte war alles leer, als Tanzfläche. Die Fenster waren mit schwarzen Tüchern abgedunkelt, denn draußen schien noch die Sonne.

Auf dem Esstisch war ein Buffet aufgebaut, und ein paar Jungs standen dort und nahmen sich Chips und Sandwiches.

Es lief laut Musik, sehr laut sogar, und zwar Rock und genau die Sorte Musik, die ich gern gehört hätte, aber nicht wusste, von wem sie war. Aber es waren nur wir Kleinen im Wohnzimmer, die Freunde von Alex. Wo waren die Großen?

Alex rannte geschäftig hin und her und spielte sich auf, als wäre er der Gastgeber von fünfhundert Leuten. Angela und ich setzten uns zu Afsaneh und Bita auf ein braunes Sofa und schämten uns etwas. Wir hatten uns viel zu stark aufgedonnert. Die anderen Mädchen sahen aus wie immer. Sie trugen nur etwas bessere Jeans, T-Shirts und Blusen als sonst in der Schule. Aber Angela und ich sahen nach »Disco 77« aus. Ich hatte mir eins von Papas alten weißen Oberhemden angezogen, vorne geknotet und die Ärmel ganz weit hoch gerollt, die engen schwarzen Röhrenjeans und das Stirnband. Durch meine Absätze war ich etwa vier Zentimeter größer als sonst und die Jungs jetzt noch kleiner als ich, was ich ziemlich schlimm fand.

Von Alex' älteren Brüdern und ihren Gästen war nicht viel zu sehen, anscheinend wollten die nichts mit den blöden Kleinen, also uns, zu tun haben.

Als »Tonight's the Night« von Rod Stewart lief, standen ein paar Mädchen auf und fingen an zu tanzen, danach tanzten auch ein paar Jungs. Angela und ich blieben sitzen und saugten konzentriert an unseren Strohhalmen, um nicht vor Peinlichkeit zu sterben. Armin saß mit ein paar Jungs auf der anderen Seite des Wohnzimmers, wir taten so, als würden wir uns nicht kennen.

Dann wurde »When I Need You« von Leo Sayer gespielt, ein Blues, und ein paar Mädchen nahmen sich in den Arm und tanzten eng miteinander. Hartmut war plötzlich bei uns und fragte Angela, ob sie mit ihm tanzen wollte. Angela sah ihn schockiert an und erhob sich ganz langsam, schlich hinter ihm auf die Tanzfläche und fasste ihn dann mit spitzen Fingern an die Hüfte, als wäre er aus ekligem Schleim. Dabei hatte sich Hartmut extra fein gemacht. Er trug eine knallenge weiße Jeans und ein hellblaues Hemd, und sein gewelltes Haar fiel frisch gewaschen um seine Ohren. Er zog sie ganz nah an sich ran und drückte ihren Kopf einfach an seine Brust, weil Angela so klein war. Wir hatten noch nie mit einem Jungen Blues getanzt, und Hartmut machte das so professionell, als würde er nichts anderes tun. Armin sah kaum zu mir herüber, und ich überlegte fieberhaft, wie ich mich ihm nähern könnte, ohne dass es peinlich würde. Dann stand Kambiz vom Jungssofa auf und steuerte auf mich zu und sagte, als wäre es das Normalste der Welt: »Komm!« Kambiz sah mir in der Schule immer nach, das wusste ich, das war nicht weiter besorgniserregend, denn viele Jungs sahen mir nach, aber es sagte nie jemand etwas zu mir. Aber Kambiz hatte mich auch hier, wo sich alle bemühten, das andere Geschlecht möglichst zu ignorieren, die ganze Zeit beobachtet, während er dabei Chips futterte.

Jetzt musste ich aufstehen, nicht, weil ich mich nicht traute, nein zu sagen, sondern weil ich nicht später neben Angela als erfahrungslos dastehen wollte.

Kambiz war einer der brutaleren Jungs, die eigentlich nur Fußball spielten, sich schlugen und nie nett waren und Mädchen respektlos wie lästige Fliegen behandelten. Ich mochte ihn nicht besonders, und ausgerechnet mit dem musste ich jetzt Blues tanzen.

Er nahm mich gleich viel zu fest in den Arm für meinen Geschmack und hatte die Hände unverschämterweise auf meinem Hintern! Meine Nase war direkt neben seinem Ohr, seine Haare kitzelten mich in der Nase, und ich war stocksteif. Am schlimmsten war aber, dass er unerträglich nach Pofak roch. Pofak war die persische Interpretation von Erdnussflips, die außer der Form nichts mit herkömmlichen Flips, die ich kannte und liebte, zu tun hatten. Sie waren orangefarben und stanken entsetzlich nach dieser ekligen orangenen Gewürzmischung. Ich hatte mich nur ein einziges Mal überwunden, eins probiert und fast gekotzt. Außer mir liebten natürlich alle Pofak und futterten auch in der Schule ständig die kleinen Tüten in sich hinein. Der genaue Name war Pofak Namaki, was wörtlich übersetzt heißt: Puffreis gesalzen.

Jedenfalls stank Kambiz entsetzlich danach, und als das schöne Lied zu Ende war, ließ ich ihn sofort los und nahm Kurs auf meine Sofa-Ecke.

Angela setzte sich mit hochrotem Kopf neben mich.

»Wie war's?«, flüsterte ich.

»Der hat mich fast zerquetscht, und ich hab überhaupt keine Luft mehr bekommen!«

Ich starrte sie an, leicht erregt von der Vorstellung, dass mir so etwas auch einmal mit Armin passieren könnte.

»Außerdem stank er nach Pofak!« Sie rümpfte angeekelt die Nase.

Armin wurde, kurz bevor unser Taxifahrer klingelte, von einem Fahrer abgeholt.

Er ging an mir vorbei und sagte: »Tschüss! Bis Samstag!«

Das war mir etwas zu wenig für die größte Liebesgeschichte aller Zeiten.

Mein Vater saß mit Samira im Wohnzimmer und nickte erfreut, als ich kurz hineinkam, um uns zurückzumelden. Natürlich hatte ich mir die Suzi-Quatro-Stiefeletten ausgezogen und das Stirnband abgelegt. Er war eine tickende Zeitbombe, und ich wollte keinen Stress.

Die blöde Samira lächelte mich falsch und verlogen an, so als würde sie mich mögen.

»Und, wie war's?«, fragte mein Vater mit gespieltem Interesse, als wäre er ganz normal.

So etwas hatte er mich noch nie gefragt.

Ich sagte: »Superlangweilig. Ich hasse Partys.« Und rollte mit den Augen und ging hinaus. Soweit kam's noch, dass ich mit meinem Vater über mein Privatleben sprach.

Als wir Mädchen nebeneinander in meinem ausgezogenen Bett lagen, wusste ich zwei Dinge ganz genau: Jungs stinken nach Pofak, und Partys sind peinlich und langweilig. Ich wusste nicht, was die ganze Aufregung um beides sollte.

Am Samstag nach der Party fuhr ich wieder mit dem Bus

zu meiner Mutter ins Büro und dann mit ihr zusammen zu ihrem Vater. Ich beobachtete sie seit einiger Zeit ganz genau, wenn sie Auto fuhr, wie sie die Gänge wechselte, kuppelte und bremste. Autofahren war mein nächstes Ziel, seit ich einige Jungs aus der Schule, die natürlich noch lange nicht achtzehn waren, in Autos hatte herumfahren sehen. Wenn die Pofak-Stinker das konnten, dann konnte ich das auch. Und in Teheran interessierte es sowieso niemanden, ob man einen Führerschein hatte oder nicht.

Die Stimmung bei meinen Großvater war schlecht. Er machte sich Sorgen um die politische Situation. Seit einiger Zeit gab es überall im Land und vor allem im Süden Teherans Demonstrationen gegen den Schah, die zwar immer schnell vom Militär niedergeschlagen wurden, aber die Geschäfte meines Opas gingen deswegen schlechter. Ich fragte mich, warum weniger Leute seinen Tee und Reis kauften, nur weil ein paar Idioten unzufrieden waren, aber es interessierte mich auch nicht weiter. Armin und ich hatten die Freistunde wieder zusammen verbracht, und er hatte mir sein neues Skateboard erklärt. Es war aus Flugzeug-Aluminium-Sandwich und er hatte mir gezeigt, darauf zu stehen und zu fahren. Dann hatten wir uns für Donnerstagnachmittag an den Skater-Rampen im Schahanschahi-Park verabredet. Das blöde unzufriedene Volk war mir superegal. Der Schah war mir auch egal. Ich konnte gut verstehen, dass alle unzufrieden waren, ich war ja auch unzufrieden und fand, das Land war eine einzige Zumutung, und der Schah könnte sich ruhig mal ein wenig mehr kümmern, damit alles besser organisiert war und man nicht mehr das Gefühl hatte, hier unter Schafen hinterm Mond zu leben. Dabei waren wir sogar in der Hauptstadt. In Rasht gab es noch nicht mal einen ordentlichen Supermarkt, man kaufte Fische und Hühner lebendig auf dem Markt, wo man den Hühnern dann vor aller Augen den Hals umdrehte und mit einem Messer die Kehle durchschnitt. Ich hatte das Blutbad einmal mit angesehen und nie wieder vergessen, denn zu meinem Entsetzen flatterte das Huhn noch ohne Kopf eine Zeitlang in der Blutlache herum.

»Warum ist denn das Volk unzufrieden, Opa?«, fragte ich und nahm mir noch einen halben Kebab-Spieß. Opa hatte für uns aus einem Restaurant Chelo Kebab bestellt.

»Na ja, weil sie arm sind. Weil sie sagen, der Schah verschwendet das Geld, das vom Öl verdient wird, lässt sich vom Westen regieren, gibt deshalb alles für unnütze Modernisierungen und Reformen aus, er und alle Imperialisten leben viel zu westlich und luxuriös, und die Armen haben nichts zu essen.«

»Stimmt das?«, fragte ich streng mit vollem Mund.

Meine Mutter schüttelte den Kopf.

»Was sind denn Reformen?«, fragte ich dann. Ich war ziemlich unterbelichtet, da ich im Geschichtsunterricht nie zuhörte, nur den National-Iranian-RadioTV-Sender einschaltete, und so gut wie nichts vom Tagesgeschehen mitbekam.

»Reformen sind Maßnahmen, die ein Land verbessern. Der Schah hat sehr viel getan. Er hat Schulen und Universitäten gebaut, er hat Bildung und Kultur ins Land gebracht und sehr viel modernisiert. Du weißt ja nicht, wie es hier vor zwanzig oder dreißig Jahren aussah! Hier war nichts! Sein Vater hat erst angefangen, für etwas Zivilisation zu sorgen, und jetzt werden die schon wieder frech! Das ist natürlich die Unterschicht, die haben immer etwas zu meckern, die brauchen ja keine Bildung, keine Universitäten, kein Theater, kein Ballett, keine eigene Industrie! Das sind in deren Augen unnütze und auch gefährliche Modernisierungen. Die sehen nur ihre dreckigen Lehmbuden im Süden der Stadt und dann die Paläste hier oben und sind undankbar. Denen kann man es nie recht machen!«

Sie verzog angewidert den Mund. Meine Mutter verachtete die Unterschicht.

»Sind wir Imperialisten?«, fragte ich weiter, man musste ja wissen, wohin man gehörte.

»Natürlich«, sagte mein Opa schnell. »Der Abschaum auf den Straßen weiß nicht, was er tut!«

Ich war schockiert. Für mich war Persien das zurückgebliebenste Land schlechthin, trotz Theater und Ballett. Das Leben war schrecklich langweilig und anstrengend gleichzeitig, weil die einfachsten Dinge nicht funktionierten. Die meisten Menschen waren aber so unerträglich primitiv und zurückgeblieben, dass sie vollkommen anspruchslos waren. Es störte sie nicht, dass sie keinen Farbfernseher oder gekachelten Pool hatten. Oder dass ihre Strümpfe kratzten. Es gab einfach nichts, was wirklich perfekt und zu gebrauchen war, und das bisschen, was es gab, funktionierte auf unterstem Niveau. Allein schon der Straßenverkehr war ein schreckliches Chaos. Niemand hielt sich an Regeln, es gab keine Spuren, Schilder wurden grundsätzlich ignoriert. Die Bauarbeiter waren notgeile Analphabeten, meistens aus Afghanistan und in Schlafanzughosen. Sie hatten nichts gelernt, deshalb konnte auch keiner etwas, und nichts wurde richtig gemacht. Jeder schluderte alles falsch und irgendwie hin, Hauptsache, man verdiente Geld damit. Nur Ärzte, die im Ausland studiert hatten, konnten ihren Job. Wer im Iran studiert hatte, konnte schon mal gar keine richtige Karriere machen. In staatlichen Krankenhäusern würde man an Infekten sterben, sagte mein Vater immer. In staatlichen Schulen saßen über vierzig Schüler in Uniformen aus kratzigen Stoffen zusammengepfercht in einer Klasse zusammen. Männer gafften einen auf der Straße an, als hätten sie noch nie ein weibliches Wesen gesehen, es gab nur eine einzige, mickrige Autobahn von Teheran nach Karadj. Genauso blöd waren die Gesetze: Frauen durften ohne die Erlaubnis ihrer Väter und später ihrer Ehemänner nicht aus dem Land ausreisen (was ich besonders asozial fand), und dennoch wollten die Mädchen schon ab achtzehn nichts anderes, als von irgendjemandem geheiratet zu werden. Sie lebten so lange bei ihren Eltern – manche übten einen kleinen Alibi-Job aus –, bis sie zu ihrem Ehemann zogen, und spätestens dann waren sie nur noch Hausfrau und Mutter. Keine Frau wollte alleine wohnen. Es hätte ihnen allein aber auch kein Immobilienmakler eine Wohnung vermietet. So war es auch in den höchsten Kreisen und modernsten Familien (die andere Sache, die ich superasozial fand), und die Frauen fanden das ganz normal und wollten auch gar nicht ausbrechen und etwas Cooles alleine machen. Das alles und noch viel mehr fand ich unerträglich und deprimierend, und die demonstrierten jetzt auch noch gegen zu viel Modernisierung? Wo war denn hier die Modernisierung außer den großen amerikanischen Zanussi-Doppelkühlschränken in jeder Blechküche?

Mein Großvater wiegte den Kopf besorgt hin und her: »Möge Allah uns und dieses Land schützen.«

Das Volk hatte sie doch nicht alle, dachte ich. Ich würde den Schah rauswerfen und es richtig schön machen in Teheran, wenn es an mir läge. Ich würde Architekten und Innenarchitekten aus Europa holen und denen sagen: Hier, bitte, einmal alles so schön machen wie bei euch.

Und dann würde ich wichtige Firmen wie Haribo, Bahlsen, Langnese und Dr. Oetker bitten, hier Fabriken zu bauen. Es würde endlich Kinderschokolade und anständige Kartoffelchips geben. Und die Geschäftsleute würde ich zwingen, anständige Waren aus Europa zu verkaufen und nicht lauter selbst gebastelten Schrott, den niemand braucht. Taxifahrer müssten sich unter den Achseln waschen, Tschador und Schlafanzughosen tragen wäre auch verboten. Und Ergee sollte bitte auch eine Fabrik bauen mit schönen Socken und dem gelben Küken, und die Starlight-Fabrik mit ihren Kratzsocken aus Stahlwolle würde ich in den Arsch treten. Ich würde dafür sorgen, dass bessere Filme im Fernsehen laufen, und ein paar coole Magazine gründen, in denen alles stand, was man wissen musste, und zwar auf glattem Papier gedruckt, wie der *Stern* und die *Quick* und nicht auf ekligem Klopapier wie die einzige Frauenzeitschrift Persiens, *Sane Ruz* (Frau von heute), die zur Hälfte aus total unbrauchbaren Kochrezepten bestand, die lieblos aus amerikanischen Magazinen herauskopiert waren und nichts mit den persischen Essgewohnheiten zu tun hatten, und zur anderen Hälfte aus Kreuzworträtseln. Ich hasste Kreuzworträtsel und wurde aggressiv, wenn meine Mutter welche vollkritzelte. Das machen nur dumme Hausfrauen, sagte ich immer sauer und nahm ihr das Heft weg. »Dumm bist du selber«, sagte sie dann. Den Männern würde ich verbieten, die Frauen auf der Straße so schlimm anzustarren und zu belästigen. Und den Frauen nahelegen, einen coolen Beruf auszuüben. Zum Beispiel könnten sie schicke Restaurants eröffnen, Boutiquen, Kinderärztin werden oder schöne Kaufhäuser besitzen. Oder Friseursalons! Ich fand es komisch, dass außer der Geliebten meines Opas keine einzige Frau in meiner Umgebung einen Job hatte. Und der Minijob meiner Mutter auch so einen Skandal ausgelöst hatte. Aber immerhin studierten ihre Schwestern in London, was außer mir auch keiner richtig fand. Ich selbst schwankte bei meiner Berufswahl immer noch zwischen Schauspielerin und Schriftstellerin, aber auf jeden Fall wollte ich nach der Schule in Deutschland Germanistik studieren, weil ich Deutsch immer mehr liebte, seit wir den tollen Deutschlehrer hatten, der mich wiederum liebte, weil ich eine der wenigen in der Klasse war, die mit Begeisterung seinem Unterricht folgte oder überhaupt folgen konnte. Die meisten von uns waren vollkommen überfordert, wenn er mit Grammatik anfing. Seit ich denken konnte, stellte ich mir einen Beruf vor. Einmal, es war Jahre her, fragten mich Freunde meiner Eltern, was ich werden wollte, und ich antwortete: Tänzerin. Da zuckten beide zusammen und schüttelten ärgerlich die Köpfe.

»Du wirst doch nicht Tänzerin«, fauchte meine Mutter. »Du gehst auf die Universität und studierst etwas Anständiges.«

Aber niemand sagte je zu mir: »Du musst heiraten.« Oder: »Wir müssen einen guten Mann für dich finden.« Es ging immer um eine Karriere für mich, ein großartiges Studium, um Bildung und Wissen. Meine Eltern fanden meine Idee, Germanistik zu studieren, bis jetzt völlig in Ordnung. Deshalb wusste ich nicht, warum die Frauen heiraten, aber keinen Beruf haben wollten. Unsere Nachbarin hatte in Wien Medizin studiert und eine eigene Praxis. Ihr Mann war Architekt, immer tadellos in eleganten Anzügen gekleidet, und kümmerte sich um die kleine Tochter. Sie brachte das meiste Geld nach Hause und hatte deshalb auch mehr Macht zu Hause. Sie tat nichts, außer in die Praxis zu gehen. Um kochen, einkaufen und das Kind musste der Architekt sich kümmern. Das fand meine Mutter chic.

»Ach, ich wünschte, ich hätte auch Medizin studiert.«

»Warum hast du nicht, Mama?«

»Weil du gekommen bist.«

»Aber als ich in die Schule kam, warst du erst 25, warum hast du da nicht angefangen, Medizin zu studieren?«

»Weil dein Vater mich nicht gelassen hat.«

»Na und? Warum hast du's nicht trotzdem gemacht?«

Ich verstand nicht, wie meine Mutter sich überhaupt irgendetwas von meinem Vater verbieten lassen konnte. Aber wahrscheinlich wollte mein Vater der einzige Star in der Familie sein, und vielleicht wäre meine Mutter sogar eine noch bessere Ärztin geworden. Die anderen Frauenberufe wie Lehrerin, Krankenschwester oder Sekretärin übte auch niemand in meinem Umfeld aus. Eigentlich hatte die Hälfte des Landes in Persien keinen Beruf. Vielleicht ging deshalb nichts vorwärts, weil die Frauen nur rumsaßen und meckerten?

Außerdem war da noch die Sache mit dem Sawak. Wenn das wirklich stimmte, dass es einen Geheimdienst gab, der entsetzlich folterte, wollte ich mit dem Schah nichts zu tun haben. Aber man wusste nicht, was von dem ganzen Gerede stimmte und was erfunden war. Perser waren immer hysterisch. Ich glaubte schon lange niemanden mehr ein Wort. Man konnte sich auf niemanden verlassen, was geredet wurde, hatte einfach keine Bedeutung. Am nächsten Tag war wieder alles anders. Es gab also genug andere Probleme in diesem Land, als ein paar Leute, die in Palästen wohnten, fand ich.

Und tatsächlich sah das Haus meines Großvaters in Teheran aus wie ein kleiner Palast, wenn ich ehrlich war. Es war innen und außen komplett aus weißem Marmor mit lauter weißen Säulen, etwa so wie bei Julius Cäsar in *Asterix*. Auch hier überall gigantische Spiegel mit blinkendem Kristall, natürlich sehr viele alte Teppiche und Stilmöbel aus Russlands Zarenzeit. »Das ist unbezahlbar, nicht dieser neureiche Quatsch, den hier alle haben«, sagte meine Mutter von oben herab zu mir, als wäre ich eine Neureiche.

Es war Ende Oktober und schon zu kalt, um im Pool zu schwimmen. Mein Großvater zog sich zum Mittagsschlaf zurück, und ich ging mit meiner Mutter in einen der Salons, um ihr von meiner Party zu erzählen. Meiner Mutter gefiel mein Bericht überhaupt nicht.

»Du musst jetzt nicht von Party zu Party tingeln. Du bist erst dreizehn. Was hast du dort überhaupt verloren? Lasch gehen auf Partys! Bist du lasch? Du sollst für die Schule lernen! Sonst bleibst du wieder sitzen.«

Sie hatte die genervte Falte auf der Stirn. Nie freute sich jemand für mich.

»Aber Angela war doch auch da«, nölte ich, um sie zu beruhigen.

»Ja, weil du das arme Mädchen hingeschleppt hast. Sie wäre sonst nicht hingegangen!« Da hatte sie allerdings recht. Ich war an allem schuld.

Dann wollte sie wissen, was mein Vater tat.

»Er sagt, er will ein Internat in der Schweiz für mich aussuchen«, rief ich, froh, das Thema zu wechseln, »weil er deutsche Internate nicht gut genug findet.«

Die Aussicht, weg aus Teheran zu gehen und allein in einem Internat, egal wo, leben zu können, war für mich trotz aller Verliebtheit immer noch der Gipfel des Glücks.

Meine Mutter verzog das Gesicht und sagte verächtlich: »Der

wird dich nirgends hinschicken, sei doch nicht so blöd! In die Schweiz! Ganz bestimmt!«

Sie schnaubte abwertend, als hätte ich von einem Flug ins All gesprochen.

»Der schiebt dich zu seiner Mutter ab, wenn wir geschieden sind, und heiratet bald eine andere, die sicher große Lust auf dich hat. Und dann viel Spaß.«

Das Riesenproblem war, dass das iranische Scheidungsgesetz vorschrieb, Kinder über sieben Jahren müssten beim Vater leben. Auch wenn der Vater drei Geliebte, keine Arbeit und nie Zeit hatte oder seine Kinder nachgewiesen täglich schlug. Es gab keine Ausnahme. Die Mütter hatten überhaupt keine Rechte auf ihre Kinder, was zur Folge hatte, dass die Frauen meistens selbst die schlimmste Ehehölle ertrugen, nur um bei ihren Kindern bleiben zu können. Natürlich könnten die Männer so großzügig sein und die Kinder bei den Müttern lassen, da sie ja ohnehin keine Zeit für sie hatten, denn persische Männer arbeiteten mindestens sechzehn Stunden am Tag und meistens auch am Wochenende. Urlaub und Ferien gab es nur in der Oberschicht. Aber so großzügig waren persische Männer nicht. Sie waren genau das Gegenteil: fies und rachsüchtig und machtbesessen. Sie behielten die Kinder, nur um die Frau zu quälen und zu erniedrigen, dafür dass sie es wagte, ihn verlassen zu wollen. Jeder persische Mann dachte, er sei der beste Mann der Welt, nur die Frau sei verrückt. Und seine ganze Sippe bestätigte ihn ständig in diesem Glauben und manipulierte ihn, sich bloß nichts von der Frau gefallen zu lassen. Mein Vater war natürlich auch so. Mich bei meiner Mutter zu lassen, wäre für ihn ein Eingeständnis von Schwäche gewesen. Kein Mann überlässt die Erziehung seiner Kinder einem minderwertigen Wesen wie seiner Exfrau. So mussten die Kinder immer zum Mann, der sie zu seiner Mutter oder neuen Ehefrau abschob, wo die Kinder natürlich die Hölle durchmachten. Es war für persische Frauen normal, die Kinder aus der ersten Ehe schlecht zu behandeln. Sich als Stiefmutter mit den Kindern gutzustellen, war überhaupt nicht üblich. Es war ja die Feindesbrut. Meine Mutter hatte das am eigenen Leib durchgemacht. Viele Väter verboten nach der Scheidung den Kindern sogar den Kontakt zu den Müttern. Da hatte meine Mutter leider recht, und meinem Vater war auch alles zuzutrauen. Er konnte mit mir machen, was er wollte. Kein Gericht würde mich als Dreizehnjährige fragen, ob ich bei ihm oder meiner Mutter bleiben wollte, wie in Deutschland üblich. Das hatte sich der Staat fein ausgedacht, auch hier hätte ich dem blöden Schah gern ein paar Reformen vorgeschlagen.

Ich hasste dieses Land immer mehr mit seinen schrecklich ungerechten Gesetzen.

Als ich am Donnerstagnachmittag vor dem Park aus dem Taxi stieg, liefen mir fünf junge Typen sofort hinterher, riefen mir unglaublich ekelhafte Dinge zu und machten dazu schnalzende Geräusche. Ich lief mit gesenktem Blick so schnell ich konnte zu der Skater-Rampe, und als ich dort endlich die Jungs aus meiner Schule sah, wurde ich mutig, drehte mich um und schrie: »Ich bin dreizehn. Verpisst euch! Man sisdah salame, berin gomschin!«

Sie lachten und riefen: »Ach Djun …« (Frei übersetzt: wie geil)

Mir war das unendlich peinlich vor den ganzen Jungs, ausgerechnet hier als schwaches Opfer aufzutauchen, das nicht einmal in der Lage war, sich ein paar Idioten vom Hals zu halten.

Doch merkwürdigerweise verschwanden die fünf in dem Moment, als sie sahen, dass ich von den Skatern freudig begrüßt wurde. Armin war auch schon da, kam sofort zu mir und zeigte mir stolz einen megadicken schwarzen Edding.

»Geil«, sagte ich. Geil war mein neues Lieblingswort.

Ich werde den ganzen Park taggen, sagte Armin und schmierte seinen Namen neben die Stelle, wo ich saß.

Er taggte sein Brett, die Bretter der anderen Jungs, dann sah ich, dass die Betonwände und Mauern schon sorgfältig von ihm getaggt waren. Ich saß alleine auf der Mauer, sah den Jungs beim Skaten zu und war glücklich.

Außer mir waren keine anderen Mädchen da. Skaten war Männersache.

»Willst du mal fahren?«, fragte mich Armin mit dem rechten Fuß auf dem Board und machte mit seinem Edding komische Moves vor meinem Gesicht.

Ich schüttelte den Kopf. Ich traute mich nicht, nicht hier, vor versammelter Mannschaft.

»Dann lass uns ein Eis essen.« Er grinste mich an und war ungewöhnlich beschwingt und locker. Gar nicht so unerreichbar wie sonst.

Wir gingen los, in Richtung eines der Cafés, die im Park waren. Ich trug sein Flugzeug-Aluminium-Board, und Armin taggte jeden Mülleimer, jede Bank und alle paar Meter die niedrigen Betonmauern, die die Grünanlagen umsäumten. Seine Tags waren nicht die Einzigen. Irgendwelche Leute hatten schon mit Farbe: *Marg bar Schah* (Tod dem Schah) und *Marg bar Amrika* (Tod Amerika) auf viele der Betonflächen geschmiert. Armin setzte neben jede dieser Schmierereien fein säuberlich sein Tag. Irgendwann hatte er sich so in Rage getaggt, dass er mir, kurz bevor wir das Café erreichten, einfach mein Sweatshirt vorne hochzog und mit schwungvollen Bewegungen seinen Namenszug auf den nackten Bauch schrieb.

»Jetzt gehörst du mir!«, sagte er auf Persisch und bog sich dann so sehr vor Lachen, dass ein paar Frauen mit Kinderwagen sich nach uns umdrehten und uns böse mit zugekniffenen Augen ansahen. Ich blickte mit rotem Kopf hinab auf meinen Bauch: Da stand in fetten schwarzen Lettern »Armin« auf meiner braunen Haut.

Am nächsten Tag ging ich mit meiner Mutter und ihren Freundinnen zum Mittagessen in den Schahanschahi-Club.

Wir saßen im Garten, um uns herum lauter gut angezogene Menschen. Freitags im Schahanschahi-Club zu essen war einfach superchic. Ich hatte mir wie immer Schnitzel und Pommes bestellt und hörte den Frauen zu. Sie redeten erst über die Ehe meiner Eltern, dann über die Demonstrationen, dann wieder über die Zukunft meiner Mutter ohne Mann.

»Und was sagt sie dazu, wenn du dich scheiden lässt?«, fragte Farideh mit einem Seitenblick auf mich. Sie hatte ein breites Seidentuch im Haar, aus demselben Stoff wie ihre Bluse. Der Knopf über dem Busen spannte ein wenig, und der Stoff zog sich auseinander, sodass man etwas von der rosa Spitze ihres BHs sehen konnte.

»Ach, sie ist dafür, weil sie denkt, ihr Vater schickt sie auf ein Internat in die Schweiz«, sagte meine Mutter etwas abfällig, ohne mich anzusehen. Sie trug ein Hemdblusenkleid im Safari-Stil, hohe braune Stiefel und sah super aus.

»Willst du wirklich alleine ins Ausland in ein Internat?«, fragte mich Farideh ungläubig.

»Ja, es ist mein größter Wunsch!«

»Sie hat keine Ahnung. Sie denkt, im Internat ist es so wie bei *Hanni und Nanni*. Sie wird weinen.«

»Nein, werde ich nicht!«

»Was machst du dann mit deinem geliebten Armin?«, höhnte meine Mutter. Und dann zu den anderen: »Sie ist verliebt. In einen …« Sie nannte seinen Nachnamen.

»Oooh« und »Aaah« machten die beiden Frauen.

Ich wurde rot.

»Und? Hat er dich schon gefragt, ob du ihn heiratest?«

»Sag uns rechtzeitig Bescheid, damit wir uns anständige Kleider kaufen können!«

»Wann ist die Hochzeit?«

Und: »Sieht er denn wenigstens gut aus?«

»Er ist sehr hübsch. Er ist der Allerschönste«, sagte ich ernst.

Dann stand ich auf, zog meine Bluse hoch und zeigte ihnen meinen Bauch.

Sie verstummten alle drei sofort. Meine Mutter war blass geworden, legte vor Schreck die Hand vor den Mund und quietschte: »Iihn tschie?« (Was ist das?)

Ich setzte mich wieder hin und sagte zufrieden: »Hat er gestern gemacht. Damit ich ihm gehöre.«

Meine Mutter hatte plötzlich eine tiefe Falte zwischen den Augenbrauen und kleine fiese Schlitzaugen. Sie zischte mich an: »Was ist das? Mir scheint, du bist vollkommen verrückt und verwildert! Ich glaube, es fehlt nicht mehr viel, und du wirst uns hier deinen dicken Bauch zeigen!«

Farideh und Parri lächelten befangen. Die eben noch so gute Stimmung war plötzlich total im Keller.

Am nächsten Tag fehlte Armin in der Schule. »Armin ist krank«, sagte die Klassenlehrerin zu uns. Ich blickte in allen Stunden auf den leeren Stuhl und war frustriert. Ich hatte an dem Geschrei meiner Mutter gestern im Auto gemerkt, dass es wohl verboten war und etwas Besonderes bedeutete, wenn ein Junge einem Mädchen seinen Namen auf den Bauch kritzelte.

»Wo hat er sich sonst noch verewigt?«, schrie meine Mutter im Auto ihre Windschutzscheibe an. »Und du bist wohl die Schlampe, die alle markieren können, was? Auf dich kann sich jeder mal legen! Bald kommst du mit einem dicken Bauch nach Hause!«

Meine Mutter schrie so laut, dass die kleinen, dreckigen Bettlerjungs, die an jeder Ampel lauerten und sich bei Rot mit ihren schmutzigen Lappen über die Windschutzscheiben der Autos hermachten, nicht herantrauten und ängstlich zu ihr rüberschielten.

»Kaum bin ich weg, geht meine Tochter auf den Strich!« Kurzer, verächtlicher Seitenblick: »Du siehst auch so aus! Was sind das überhaupt für Haare? Wie wäre es mal mit einem Kamm?«

»Maaaannn, Mama …«

Sie wusste doch, dass ich Kämme und Bürsten hasste. Gebürstete Haare waren einfach Scheiße.

»Deinetwegen habe ich mein ganzes Leben versaut mit diesem Scheißkerl, und du wirst eine Hure … woher hast du das? Ist deine Mutter etwa eine Hure?«

Ich hätte gern geantwortet: »Leider nicht, dazu bist du viel zu uncool.« Aber dann hätte ich mir garantiert eine gefangen, und sie saß am Steuer, wer weiß, wo in meinem Gesicht sie mit ihren langen Krallen gelandet wäre.

Ich war froh, als wir bei uns vor dem Tor ankamen, ich aussteigen, die Autotür laut zuknallen konnte und sie mit quietschenden Reifen Gas gab und weiterfuhr.

An diesem Abend fragte ich meinen Vater, wann sie denn endlich geschieden seien.

»Ich will gar keine Scheidung«, sagte der auch noch. »Wegen dir! Sonst wirst du unglücklich und kommst auf die schiefe Bahn und wirst drogenabhängig. Das endet immer so, wenn man kein stabiles Elternhaus hat.«

Er dachte also auch noch, er würde mir ein stabiles Elternhaus bieten. Der glaubte anscheinend nur, was er glauben wollte, und ich sagte nichts mehr, ging in mein Zimmer, legte die Electric-Light-Orchestra-Kassette in das Tapedeck, setzte mir die großen Kopfhörer auf, drehte die Musik voll auf und stellte mir ein Leben ohne stabiles Elternhaus vor. Langsam füllten sich erst mein Kopf und dann mein ganzer Körper mit der schönen Musik, und für den ganzen hässlichen Scheiß, der draußen direkt hinter meiner Zimmertür begann, gab es überhaupt keinen Platz mehr.

Als ich am nächsten Sonntag aus der Schule kam, war meine Mutter wieder da.

Sie öffnete die Wohnungstür, bevor ich aufschließen konnte.

»Was machst du denn hier?« Ich schaute blöd.

»Ich wohne hier, entschuldige mal.«

Sie war gut gelaunt.

»Zieh deine dreckigen Schuhe aus und komm ins Schlafzimmer.«

Jetzt ging das mit der beschissenen Schuheauszieherei wieder los. Ich musste zu Hause nur wegen meiner Mutter die Schuhe ausziehen, weil die natürlich dreckig waren, wie sie fand, aber andere Leute mussten das nicht. Die Wochen, in denen sie nicht da war, hatte ich meine Schuhe selbst im Bett anbehalten. Das war für mich der Ausdruck größtmöglicher Freiheit. Nur bei meiner Großmutter zog ich die Schuhe sofort aus, weil ich wusste, dass sie sonst krank würde vor unterdrücktem Ärger und Ekel, und bei vielen anderen Persern mussten wenigstens alle die Schuhe ausziehen, aber bei uns war nur ich das Schwein, das mit Straßendreck die hässlichen, teuren Teppiche versaute. Meine Mutter war immer barfuß, sie hasste Schuhe. Ich warf meine Tasche und meine Kickers in mein Zimmer und folgte ihr.

»Lasst ihr euch nicht scheiden?«, fragte ich angekotzt. »Warum denn nicht?«

»Lilly, du wirst mir eines Tages sehr dankbar sein, dass ich es wegen dir mit deinem Vater aushalte. Du hast ja keine Ahnung, was dir erspart bleibt, weil ich nicht so egoistisch bin wie andere Mütter! Ich habe das durchgemacht und ich sage dir, du solltest mir die Füße küssen …«

»Ja, dann … wenn ihr euch nicht scheiden lasst, kann ich bitte trotzdem in ein Internat? Nach Deutschland?«

Am Ende der nächsten Woche hatten wieder so viele Demonstrationen auf den Straßen stattgefunden und wütende Schah-Hasser gegen das Militär gekämpft, das Militär hatte auf Menschen geschossen und viele Menschen verletzt und auch einige getötet, dass unsere Klassenlehrerin anrief, um zu sagen, dass wir in der kommenden Woche schulfrei hätten. Die Deutsche Schule hatte eine Riesenangst vor Entführungen. In unseren auffällig gelben Bussen waren wir ja vom rachsüchtigen Mob als Beute auszumachen und leicht entführbar. Man musste nur dem Busfahrer und dem Beifahrer schnell eins auf die Nuss geben, mit uns in die Salzwüste fahren, den Bus dort einfach abstellen und verschwinden. Niemand würde uns finden, und wir würden dort einfach verdursten. Weit und breit wäre keine Telefonzelle, um Hilfe zu rufen, und die Polizei hatte im Moment andere Probleme, als ein paar deutsche Gören in der riesigen Wüste Lut mit dem Hubschrauber zu suchen. So etwas wäre genau richtig, um die Oberschicht mit ihrem verdorbenen Nachwuchs einzuschüchtern. Und den Irren, die so verrückt waren, einen Mullah als Ersatz für den Schah herbeizuschreien, durchaus zuzutrauen. Für diese Verrückten gehörten sowieso alle Ausländer zum Feind, der mit dem Schah unter einer Decke steckte und mit seiner Unterstützung unmoralisches Gedankengut ins Land brachte, um die islamische Ideologie zu verderben.

Aus der einen Woche wurden dann, weil sich die Demonstranten nicht zurückzogen, sondern immer frecher aus dem Süden der Stadt Richtung Norden kämpften, zwei Wochen.

Ich langweilte mich zu Hause entsetzlich, weil ich natürlich nicht mehr raus und auch niemanden besuchen durfte, weil jetzt überall und jederzeit aufgebrachte Menschenmassen auftauchen konnten. Alle Eltern wollten ihre Kinder bei sich haben.

Mein Vater ging zwar weiter ganz normal in seine Praxis, kam aber abends mit Einbruch der Dunkelheit nach Hause und fuhr auch nicht mehr wie sonst mit dem großen Volvo, sondern mit dem kleinen Renault meiner Mutter. Er hatte Angst, dass ihn Räuber nachts im Dunkeln auf der Landstraße in dem dicken Wagen anhalten und ihm die Kehle durchschneiden würden. Das war anscheinend schon mehrmals vorgekommen.

Anfang Dezember war einer der höchsten Feiertage in Persien, *Aschura*, der Tag, an dem die Schiiten den Märtyrertod von Imam Hossein beklagen. An Aschura zogen jedes Jahr Tausende von Menschen schwarz gekleidet durch die Straßen, Männer und Frauen getrennt. Die Frauen trugen schwarze *Tschadors* und weinten und klagten laut. Die Straßenzüge der Männer waren noch dramatischer. Sie schlugen sich mit Ketten und Peitschen den nackten Oberkörper blutig und weinten und schrien dazu. Mein Vater war mit mir einmal in den Süden gefahren, wo sich die Züge versammelten, und ich konnte damals gar nicht glauben, was ich sah. Die blutig aufgerissenen Oberkörper, auf die die Ketten immer wieder niederpeitschten. Sie peitschten sich selbst aus, nur weil der Imam getötet worden war, und es waren endlos viele junge Männer. Unglaublich. Wo kamen die bloß alle her und was machten die sonst im Leben? Ich kannte niemanden, der so etwas tat. Außer mir hatte das auch noch niemand gesehen. Als ich in der Schule erzählte, wie crazy die waren, waren alle schockiert, dass meine Eltern mir so etwas gezeigt hatten.

An diesem Aschura waren viel mehr Leute auf den Straßen als sonst. Und sie schrien auch nicht nur:

»Waaai Hossein koschte schod …« (Waai, Hossein wurde getötet), sondern: »Marg bar Schah« (Tod dem Schah) und »Sende Bad Chomeini« (Lang lebe Chomeini).

Mein Vater sagte, wir könnten es uns aus der Nähe ansehen.

Wir fuhren zu dritt zum Meydane Schayad (Platz der Märtyrer), parkten dort den Renault meiner Mutter und liefen in die Richtung, aus der das Geschrei kam. Durch die breite Schah Reza Avenue schob sich eine endlose Menschenmenge. Die Frauen waren natürlich alle in schwarzen Tschadors, die sie am Kopf festgebunden hatten, damit nichts verrutschen konnte, während sie ihre Fäuste zum Himmel reckten und »marg bar Schah« kreischten. Die Männer sahen alle ziemlich asozial aus, brüllten sich die Seele aus dem Leib und hielten

Plakate und Transparente hoch, auf denen Parolen gegen den Schah und gegen Amerika standen. Es war definitiv die Unterschicht, die sich hier zusammengetan hatte. Leute, mit denen man noch nie etwas zu tun gehabt hatte. Sogar unsere Busfahrer sahen gepflegter und intelligenter aus. Der Anblick war furchtbar, und ich hatte zum ersten Mal riesengroße Angst. Was würde passieren, wenn diese Leute gewannen und alles so wurde, wie sie es wollten? Warum trugen die Frauen überhaupt schwarze Tschadors? Der Anblick der unglaublich vielen, schwarz verhüllten Frauen verängstigte mich noch mehr als die aggressiven Männer.

Der Schah musste jetzt schnell irgendetwas tun, damit alle damit aufhörten. Wo war denn dieser Geheimdienst Sawak, wenn man ihn brauchte?

Ich hatte mich an meine Eltern gedrückt, die auch nichts mehr sagten. Plötzlich hörte man es zischen, dann stank es verbrannt, und alle fingen an zu schreien und zu rennen.

Wir rannten auch weg, in eine Seitenstraße und dann zum Auto. Mein Vater zog mich und meine Mutter hinter sich her, stopfte uns ins Auto und fuhr los, an den rennenden Menschen vorbei.

Er schüttelte die ganze Zeit vor Panik und Entsetzen den Kopf.

»Das war gefährlich, das hätte ich mit euch nicht machen dürfen, das war ein Fehler, oh mein Gott, Gott hat sich unser erbarmt.«

Aber ich fand es gut, dass wir uns das aus der Nähe angesehen hatten. Im Fernsehen sah alles gar nicht so schlimm aus. Menschenmassen, die sich schreiend durch Straßen schoben, in die man sowieso nie geht, sind etwas anderes, als wenn man sie in echt sieht, den Geruch von Blut, Schweiß und Gewalt in der Nase. Und dieser unfassbare Hass. Wieso hassten die den Schah so? Ich musste plötzlich an einen Comic denken. Es ging um die französische Kaiserin Marie Antoinette, die in ihrem Schloss in Paris lebte, bis eines Tages das wütende

Volk den Palast stürmte und sie, ihren Mann und ihre Kinder köpfte.

Ich stellte mir vor, wie die schöne Frau vom Schah in ihrem Palast in Niawaran saß und sich fürchtete, auch geköpft zu werden. Die wütenden, in Lumpen gekleideten französischen Revolutionäre in meinem Comic sahen aber, verglichen mit den Leuten auf unseren Straßen heute, richtig nett aus.

Abends saßen meine Eltern mit mir im Fernsehzimmer und machten sich Sorgen.

»Der Schah ist viel zu weich«, sagte mein Vater, »er muss aus Helikoptern mit Maschinengewehren auf die Drecksschweine schießen. Dann ist schnell Ruhe.«

»Warum greift das Militär nicht ein? Dieses dumme Pack niederzuschlagen wird doch kein Problem sein?«, fragte meine Mutter.

»Vielleicht will er zeigen, wie machtlos die sind, indem er sie ignoriert. Er hat Angst vor Bürgerkrieg. Und er hat Angst vor Amerika«, sagte mein Vater.

»Der Scheiß-Carter! Und die Scheiß-Engländer! Die sind doch an allem schuld! Die wollen ihn loswerden, damit sie wieder unser Öl stehlen können … er ist zu mächtig geworden, er hat sie genervt, diese dreckigen Schweine!«

Ich hatte das Gefühl, dass wir alle verloren waren, wenn diese Leute nicht damit aufhörten, schlechte Stimmung zu verbreiten. Alle saßen zu Hause und hatten Angst vor ein paar wildgewordenen Wassermelonenverkäufern und ihren stinkenden hässlichen Frauen.

Als wir endlich wieder zur Schule konnten, war Armin immer noch nicht da. Ich konnte es nicht glauben, wie lange jemand krank sein konnte. In meiner Freistunde sah ich eine sehr elegante, hübsche Frau neben dem Eingang zum Lehrerzimmer stehen. Irgendjemand sagte, das sei Armins Mutter. Ich setzte mich auf eine der grünen Stangen und beobachtete sie in aller Ruhe. Sie trug ein braunes Cordjackett und einen Tweedrock und hatte ihre honigfarbenen Haare genau wie meine Mutter frisiert. Sie stand regungslos in der Sonne, hielt sich an ihrer Handtasche fest, die von ihrer Schulter herabhing, und wartete. Als es endlich klingelte, stand sie immer noch regungslos da. Sie bewegte sich erst, als unsere Klassenlehrerin aus einem der Bungalows auf sie zukam und ihre Hand schüttelte. Dann gingen die beiden ins Lehrerzimmer. Ich war mir sicher, sie wollte den Lehrern nur erklären, dass Armin durch seine lange Abwesenheit sehr viel Stoff verpasst hätte und jetzt etwas schonend behandelt werden müsste.

Aber sein Platz blieb die nächsten Tage immer noch leer.

Bis Ende der Woche unsere Klassenlehrerin zu uns sagte: »Armin kommt nicht mehr. Er ist mit seiner Familie zurück nach Deutschland gegangen.«

Ich konnte es nicht glauben. Mitten im Schuljahr. Deshalb hatte seine Mutter so starr am Lehrerzimmer gestanden, weil sie den Lehren sagen musste, was sie vorhatten, und seine Papiere abholen wollte.

Ein entsetzlicher, noch nie zuvor dagewesener Schmerz erfüllte mich und ließ mich die nächsten Wochen nicht mehr los. Er war einfach weggegangen. Warum hatte er mir nichts gesagt? Warum waren die plötzlich weg? Was passierte mit ihrem Haus, mit Armins Zimmer und seinen Sachen?

Niemand konnte meine Fragen beantworten. Meine Mutter wusste auch keine befriedigende Antwort.

»Wahrscheinlich hatte sein Vater Angst, dass es ihm an den Kragen geht, wenn die sich nicht langsam beruhigen. Aber die werden wieder zurückkommen, sobald der Wahnsinn hier aufhört.«

Aber der Wahnsinn hörte nicht auf. Der Wahnsinn wurde immer schlimmer.

Und mitten in den Weihnachtsferien, kurz vor dem Jahreswechsel 1978/1979, kam die entsetzliche Nachricht, unsere Schule würde wegen der gefährlichen innenpolitischen Situation mindestens bis zum Ende des Schuljahres geschlossen bleiben.

6

Gerade, als meine Eltern beschlossen hatten, dass ich am 2. Januar mit Pouri und ihren Kindern nach Deutschland fliegen und das Schuljahr in Köln beenden sollte, kam die Nachricht, die Schule würde eine Art Notunterricht organisieren. Meine Eltern hatten aber zum Glück Angst, der Notunterricht wäre nur Quatsch und ich würde dadurch noch ein Jahr verlieren. Dann, als sie mir mein Lufthansa-Ticket nach Frankfurt gekauft hatten, hieß es, unsere Lehrer würden die Schüler, die dageblieben waren, privat und heimlich unterrichten, und alle würden dieses Jahr versetzt werden, auch die allerdümmsten so wie ich. Wer sein Haus für den Unterricht zur Verfügung stellen wollte, sollte sich in der Schule melden.

Und als ich endlich dabei war, vergnügt eine lange Liste zu schreiben, was ich mir alles sofort in Deutschland kaufen wollte, sagte meine Mutter:

»Tut mir leid, meine Liebe, aber Pouri bleibt jetzt auch hier … kannst wieder auspacken …«

»Warum bleibt sie hier? Neeeeeiinn …« Ich warf mich auf mein Bett und wollte sofort sterben. Warum ging einfach alles schief? Wenn meine Eltern schon so weit waren, mich wegzuschicken, warum musste dann die blöde Schule mit dem Notunterricht ankommen und nerven und alles kaputt machen? Warum kam in meinem Leben immer einer an, sobald es schön wurde, und machte alles kaputt? Wenn es nicht meine Familie oder das blöde Land waren, war es die scheiß Schule.

Ich wusste nicht, wen ich am meisten hassen sollte: meine Eltern, Pouri, das Land, die Schule oder mich selbst.

Nur, weil Pouri keine Lust hatte, Klaus alleine hier zu lassen und mit uns Kindern nach Köln zu gehen, musste ich hierbleiben und den verdammten Notunterricht mitmachen.

Aber so schlimm wurde es dann gar nicht.

Alle Eltern wollten natürlich besonders hilfsbereit sein und stellten gerne ihre Villen für den Notunterricht zur Verfügung. So wurden die Notschüler jeden Tag von ihren Müttern in eine andere Riesenvilla gebracht, nur mich brachte der Fahrer, weil meine Mutter keine Lust hatte, Chauffeur zu spielen.

Die anderen Mütter servierten uns während des »Unterrichts« Kuchen, Kekse, Obst und Getränke. Es war außerdem lustig, unsere Lehrer in diesem ungewohnten Ambiente zu sehen, den langen Esstischen in pompösen Salons mit Spiegeln und Lüstern, wie sie ganz ernst über Gleichungen, die man nach X auflösen sollte, oder über die Staufer redeten. Als ob das noch jemanden interessierte, mitten in der Revolution. Wenn ich ehrlich sein soll, weiß ich gar nicht, was unterrichtet wurde, denn ich hörte natürlich überhaupt nicht zu, sie hatten ja versprochen, dass jeder versetzt wurde. Damit war die Sache geritzt.

Unser Fahrer brachte mich also jeden Tag zu einem anderen Schüler in den Norden der Stadt. Und holte mich am späten Nachmittag wieder ab, weil wir nach dem Unterricht noch lange herumblödelten. Manche Villen waren so weit nördlich, dass dort auf den Straßen sogar etwas Schnee lag, obwohl es ansonsten in Teheran noch kein Mal geschneit hatte, seit ich da war. Alle siebten Klassen waren zusammengelegt worden, wir waren nicht besonders viele, die meisten waren vor Schreck abgehauen, und deshalb lernte ich so auch noch neue Leute kennen. Im Februar verließen der Schah und seine Farah das Land, meine Eltern waren bestürzt, die beiden im Fernsehen in ihren Privatjet steigen zu sehen, auf dem Weg ins Exil nach Ägypten. Farah sah wie immer großartig aus, sie trug einen kamelfarbenen Kaschmirmantel mit breitem Fuchsschwanzkragen und ein Seidentuch im Haar und sah trotz der ernsten Miene nicht nach Revolution und Flucht, sondern nach Jetset und *Vogue* aus. Man merkte aber beiden an, wie sie unter allergrößter Anstrengung Fassung bewahrten.

Abends fuhren dann laut hupende Autokolonnen durch Teherans Straßen, und die Idioten jubelten und schrien: »Schah raft, Schah raft!« (Der Schah ist weg) und feierten ein Freudenfest, schmierten noch mehr Parolen auf die ohnehin schon komplett zugeschmierten Wände, Hausmauern und Tore der Stadt. Es gab keine einzige freie Mauer mehr, hatte ich auf den langen Fahrten zum Notunterricht festgestellt. Selbst auf die schmalsten Pfosten und kleinsten Mauern hatte irgendein Idiot »Marg bar Schah« geschmiert. Alle, die ich kannte, blieben schockiert zu Hause, sahen den beiden ungläubig zu, wie sie in ihr Flugzeug stiegen und in eine ungewisse Zukunft flohen, und waren deprimiert, beschämt und verängstigt. Ich kannte niemanden, der sich über das, was hier geschah, freute oder feierte, weil der Schah gegangen war und uns unserem Schicksal überlassen hatte.

Ich fand es scheiße, dass die beiden abgehauen waren. Sie hatten das Volk mit Verrückten im Stich gelassen. Aber sie mussten gehen, sagten meine Eltern. Die Amerikaner und Engländer hatten schon den Vater des Schahs entmachtet und jetzt ihn. Sie hätten ihm gesagt, wenn er nicht ginge, würden sie ihn töten. Ich glaubte ihnen nicht. So etwas Peinliches würden doch die Amerikaner und die Engländer nie sagen. Das waren doch wieder nur persische Ausreden.

Auch wenn ich den Schah immer blöd fand, war ich traurig, dass alle weg waren, seine Kinder und die ganzen schicken Hofschranzen. Außerdem hatte ich Farahs tadellose Erscheinung gemocht. Sie würde mir fehlen. Meine Mutter hätte es niemals geschafft, auf der Flucht so phantastisch auszusehen. Sie hätte etwas Bequemes angezogen und ihre Haare zusammengebunden.

Chomeini hatte mit einem Haufen seiner durchgeknallten Groupies ein Flugzeug im Exil in Paris bestiegen und war gleich nach Teheran geflogen, als die Luft rein war. Nach zwanzig Jahren Exil zurück, um allen die Laune zu verderben, der lästige Hund. So feierten kurz nach dem Abgang des Schahs dieselben Leute auf den Straßen die Ankunft ihres Führers, eines alten, fürchterlichen Greises mit langem grauen Bart und Turban. Es war in diesen Wochen eine endlose Feierei, obwohl es nichts zu feiern gab, durchsetzt mit Koransuren und ganz viel *Alla oh Akbar*, was jetzt plötzlich ständig aus allen Minaretten schmetterte.

Als es wärmer wurde, sprangen wir nach dem Unterricht in die Pools unserer Notschulen. Eigentlich war es jetzt viel besser als vorher in der Schule, wenn ich ehrlich war, war das Leben gerade gar nicht so schlimm. Und ich konnte sehen, wie viel kitschiger als wir die anderen wohnten, gerade die, von denen ich es nie gedacht hätte, und wie unglaublich reich ausgerechnet die Eltern der unscheinbarsten Streber waren, die ich normalerweise nie besucht hätte. Die Streber schleimten sich jetzt bei den Lehrern so richtig ein, meldeten sich die ganze Zeit, wenn wir zu zehnt an einem langen Esstisch mit einer Obstpyramide in der Mitte saßen und machten sogar die Hausaufgaben. Mich deprimierte es, auf so engem Raum mitanzusehen, wie gleichaltrige Leute vollkommen sinnlos den Erwachsenen in den Arsch krochen, anstatt froh zu sein, dass die Erwachsenen so viele andere Probleme hatten, dass sie keine Zeit für uns hatten. Auch die Schule hatte keine Zeit und uns einfach schon mal alle versetzt. So hatte diese Revolution auch ihre guten Seiten.

Ich traf sogar alte Bekannte wieder. Bei Hedwig, die Hedi genannt wurde und einen lustigen österreichischen Akzent hatte, stand in der Küche eine Kiste mit einem riesigen, schwarz-weißen Fellbeutel und etwas Heu drin. Ich sah, wie der Fellbeutel monoton an einer Karotte mümmelte.

»Ist das ein Hase?«, schrie ich. »Gibt es Hasen in der Größe? Oder ist das der Hase aus *Alice im Wunderland*?«

Ich versuchte, den schweren Fellbeutel hochzuheben, er wog bestimmt doppelt so viel wie Mr Molly, der exakt dreieinhalb Kilo schwer war, was ich zufällig genau wusste, weil ich ihn mehrmals auf der Babywaage in der Praxis meines Vaters gewogen hatte.

»Erkennst du ihn nicht?«, fragte Hedi amüsiert.

»Ich? Wen? Den?« Ich deutete entrüstet auf den Dicken in der Kiste. »Woher soll ich den denn kennen?«

»Ja klar! Den hast du mir damals als Zwergkaninchen angedreht! Weißt du nicht mehr?«

Ich riss die Augen auf. Aber das war doch nicht das niedliche kleine Häschen, das meine Mutter rausgeworfen hatte!

Und Hedi war dann das kleine Mädchen mit den dunklen Locken, die mir die 120 Toman dafür gegeben hatte. Oh Mann, war ich froh und meiner Mutter im Nachhinein dankbar. Wenn wir den behalten hätten, hätte Mr Molly gar keine Chance mehr gehabt, bei uns zu wohnen, und ich hätte so einen nutzlosen Dicken gehabt, der in seiner Kiste stinkt, nur Karotten mümmelt, bis er platzt, und sonst zu nichts zu gebrauchen war.

»Ach, der ist das? Ähem. Scheint ja dann doch kein Zwergkaninchen zu sein …«

»Nein, war er nicht«, sagte Hedi etwas pikiert. »Du hast mich betrogen …«

»Hmja … tut mir leid.« Mir war es wirklich peinlich.

Ich sah noch ein letztes Mal entsetzt in die Kiste und ging dann raus zu den anderen. Ich war nur etwas neidisch auf Hedis österreichische Mutter, die die Kiste sogar in der Küche duldete.

Als ich das an dem Abend meiner Mutter erzählte, warf sie aus gespieltem Ärger ihren Schuh nach mir. Und dann sahen wir unsere gelbe Miezekatze an, die auf dem Sessel im

Esszimmer schlief, und meine Mutter sagte nur: »Gut, dass der schon lange aufgehört hat, zu wachsen!«

Und ich: »Der wäre jetzt ein Löwe! Und hätte natürlich trotzdem immer schicke Pullover an, meine würden ihm passen, dann würde unsere Riesenkatze im Ringelpulli runter gehen, an der staunenden Maman vorbei und bei Emdadi in den Garten kacken.« Ich kreischte vor Vergnügen.

Das machte Mr Molly nämlich immer im Nachbargarten. Und er trug ja meistens ein T-Shirt, weil ich ihn immer noch anzog. Meine Eltern lachten sich kaputt, wenn sie sich vorstellten, was der spießige persische Nachbar Emdadi wohl in seinem kleinkarierten persischen Kopf so dachte, wenn er aus seinem Wohnzimmerfenster mit ansehen musste, wie eine gelbgeringelte Katze in einem blauen Matrosenpulli von der Mauer in seinen Garten sprang, unter seinen Maulbeerbaum kackte, den Haufen gemütlich zuscharrte und wieder verschwand.

Als wir bei Afsane, einem anderen Mädchen, das ich neu kennenlernte, zu Hause waren, war ich überrascht, wie geschmackvoll und beruhigend ihr Zimmer war. Ein richtig tolles Mädchenzimmer hatte ich nämlich noch nicht gesehen in den vielen großen Häusern. Es war keine chaotische Kinderburg wie meine Bude und kein zweckmäßiger Raum wie bei den anderen, sondern es hatte eine richtig schöne Einrichtung. Mit Möbeln, die zusammen passten und mir sehr gefielen. Hier hatte jemand Geschmack, das gab es in Teheran selten. Ich setzte mich auf ihr cremefarbenes Sofa und stöhnte neidisch.

»Dein Zimmer ist superschön.«

»Ich weiß«, sagte Afsane selbstzufrieden. »Ich liebe mein Zimmer. Als ich vom Skikurs zurückkam, habe ich hier einfach nur eine Zeitlang ganz allein gesessen und mein Zimmer genossen. Einfach nur genossen.«

Ich hatte noch nie ein Zimmer »genossen«, ich wusste gar nicht, dass es so etwas gab, und schon gar nicht bei uns zu

Hause, weil ich mich dort nirgends wohl fühlte, auch nicht in meinem Zimmer.

Unser Notunterrichts-Jahr ging schon Anfang Juni zu Ende. Ich kam mit meinem Zeugnis und der Versetzung in die achte Klasse mit nassen Haaren und nach Chlor riechend nach Hause, und meine Mutter überraschte mich mit der Nachricht, dass wir über Beziehungen in der englischen Botschaft ein Visum bekommen hatten und jetzt ein paar Wochen Ferien in London verbringen und meine Tanten und ein paar andere Verwandten besuchen würden, die dort leben.

»Aber wir fliegen auch nach Deutschland, ja?«

»Was willst du in Deutschland? Da ist doch nichts los, in London kann man viel besser einkaufen, oder?«

Meine Mutter war immer der Ansicht, in Deutschland gäbe es keine schönen Kleider.

»Kann ich dann in London bleiben und ins Internat?« Es war schon eine Angewohnheit geworden, die Internatsfrage zu stellen.

Meine Mutter sah mich an und lachte und schüttelte den Kopf.

»Du willst also nach England ins Internat? Hahaha, was hast du für eine Vorstellung davon? Schau dich doch einmal an, Miss Lilly!«

Ich sah mich an, ich war knackbraun, der feuchte Bikini unter meinem maßgeschneiderten, rot-weiß gestreiften Sommerkleid hatte auf dem Baumwollstoff nasse Flecken hinterlassen. Ich hatte das Kleid an der wunderschönen Margaux Hemingway, natürlich in der *Vogue*, gesehen und sofort nachschneidern lassen und mir dazu auch gleich passende Sandalen anfertigen lassen, natürlich auch rot-weiß, und auch aus der *Vogue*. Vor mir stand ein großer Teller mit rosa Honigmelonenstücken und Erdbeeren, an meinem rechten Handgelenk klimperten zehn goldene Armreife, am linken meine goldene Longines-Uhr mit einem Band aus braunem Eidechsenleder. Mein Vater hatte sie mir vor ein paar Wochen einfach zum

Ärger meiner Mutter geschenkt. Sie fand, ein Schulmädchen sollte nicht so eine Uhr tragen. Die Uhr hatte auch schon im Notunterricht für Aufsehen bei den anderen Mädchen gesorgt.

Wir saßen auf der Terrasse unter dem Sonnenschirm, es war später Nachmittag und nicht mehr so heiß.

»Wieso?«

»Willst du wirklich dein Modepuppen-Leben gegen ein hartes Internat mit strikten Regeln im feuchten und kalten England tauschen? Morgens um sechs aufstehen, kein eigenes Zimmer, schlechtes Essen und immer zu wenig, keiner kocht extra für dich, viel Sportunterricht statt Swimmingpool, und in England musst du eine Uniform tragen, da brauchst du nicht mehr jeden Morgen eine Stunde vor dem Schrank zu stehen: Ich hab niiiichts aaaanzuziehen … Ich schwöre dir, Lilly, du wirst uns nach drei Wochen heulend anrufen: Ich will nachhaaaauuuuuuseeeee.«

Mit dem Sport und der Uniform hatte sie natürlich recht. Aber ich wollte trotzdem lieber nach England. Wir hatten eine London-Reise unternommen, kurz bevor wir nach Teheran zurückgingen, und es hatte mir damals sehr gut gefallen. Besonders die großen roten Busse und der ganze Luxus bei Harrods hatten es mir damals angetan. »Nee, ich heul doch nicht! Niemals!«

»Ach, du denkst, das ist Hanni und Nanni … das ist Drill, meine Liebe! Da interessiert sich niemand für Prinzessin Lilly auf der Erbse, die gehen dort nicht auf deine Allüren ein, ich esse dies nicht, ich esse das nicht, das ziehe ich nicht an, das kratzt, das will ich nicht, und alle Lehrer sind Scheiße …«

Oh Mann, dachte ich, und dann alles auch noch auf Englisch. Und so richtig schlimm scheiße war es im Moment in Teheran eigentlich auch nicht. Aber jetzt freute ich mich erst mal auf die Reise. Drei Wochen England! Nach viereinhalb Jahren hinter dem Mond endlich wieder in die richtige Welt, wenn auch nur kurz.

7

Zurück in Teheran, ließ ich meinen großen Koffer aufgeklappt mehrere Tage mitten in meinem Zimmer liegen. Ich hatte von den drei Wochen in England bestimmt zwei komplett bei Harrods verbracht und den Rest in einem anderen schönen Kaufhaus, Liberty's. Vor mir standen die neuen Schuhe aufgereiht. Acht Paar, Glanzstück in der Parade waren kniehohe Stiefel aus cremefarbenem Leder und eine Lederjacke von Daniel Hechter. Ich musste zwei Tage auf meine Mutter einreden, bis sie mir beides kaufte. Sie sagte die ganze Zeit in London immer dasselbe: »Ein Schulmädchen trägt so was nicht.« Und: »Kämm dir die Haare.« Dabei hatten alle coolen Mädchen in London lange gewellte Haare und einen Mittelscheitel, so wie ich. Wäre es nach ihr gegangen, hätte ich nur zwei Schottenröcke und eine weiße Bluse bekommen und natürlich immer die Haare zu einem strengen Zopf gebunden, am besten noch mit einer peinlichen Haarspange.

Jetzt hatte ich die neuen, schönen Sachen schon alle vorsichtig im Schrank verstaut, den Rest auch noch aufzuräumen, hatte ich keine Lust mehr.

»Wie lange soll das noch hier so rumliegen?« Meine Mutter kam rein und klatschte in die Hände: »Hopp, hopp, das räumen wir jetzt schnell auf!«

Bevor ich etwas tun konnte, hatte sie sich schon hingekniet, ein paar Jeans und Unterhosen aus dem Koffer genommen, und da lagen sie, die beiden großen Familienpackungen Tampax.

Sie nahm ungläubig die Schachteln in die Hand, sah mich entsetzt an und rannte raus. Dann hörte ich sie im Flur auf Persisch schreien:

»Saaaiiid, die benutzt Tampax!«

Ich dachte, ich hör nicht richtig. Das konnte die doch nicht meinem Vater erzählen! Und dann auch noch so indiskret, direkt vor meinen armen Ohren. Ich schämte mich zu Tode und hasste sie für ihren Egoismus. Was ging sie das an, ob ich Tampons benutzte oder nicht? Ich wusste, dass sie gegen Tampons war, aber dass sie das so ernst nimmt, hätte ich nicht gedacht. Es ging ihr doch wie immer nur um irgendein Prinzip, was sich irgendjemand ausgedacht hat und an das sich wieder alle Idioten blind hielten. Und natürlich um ihre eigene Ehre.

Aber anscheinend fand ihr hinterhältiges Rufen nicht das erhoffte Gehör bei meinem Vater. Sie kam zurück in mein Zimmer und fing an, mich anzuschreien. Ich klappte die Ohren einfach zu, es war nicht auszuhalten, und mein Leben wurde plötzlich wieder total ungemütlich, bis ich hörte:

»Los, steh auf, wir gehen jetzt zum Frauenarzt, der soll dich zunähen!«

»Bitte, was?«

»Los, steh auf, soweit kommt's noch, dass du keine Jungfrau mehr bist.«

Ich dachte, das kann die nicht wirklich gesagt haben, aber sie schien es ernst zu meinen!

»Nee, Mama, echt …«

»Nix, echt echt …« Sie äffte mich nach. »Los jetzt!«

»Was soll ich da? Ich werde immer Tampons benutzen, ich nehm doch keine Binden!«

»Ein Mädchen hat Binden!« Meine Mutter hatte eine Tamponphobie, sie benutzte selber Binden.

»Nur Idioten nehmen Binden! Ich nicht!«

»Ein Mädchen nimmt keine Tampons! Wir lassen dich jetzt zunähen, danach benutzt du Binden! Keine Widerrede!«

Das ging noch eine Zeitlang so weiter, aber sie bekam mich natürlich nicht zum Frauenarzt, dafür raubte sie mir den letzten Nerv. Am Abend sagte sie zu meinem Vater, er solle mich doch die letzten drei Wochen der Ferien mit in seine Praxis nehmen, sie würde es mit mir zu Hause nicht aushalten. Und Mr Molly sollte auch gleich mit, der würde ihr auch auf die Nerven gehen.

»Aber wieso? Weil ich mich mit einem Tampon entjungfert habe?«

»Halt den Mund!«

»Aber ist doch besser so! Jetzt hab ich's hinter mir.«

Sie fand das überhaupt nicht lustig. Ich hatte nicht gewusst, dass sie so viel Wert auf ein unbeschädigtes Jungfernhäutchen legt, wir hatten nie darüber gesprochen. Ich dachte, solche Dinge gibt es nur in Märchen, Fabeln und Sagen und bei der persischen Unterschicht und Landbevölkerung. Hätte ich das geahnt, hätte ich die Tampons natürlich versteckt und meine Ruhe gehabt. Sie nahm mir die Packungen weg, aber ich sagte: »Come on, jetzt ist es eh schon zu spät. Ganz Teheran ist Jungfrau, nur deine Tochter nicht. Also gib die wieder her.«

Sie gab sie nicht her, sondern versteckte sie hinten in ihrem Kleiderschrank, wo ich sie dann irgendwann hervorholte. Die Stimmung war aber schon wieder tief im Keller. Sie zwang meinen Vater, mich mit in die Praxis zu nehmen, damit ich ihr nicht auf den Wecker ginge.

In der Praxis meines Vaters war es lustig. Mr Molly pennte den ganzen Tag auf einem Stuhl in der Küche, damit ihn die Patienten nicht sahen und sich fürchteten. Ich machte mich bei den Sprechstundenhilfen und Patienten wichtig. Wenn mein Vater morgens die Praxis aufsperrte, war innerhalb von wenigen Minuten das Wartezimmer proppevoll. Wenn einer krank war, kam die halbe Familie mit. Frauen kamen nie ohne ihre Männer, Greise brauchten mindestens zwei Begleiter, die Schwiegertochter und zwei Enkel, und alle waren unglaublich devot und dankbar. Dass mein Vater eigentlich Kinderarzt war, interessierte kaum jemanden, er war ein guter Doktor, und er war aus Deutschland, das war wichtig, und er hatte schon jede Menge halbtoter Säuglinge wieder zum Leben erweckt, also ging man zu ihm. Die halbtoten Säuglinge hatten immer durch den nicht ganz keimfreien Lehmhütten-Lifestyle der Tschador-Schicht schlimme Infektionen und dadurch bedingten schlimmen Durchfall. Sie vertrugen keine Milch mehr, aber die Leute waren zu unwissend, um damit umgehen zu können. Wenn das Baby dann schon so gut wie ausgetrocknet war, kamen sie endlich zu meinem Vater. Eine heulende junge Frau, ein schweigsamer junger Mann, und meistens noch eine aufgeregte ältere Frau, die Schwiegermutter. Alle rochen nicht besonders frisch, die junge Frau trug meistens den Arm voller breiter Goldreife und hatte Türkis-Ohrringe in den Ohren. Die Babys trugen keine Windeln und keine Kleidung, sie waren immer in eine Unmenge von Tüchern gewickelt, meist die Tücher, aus denen auch Tschadors genäht wurden, denn die Mütter dieser Babys trugen alle Tschadors. Mit elendigen Gesichtern wurde dann auf dem Behandlungstisch meines Vaters das arme Bündel ausgepackt, ein Tuch nach dem anderen, bis man ein mageres Etwas sah, das sich kaum noch bewegte. An diesem Punkt fing mein Vater an zu schimpfen, warum sie so spät kämen, der Kleine wäre ja schon fast tot! Dann fingen die Frauen an zu heulen. Ich fand es komisch, dass die Babys so in ihrer eigenen Pisse lagen und keine Windel trugen, und war erstaunt, wie groß die Geschlechtsorgane von Jungs waren, die selbst noch so winzig waren. Jedenfalls gab es dann sofort eine Infusion, und wenn mein Vater die Nadel durch eine Ader am Kopf des Babys stach und die Nadel mit etwas Gips fixierte, heulten die Frauen laut und beteten hysterisch.

Dann saßen sie neben dem Bett, auf dem der halbtote Winzling lag, und weinten, während der Mann, vermutlich ein einfacher Arbeiter, hilflos daneben saß und seine Gebetskette durch die Finger laufen ließ.

Wenn die Infusion durch war, gab mein Vater dem Mann ein Rezept und schrieb ihnen Humana-Heilnahrung auf, womit sie ihr Baby füttern sollten. Er importierte diese spezielle Babymilch seit kurzem selbst aus Deutschland, denn zu seinem Entsetzen hatte er gesehen, dass die Babys an Durchfall starben wie die Fliegen, es aber nichts außer Reismilch gab, was man ihnen geben konnte. Und es interessierte die iranische Pharma-Industrie nicht weiter. Sie fanden die vielen toten Säuglinge ganz normal. Die Babys mochten die Reismilch verständlicherweise nicht und schrien solange, bis die Mütter es nicht mehr aushielten und ihnen die Brust gaben, woraufhin die Babys kurze Zeit später leblos in ihren nassen Windeln lagen. Dass man bei Durchfall keine Milch trinken darf, wusste sogar ich. Dann erklärte mein Vater der heulenden, betenden Mutter noch laut und geduldig, wie sie die Heilnahrung zubereiten und ihre Milch aus der Brust abpumpen und wegschütten solle.

Zwei Wochen später kam die ganze Gruppe dann immer noch einmal, das Baby war wieder fit, und mein Vater wurde als Heiliger verehrt. Oft brachten sie ihm als Dankeschön eine große Schüssel Asch oder anderes streng riechendes Essen, was mein Vater aber seinen Angestellten schenkte, weil er ja selbst Angst vor Infektionen hatte. Er verdiente mit der Heilnahrung mittlerweile so viel, dass er immer weniger Lust hatte, die superarmen Patienten für wenig Geld in seiner Praxis zu behandeln. Sein Gewissen erlaubte es ihm nicht, den Laden zu schließen und sich aufs Geldscheffeln zu konzentrieren, sagte er. Aber in Wahrheit war es so, dass nur Geld verdienen unter seiner Würde war. Er hätte sich dadurch gesellschaftlich degradiert, dann wäre er nur ein primitiver Geschäftsmann gewesen, so wie sich fast jeder in Persien nannte, und kein studierter Arzt und Akademiker. Ich traf auch die Tochter des Hausmeisters wieder, der das Praxisgebäude meines Vaters bewachte und Hilfsdienste ausführte. Sie stand in der Ecke des Hofs und wusch Aluminiumgeschirr mit dem Wasserschlauch, so wie sie es auch damals immer getan hatte, in meiner Anfangszeit in Teheran, als ich sie kennenlernte. Die Praxis war zu der Zeit noch eine halbe Baustelle gewesen, und ich hatte meinen Vater aus Langeweile oft dahin begleitet. Während er sich mit den Handwerkern herumschlug, sah ich, wie ein Mädchen in meinem Alter schwere Wasserkannen in das Hausmeisterhäuschen schleppte und mit einem riesigen Besen den Hof kehrte. Sie war schon elf Jahre alt, wie sie mir später sagte, aber sie war trotzdem etwas kleiner als ich und trug die gleiche Kleidung wie alle armen Erwachsenen: Schlafanzughosen, einen billigen Polyester-Pulli und einen geblümten Tschador, den sie um ihren schmächtigen Leib gewickelt hatte. Ich ignorierte das und dachte, wir könnten trotzdem Freundinnen sein. Ich brachte meine Barbies und andere Spielsachen mit, aber zu meiner Verwunderung war sie sehr distanziert, siezte mich und lachte ständig verlegen, wenn ich ihr erklärte, wie man Barbie anziehen muss, bevor sie sich zu Ken in sein Cabrio setzt. Sie konnte überhaupt nichts damit anfangen, ich konnte mit ihr auch nicht spielen. Sie musste sich um ihre kleinen Geschwister kümmern, den Hof fegen, Wäsche waschen und sogar Essen kochen. Vielleicht war sie deshalb ernst wie eine kleine Erwachsene, und als sie mir den einzigen Raum zeigte, in dem sie mit ihren Eltern und vier jüngeren Geschwistern lebte, schlief und aß, wusste ich, dass sie nichts zu lachen hatte. Der ganze Raum war so groß wie mein Zimmer. In der Ecke standen ein Gaskocher und ein kleiner Schemel. Auf dem Kocher brodelte es in einem Topf, und es roch nach gekochten Schafsknochen.

»Wo schlafen deine Eltern?«, fragte ich sie. In dem Raum war nichts, nur ein paar Bündel und zusammengerollte Matten.

»Hier.«

»Und wo schläfst du?«

»Auch hier«

»Und deine Geschwister?«

»Auch hier.«

»Ja, aber, wo denn? Hier ist gar kein Bett!«

»Wir rollen nachts die Matten aus und machen uns Betten.«

»Ihr schlaft alle zusammen auf dem Boden? Nebeneinander?«

Sie lächelte.

»Ja, aber wir Kinder drehen uns nachts weg von unseren Eltern, damit sie sich nicht gestört fühlen, falls die sich etwas zu sagen haben.«

Ich habe dieses Gespräch nie vergessen, aber an dem Tag und auch noch Jahre später überhaupt nicht verstanden, was sie eigentlich mit »falls die sich etwas zu sagen haben« meinte. Ich dachte in dem Moment nur, warum müssen sich die armen Kinder wegdrehen, damit die blöden Eltern nachts im Bett noch miteinander quatschen und die Kinder stören, die können doch tagsüber genug reden. Ich war vollkommen entsetzt, wie man so aufwachsen konnte, ohne eigenes Zimmer und noch nicht mal mit einem eigenen Bett.

Mein Vater meinte später zu mir, ich solle aufhören, die Hausmeisterstochter zu belagern, es wäre ihm und dem Hausmeister unangenehm.

Jetzt sah ich ihr eine Zeitlang zu, wie sie, auf dem Betonboden hockend, klappernd die großen Schüsseln mit kaltem Wasser abspritzte, die kleinen, nackten Füße in viel zu großen, schwarzen Gummischlappen. Als sie sich erhob und in meine Richtung sah, winkte ich ihr zu und lächelte sie breit an. Aber sie senkte den Blick und lief schnell in die Hausmeisterwohnung hinein.

Zehn Tage vor Schulbeginn, es war Mitte September, wurde mir abends schlecht, und am nächsten Morgen hatte ich Fieber. Ich blieb im Bett, übergab mich ein paar Mal, und nach drei Tagen war ich wieder fit und legte mich erst mal an den Pool, um an meinem bronzenen Spätsommerteint für den

Schulanfang zu arbeiten. Fast alle, die das letzte halbe Jahr weg waren, waren wieder da. Nur Angela, die mit ihrer Mutter und den Schwestern in Paris bleiben würde, Carmen, deren Vater sich nach Kapstadt hatte versetzen lassen, und einige wenige andere waren nicht zurückgekehrt. Wessen Eltern sich nicht in der ganzen Aufregung getrennt oder politisch nichts zu befürchten hatten, war wieder da.

Ich freute mich sogar auf die Schule. Eigentlich aber nur, weil ich den Schrank voll hatte, die neuen Sachen mussten vorgeführt werden.

Wenige Tage vor Schulbeginn wurde mir erneut schlecht, ich hatte wieder Fieber und legte mich wieder ins Bett, hohes Fieber gepaart mit Übelkeit vertrieb meine beschwingte Schulanfang-Laune.

Meine Mutter hatte die Tampons-Sache noch nicht ganz überwunden, war aber sehr in Sorge, als ich aus dem Bad zurück in mein Zimmer schwankte und bei 35 Grad im Schatten kalten Schweiß auf der Stirn hatte.

Sie rief meinen Vater an, und der sagte, ich hätte mich sicher in nassen Badesachen am Pool erkältet.

Abends kam er in mein Zimmer und untersuchte mich, er klopfte mich ab, horchte meine Lunge ab und leuchtete mir in die Augen.

Sein Gesicht verzog sich: »Scheiße«, sagte er zu meiner Verwunderung. »Deine Augen sind ganz gelb. Du hast Gelbsucht.«

»Iiih. Was heißt das?«

»Ich muss Blut abnehmen. Möge Gott uns davor bewahren, dass du Hepatitis C hast. Dann hast du einen Leberschaden fürs ganze Leben. Ein Hundeleben …«

Er holte Nadel und Kanüle, ich schrie ein bisschen herum, weil das einfach dazu gehörte, wenn man eine Spritze bekommt, fand ich.

Meine Mutter saß neben mir und hatte ein halb besorgtes und halb angepisstes Gesicht.

»Wo hat sie das bloß her?«

»Aus meiner Praxis wahrscheinlich, da war ein Kind mit Gelbsucht, aber Gelbsucht ist nur über Blut und Speichel übertragbar!«

Mein Vater schüttelte den Kopf. »Das kann eigentlich gar nicht sein!«

Mir war alles egal. Und mir war schlecht. Ich wollte nicht Gelbsucht haben. Gelbsucht war eine uncoole Krankheit. Das ging ja gleich wieder super los.

Mein Vater brachte mein Blut sofort in ein Labor und schüttelte die Angestellten dort so lange, bis er das Ergebnis gleich bekam. Die Laborwerte sagten ganz klar: Hepatitis B, eine heilbare Form, nicht die chronische Version, die C. Aber die Aufregung war dennoch riesig. Gelbsucht galt als lebensgefährliche Seuche, und eigentlich hätte ich deswegen im Krankenhaus liegen müssen, aber mein Vater verachtete alle persischen Spitäler, das waren seiner Meinung nach schmutzige Saftläden, in denen man an allem sterben könne. Er wollte mich zu Hause behandeln. Mir war das recht. Krankenhaus kam sowieso nicht in Frage, und schon gar kein persisches Krankenhaus. Entweder mein Vater bekam das wieder hin oder ich starb eben, aber zu Hause in meinem Bett. Ich hatte einige Krankenhäuser von innen gesehen. Selbst die privaten waren entsetzlich schäbig, um jeden Kranken scharte sich die ganze Sippe, und alle schrien wild durcheinander, hatten übelriechendes Essen dabei, und der Kranke klagte oft auch noch laut, so als würde man ihm bei lebendigem Leibe ein Bein amputieren. Krankenhaus im Iran war die Vorstufe zur Hölle.

Jetzt hatte ich neben meinem Bett eine Metallstange stehen, an der eine Infusionsflasche hing, Mr Molly leistete mir Gesellschaft, und meine Mutter brachte mir Hühnerbrühe, frisch gepressten Orangensaft und Haferbrei.

»Ich ess das nicht mit Wasser. Ich will mit Milch und Zucker.«

»Du darfst aber keine Milch. Du sollst kein Fett essen. Die Milch ist zu fett.«

»Egal. Ich esse das nicht.«

Ich drehte mich zur Wand und schloss die Augen.

»Stell dich nicht so an! Du bist krank! Kranke essen, was sie essen müssen.«

»Geh weg und lass mich einfach sterben.«

Sie brachte mir Haferbrei mit Milch und Wasser gemischt, denn es gab damals keine fettarme Milch im Iran. Sie brachte mir Zwieback mit Honig und Reis mit Huhn. Aber ich ließ alles unberührt, ich mochte gar nichts essen.

Meine Mutter schrie herum, ich müsste essen, sonst würde ich nie wieder gesund, und nervte mich immens. Sie petzte bei meinem Vater, und der schloss gleich eine zweite Flasche an meine Infusionsnadel und meinte nur, mit einem Blick auf mich: »Künstlich ernähren.«

Ich war zu schwach, um zu protestieren. Auch um fernzusehen, zu lesen oder Musik zu hören. Ich wollte nur liegen und die Augen zu haben und bald sterben.

Leider ist es im Iran üblich, einen Kranken möglichst oft zu besuchen. Ihn nicht zu besuchen, ist unhöflich und ein Schlag ins Gesicht für die ganze Sippe.

Also hatten wir fast die ganze Zeit Besuch. Draußen vor meinem Zimmer war immer Party, meine Mutter musste Tee, Wassermelone, Obst und Gebäck anbieten, Fragen beantworten und mich trösten. Meine Großmuter kam leider jeden Tag mindestens einmal nach oben und hatte immer neue merkwürdige Tipps, wie man die Gelbsucht aus meinen Körper vertreiben könnte.

Meine Tante kam leider auch mit der hohlen Susan im Schlepptau, die man aber zum Glück wegen Ansteckungsangst nicht in mein Zimmer ließ.

Jedes weibliche Familienmitglied schrie meine Mutter an, sie sollte mir doch endlich eine Limu Shirin auspressen, denn der Saft dieser speziellen Zitronen, die es nur in Persien gibt, war und ist für Perser das Wunderheilmittel schlechthin. *Limu Shirin* heißt übersetzt süße Zitrone, denn Limu ist die Zitrone und Shirin heißt süß und ist auch ein Mädchenname. Jedenfalls hasste ich den indifferenten Geschmack dieser Zitrusfrucht abgrundtief. Sie war auch nicht wirklich süß, sie schmeckte fad, eine Mischung aus bitter und staubig.

»Das trinkt sie doch nicht«, sagte meine Mutter genervt. Ihr ging die Hysterie der Familie auf die Nerven. Sie wusste, dass ich bei meinem Vater in den besten Händen war und zum Glück auch, dass Vitamin C bei Gelbsucht nicht half, wollte aber keine zermürbende Diskussion mit den Frauen.

Einmal kam meine Tante mit einem Riesenglas in mein Zimmer, randvoll mit dem trüben, hellgelben, ekligen Saft, und sagte, ich sollte es bitte, bitte bei ihrem Leben, trinken.

»Niemals«, schnaubte ich kalt und hart.

»Bei meinem Leben! Bei Gott, Lilly, trink das bitte für mich! Trink das bei meinem Leben!«

Ich wandte mich angeekelt ab und sagte nichts mehr. Ich schämte mich für meine Tante und für mich, die solche Verwandte hatte.

Es gab einen harten, erbitterten Kampf, den ich vor Schwäche und weil ich in der Unterzahl war, verlor. Meine Tante schrie dauernd: »Bedjune man! Bedjune man! Bei meinem Leben! Bei meinem Leben!«

Und meine Mutter war natürlich, nur um nicht unhöflich zu sein, auf der falschen Seite: »Lass die Hand deiner Tante jetzt nicht müde werden! Trink das!«

Ich nahm zu Tode angewidert das Glas und nippte vorsichtig daran. Sofort Geschrei von allen Seiten: »Trink es aus! Los, trink es aus!«

Ich hielt mir die Nase zu und trank es aus. Das Glas war noch nicht leer, da kam mir die ganze Brühe wieder hochgeschossen, und ein Riesenschwall Saft, genauso frisch und hellgelb, wie er noch war, bevor er kurz meinen Magen betrat, spritzte aus meinem Mund heraus und besudelte mich, mein Nachthemd, das ganze Bett und die Infusionskabel. Tante und Großmutter sahen mich entsetzt an. Es war mir einfach wieder hochgekommen, na und, ich konnte nichts dafür. Meine Mutter schob alle freundlich raus und kam zu mir, zog mir mein Shirt aus und sagte: »Warum sind das solche Esel und können einen nicht einfach in Ruhe lassen?« Einige Tage später kam meine Großmutter mit einem großen Glasbottich in mein Zimmer. In dem Glasbottich war Wasser, und in dem Wasser schwammen graue Fische. So grau und groß wie Ölsardinen.

»Sie muss die jetzt ganz schlucken«, erklärte meine Großmutter meiner staunenden Mutter. »Die Fische essen die Viren in ihrem Körper auf. Das ist das einzig richtige Heilmittel bei Gelbsucht.«

Ich hielt mich fassungslos an meiner Infusionsstange fest.

»Kannst du die ganz schlucken?«, fragte mich meine Mutter dann auch noch.

»Sie müssen lebendig geschluckt werden! Nicht kauen!« Meine Großmutter war ganz begeistert. Wo hatte sie bloß die Fische her?

Ich fing an zu schreien und zu heulen.

»Mama, Mama, tu die Fische weg … Mamaaaaaaaaa …«

Ich konnte mich gar nicht mehr beruhigen. Die Fische ekelten mich so dermaßen, und die Vorstellung, einen davon in den Mund nehmen zu müssen, ließen mir noch Wochen danach die Tränen in die Augen schießen.

»Wenn ihr so weitermacht, sterbe ich bald«, stöhnte ich, nachdem meine Mutter sich bei meiner Großmutter für mein unflätiges Verhalten entschuldigt, sich für ihre großartige Fisch-Idee bedankt und sie verabschiedet hatte.

»Es tut mir leid«, sagte meine Mutter, »das war jetzt wirklich zu viel …«

»Die ist verrückt!«, rief ich matt, »wer schluckt denn lebendige Fische?«

»Doch, doch … das ist schon richtig, dass diese Fische Viren vernichten, aber die müssen winzig sein, diese Fische waren viel zu groß, um lebendig geschluckt zu werden.«

Nach zwei Wochen war ich fast wieder fit, zwar aufgrund der vollkommen fettfreien und leberschonenden Diät meines Vaters komplett abgemagert, aber meine Augen waren nicht mehr gelb und meine Blutwerte fast normal. Mein Vater, der Held, hatte mich in kürzester Zeit gesund behandelt. Ich war sehr stolz, dass ich so ein guter Patient war, und mein Vater war auch zufrieden. Er und die anderen Ärzte in der Familie hielten mir jetzt ununterbrochen Vorträge darüber, dass ich auf keinen Fall etwas Fetthaltiges zu mir nehmen dürfte und nie, niemals in meinem Leben Alkohol trinken, denn meine Leber würde das nicht mehr verkraften, da so eine Gelbsucht die Leber für immer schädigt. Meine Mutter grillte jeden Tag einen Spieß Filet für mich, mit Salat und Reis, ohne Butter. Ansonsten aß ich Toast mit Honig, auch ohne Butter. Leider war ich buttersüchtig und liebte es, alles mit extraviel Butter zu essen. Essen ohne Butter fand ich deprimierend und langweilig. Also aß ich nur das Nötigste und bestand nur noch aus Haut und Knochen.

Aber das fand mein Vater nicht besorgniserregend. Er hatte nur diese Alkohol-Panik.

»Nee, trinke ich nicht …«, sagte ich immer desinteressiert. Ich mochte überhaupt keinen Alkohol. Mein Vater trank jeden Abend mehrere Bier, dessen Geruch ich total eklig fand, meine Mutter liebte französischen Cognac, der brannte schon so schlimm in meiner Nase, dass ich gar nicht kosten wollte. Und ansonsten tranken meine Eltern und ihre Gäste immer sehr viel Wodka, egal ob es Kaviar gab oder nicht. Davon hatte ich einmal aus Versehen einen Riesenschluck aus einem Glas genommen, weil ich dachte, es wäre Wasser. Es hat grauenvoll geschmeckt, und meine Geschmacksnerven waren stundenlang danach betäubt. Das Einzige, was ich wirklich gerne trank, war Eierlikör, aber den hatten wir in Teheran nicht mehr. Ich hatte früher in Deutschland immer die Eierlikör-Flaschen meiner Eltern ausgeschleckt, und dann leicht angeschäkert »Ei, ei, ei – Verpoorten!« gesungen.

Alle Säufer in meiner Umgebung warnten mich also ständig und eindringlichst vor Alkohol.

Mein Vater hätte mich genauso vor Heißluftballonfahrten warnen können. Alkohol war überhaupt nicht mein Thema, aber dafür seins, da es seit der Revolution und Chomeinis Machtübernahme auch keinen mehr zu kaufen gab. Alkohol gehörte zu den ersten Dingen, die von der neuen Regierung verboten wurden, und die Erwachsenen litten sehr darunter. Mein Vater hatte angefangen, sich im Keller meiner Oma eine eigene kleine Brauerei einzurichten, in der er mit Hilfe von Gerstensaft und Hefe sein eigenes Bier herstellte, was angeblich stark und köstlich war. Auf dem Schwarzmarkt gab es harte Sachen wie Wodka und Whisky zu kaufen, was auf den heimlichen Partys in Strömen floss, aber mein Vater brauchte nach Feierabend seine zwei bis drei kalten Biere, da war er ganz deutsch.

Als ich endlich wieder aus dem Haus durfte, wässerte meine Großmutter gerade ihren Garten und sah mich verwundert an, als wäre ich mein eigener Geist, nur weil ich in einer Jeans und T-Shirt mit meiner Mutter ins Auto steigen wollte. Sie hatte mich drei Wochen lang nur liegend in einer ausgeleierten Schlafanzughose gesehen.

»Maschallah«, sagte sie erfreut. Und dann beschwerte sie sich darüber, wie dünn ich aussah, und dass wir jetzt natürlich aus Dankbarkeit ein Opfer bringen müssten. Sie sagte: »Ghorbuni.«

»Was ist ghorbuni, Mama?«

»Na, ein Lamm schlachten«, sagte die eiskalt und fuhr durch die Einfahrt.

»Nein! Kein Lamm soll sterben! Nein! Das will ich nicht!«

»Das macht man so, alle wissen, wie krank du warst, wir

müssen ein Lamm schlachten, die Leute warten darauf. Als Dank, dass du wieder gesund bist.«

»So ein Scheiß! So ein beschissener Scheiß!«

Meine Mutter hatte vor dem Supermarkt geparkt und stieg aus.

»Was kann das arme Lamm dafür, dass ich Arsch krank geworden bin?«

»Leily, rede nicht so viel Unsinn.« Meine Mutter hatte keine Lust auf diese Diskussion.

Ich war wütend, traurig und verzweifelt. Und was hatten »die Leute« mit meiner Gelbsucht zu tun?

Zwei Tage später war ein Freitag, und unten in unserem Garten war ein niedliches schwarzes Schaf angebunden. Ich konnte nicht runtergehen. Aber ich schaute vom Balkon verstohlen nach unten. Mein Vater war da mit einem Mann, er streichelte das Schaf. Dann nahm der Mann das Schaf, und ich sah das Tier zappeln, und auf einmal war der ganze weiße Marmor im Garten meiner Großmutter voller Blut. Plötzlich sah ich etwas Schreckliches, das ich nie vergessen werde: Das Schaf rannte im Garten herum, blutverschmiert und ohne Kopf.

Ich warf mich auf mein Bett und heulte laut.

Wie ich diesen beknackten Brauch hasste. Ich hatte vorgeschlagen, in den Slums Geld zu verteilen, aber meine Großmutter wollte unbedingt vor den Leuten mit der Geste einer pompösen Opferschlachtung für die Genesung der Enkelin abposen. Meine Großmutter verteilte das Fleisch an unsere Nachbarn und an die ganze Familie. Für die Armen, für die das Opfer gedacht war, blieb nicht wirklich etwas übrig.

Es wurde Zeit, endlich wieder in die Schule zu gehen, sonst würde ich durchdrehen. Ich war zwei Wochen zu spät, noch etwas weiß um die Nase und hatte meine Schule und viele Mitschüler seit neun Monaten nicht mehr gesehen und war zu meiner eigenen Schande auch noch ziemlich aufgeregt.

Die Klasse war doch etwas geschrumpft, viele waren aus Deutschland nicht mehr zurückgekehrt. Aber es war eine brodelnde Stimmung in der Schule, sogar unsere Studienräte waren nicht so ruhig und gelassen wie sonst, denn es ging das Gerücht um, die Schule müsste Jungen und Mädchen demnächst getrennt unterrichten, da die islamische Regierung das jetzt so verlangen würde. Gemischte Schulen waren plötzlich nicht mehr erlaubt. Unsere Lehrer waren alle sehr beunruhigt und engagiert bei dem Thema, und ich lernte ein neues Wort: Koedukation.

Der Tag, an dem die Trennung der Geschlechter in der Schule vollzogen wurde, war schrecklich. Aus unseren drei mittelgroßen achten Klassen waren zwei große geworden. Eine Jungs- und eine Mädchenklasse. Die Jungs hatten die untere Hälfte der Schule bekommen, also den Teil, wo die kleinen Bungalows standen, der an den Bushof angrenzte. Wir waren im oberen Teil, wo die schicken, zweistöckigen Fertigblocks aus Deutschland und die alte Villa, das Hauptgebäude, standen. Und wir hatten den Pool bei uns oben, die Jungs dafür unten die Turnhalle. Die Grenze war an diesem ersten Tag noch mit Fahrradständern markiert. In der ersten großen Pause rannten wir alle sofort zu den Fahrradständern, quetschten uns zusammen, um uns mit den ebenfalls zusammengequetschten Jungs unterhalten zu können. Paare hielten sich an den Händen, es war alles sehr dramatisch und sehr unglaublich und erinnerte mich an Dokumentationsfilme über die DDR, die wir im Geschichtsunterricht gesehen hatten.

Makabrerweise waren, wie in DDR-Filmen, am nächsten Tag Arbeiter damit beschäftigt, an Stelle der Fahrradständer mit braunen Ziegelsteinen eine hohe Mauer hochzuziehen. In die Mauer war eine Tür eingesetzt, die nach der sechsten Stunde geöffnet wurde, damit wir Mädchen durch den Jungsbereich zum Bushof laufen konnten, um uns dann dort wieder mit den Jungs zu vermischen und dann gemischt in den Bussen nach Hause chauffiert zu werden. Die Anbaggerei fand nun weniger vormittags statt, wo wir getrennt waren, sondern nach der Schule, wo wir wieder zusammenkamen. In dem Jahr war also diejenige Königin, in deren Bus sich gutes Jungsmaterial befand. Die Glücklichen konnten sich den ganzen öden Unterrichtstag auf eine Stunde Flirt und Anmache während der Heimfahrt freuen.

In meinem Bus saßen natürlich nur verpickelte Idioten, die immer früh die Fensterplätze besetzten und dann während der gesamten Fahrt wortlos hinausstarrten. Es gab für mich auch an dieser Stelle keinen Grund zur Freude.

Immerhin gab es durch das Zusammenlegen neue Mädchen. Leider waren die meisten uninteressant, Streberinnen oder Wichtigtuerinnen, die die ganze Zeit über ältere Jungs redeten. Nur eine hatte schöne, immer frisch gewaschene, nach Apfelshampoo duftende Haare, lang, glatt und nussbraun, eine tolle Figur, hohe Wangenknochen und lustige Sommersprossen, und sie lachte immer laut, wenn jemand, also meistens ich, etwas Komisches sagte. Sie war lustig und blödelte viel, was außer mir niemand machte, seit die Jungs weg waren. Mädchen waren einfach total langweilig und nie lustig.

Sonjas Eltern waren geschieden, sie hatte das letzte halbe Schuljahr bei ihrer deutschen Mutter in Würzburg verbracht und lebte jetzt wieder mit ihrem iranischen Vater und seiner neuen amerikanischen Frau in Teheran. Sonja wurde schnell meine beste Freundin, und wir hingen nonstop zusammen, vormittags in der Schule, danach kam sie entweder mit dem Bus zu mir, oder wir gingen zu ihr. Lustigerweise wohnte auch Sonja ganz nah an unserem oberen Schultor und nur wenige Meter von Angelas Villa entfernt. Sonjas Haus war nicht so schön und elegant wie das von Angela, aber anders als bei Angela ging es dort immer sehr frei und fröhlich zu. Sonjas Stiefmutter Dee war erst achtundzwanzig Jahre alt und sah original aus wie eine Monster-Barbie. Sie war sehr groß mit sehr langen, hellblonden Haaren. Und sie hatte eine kleine

Tochter von Sonjas Vater und war schon wieder schwanger. Ihr dicker Bauch machte mir Angst, weil ich mir vorstellte, wie es darin aussah. Sonjas Vater hatte Dee in Amerika kennengelernt und war genau das Gegenteil von ihr: klein, kahl und immer ziemlich schlecht gelaunt. Zum Glück war er nie da, auch Dee war selten zu Hause, wir waren immer mit Sonjas älterer Schwester Sarah und dem Hausmädchen allein. Das einzige Mal, das ich Dee in der Küche stehen und etwas für uns kochen sah, öffnete sie drei verschiedene amerikanische Dosen mit dem elektrischen Dosenöffner, vermischte den Inhalt in einer Schüssel und stellte es uns einfach auf den Tisch. Ich war fassungslos! Wir aßen bei uns zu Hause nichts aus der Dose, weil meine Eltern Konservierungsmittel hassten, und schon gar nicht direkt aus der Dose auf den Teller!

Leider konnte auch ihr Hausmädchen überhaupt nicht kochen, alle ihre Gerichte fanden wir immer ungenießbar, deshalb aßen wir nach der Schule lieber nur frisches, knuspriges Naan mit Butter und Honig.

»Wozu kocht sie denn überhaupt, wenn wir das nie essen?«, fragte ich beim Anblick der unangerührten Platte Reis mit Rosinen und Hackfleischklumpen. Dee aß auch nur ihr komisches amerikanisches Zeug aus dem amerikanischen Supermarkt.

»Mein Vater isst das, wenn er nach Hause kommt«, sagte Sonja mit ihrem leicht fränkischen Dialekt. »Der will unbedingt Persisch essen, und Dee kann ja nicht Persisch kochen.«

»Aber das ist kein persisches Essen …«

»Ach, das ist doch meinem Vater egal. Das merkt der gar nicht, dem schmeckt das.«

Ich war sehr erstaunt. Mein Vater war ein richtiger Tyrann, was Essen anging. Wehe, wenn der Reis eine Minute zu lang oder zu kurz im Topf war, oder bei einem Gericht die Konsistenz der Soße nicht stimmte. Er hasste zu wässrig und er hasste zu dickflüssig. Er hasste zu stark und er hasste zu schwach gewürzt. Wenn es nicht genau seinen Vorstellungen entsprach, flippte er regelrecht aus, meckerte rum und beleidigte meine arme Mutter. Und verkündete dann zum Schluss: »Koch das nie wieder!«

Dabei schmeckte mir das Essen meiner Mutter fast immer, obwohl ich sonst fast nirgendwo etwas aß.

Das Essen von Sonjas Hausmädchen hätte er jedenfalls nicht angerührt.

Sonjas Schwester Sarah hatte ein schweres Schicksal: Sie war genau das Gegenteil von Sonja. Sie war dick, plump, uncharmant, etwas langsam und nicht die Hellste. Sie ging in die Realschule, was ich ziemlich schockierend fand. Realschule war ja bei uns zu Hause genauso verpönt wie Leberzirrhose und Dosenfutter.

Wir waren gemein zu der armen Sarah, die sich gegen uns überhaupt nicht wehren konnte, obwohl sie zwei Jahre älter war. Sonja liebte es, ihr bei jeder Gelegenheit entgegenzuschleudern, dass sie fett und hässlich sei. Und dass sie nie einen Jungen finden würde, der bereit wäre, sie zu küssen. Ich grinste hämisch dazu. Dann lachten wir uns schlapp, gingen in Sonjas Zimmer, machten laut Supertramp »Breakfast in America« an und schminkten uns ausgiebig vor Sonjas Schminktisch. Sonja hatte einen großen Haufen nach Kaugummi riechenden Teenager-Schminkkram aus Amerika von Dee und dazu viele Bänder, Silberdraht, einen Lötkolben und eine riesengroße Perlensammlung. Wir machten im Prinzip nichts anderes, als Musik zu hören, uns zu schminken, dünne Zöpfe mit bunten Bändern in unsere langen Haare zu flechten oder Perlenohrringe aus Silberdraht zu basteln und die *Bravo* und *Mädchen* zu lesen. Wir waren beide ziemlich eingebildet und uns unserer Wirkung und Schlagfertigkeit komplett bewusst. Diese Mischung brachte uns dazu, die meiste Zeit überheblich über die anderen zu spotten und sie zu verunsichern.

Die Stimmung hatte sich bei uns auf der Oberstufe durch die Trennung der Geschlechter immens aufgeladen. Plötzlich war alles, was sich hinter der Mauer auf dem für uns vormittags verbotenen Teil der Schule befand, hochinteressant. Sogar die langweiligsten Jungs, neben denen man sonst stumpf das ganze Jahr in der Klasse gesessen hätte, bekamen durch die Abgegrenztheit und das Verbotene eine besondere Faszination und ein romantisches Flair. Sonja und mir kam unsere Jungs-Parallelklasse unglaublich verheißungsvoll vor, die 8 m war in unseren Augen voller hübscher Jungs. Man wusste nicht, in welchen man sich zuerst verlieben sollte.

Wenn nach dem Klingeln nach der letzten Stunde einer der Schulwarte die Tür aufgeschlossen hatte, spazierten wir Mädchen mit wehenden Haaren, frisch aufgetragenem Lipgloss und wackelndem Hintern an den schon Spalier stehenden Jungs vorbei.

Eine kurze Dreiviertelstunde blieb uns, bis unsere Busse losfuhren, und so musste die Zeit entsprechend genutzt werden. Ich sah die anderen flirten, posen, sich verabreden, Telefonnummern und bespielte Kassetten austauschen, an Busfenster klopfen, sich jagen, schubsen und zum Schluss noch wild aus den Bussen winken. Ich stieg allein in meinen Bus zu den anderen Langweilern, die wie ich in der uncoolen Stadtmitte wohnten, und langweilte mich mit mir selbst, bis wir losfuhren und ich mir aus dem Fenster die hässlichen Straßen Teherans ansehen konnte.

Wir waren in der Achten alle zwischen vierzehn und fünfzehn, an der Deutschen Schule hatte bis dahin fast jeder einmal eine Ehrenrunde gedreht. Wer noch nie sitzengeblieben und deshalb erst dreizehn war, war zu uncool, um überhaupt eine Rolle zu spielen.

Deshalb warteten die älteren der Jungs aus der Parallelklasse darauf, dass wir nach der sechsten Stunde nach unten liefen, um uns auf dem Weg zum Bushof zu hänseln und gemeine Sachen hinterherzurufen. Vor allem mir und Sonja, wenn sie mit zu mir kam und nicht vom oberen Schultor die wenigen Meter zu Fuß nach Hause lief.

»Sonja Bohnenstange und Titten-Lilly«, riefen sie uns hinterher. Oder: »Passt auf, wir sind notgeil.«

Wir wurden dann immer unglaublich verlegen, riefen aber: »Haut ab, ihr Arschlöcher!«

Oft riefen sie auch irgendwelchen Schweinkram auf Persisch, auf den wir gar nicht kontern konnten, weil er einfach zu versaut war.

Wenn die Jungs Schwimmunterricht hatten, mussten sie auf ihrer Seite des verschlossenen Tors warten, bis der Sportlehrer kam und aufschloss. Dann marschierten sie hinter dem Sportlehrer durch die Öffnung, während wir an unseren Klassenfenstern die Hälse reckten, als hätten wir noch nie Jungs gesehen.

Die Umkleidekabinen des Schwimmbads hatten Belüftungslöcher, die wir einmal zufällig entdeckten, und vom Balkon der Hauptvilla konnte man, wenn man sich am Geländer festkrallte und raushängte, ziemlich weit hineinsehen. Sonja und ich hatten Freistunde, wenn die Jungs Schwimmen hatten, also versteckten wir uns vor der Lüftung, und Sonja krallte sich an der Mauer fest und starrte durch die Schlitze. Ich stand unter ihr und hatte Angst, dass uns jemand dabei sehen könnte.

Plötzlich gab Sonja einen komischen Laut von sich und ließ sich auf die Brüstung fallen. Ihre Augen waren vor Schreck weit aufgerissen.

»Iiih!«, flüsterte sie laut, »ich hab Michaels Pimmel gesehen!« Michael Samidi war hochaufgeschossen und hatte eine lange, braune Windhundfrisur.

»Iiih«, machte ich entsetzt. Und dann angeekelt: »Und wie sah der aus?«

Ihr Gesicht war vor Abscheu verzerrt:

»Total eklig! Ganz weiß! Wie bemehlt!«

Und dann kreischten wir beide laut auf und rannten weg. Wir waren eben einfach nur blöde Mädchen.

Die erste Party in diesem Herbst wurde ausgerechnet von Michael, dem Jungen aus der Umkleide, gegeben. Seine Eltern waren nicht da, und er hatte fast alle Mädchen eingeladen, mit Ausnahme der noch Dreizehnjährigen.

Um kein Risiko einzugehen, erzählte ich zu Hause, ich würde das Wochenende bei Sonja verbringen, um ihrer Stiefmutter zu helfen, das Babyzimmer einzurichten. Das mit dem Babyzimmer war natürlich der totale Quatsch, aber mein Vater war in letzter Zeit einfach zu unberechenbar, und meine Mutter war auch schon wieder so unzufrieden wegen allem und malte mir regelmäßig superfies meine schwarze Zukunft an die Wand: geschwängert durch meine maßlose Herumtreiberei und ohne Schulabschluss wegen meiner jetzt schon schlechten Noten. Bei Sonja zu Hause hatte Dee in den meisten Dingen das Sagen, und der Vater glaubte alles, was Dee sagte. Sonja meinte, das läge daran, dass sie die ganze Zeit Sex hätten, obwohl Dee einen dicken Bauch hatte, weil ihr Vater ein notgeiler Zwerg sei. Ich fand die Vorstellung, wie der notgeile, kahle Zwerg sich über die schöne, große Dee hermachte, ekelhaft, fand es aber super, dass Dee ihren Job anscheinend so gut machte, dass der Alte ihr alles glaubte. Vor allem glaubte er Dee, dass Teenager unbedingt und ganz viel auf Partys gehen müssten, um sich zu großartigen Menschen zu entwickeln, allein deswegen liebten wir sie. Aber Dee sagte auch, wir sollten Sarah mitnehmen, was keine gute Idee war. Zum Glück zog Sarah eine Schnute und schlich davon, während sich ihre dicken Oberschenkel in ihrer schlecht sitzenden Stoffhose aneinander rieben, und murmelte: »Ich will nicht mit auf eure blöde Party.«

Ich packte meine schönsten Disco-Klamotten schon Mittwochabend in eine Reisetasche und nahm sie Donnerstagmorgen mit zur Schule. Sonja und ich waren beide etwa gleich groß, Sonja war sogar zwei Zentimeter größer, das wussten wir genau, denn wir nahmen fast täglich Maß und machten Striche an unseren Türrahmen, um zu prüfen, ob wir vielleicht doch noch einen Millimeter gewachsen waren. Ich hatte die ersehnten 1,70 Meter leider noch nicht erreicht, und meine Mutter behauptete, das würde ich auch nicht mehr schaffen, wenn man seine Tage bekommen hat, würde man nicht mehr wachsen. Eigentlich war ich ziemlich zufrieden, dass ich trotz meiner winzigen Mutter nicht so klein geblieben war wie alle persischen Mädchen, aber mir fehlten noch zwei Zentimeter zum Traummaß. Aber anstatt in die Länge zu wachsen, wuchsen nur meine Brüste auf bedenkliche Weise und bildeten einen regelrechten Balkon unter meinem Kinn. Sie waren plötzlich riesig, prall und taten weh, wenn ich auf dem Bauch schlief. Die zarten BHs, die meine Mutter mir in London gekauft hatte, waren schon wieder fast zu klein geworden, jedenfalls quoll mein Busen oben über, und die feine Spitze der BHs konnte die Dinger kaum noch bändigen. Ich hasste die BH-Tragerei, aber ohne BH zu gehen war undenkbar geworden. Außerdem ließen die Jungs gerne ihren Finger an meinem Rücken entlangfahren, und wenn der Finger dann über den BH-Verschluss holperte, schrien sie: »Lilly trägt einen Beeehaaaaaaaaaa!« Und dann grölten die anderen: »Lilly, zeig uns bitte deinen BH!«

Oder: »Lillys Hintern ist ganz klein, aber etwas anderes ist total groß!«

»Ja, meine Füße«, sagte ich trocken. Aber dann grölten sie noch mehr.

Oder sie kamen von hinten angeschlichen und zogen an dem BH-Gurt auf meinem Rücken und ließen ihn schnalzen. Das passierte alles plötzlich in der kurzen Zeit nach der sechsten Stunde, in der wir mit ihnen zusammen waren. Auf einmal musste ich nicht mehr allein und unbeachtet in meinen Bus klettern. Ich wurde beachtet, von Jungs, die ich gar nicht kannte. Sonja meinte, sie würden mich damit natürlich nur aufziehen, weil sie mich toll fanden. Jungs ärgern keine Mädchen, die sie doof finden. Ich glaubte nicht, dass es so war, und ich hätte auf die Art von Anerkennung gerne verzichtet. Die Busenscherze verunsicherten mich zutiefst, und ich wurde manchmal sogar rot, während ich unsicher an meinem Oberteil herumzupfte, was ich noch mehr hasste, weil ich nicht wollte, dass die Jungs merkten, dass ich eigentlich verklemmt bin. An den Spitznamen »Titten-Lilly« hatte ich mich schon gewöhnt. Als mich einmal ein Lehrer auf dem Schulhof erwischte, wie ich eine leere Chipstüte einfach neben mir auf der Treppe liegenließ, und wissen wollte, wie ich hieß, antwortete ich ernst:

»Ich bin Titten-Lilly.«

Mir konnte auch kaum mehr ein Junge in die Augen sehen, denn sein Blick blieb immer vorher schon an meinem prallen Vorbau hängen, ob er wollte oder nicht. Ich trug keine enganliegenden T-Shirts mehr, vor lauter Angst, dass jemand die Kontrolle verlieren und einfach über mich herfallen könnte. Sogar mein Vater fragte, wo ich den Busen herhätte, und ich solle ihn gefälligst bedecken. Sonja hatte einen wunderschönen, perfekten 75-B-Busen, genau den, den ich gern gehabt hätte. Aber alles andere war gleich, auch die Schuhgröße, eine coole Vierzig, ich war also nicht mehr das Mädchen mit den größten Füßen, und wir konnten sogar Schuhe tauschen.

An diesem Party-Donnerstag setzten wir uns noch nicht einmal an den Esstisch in Sonjas Küche, um das miese Essen der *Batschi* zu verweigern, sondern nahmen uns etwas von dem frischen Naan, die Butter und den Honigtopf und gingen nach oben in Sonjas Zimmer. Ich breitete alle meine Sachen aus. Sonja tropfte etwas von dem Honig auf ihren Teppichboden.

»Iiih, weg da!«, schrie ich und zog meine blaue Satinhose zur Seite.

»Ich will mir so eine Flechtfrisur machen.« Sonja zeigte auf ein Bild in der *Mädchen*, wo ein Model die Haare um den Kopf geflochten hatte, was sehr süß aussah.

»Okay. Setz dich hin! Und gib mir zwei Kämme!«

Um sieben waren wir fertig. Ich hatte mir die Finger halb wund geflochten an Sonjas langen Haaren und musste zweimal von vorne anfangen, weil es schief war. Dafür hatte ich ihr schwarzes Jackett zu der himmelblauen Discohose an.

Am Montag nach der Party war irgendwie für alle klar, dass Sonja mit Michael zusammen war und ich mit Cyrus. Ich wusste eigentlich so gut wie nichts von Cyrus. Nur dass er eine Riesenklappe hatte, einen kleineren Bruder, blaugrüne Augen und dunkle Sommersprossen. Ich mochte seine Sommersprossen und die Tatsache, dass er auf mich stand, der Rest war mir egal.

Seit Sonja und ich beide als Pärchen unterwegs waren, standen wir jeden Tag nach der sechsten Stunde unter einem immensen Druck. In dem Moment, wenn das Tor in der Mauer zu unseren Jungs aufging, mussten wir sofort einen unvergesslichen Eindruck machen. Und das zwischen den vielen anderen hübschen Mädchen, die auch in ihren engen Jeans den Weg nach unten entlangwackelten. Michael und Cyrus warteten immer schon hinter dem Tor auf uns und fingen mit demselben Programm an, nämlich uns zu begrabschen und mit eindeutigen Anspielungen zu verunsichern.

»Hey, Lilly, was hast du da auf dem T-Shirt?«

Ich hatte ein langärmeliges Shirt mit einer Frau darauf an, die einen Turban trug und eine Zigarettenspitze aus Glitzer zwischen den Fingern mit den rotlackierten Nägeln hielt. Das Shirt hatte ich in London gekauft und liebte es sehr.

»Ey, Mann, guck woanders hin.«

»Hast du was drunter an? Hast du bestimmt.«

»Ey, Mann …«

»Nee, echt, du hast bestimmt einen neuen BH, bitte, zeig ihn mir, los, bitte!«

Cyrus grabschte nach mir, Michael lachte dreckig, und Sonja schämte sich. Einen Boyfriend zu haben, war irgendwie schrecklich.

»Lass mich los!«

»Erst wenn ich deinen BH sehen darf! Welche Farbe hat er?«

»Geht dich nichts an, du Arsch …«

»Bitarbiat, du kannst doch nicht Arsch zu mir sagen!«

»Arsch! Arsch! Arsch!«

»Baba, komm, Michael, lass uns gehen, die sind mir zu bitarbiat …«, sagte Cyrus dann gespielt beleidigt.

An einem Nachmittag wollte ich nach der Schule gleich mit zu Sonja, deshalb ging ich nicht wie sonst zum Bushof, und die Jungs machten auch keine Anstalten, sich in Richtung Süden zu bewegen.

»Müsst ihr nicht zu euren Bussen?«

»Nein, wir bleiben heute hier. Gleich ist Fußball. Ich bin mit dem Motorrad gekommen. Mein Vater darf das aber nicht wissen.« Michaels Stimme überschlug sich und quiekte manchmal plötzlich ganz merkwürdig.

»Wieso nicht?«

»Weil ich mit dem Motorrad offiziell nicht zur Schule fahren darf.«

Ich war beruhigt, dass die Jungs auch einige Dinge nicht durften.

»Also, wir gehen jetzt zu Sonja …« Ich scharrte befangen mit dem Fuß und bewegte mich einen halben Meter zur Seite. Zu viel körperliche Nähe mit den beiden war mir mehr als unangenehm.

»Hey, Sonja wohnt doch gleich hier vorne!« Cyrus schrie fast. »Wir kommen nach dem Fußball auch!«

Sonja und ich starrten uns an und wussten nicht, ob das jetzt supertoll oder superschrecklich war.

»Ja, gut, meinetwegen. Aber ihr dürft nicht zu viel Schulugh machen. Meine Stiefmutter ist schwanger.« Sonja sprach schnell und nervös.

Schulugh heißt Krach.

»Hmm, geil, schwanger! Hat dein Vater sie gebumst!« Cyrus

lachte dreckig und bog sich dabei über seine riesigen Adidas-Schuhe in Größe 46.

Mir ging das ständige Sex-Gequatsche der beiden auf die Nerven.

Bei Sonja zu Hause gingen wir sofort nach oben in ihr Zimmer und begannen, das Chaos einigermaßen aufzuräumen. Überall lagen Klamotten, Perlen und Silberzeug herum. Außer der *Batschi*, die unten wie immer den Mittagstisch für uns gedeckt und irgendetwas Übelriechendes gekocht hatte, war mal wieder niemand zu Hause, selbst Sarah war bei einer Freundin.

»Wer soll das schon sein, die hat doch gar keine Freundin!«, murmelte Sonja.

Ich legte die »Breakfast in America«-Kassette in Sonjas Kassettenrekorder, nahm das Apfelshampoo von ihrem Schreibtisch, was da nur deshalb stand, damit Sarah es nicht benutzte, und ging mit der grünen Flasche ins Bad, um mir noch schnell die Haare zu waschen. Seit ich bei einigen Mädchen in der Schule aus Versehen an deren fettigen Haaren gerochen hatte, wusste ich, wie ungewaschene Köpfe riechen, und war von der Angst besessen, auch so zu riechen. Überhaupt hatte ich Angst vor Gestank aller Art, vor allem, seit ich den Geruch der armen Leute in der Praxis meines Vaters kannte.

Wir malten uns gerade die Augen mit Kajal schwarz, da hörten wir unten das Knattern einer Geländemaschine, und eine Minute später klingelte es Sturm.

Sonja ging herunter, und ich hörte die Jungs mit lautem Gegröle hereinpoltern. Ich zog noch einen klebrigen Erdbeer-Lipgloss-Schmollmund vor dem Spiegel und ging nach unten. Neben der Haustür lagen zwei Helme, und ich hörte Michaels Stimmbruchstimme aus dem Wohnzimmer.

»Heeeeey, da bist du ja! Habt ihr euch für uns schön gemacht?« Cyrus lachte laut und dreckig und sah mich gierig an.

»Nein«, sagte ich. »Bilde dir bloß nichts ein.«

Die Jungs lachten und wollten Sonjas Zimmer sehen.

Wir gingen mit ihnen nach oben. Cyrus schaute aus dem Fenster in den Garten hinunter und sagte: »Geil, man kann von hier oben in den Pool hinunterpinkeln.«

Ich sah ihn an, diese Idee war mir neu.

»Dann komm doch mal zu uns nach Hause und pinkel von meinem Balkon in den Pool meiner Großmutter, bitte«, schlug ich ihm vor.

»Ja, klar, kann ich gerne machen.«

Cyrus sah mich an, seine grünblauen Augen glänzten, es sah irgendwie unheilvoll aus.

»Wann soll ich kommen?« Er kam näher, legte den Arm um mich und schob mich aus dem Zimmer nach nebenan in Sarahs Zimmer. Dann schloss er die Tür und drückte den Knopf in dem runden Knauf hinein, damit sie abgeschlossen war. Die meisten Türen in Teheran hatten statt einer Türklinke so einen runden Knauf zum Drehen mit einem Knopf in der Mitte.

»Hey, was machst du da?«

Er antwortete nicht.

»Wieso sperrst du die Tür ab, Mann?«

Er kam auf mich zu und hatte immer noch diesen komischen Blick.

»Ich will raus! Lass uns raus zu Sonja und Michael!«

Er schlang seine Arme um mich, presste seinen mageren Körper an meinen, aber so fest, dass ich mir Sorgen machte, er könnte merken, wie groß meine Brüste wirklich waren, und da er ja viel größer war, musste er sich ziemlich weit hinunterbeugen, um mich zu küssen.

Ich schloss die Augen und küsste ihn zurück, ließ aber die Lippen geschlossen. Als ich sie leicht öffnete, bohrte seine Zunge sich schnell und brutal durch meine halbgeschlossenen Lippen und fing an, sich wie ein Stück wildgewordenes Fleisch in meinem Mund hin und her zu wälzen.

Es war wahnsinnig eklig und peinlich, und ich dachte, ich muss sofort kotzen.

Ich stieß ihn mit aller Gewalt weg.

»Iiih, du Schwein!« Ich fuhr mir mit dem Handrücken über den Mund.

Er sah mich erstaunt an. »Was ist denn?«

»Du bist superеklig!«

Er kam wieder ganz nah heran und atmete mir schwer ins Gesicht.

»Und total scheiße!«

»Wieso? Findest du Küssen nicht geil?«

»Nein!« Ich sah verzweifelt zur Tür und wollte einfach nur weg, aus diesem Zimmer, dieser peinlichen Situation, und am besten ganz weg, weg von diesem Planeten, zurück auf die sichere Erde.

Ich ging zur Tür, natürlich klemmte wie immer das beschissene persische Drehschloss.

Er kam hinterher.

»Verschwinde!« Ich war hysterisch. »Fass mich bloß nicht an. Hau ab.« Ich schubste ihn weg.

»Was ist denn mit dir los? Ich bin vollkommen geschlechtsreif, und wenn ich eine Freundin habe, dann möchte ich auch irgendwann mit ihr schlafen.«

Ich starrte ihn an. Das waren die schrecklichsten Worte, die je jemand zu mir gesagt hatte.

Seine Worte hingen im Raum fest, sie verflüchtigten sich nicht. Was ich da gehört hatte, war einfach unvorstellbar. Die Tür ging auf, ich rannte raus und fing an, gegen Sonjas Tür zu hämmern.

»Sonja, Sonjaaaaaa!«

Sie öffnete die Tür, hinter ihr der lange, dreckig grinsende Michael.

»Ich will nach Hause«, schrie ich panisch und rannte nach unten zum Telefon.

Meine Mutter war dran.

»Hallo?«

»Mama!«, sagte ich mit tränenerstickter Stimme. »Mama, Mama, hol mich bitte hier ab.«

Eine Dreiviertelstunde später stand der grüne Volvo vor Sonjas Haustür. Mein Vater war auch mitgekommen.

Die Jungs waren schon weg. Ich hatte dem verwirrten Cyrus noch erklärt, dass jetzt Schluss sei, weil ich mit so einem ekligen Schwein nicht zusammen sein könnte. Der armen Sonja war in ihrem Zimmer zwar dasselbe mit Michael widerfahren, aber sie war nicht traumatisiert, nur etwas verstört.

Ich kroch auf das karamellfarbene Leder des Rücksitzes.

»Und, hattet ihr Spaß?«, fragte meine Mutter interessiert.

Ich brach hinten laut in Tränen aus.

Meine Mutter drehte sich zu mir um und schüttelte kurz den Kopf: »Habt ihr gestritten?«

Dann sah mich mein Vater im Rückspiegel kurz an, griff ins Handschuhfach, holte eine Rolle Klopapier heraus und reichte sie mir nach hinten.

Sie ließen mich in Ruhe und stellten keine blöden Fragen. Das war einer dieser raren Momente, in denen ich mich absolut und uneingeschränkt aufgehoben und beschützt fühlte und meine Liebe zu meinen Eltern spüren konnte. Ich war zu Hause, geborgen und absolut sicher.

Am nächsten Tag in der Schule hatte Sonja einen Freund, und ich hatte keinen mehr. Das war ein wenig blöd wegen des inneren Gleichgewichts, aber ich war trotzdem mehr als froh und erleichtert.

Cyrus ignorierte mich jetzt zum Glück, erzählte aber überall in der Jungsklasse herum, dass ich eine Schlampe sei.

Mich fragten dann einige Jungs, sie hätten gehört, ich sei eine Schlampe, so eine, die die Jungs anmacht, und dann würde nix laufen, und ob das stimme.

»Ja, total«, sagte ich dann und nickte heftig.

»Warum denn?«

»Weil ich prüde bin.«

»Echt? Schade. Du siehst gar nicht so prüde aus«, sagte der dämliche Junge dann auch noch und glotzte an mir rauf und runter wie ein Hund an einem Knochen hinter einer Glasscheibe.

»Doch, bin ich aber.« Ich zuckte entschuldigend mit den Schultern.

Ich hatte überhaupt keine Lust darauf, auch nur noch ein einziges Mal ein wildgewordenes Stück Fleisch in meinem Mund zu haben.

In den Weihnachtsferien sollten Sonja und Sarah zu ihrer Mutter nach Würzburg fliegen. Ich schrieb Sonja eine lange Liste, auf der unter anderem eine Jethose für den Skikurs stand. Aber ihr Vater drückte ihr und Sarah am Flughafen in Teheran zum Abschied jeweils fünfzig Mark in die Hand, als Taschengeld für zwei Wochen Ferien in Deutschland. Ich war entsetzt, als mich Sonja aus Würzburg kurz anrief und mir das empört erzählte. Ihr Vater hatte viel mehr Geld als meiner und war so verdammt geizig.

Jethosen kosten mindestens zweihundert Mark, sagte Sonja, das könne ich vergessen. Ihre Mutter würde das auch nicht auslegen.

»So eine verdammte Scheiße!«, fluchte ich und hasste alle Erwachsenen und ihren ekelhaften Geiz.

Ich brauchte dringend eine Jethose, meine alte Skihose war unsexy und deswegen völlig untragbar. Der Skikurs würde dieses Jahr zwar nur mit Mädchen stattfinden, aber das machte alles eher noch schlimmer. In unserer Klasse war jetzt die größte Modepuppe der Schule überhaupt, Edith Jasper. Ihre Mutter war die Schwester des damals größten männlichen Popstars Persiens. Er war berühmt und fast so etwas wie ein Nationalheld. Alle außer mir liebten seine Songs. Mir war er egal, er war bloß so berühmt, dass sogar ich das mitbekommen hatte. Und ihre Schwester, also Ediths Tante, war eine bekannte Dichterin und Autorin. Das hatte mir meine Mutter erzählt.

Sie kam also aus einer sogenannten Künstlerfamilie, genau so eine, wie ich gerne gehabt hätte. Ediths Gedichte waren schon in einigen persischen Tageszeitungen veröffentlicht worden, weil sie als begnadeter Nachwuchs dieser talentierten Sippe gehandelt wurde, natürlich vor der Revolution. Jetzt hatten Popstars nichts mehr zu lachen. Zu allem Übel besaß Ediths Mutter auch noch eine Boutique, mit genau den Klamotten, die ich in der *Vogue* und *Brigitte* bewunderte. Also wieder genau das, was ich auch gerne gehabt hätte. Sie verkaufte nur an Privatkunden und flog mehrmals im Jahr nach Paris, um neue Kleider für ihre Kundinnen mitzubringen. Und jedes Mal brachte sie Edith einen Berg Zeug mit, das mir meine Mutter nie kaufen würde, weil »ein Schulmädchen so etwas nicht trägt«. So *Vogue* eben. Unpraktisch, teuer und sinnlos in den Augen meiner Mutter.

Ediths Ma war nur kurz mit einem deutschen Schönheitschirurg aus München verheiratet und hatte ihn zwei Jahre nach Ediths Geburt verlassen, was ich schon wieder obercool fand. Nicht wie meine Mutter, die ständig betonen musste, dass sie nur wegen mir das Elend mit meinem Vater ertrug. Ediths Mutter hatte Herrn Jasper, den geilen Schönheitschirurgen aus München, einfach sitzenlassen, um mit Klein Edith in ihr glamouröses Leben als Society-Girl in Teheran zurückzukehren. Ein paar Jahre zuvor hatte Edith eine Zeitlang bei ihrer Oma gewohnt und fuhr deshalb in meinem Bus, weil die Oma in unserer nicht so poshen Gegend wohnte. Während dieser Zeit, wir waren etwa zwölf, hatte Edith einmal ein so unglaublich schönes Kleid an, dass ich bei ihrem Anblick schlucken musste. Es war dunkelgrün gestreift, mit weißer Spitze und Samtbändern, und sah so aus wie die Sonntagskleider, die die reichen Mädchen in »Unsere kleine Farm« in der Kirche trugen. Ein Traum.

»Dein Kleid ist so schön«, sagte ich demütig. »Wo hast du das her?«

Edith zog sich den feinen Organzastoff über die Knie und sagte hochnäsig, ohne mich richtig dabei anzusehen: »Aus Paris.«

Ihre Antwort knallte an diesem Tag im Bus in mir wie eine Ohrfeige. Ich fühlte meine ganze Eingesperrtheit und Hoffnungslosigkeit ohne coole Klamotten oder Zugang zu den Dingen, die ich haben wollte, oder besser, haben musste, um mich endlich wie ich selbst fühlen zu können und nicht wie ein armes Schwein. Jetzt hatte ein anderes Mädchen dieses unfassbar schöne Kleid an, was wie für mich gemacht war, und sah auf mich herab. Und ich konnte sie verstehen, ich hätte es an ihrer Stelle auch getan – auf eine, die verbeulte Cordhosen, dreckige Turnschuhe und ein verwaschenes Sweatshirt anhatte.

Jetzt war also genau diese Edith in meiner Klasse, und ich sah sie und ihre Klamotten jeden Tag. Wir waren nicht miteinander befreundet. Ihre beste Freundin war Bita, das schönste Mädchen der Schule, die ziemlich nah an Brooke Shields war im Gegensatz zu mir, die sich äußerlich immer mehr von ihrem Schönheitsideal entfernte. Bita war auf allen Partys der Älteren eingeladen, alle, wirklich alle Jungs standen auf sie, und sie hatte einen Boyfriend von der Internationalen Schule, auf die ich damals nicht durfte, weil dort alle Kinder ganz besonders abgefuckt waren, wogegen wir Deutschen bieder und harmlos waren. Der Boyfriend war schon achtzehn, fuhr eine knallrote, laut knatternde Geländemaschine, mit der er oft in den Hügeln von Mirdamad herumsprang, und holte Bita und Edith oft mit seinem Benz ab. Aber trotz alledem war Bita ziemlich nett, viel netter als Sonja und ich. Ich konnte mit einer, die so gut aussah, nett und frühreif war und von allen angehimmelt wurde, überhaupt nichts anfangen.

Außerdem waren Edith und Bita viel zu persisch für mich. Sie unterhielten sich nur auf Farsi, nicht auf Deutsch, wie Sonja und ich, und mit ihrem Freund sprach sie Englisch, was ich affig fand. Sie waren auch beide glühende Googoosh-Fans, liebten persische Musik, Tanz und persische Kinofilme, die ich indiskutabel fand.

Edith und Bita waren also so was wie Glamour-Girls aus einer ganz anderen Welt. Und deshalb war es normal, dass sie sich überhaupt nicht für mich interessierten. Ich war vorlaut, kindisch, spätreif und spielte immer noch lieber heimlich mit Mr Molly, den ich als Baby mit Windeln im Kinderwagen herumfuhr, als mit den bescheuerten Jungs, die ich höchstens beneidete, aber nicht bewunderte. Außerdem sprachen Edith und Bita ständig von ihren Müttern und Omas, als wären das großartige und schillernde Persönlichkeiten. Von Ediths Mutter sprachen sie wie von einem Filmstar, den man zufällig privat kennt. Ich sprach nie von meiner Oma und von meiner Mutter. Einmal sah ich Ediths Mutter in der Schule, und mir wurde einiges klar. Eine hochmütige, für eine Perserin hochgewachsene Frau kam hereingerauscht, als würde sie dabei fotografiert werden. Sie war extrem geschminkt, viel zu extrem für einen Besuch bei deutschen Lehrern, aber nicht nuttig, sondern cool, passend zu dem todschicken Turban und dem Kostüm mit dem langen weiten Rock und einem breiten Ledergürtel. Das war mehr als *Vogue*. Das war absolutes *Vogue*-Titel-Niveau.

Bita, das schönste Mädchen der Schule, und Edith, die Tochter des Topmodels, redeten außer von ihren Müttern und ihren Boyfriends in den Wochen vor Weihnachten auch vom bevorstehenden Skikurs. Edith hatte diesen Skianzug mit Jethose von ihrer Mutter geschenkt bekommen, aus Paris natürlich, und Bitas Eltern waren gerade in New York und hatten ihr alle enganliegenden Jet-Wünsche erfüllt.

Und ich sollte mit meinem wattierten Anzug mit peinlicher Latzhose vom vorletzten Winter, den mir Paulis Mutter von C&A mitgebracht hatte, mitfahren. Eine wattierte hellblaue Kartoffel statt der *Vogue*-Wintersport-Ausgabe.

»Willst du Ski laufen oder wieder nur deine Klamotten vorführen?«, fragte meine Mutter. »Es geht doch ums Skilaufen, um den Sport, nicht um Poserei.«

»Mama, in einem Scheißanzug fahre ich nicht!«

»Als ob alle an der Piste stehen, um zu sehen, was Fräulein Lilly für einen Anzug anhat.«

»Mama, alle haben eine Jethose!«

Meine Mutter äffte mich nach: »Alle haben eine Dschethose ... Wer ist ›alle‹? Ich hab die anderen Kinder selbst gesehen, alle hatten solche Anzüge wie du an! Ganz normal, nur du spinnst wieder herum. Hat Sonjas geiziger Vater ihr etwa eine Jethose gekauft?«

Ich war so dumm gewesen und hatte ihr das Fünfzig-Mark-Drama erzählt.

»Nein, aber Sonja ist es egal.«

»Es ist auch egal! Nur du denkst, dein ganzes Leben ist eine einzige Modenschau. Du gehst zum Sport! Nicht auf eine Modenschau!«

»Mit dem Kackanzug fahr ich nicht.«

»Dann fahr eben nicht. Umso besser.«

»Scheiße. Scheißland. Alles scheiße ...«, schrie ich.

»Lilly, bitte. Mach dich nicht lächerlich.«

Ich rannte in mein Zimmer, schloss laut die Tür und legte eine Platte aus dem Doppelalbum »The Wall« auf den Plattenteller.

»We don't need no education, we don't need no thougt control ...«, sangen David Gilmour und Pink Floyd.

Ich musste mich konzentrieren, ich musste eine coole Hose organisieren. Es gab keine Alternative.

Ich wollte dieses Jahr keine neuen Skier und keine neuen Schuhe. Ich liebte meine Atomic-Rennski und die Tecnica-Schuhe vom letzten Winter und wollte mich nicht von ihnen trennen. Außerdem war ich ja letztes Jahr kaum damit gefahren. Ich schleppte also meine schmalen, extraleichten roten Skier zum Eingang des Sportgeschäfts neben der Deutschen Buchhandlung, um die Bindungen einzustellen, blickte ins Schaufenster und bekam einen Schlag: Zwischen lauter Skischuhen und der Schneedeko hing ein einziger Skianzug: eine tiefdunkelblaue Hose, mit weiß-silbernen Stretch-Rennstreifen an der Seite, breiten silbernen Reißverschlüssen am hinteren Saum und eine dicke weiße Daunenjacke.

»Schau!« Ich rief meiner hinter mir her schlendernden Mutter zu, rannte in den Laden, warf meine Skier gegen die Wand und sagte zu einem der Typen: »Wo gibt es den Anzug?«

Der Typ sah mich mitleidig an und meinte: »Wir haben nur diesen einen. Aber das ist nicht Ihre Größe.«

Ich rannte ihm hinterher: »Welche Größe ist es denn?

»Nemidunam … (Weiß ich nicht)«, sagte er gelassen.

Meine Mutter hatte sich mittlerweile genervt auf das Sitzmöbel in der Mitte des Ladens gesetzt: »Lilly, beeil dich bitte, ich hab keine Lust.«

Meine Mutter hatte nie Lust. Keine Lust zu haben, war ihr Lebensmotto. Ich musste sie immer überreden, an ihr zerren, sie zwingen, anschieben oder zur Not auch erpressen. Ohne Druck ging nichts.

Ich ignorierte sie und ihr leidendes, angewidertes Gesicht.

Stattdessen ging ich zu dem Typ an der Kasse und sagte, er solle mir bitte den Anzug aus dem Schaufenster holen.

Es dauerte endlos, meine Mutter war vom Jammern zum Schimpfen übergegangen.

»Wozu nervst du die armen Leute, der Anzug ist hässlich, ich kaufe dir den nicht, falls du das denkst, du kannst dir die Mühe sparen. Du machst denen nur unnötig Arbeit, so ein scheußliches Teil, und dann diese kleine Jacke, viel zu kurz, darin siehst du aus wie ein Astronaut …«

Endlich war ich mit der Hose in der Umkleidekabine. Größe 36 und knalleng. Ich musste mich hineinpressen, und um den Reißverschluss hochzuziehen, musste ich mich in der Umkleide auf den Boden legen und die Luft anhalten. Aber wie das ging, wusste ich ja schon. Ich blickte in den Spiegel. Es sah großartig aus!

Ich kam mit einem breiten Grinsen im Gesicht raus, nahm die Jacke, zog sie an und setzte mich neben meine Mutter.

»Du siehst schrecklich aus! Wie ein Raumfahrer!«

»Genau, Mama. Space Oddity!« Ich hatte die Platte von David Bowie.

»Was kostet der?«, fragte sie den Shop-Besitzer angekotzt.

»Zweitausend Toman, Chanum.«

Meine Mutter schnaubte. Das waren fast tausend Mark. Mein hellblauer C&A-Anzug hatte ungefähr hundert Mark gekostet.

Sie wedelte mit der Hand. »Los, steh auf, zieh das aus. Ich zahl doch keine zweitausend Toman, damit du dich vor deinen Mitschülerinnen aufspielen kannst. Zieh deinen alten Anzug an, wenn du Ski laufen willst, und wenn nicht, lass es bleiben.«

Sie nahm ihre Handtasche: »Du siehst lächerlich aus. Wenn er wenigstens schön an dir aussehen würde!«

Sie stand auf und ging einfach raus. Mir war es unendlich peinlich vor dem Mann.

»Lassen Sie mich das nachher in Ruhe klären. Ich komme morgen wieder.«

Ich rannte ihr hinterher. Sie stand vor dem Buchladen.

»Willst du hier noch hinein?«

Besser als nichts, dachte ich.

Es gab keine neuen Sachen, seit dem letzten Mal, als wir dort waren. Noch nicht mal den *Stern*, die *Bunte*, die *Bravo* und die *Brigitte*, die ich dort immer kaufte.

Die Besitzerin kam auf uns zu und entschuldigte sich mit leidendem Gesicht. Mehrere Lieferungen Bücher würden im Zoll festhängen, das Amt für Zensur würde die Bücher und Magazine zur Einfuhr nicht freigeben, weil da nicht-islamisches Gedankengut drin sei. Von den vielen halbnackten Frauen in den Magazinen ganz zu schweigen.

»Wir haben vor vier Wochen eine Lieferung Zeitschriften bekommen, in denen alle Frauenkörper geschwärzt waren. Aber ich glaube, das ist denen auf die Dauer zu viel Arbeit.«

Sie machte ein sorgenvolles Gesicht. Ich machte auch eins. Meine Informationszufuhr war blockiert. Das war das Schlimmste, was passieren konnte, denn im Fernsehen und im Radio sah man nur noch Moscheen mit unrasierten, betenden Männern oder Propaganda für die islamische Regierung. Wir schalteten den Fernseher überhaupt nicht mehr an. Bald würde ich nicht mehr wissen, was auf der Welt läuft, und verblöden. Ich würde nichts über die neuesten Bücher, Filme, Fernsehsendungen wissen. Ich würde nicht wissen, worüber sich in Deutschland gerade Jugendliche in meinem Alter unterhielten und was sie dabei anhatten. Welche Musik sie hörten, welche Filme sie sahen und welche Filmstars sie cool fanden. Ich würde von den neuesten Produkten, die es hier sowieso nicht zu kaufen gab, nie etwas erfahren, da ich die Reklame dazu nicht sehen könnte. Und dass die Mullahs es sich anders überlegten und halbnackte Frauen plötzlich normal fanden, war auch unwahrscheinlich. Meine Hoffnung war, dass sich die Mullahs schnell wieder verpissten, weil sie einfach nur Mullahs und keine Politiker waren. Aber keiner tat etwas dafür, alle jammerten bloß und machten alles mit, man sah inzwischen immer mehr Frauen auf der Straße, die einen Tschador oder ein Kopftuch trugen. Sogar hier oben im schickeren Norden der Stadt.

Warum tun die das, die blöden Kühe, dachte ich dann immer. Damit geben sie dem idiotischen Gequatsche doch nur recht. Wenn man die Mullahs einfach ignorieren würde, wirklich alle, dann könnten sie nichts tun, sie könnten doch nicht alle einsperren.

Im Auto fiel mir der Anzug wieder ein. Das andere Problem. Ich hatte keine Lust mehr, meiner geizigen und missgünstigen Mutter das Geld aus den Rippen zu schneiden und mich dabei auch noch beleidigen zu lassen. Sie hatte den Anzug gar nicht verstanden. Sie hatte Skilaufen nicht verstanden. Sie setzte sich im Winter sogar immer eine Mütze auf, um ihren Kopf vor Kälte zu schützen. Jemand, der im Winter gerne seinen Kopf bedeckt, weiß nicht, was eine Jethose ist. Ich hätte mir lieber einen Arm abgeschnitten, als eine Mütze aufzusetzen.

Nach dem Abendessen ging ich ins Fernsehzimmer zu meinem Vater, als meine Mutter noch in der Küche die Spülmaschine einräumte, die Essensreste verstaute und aufpasste, dass Massume Chanum alles richtig sauber machte. Wir hatten Lammkoteletts mit Bratkartoffeln und grünen Bohnen gegessen. Sie mussten den ganzen Herd reinigen und den Küchenboden wischen. Ich hatte also etwas Zeit.

Papa war sehr schlecht gelaunt. Die Regierung hatte ein neues Gesetz erlassen, dass er eine bestimmte Anzahl an Kassenpatienten im Monat gratis behandeln müsse, um die islamische Regierung in seiner Funktion als Arzt zu unterstützen. Und erst ab dem fünfhundertsten Patienten dürfe er abrechnen. Kein Arzt hatte Lust, die islamische Regierung zu unterstützen. Das hatte zur Folge, dass die Ärzte generell keine Kassenpatienten mehr akzeptierten und sofort Cash verlangten. Mein Vater fand das scheiße, weil die Leute zum Teil so entsetzlich arm waren und er sich mies fühlte, ihnen das bare Geld aus der Tasche zu ziehen, er es sich aber andererseits auch nicht leisten konnte, den halben Monat umsonst zu arbeiten.

Ich setzte mich zu ihm.

»Papa …«, fing ich an. Ich lächelte lieblich, aber er schaute mich nicht an. Er spielte mit seinem Weltempfänger, um einen Sender mit Informationen über die wahre Lage im Iran zu finden.

»Ich brauche einen neuen Skianzug, der alte ist aus Polyester, und ich habe den ganzen letzten Winter gefroren. Er ist von C&A«, sagte ich schnell.

Mein Vater verachtete Polyester, C&A und generell schlechte Qualität. Und er fand Frieren asozial. Nur die Unterschicht trägt bei Kälte unangemessene Kleidung, sagte er immer.

Er schüttelte lahm den Kopf.

»C&A aschghale«, meinte er nur.

»Ja, total aschghal«, sagte ich schnell. »Der Wind bläst durch die Jacke … aber ich habe heute im Skiladen einen Superanzug gesehen, der mir passt und warm ist! Daunen!«

»Daunen chube«, sagte mein Vater emotionslos. »Und was willst du jetzt von mir?«

Aus der Küche hörte man meine Mutter mit Massume sprechen und mit den Töpfen und Pfannen klappern.

»Geld. Er kostet zweitausend, und ich habe nur tausend.«

Das stimmte. Ich hatte etwas über tausend Toman in meinem Zimmer gehortet, die ich bereit war, für diesen guten Zweck zu opfern.

Er holte seinen Geldbeutel raus, nahm einen Haufen Geldscheine und gab sie mir.

Der Anblick der vielen schmutzigen, abgewichsten Scheine mit dem bärtigen Turbangesicht Chomeinis darauf machte mich plötzlich sehr glücklich.

»Danke!«, rief ich übertrieben devot. »Ich kaufe ihn morgen und zeige ihn dir.«

Aber mein Vater interessierte sich gar nicht mehr für mich. Er war ganz woanders.

Nach dem Skikurs im Februar und noch vor den langen Nowruz- und Osterferien im März machte sich in unserer Schule das Gerücht breit, die Regierung wolle nächstes Jahr Auslandsschulen generell verbieten, damit an allen Schulen im Iran derselbe Stoff unterrichtet wird, und zwar mit Arabisch als erster Fremdsprache.

»Nein, das machen die nicht«, sagten meine Eltern. »Es gibt so viele Kinder hier, die so wie du kaum Farsi sprechen, geschweige denn Arabisch lernen können. Die wollen nur etwas Panik verbreiten.«

Die anderen Eltern sagten dasselbe. Aber unsere Lehrer waren ernsthaft besorgt. Keiner von ihnen wollte das göttliche Leben in Teheran aufgeben und zurück in eine beengte Lehrer-Existenz nach Deutschland. Unsere Schule hatte mit Grundschule, Kindergarten, Real- und Hauptschulzweig mehr als 1500 Schüler. So ähnlich sah es vermutlich an den ganzen anderen Elite-Auslandsschulen aus, die alle aus allen Nähten platzten. Wo sollten diese Schüler hin?

Ich konnte mir nicht vorstellen, dass unsere Schule schließen könnte. Die Schule war trotz allem meine heile Welt, verglichen mit dem, was draußen war, und mit den Schulmauern hörte irgendwie auch mein Horizont auf in diesem Land. Es war wie eine Insel in der dunklen Wüste, wo es Licht, Wasser, Essen und Freunde gab. Ich hatte mit der Außenwelt und den Eingeborenen keinen Kontakt geschlossen, die Menschen draußen waren schon immer wie Außerirdische und jetzt seit der Existenz der islamischen Regierung noch mehr. Ohne Schule wäre ich verloren und würde zugrunde gehen. Oder ich müsste in ein Internat nach Deutschland. Aber ich wollte mir die Katastrophe lieber nicht ausmalen, irgendwie war es gerade gar nicht so übel in Teheran. Ich hatte einen Haufen Freunde, eine beste Freundin, die genauso stark war wie ich, genauso mutig und dieselben Möglichkeiten hatte. Wir machten viel zusammen, und es war immer was los. Freitags fuhren wir mit unseren Bussen nach Dizin oder Shemshak zum Skilaufen und hatten schon während der Fahrt einen Riesenspaß.

Aber plötzlich eine Clique zu haben war neu und machte mich sicher. Ich wusste nun, wohin ich gehörte, und fühlte mich aufgewertet. In Teheran zu sein, war jetzt nicht mehr ganz so sinnlos und eine einzige öde Lebenszeitverschwendung. Zum ersten Mal fühlte ich, da zu sein, wo irgendetwas passierte, was ich auch wirklich erleben wollte. Wir waren alle cool, hatten die richtigen Klamotten an und hörten die richtige Musik. Das reichte mir schon, um mich mit anderen amüsieren zu können.

Michael war jetzt mit einem anderen Mädchen, Gina, zusammen. Gina war mit ihrer älteren Schwester Tina in unserer Mädchenklasse, weil Tina einmal hängengeblieben war. Sie sahen beide fast gleich aus, lange schwarze Haare, helle Haut und grüne Augen, nur dass Tina im Gegensatz zu Gina kaum etwas sagte. Das Lustigste war, dass die beiden noch eine kleine Schwester hatten, die Mina hieß. Einfallsloser konnten Eltern nicht sein.

Die Armen waren gerade in diesem Jahr aus Deutschland zurückgekehrt, ein Jahr nach der Revolution. Der Vater war natürlich Arzt, die Mutter eine verwirrte Deutsche, die immer so aussah, als hätte sie sich im Dunkeln geschminkt.

Deshalb sprachen Tina und Gina so gut wie kein Wort Farsi, hatten von nichts eine Ahnung und wussten noch nicht einmal, dass man auf der Straße den Blick senkt, fremde Männer nicht anlächelt, wegschaut, wenn die einen anlachen. Sie waren ziemlich orientierungslos und leichte Opfer. Ein gefundenes Fressen für die Jungs.

Dann gab es noch Lucie. Lucie war so dumm und frühreif, dass sie mich faszinierte. Ihre Eltern waren beide Perser und angeblich getrennt, lebten aber trotzdem in einer kleinen Wohnung zusammen, schliefen in getrennten Zimmern und wollten nichts miteinander zu tun haben.

Lucies Mutter sah aus wie eine Nutte, sagte meine Mutter. Ich hatte nichts gegen Nutten, aber Lucies Mutter war trotzdem peinlich. Die langen, gelbblond gefärbten Haare, die mehrmals operierte Nase zusammen mit dem Hochzeits-Make-up waren nicht das, was ich mir unter einer Arztgattin vorstellte. Außerdem hatte sie immer lange, rotlackierte Krallen, vor denen ich mich fürchtete.

Und weil die arme Frau nicht wusste, was sie den ganzen Tag lang tun sollte, fuhr sie Lucie mit ihrem Renault überallhin, was wiederum den Nachteil hatte, dass sie immer dabei war, wenn Lucie mit uns abhing.

Ich fand die ständige Anwesenheit einer Mutter so ziemlich

das Letzte, auch wenn es angeblich eine coole Mutter war. Es gab eigentlich keine coolere Mutter als meine, schon zu cool für meinen Geschmack, aber die da war auch gefährlich. Für mich war eine Mutter eine Erwachsene und hatte bei uns nichts verloren.

Noch ein Mädchen war erst dieses Jahr aus Deutschland zurückgekehrt: Parvaneh. Ihr Vater war der iranische Botschafter in der DDR gewesen, und man hatte ihn jetzt zurückgeholt, um ihn durch einen revolutionstreuen Analphabeten zu ersetzen.

Parvaneh war winzig klein, entsetzlich verwöhnt und eine nervige Prinzessin auf der Erbse, aber ohne Schloss. Sie hatte keinen Grund, sich so aufzuführen. Sie war weder hübsch noch konnte sie etwas, aber sie hatte einen Haufen älterer Geschwister und war das Nesthäkchen ziemlich alter Eltern. Ihr Vater war so alt wie mein Großvater, und die Eltern checkten nichts mehr. Außerdem vögelte sie heimlich mit ihrem Cousin. Sie vertraute es mir einmal an, nachdem der Cousin sie bei mir abgeholt und sich merkwürdig benommen hatte. Der Cousin hieß Mehdi, was definitiv ein Unterschichtsname war. Der Männerfriseur neben der Praxis meines Vaters in Karadj hieß auch Mehdi. In seinem Ladenfenster stand in gold-türkisen Buchstaben »Mehdi Barber Shop«.

Mehdi sah auch aus wie ein Mehdi, also ungefähr so wie jeder persische Cousin auf der Welt. Ich hätte kein einziges Wort mit ihm geredet, wenn er mein Cousin gewesen wäre, und sie ließ sich von ihm vögeln. Allein das war schon der Beweis, dass sie keine Prinzessin war. Jedenfalls kam dieser eklige Mehdi zu uns, um Parvaneh abzuholen, und er musste kurz warten, bis sie ihre Sachen im Garten zusammengesucht hatte. Und anstatt sich auf eine der Sitzgruppen in unserer Empfangshalle zu setzen und die Klappe zu halten, schlich er umher, öffnete jede einzelne der vielen Zimmertüren und glotzte hinein, als würde er etwas suchen. Er suchte herum, bis ihn die kalte Stimme meiner Mutter erschreckte, die ihn genervt fragte, was Mehdi Agha denn suchte?

Und dabei sah sie ihn so geringschätzig an, dass er sofort aus der Wohnung floh und in seinem blöden alten Toyota auf Parvaneh wartete. Natürlich fragte ich sie später, was mit diesem Cousin abginge und wieso sie überhaupt mit dem befreundet sei.

Sie entschuldigte sich zu meiner Überraschung damit, dass er wahnsinnig eifersüchtig sei und ihr nie glaubte, dass keine Jungs dabei waren.

»Was für ein Idiot! Ist der dein Aufpasser, oder was?«

»Na ja, …« Parvaneh stockte und wurde rot.

»Was will der? Ein blöder Cousin, der soll sich verpissen …«

Parvaneh stotterte: »Ja, weißt du, es ist so, … wir haben ein Verhältnis, wir sind eigentlich zusammen …«

»Was? Mit dem ekligen Arschloch bist du zusammen? Das ist dein Cousin!«

Ich schnappte nach Luft.

»Ja, aber meine Eltern dürfen das nicht wissen …«

»Was? Deine Eltern merken das nicht, wenn der Cousin die ganze Zeit in ihrem Haus rumsitzt und mit dir bumst?«

»Sie denken, wir sind Freunde. Er ist ja Familie. Er kommt immer nachts heimlich durch mein Fenster …«

»Was? Durch dein Fenster?«

Ich fand die Geschichte so schockierend, dass ich sie sofort meiner Mutter erzählen musste.

»Mama, Parvaneh schläft mit ihrem Cousin.« Ah, es war raus, was für eine Erleichterung.

Meine Mutter erstarrte mit der Schüssel Bolognesesoße in der Hand.

»Was?«

»Ja!«

Ich grinste breit und zufrieden, weil ich das tolle Kind war, das niemals mit einem Cousin schlafen würde, und nahm mir von den pappigen persischen Spaghetti.

»Wenn ihre Eltern nachts schlafen, dann kommt er durch ihr Fenster und legt sich zu ihr ins Bett.« Ich nahm mir reichlich Soße und schmierte sie über die schlechten Nudeln, damit sie nicht so zusammenklebten. Die Bolognese meiner Mutter war die beste der Welt.

»Nein, das ist ja furchtbar. Wissen ihre Eltern das?«

»Nein!«

»Der kam mir auch komisch vor, als er wie ein Irrer die Zimmer kontrolliert hat. Aber das kann doch nicht sein! Die kann doch nicht mit ihrem Cousin …«

»Ja genau! Er hat kontrolliert, ob hier Männer sind!«

Meine Mutter setzte sich zu mir und sah mich schockiert an.

»Sie ist doch erst vierzehn! Wieso merkt die Mutter das nicht?«

»Und der Cousin ist superekIig!«, rief ich mit vollem Mund.

»Ich werde das der Mutter sagen …«

»Nee, lass das mal, das gibt Riesenärger!«

Meine Mutter wieder, die Hüterin darüber, dass alle Mütter alles erfuhren.

Als es wärmer wurde, trafen wir uns donnerstagnachmittags abwechselnd bei jemandem, der einen Pool hatte. Bei mir ging es leider nicht, ich konnte unmöglich mit einer Horde räudiger Jungs und kreischender Mädchen laut grölend Wasserspiele in Mamans Garten veranstalten, obwohl es sicher lustig gewesen wäre.

Sonjas Pool war eher ein Teich ohne Wasser, Lucie wohnte mit ihren unglücklichen Eltern und einem kleinen Bruder in einer traurigen Wohnung, und Parvaneh hatte gar keinen Pool. Gina und Tina lebten zwar mitsamt der ganzen Familie bei ihrem Großvater, aber sie luden uns gern ein.

Der Großvater hatte eine riesige Villa, ziemlich pompös und so groß, dass man nicht wusste, wo der Eingang war.

»Wo ist deine Großmutter?«, fragte ich und umarmte einen der dicken Marmorengel an den Ecken des Pools.

»Tot«, sagte Tina.

Mich vor den Jungs im Bikini zeigen zu müssen, war mir jedes Mal mehr als unangenehm, vor allem, weil Cyrus auch dabei war und mich die ganze Zeit heimlich beäugte. Aber nicht so heimlich, dass ich es nicht merkte. Die Jungs wollten die Videofilme ansehen, die sie dabei hatten. Wir saßen also alle im Fernsehzimmer und aßen Sandwiches und Obst von den großen silbernen Platten, die uns der Diener gebracht hatte, und sahen erwartungsvoll auf den Bildschirm. In dem Film ging es eigentlich nur darum, wie eine attraktive Frau ununterbrochen mit mehreren gut aussehenden Männern gleichzeitig Sex hat. Die meisten Szenen spielten in einer gigantischen Poollandschaft. Später sah ich nach, wie der Film hieß: »The Stud«. Und die geile Frau war Alexis Carrington vor ihrer »Denver Clan«-Karriere.

Die Jungs fanden den Film super, vor allem, wenn sich *The Stud* stöhnend ihre perfekten Titten im Wasser massierte.

Cyrus sah mich streng an: »Wieso hast du das eben im Pool nicht gemacht?«

»Chaffe scho!« Halt die Fresse.

Michael grabschte nach Gina und schob seine Hand unter ihr Shirt, sie quiekte laut.

»Ey, reißt euch mal zusammen«, sagte ich. »Wir sind hier bei einem persischen Großvater, nicht bei Dr. Sommer.«

Ich wollte auf keinen Fall vor dem netten alten Mann in dem schönen Haus die Asoziale sein, die Typen mitbringt, die seine Enkelin befummeln.

»Lilly, sei doch nicht immer so prüde.«

»Ich bin nicht prüde, du notgeiles Schwein.« Ich war plötzlich supersauer.

»Doch, bist du!« Michaels Stimmbruchstimme. »Sagen alle!«

Ich sah Cyrus böse an.

»Was siehst du mich so böse an? Ich hab nichts gesagt.«

Ich wollte gehen. Ich hatte plötzlich keine Lust mehr auf die endlosen, schweinischen Anspielungen und Wortspielereien. Mir ging die allgegenwärtige Notgeilheit tierisch auf die Nerven.

Die Jungs waren mit dem Motorrad da, ein ganzer Fuhrpark aus gelben, roten und grünen Maschinen stand im Garten. Keiner stellte sein Bike auf der Straße ab, es würde sofort geklaut werden. Ich hatte meinen Vater mehrmals gefragt, ob er mir eine von den kleinen grünen 80er Suzuki-Maschinen kaufte, klein und süß und genau richtig für mich. Er hat jedes Mal ja gesagt.

Und als ich dann endlich zum Motorradladen wollte, hatte meine Mutter ein so unfassbares Kreischkonzert angefangen, dass mein Vater mich entschuldigend ansah und wir seitdem das Wort »Motor« zu Hause nicht mehr in den Mund nahmen.

Meine Mutter schrie nur: »Ein Mädchen fährt doch nicht Motorrad, du spinnst wohl, und dein Vater ist auch verrückt geworden.«

Das gab es natürlich nicht. Kein Mädchen auf unserer Schule fuhr Motorrad, und in der Welt außerhalb der Schule sowieso nicht. Man sah nur Männer auf Motorrädern, zu zweit, zu dritt, zu viert, ohne Helm, die Haare im Wind, wie sie den Mädchen dreckige Sachen zuriefen und sich freuten, wenn sie verschreckt zusammenzuckten oder beschämt auf den Boden sahen.

Ich war verbittert. Ich hatte kein Motorrad und sollte mir stattdessen im Pool die Brüste massieren und dabei stöhnen, um den Arschlöchern, die ein Motorrad hatten, noch mehr Freude zu bereiten.

Ich ging, ohne ein Wort zu sagen, zum Telefon und rief mir ein Taxi.

Cyrus hörte, wie ich telefonierte, und rief: »Komm, ich fahr dich nach Hause!«

Alle Mädchen wollten nichts anderes, als auf einem Motorrad nach Hause gefahren zu werden.

»Schieb dir dein Motorrad in den Arsch«, sagte ich, nahm meine Badesachen, winkte allen zum Abschied und stellte mich zwischen ein paar enorm stinkenden, von Hunden aufgerissenen Mülltüten auf die Straße und wartete auf das Taxi.

Cyrus stand im offenen Tor und rief mir noch ein »Bitarbiat« hinterher.

Der Taxifahrer glotzte mir so unverschämt auf mein Trägershirt und die nackten Schultern, dass ich nicht wusste, was jetzt schlimmer war, einsteigen oder nicht.

Also riss ich die verbeulte hintere Tür des Peykan auf, ließ mich auf den heißen, dunkelbraunen Kunstlederrücksitz fallen und sagte dem Fahrer, wo ich wohnte.

Er freute sich über die lange Fahrt, musterte mich noch mal mit seinen kleinen dunklen Augen, umrandet von großen braunen Augenringen, im Heckspiegel, obwohl er tatsächlich eine halbe Moschee in seinem Heckfenster aufgebaut hatte. Ich ließ mich superschlecht gelaunt den weiten Weg nach Hause fahren. Kein iranischer Taxifahrer würde es wagen, mit einem jungen Mädchen in seinem Wagen einfach ein Gespräch zu beginnen. Einer der wenigen Vorteile in diesem Land, dachte ich.

Keinen eigenen fahrbaren Untersatz zu haben, machte mich mittlerweile ziemlich fertig. Früher fuhr keiner meiner Schulfreunde Motorrad, und ich konnte es akzeptieren, nichts zu fahren. Aber dass jetzt sogar die dümmsten Jungs genau das hatten, was mir am meisten fehlte, nämlich Freiheit und ein motorisiertes Spielzeug, schmerzte mich fast körperlich. Die anderen Mädchen hatten alle dieses Problem nicht. Sie wollten kein Motorrad, sie waren glücklich, wenn sie die Auserwählte waren, die mitfahren durfte. Aber mitfahren zu dürfen, fand ich noch schlimmer, als allein mit dem Taxi zu fahren. Mich jederzeit in meinem eigenen Gefährt fortbewegen zu können, hatte mir schon als kleines Kind das Gefühl von Stärke und Freiheit gegeben. Und ich fühlte mich unabhängig, sofort losfahren und verschwinden zu können, war einfach unerlässlich für ein gutes Lebensgefühl. In Deutschland hatte mir mein Vater die Stützräder abmontiert, als ich vier war. Er war sehr stolz, weil ich noch so klein war, und ich sehe auf Fotos auf meinem winzigen Kinderrad sehr glücklich aus. Später kamen noch ein Kettcar und ein Roller dazu. Ich konnte also, bevor wir nach Teheran zogen, jeden Tag frei entscheiden, womit und wo ich heute vorfahren wollte. Und jetzt hatte ich nichts, ich musste immer meiner Mutter sagen, wann ich wo sein würde, und mich fahren lassen, entweder von einem Fahrer oder von ihr. Es beengte und deprimierte mich immer wieder aufs Neue.

Carolas Mutter hatte mir ihr unbenutztes Fahrrad geschenkt, als sie nach Kapstadt gingen, weil man dort wohl noch weniger Fahrrad fahren konnte als bei uns. Ich hatte das Rad jetzt vor kurzem bei Sonja im Keller deponiert und sie dafür begeistert, dass wir in Gholhak, wo meine Schule war, mit dem Rad herumfuhren. Meistens fuhr ich, und sie saß hinten auf dem Gepäckträger und schrie laut. In den Seitenstraßen war nicht so viel Verkehr, und die anderen wohnten auch nicht allzu weit. Wenn ich nach der Schule zu Sonja ging, fuhren wir später mit dem Rad zu einem anderen Mädchen, das meistens zu nah für ein Taxi und zu weit weg wohnte, um zu Fuß zu gehen. Dee war zum Glück alles recht, was wir machten, und es gab kein anderes persisches Mädchen, das sich so viel auf den Straßen rumtreiben konnte wie Sonja und ich. Einmal waren Sonja und ich bei Doris, und als wir abends zurück wollten, war mein Rad völlig platt und ließ sich nicht aufpumpen, ich war über Scherben gefahren. Doris' Eltern waren beide Lehrer an unserer Schule und redeten immer über die politische Lage im Land, und was es für neue Gesetze und Verbote gab. Wir hatten von nichts eine Ahnung und schauten nur blöd. Ich wunderte mich, dass Doris als Deutsche mehr wusste als ich und sich auch mehr dafür interessierte. Jedenfalls fuhr ich an dem Nachmittag mit meinem engen Jeansrock auf dem Herrenrad von Doris' älterem Bruder zu Sonja zurück, die kreischende Sonja mit wehenden, langen, braunen Haaren auf dem Gepäckträger. Mein Rock hatte sich komplett hochgeschoben, da ich ja die Stange zwischen den Beinen hatte. Jeder Mann, der mir entgegenkam, musste beim Anblick meiner nackten Beine, die mühsam in die Pedale traten, bremsen, und alle riefen mir aus dem Auto etwas Schweinisches zu. Ein Suzuki Van überholte uns, hielt an, und der Fahrer stieg wütend aus. Er schrie und beschimpfte uns, dass wir Dreck seien und Schmutz in den Iran bringen würden und nicht die Straße in einen Puff verwandeln sollten, indem wir unsere Geschlechtsorgane den Männern feilbieten würden. Er sagte nicht Geschlechtsorgane, er sagte *Kos*, was ein Schimpfwort dafür ist, also Fotze. Ich hielt an, Sonja sprang ab und schrie ihn an: »Boro gomscho olaagh!« (Verpiss dich, Idiot)

Und wir rannten beide los, das große Rad schob ich neben mir her, der Typ war uns auf den Fersen, aber wir verschwanden durch Sonjas Tor, knallten es zu und lauerten noch ewig dahinter, ob er klingeln würde, um den Bewohnern des Hauses, also Dee und der Batschi, mitzuteilen dass sich zwei Huren in diesem Haus verstecken würden. Er schaute noch etwas belämmert, dann stieg er in seinen dreckigen Van und fuhr davon.

»Was hatte der denn?« Sonja war entsetzt und begeistert zugleich.

»Keine Ahnung.«

Sonja fand es lustig: »Aggressiv wegen zu großer Notgeilheit, würde ich sagen … zu Hause wartet seine Nanne, seine Mutter, mit Kopftuch.«

Später traf ich meine Mutter an der Schule, die den Nachmittag bei Pouri war und mich mitnehmen konnte. Ich wollte gerade in ihr Auto steigen, da sah ich einen anderen R5, aber in Rot. Am Steuer saß Cyrus. Ich konnte es nicht fassen! Jetzt fuhr der auch noch Auto, und ich musste mich von einem Analphabeten im Van vom Rad jagen lassen.

»Mama! Schau mal! Da vorne fährt der blöde Cyrus im Renault seiner Mutter!«

Zu meiner Überraschung sagte meine Mutter:

»Willst du auch fahren? Dann setz dich her.«

Sie stieg einfach aus, kam auf die Beifahrerseite und öffnete die Tür.

Ich rutschte rüber. Der Motor lief.

»Jetzt drückst du die Kupplung, genau, legst den ersten Gang ein, genau, und gibst langsam Gas und gehst dabei gleichzeitig von der Kupplung runter … vorsichtig … losfahren …«

Der Wagen heulte auf, dann ruckelte er etwas und fuhr los!

Kaum war ich einige Meter gefahren, schrie sie:

»Jetzt in den zweiten Gang, Kupplung drücken, vom Gas runter, Gang nach unten, und wieder Gas geben und runter von der Kupplung!«

Ich war begeistert, nach ein paar Metern musste ich in den dritten Gang schalten, es ging sogar ohne das jaulende Geräusch. Jetzt kannte ich den Trick: Man musste die Kupplung immer weniger drücken und gleichzeitig das Gas immer mehr und gleichzeitig schalten.

»Fahr doch zu Charles Jourdan. Pouri hat sich dort ein paar sehr schöne Sandalen gekauft, ich will auch mal schauen.«

Pouri trug nur Charles-Jourdan-Schuhe, allerdings kaufte sie sie meistens in Berlin. Der große Charles-Jourdan-Laden war auf der Shemiran Avenue, nicht allzu weit von unserer Schule entfernt und eins der wenigen Geschäfte, die in Teheran wirklich chic waren.

Der Besitzer ließ die Modelle aus Paris im Iran produzieren, deswegen sahen die Schuhe zwar genauso aus, waren aber unbequem, sagte zumindest meine Mutter.

Ich hielt vor dem Geschäft, der Motor starb ab, dann musste ich leider aussteigen und meine Mutter einparken lassen.

Im Laden gab es die schönsten Schuhe, die ich seit einem Jahr gesehen hatte: flache Sandalen mit dünnen, beigen Riemchen und einer merkwürdigen Sohle, die aussah wie Plexiglas. Ich ließ mir Größe 40 bringen, und sie sahen an meinen Füßen wunderschön aus.

»Mama …«

»Die kaufe ich nicht, pfui, sind die hässlich. Und sie werden weh tun.«

Jedenfalls kaufte sie sie dann doch, aber nicht, ohne zu betonen, wie hässlich sie seien und dass ich an den Schmerzen, die sie mir bereiten würden, zugrunde gehen würde.

Sie selbst kaufte ein paar schlichte Pumps, aber nicht, weil sie sie toll fand, sondern weil sie die für ein Kleid brauchte, wie sie dem Verkäufer sagte.

Den restlichen Weg nach Hause durch den Hauptverkehr fuhr sie selbst.

Ich erzählte ihr von dem irren Van-Fahrer.

Meine Mutter wurde ernst.

»Leilydjun … bebin …«, sagte sie, wie immer, wenn es ernst wurde. »Ihr müsst aufpassen und wirklich vorsichtig sein. Die Lage in diesem Land ist ernst, man darf sich hier keinen Spaß mehr erlauben. Diese Männer sind wild und unzivilisiert, die drehen durch, wenn sie zwei junge, knackige Mädchen auf einem Fahrrad sehen. Du weißt, ich will dir das nicht verbieten, aber bitte, lasst jetzt mal die Fahrradfahrerei, ich zahle dir doch immer das Taxi, das weißt du, aber was hättet ihr gemacht, wenn der euch beide in seinen Van gezerrt und verschleppt hätte?«

»Wir sind sofort weggerannt, zu Sonja rein.«

»Ja, weil ihr Glück hattet und neben Sonjas Haus wart! Was wäre, wenn so was das nächste Mal nicht vor einer Tür passiert, die schnell aufgeht, und im Van zwei Männer sind? Hier sind alle wild, und jetzt herrscht überhaupt kein Recht und keine Ordnung mehr, es gibt keine Polizei, man kann sich auf niemand verlassen, uns regieren doch Verbrecher.«

Ich schwieg betreten. Sie hatte recht.

»Die finden das toll, wenn sie zwei Mädchen aus verhassten Oberschichtsfamilien, die unzüchtig bekleidet sind und auf der Straße herumtanzen, verhaften können, um allen Angst einzujagen, sie etwas zu misshandeln und meinetwegen sogar wieder freizulassen. Aber du drehst durch, wenn du bei denen im Knast landest, und wir können nichts machen! Und wenn die wollen, vergewaltigen und hängen die euch. Oder steinigen! Es gibt kein Rechtssystem, das sind alles Mörder! Die können alles machen, und niemand kann etwas dagegen tun!«

Ich versprach ihr, nicht mehr mit dem Rad herumzufahren. Mir war selbst auch nicht mehr wohl bei der Sache. Der Typ war einfach zu verrückt gewesen, und mit Verrückten war nicht zu spaßen.

Meine Mutter war nach dem Elternsprechtag zu sauer gewesen, um mit mir Mittag zu essen, ich holte mir deshalb eine kalte Frikadelle aus dem Kühlschrank, presste eine Ladung Ketchup darauf und ging ohne Teller in mein Zimmer, legte die Bee Gees, »Too much Heaven« auf, legte mich kauend aufs Bett und nahm ein altes, tolles Buch, »Wie war das denn mit Adelaide Harris?« Ich kannte es schon – in dem Buch ging es um zwei Jungs, die Anfang des Jahrhunderts Kaspar Hauser in der Schule besprochen hatten und daraufhin auf die Idee kamen, die neue Babyschwester des einen versuchsweise im Wald auszusetzen, um zu sehen, ob sie von Wölfen großgezogen wird.

Wir hatten in Deutsch vor Jahren mal eins unserer Lieblingsbücher vorstellen müssen. Ich hatte dieses Buch vorgestellt und meinen Lehrer mit meinem Vortrag verzückt, weil ich Wörter wie Komödie und amüsant benutzte, die er von uns nicht gewöhnt war. Ich hätte aber auch genauso gut hundert andere Bücher vorstellen können, ich hatte so viel gelesen und kannte fast alle auswendig.

Jetzt hatte ich das Buch noch mal hervorgeholt, weil ich überlegte, ob wir nicht den kleinen Bruder von Sonja aussetzen sollten. Er war noch klein genug und bekam nur Milch im Fläschchen. Mein Vater hatte mir oft von Wölfen erzählt, die außerhalb von Teheran in der braunen Steppe lebten. Ich kannte den »Steppenwolf« von Hermann Hesse und war deshalb fasziniert, dass ich welche vor der Haustür hatte.

Ich fing ernsthaft an, darüber nachzudenken, wie ich Sonja für diese Idee begeistern könnte, da kam meine Mutter hereingestürmt und schrie in Richtung meiner Boxen:

»Ich kann die Stimme dieser Frau nicht mehr ertragen! Die ganze Zeit dieses Gejaule … anstatt zu lernen!«

Damit riss sie den Stecker aus der Wand, was sie immer machte, wenn sie die Musik unterbrechen wollte. Genauso schnell, wie sie reinkam, rannte sie wieder raus.

Ich musste lachen.

»Das sind aber drei Männer, Mama, keine Frau!«, rief ich ihr hämisch hinterher.

Mein Zeugnis fiel genauso aus, wie von mir geplant, zwei Einsen in Deutsch und Kunst glichen die beiden Fünfen in Mathe und Physik aus, und ich wurde glatt versetzt. Die hatten sich alle wieder umsonst aufgeregt.

Dann begannen die großen Ferien, die in meiner Erinnerung wie das Vorbeifliegen einer sehr heißen, staubigen Millionenstadt von einem hohen schwarzen Sitz einer Enduro-Maschine aus gesehen haften geblieben sind, nur durchbrochen von dem klaren Blau der vielen Swimmingpools, an denen wir in diesem Sommer 1980 in Teheran herumlagen.

8

Die nächsten Wochen sollten die beste Zeit in Teheran werden. Meine Eltern ließen mich aus Versehen völlig in Ruhe, und ich konnte machen, was ich wollte. Ich war versetzt worden, man konnte mir eigentlich nichts anhängen, aber die beiden waren ja Weltmeister im Erfinden von Gründen, die es gar nicht gab. Die Evergreens waren: meine Haare, zu lang und zu ungekämmt, meine Jeans, viel zu eng, meine Bikinis, zu klein, mein Mund, zu stark mit Lipgloss bemalt, und natürlich das gute alte »Zimmer zu unaufgeräumt«. Aber die waren beide zu abgelenkt mit den Hiobsbotschaften, von denen täglich einige verkündet wurden. Chomeini wollte jeden Tag einen anderen Scheiß.

Mir war das alles egal. Es war Sommer, es war heiß, ich wollte nur das tun, was ich am liebsten tat: im Bikini am Pool räkeln und mir dabei durch meine verspiegelte Pilotenbrille vorstellen, ich wäre Jerry Hall, und Mick Jagger wäre in mich verliebt.

Wenn ich auf dem Rücken an unserem Poolrand lag und durch die Sonne auf meinen dunkelbraunen glatten Bauch, meine braunen glatten Oberschenkel und dazwischen das kleine rot-weiße Dreieck meines Bikinihöschens blinzelte, sah eigentlich alles noch besser aus als die Pool-Bilder, die ich von Jerry in einer US-*Vogue* gesehen hatte. Jerry war zu lang und zu weiß für meinen Geschmack. Ich fand meine Größe mittlerweile perfekt, denn ich hatte es tatsächlich geschafft, die ersehnten zwei Zentimeter zu wachsen und war jetzt glamouröse 1,70 Meter. Ich konnte es gar nicht oft genug vor meiner kurzen Mutter und vor meiner Zwergen-Verwandtschaft erwähnen. Meine Mutter ließ sich deswegen auch gut nerven und rief dann immer: »Sie hat gemogelt! Sie ist keine eins siebzig!«

Und: »Was nützt die Größe, wenn sie langsam fett wird?«

Aber ich wusste, dass ich nicht fett wurde. Ich fand mich perfekt, so wie ich war. Immer noch klein und zierlich genug, um neben unseren Jungs nicht wie ein Baumstamm auszusehen und größer als alle anderen Mädchen außer Sonja. Und größer als viele blöde persische Männer, die sich gleich etwas weniger toll fühlten, wenn sie zu mir hochsehen mussten. Nur meine Brüste und meine Nase müssten dringend aufhören zu wachsen. Dicke Titten und große Nasen waren einfach unsexy, fand ich. Überhaupt nicht *Vogue*.

Manchmal nahm ich eines unserer Autos und fuhr damit holpernd zu Sonja. Ich saß immer vollkommen verkrampft am Steuer, und mir starb oft der Motor ab, oder ich fuhr ewig im zweiten Gang, bis der Motor heulte, und vergaß, in den dritten Gang zu schalten, oder ich stand mitten auf der Kreuzung, und hinter mir hupten alle Autos wild durcheinander, und ich bekam den Motor einfach nicht mehr an, bis sich ein Typ hinter mein Steuer setzte, den Wagen anließ und zur Seite fuhr und ich dann mit Vollgas und quietschenden Reifen davonfuhr. Ich konnte einfach überhaupt nicht Auto fahren, mein Vater hatte mir versprochen, es mir beizubringen, aber wir waren nur einmal auf so einen asphaltierten Platz neben der Straße nach Karadj gefahren. Er hatte den Leerlauf eingelegt und die Handbremse angezogen und wollte, dass ich die Kupplung drücke, den Wagen anlasse, dann gleichzeitig die Kupplung kommen lasse, genauso viel Gas gebe und die Handbremse löse. Jedenfalls checkte ich es null, diese vielen Dinge gleichzeitig mit zwei Füßen und einer Hand feinmotorisch zu bewältigen, und der Wagen holperte dauernd ein wenig, und dann starb der Motor ab.

»Du hast kein Gefühl!«, brüllte mein Vater mir zu. »Kein Gefühl und kein Talent!«

Er war wütend und genervt und hatte überhaupt keinen Bock, mir Autofahren beizubringen. Ich konnte es nicht glauben, wie ich etwas, was ich unbedingt wollte, einfach nicht hinbekam. Ich musste es schaffen, ich musste einfach. Es konnte nicht sein, dass Idioten wie Michael und Cyrus das konnten und ich nicht. Sogar meine Mutter konnte Auto fahren, und die konnte wirklich fast nichts, außer kochen und gut aussehen. Mir standen die Tränen der Verzweiflung schon in den Augen, da kam eine Polizeistreife auf uns zu, hielt an, und ein Polizist kam zu uns.

»Was machen Sie hier, verehrter Herr?« Er war sehr höflich.

Mein Vater lief blutrot an und stammelte devote Floskeln, es tue ihm so leid, aber das Kind, »batsche«, wollte unbedingt mal das Auto ausprobieren und solche Sachen.

Der Polizist sagte noch etwas höflich wie »nicht der Rede wert«, und dann setzte sich mein Vater hinters Steuer und gab Gas.

»Du hast kein Talent zum Autofahren«, schrie er mich an. »Kein Talent! Frag mich nie wieder, ob ich dir Autofahren beibringe.«

Du blödes Arschloch, dachte ich, mir die Wuttränen wegwischend, ich bin erst vierzehn und habe sicher mindestens genauso viel Talent wie du und deine blöde Frau. Du wirst schon sehen, ich werde bald besser Auto fahren als du, redete ich leise mit mir selbst.

Sehr viel später, in der Fahrschule, übten wir mit Handbremse anzufahren in der sechsten Fahrstunde. Es schockierte und beruhigte mich gleichzeitig. Ich war keine Vollidiotin. Drei Dinge gleichzeitig zu machen, wenn man noch nie ein Auto angelassen hat, kann wirklich niemand.

Wir hingen jeden Tag bei jemand anderem im Garten herum. Sonja war jetzt mit Davud zusammen, und so gab es das zweite

Pärchen in der Gruppe. Gina hatte mittlerweile anscheinend auch mit Michael geschlafen, jedenfalls wurde nicht mehr darüber diskutiert, ob oder ob nicht.

Meine Mutter hatte tatsächlich eiskalt Parvanes Mutter von der Sache mit dem Cousin erzählt und war total enttäuscht von deren Reaktion. Deren Mutter hatte meine beruhigt, sie sollte sich keine Sorgen machen, die zwei wären nur gute Freunde, da wäre nichts Verbotenes.

»Was ist das für eine naive Kuh! Sie will es nicht wahrhaben, was ihre Tochter treibt.« Meine Mutter verachtete Eltern, die nur Gutes von ihren Kindern dachten. Sie tat grundsätzlich genau das Gegenteil und fuhr ziemlich gut damit, wie sie selbst fand. Ich hatte ja auch genug Dreck am Stecken, sodass ihr nie langweilig wurde.

»Mama, du spinnst! Du kannst doch nicht zu der Mutter gehen und petzen, was ich dir anvertraut habe!«

Das sah meine Mutter anders. Wir stritten uns entsetzlich, weil ich ihr Denunziantentum, Verrat, Vertrauensmissbrauch, Intrigantentum und generelles Scheißesein vorwarf, und sie meinte nur immer wieder, über eine so lebensgefährliche Handlung müsste die Mutter Bescheid wissen. Ich wusste, dass ihr Parvaneh mitsamt ihrer Ehre und Zukunft ziemlich egal war, und hätte gern den wahren Grund gewusst, weshalb sie zu der anderen Mutter gegangen war. Sie engagierte sich auch sonst nie für andere Kinder. Ich hatte den üblen Verdacht, dass sie es nicht getan hatte, um Parvaneh zu schützen, sondern um ihr ein paar Ohrfeigen und Schläge zuzuteilen, weil sie es nicht ertragen konnte, dass das kleine, nölige, verwöhnte Mädchen seine ganze Familie an der Nase herumführte und ungeschoren davonkam. Ich strich von da an vorsichtshalber aus meinen Geschichten alle Stellen, in denen Sex auftauchte, und erzählte ihr nur noch die zensierten Versionen, die dadurch natürlich oft langweilig und pointenlos wurden. Es war ein großer Unterschied in der Dramaturgie, die Wahrheit zu erzählen:

Mama, wir waren alle bei Cyrus zum Schwimmen und durchwühlten erst mal das Schlafzimmer der Eltern, weil Cyrus meinte, seine Eltern hätten Pornos versteckt, und Sonja öffnete eine Schublade im Nachttisch, und da lag ein Film! Wir haben uns alle vor den Videorekorder im Schlafzimmer gesetzt, aber es war supereklig, die haben nur gebumst, danach sind wir alle wieder runter an den Pool, aber Michael ist mit Gina oben im Schlafzimmer geblieben, und sie hatten im Ehebett der Eltern Sex.

Oder die speziell für meine Mutter abgeänderte Version:

Wir waren bei Cyrus und haben »American Gigolo« im Wohnzimmer gesehen und danach Brote am Pool gegessen. Mama, ich will genau so einen Mercedes, wie ihn Julian fährt, bitte.

Und dann mit ihr darüber diskutieren, warum Papa sich damals doch für den Volvo statt für den Mercedes 450 SL entschieden hatte: In dem Sportcoupé hätte ich hinten nicht viel Platz gehabt.

Meine Mutter würde mir alles, was ich ihr sagte, irgendwann als Strick um den Hals legen, das war mir vollkommen klar, aber es war mir egal. Ich musste ihr mein Leben erzählen, so gut es ging, sonst würde ich platzen.

Oft saßen wir spätnachmittags, wenn es nicht mehr so heiß war, im Chattanooga rum, vor riesigen Eisbechern mit Sahne und Früchten. Danach fuhren wir im Sonnenuntergang auf den Motorrädern die neuen Shemiran Highways rauf und runter, hörten die ganze Zeit Herb Alperts »Rise« oder alle Platten von Pink Floyd und tranken 7up aus kleinen grünen Flaschen, saßen an verschiedenen Poolrändern und schauten uns zum Entsetzen von uns Mädchen tatsächlich diesen einen richtigen Pornofilm an. Nach dem Nachmittag war ich wieder traumatisiert und schob das Thema Sex noch ein Stück weiter weg. Und ausnahmsweise erzählte ich meiner Mutter eben diesmal nichts.

Einmal machten wir sogar einen Ausflug nach Damavand, ein grünes, frisches Flussbett außerhalb von Teheran. Cyrus fuhr den roten R5 seiner Mutter, in den wir uns zu sechst reinquetschten. Parvaneh, Lucie, Alex, Kamran und ich. Michael und Davud bretterten mit ihren Motorrädern voraus, die Freundinnen hintendrauf. Ich kannte die Strecke und die Gegend um Damavand in- und auswendig, da die vielen Freitagsausflüge meines Vaters mit seinen Eltern meistens hierher führten, weil es hier selbst im Hochsommer durch die vielen Bäume und den breiten, eiskalten, reißenden Fluss schön kühl war. Wegen dieser qualvollen Freitage, die mit einem langweiligen Kebab-Essen in einem der lauschigen Restaurants am Fluss endeten, hasste ich Damavand und hatte gleich angefangen, dagegen anzunölen, als der Vorschlag kam. Aber Sonja und Michael meinten nur: »Lilly, halt die Klappe!«, und ich sagte nichts mehr.

An diesem Tag machte ich eine wichtige Erfahrung für mein restliches Leben. Anscheinend kam es nur darauf an, mit wem man etwas machte. Mit den falschen Leuten, mit denen man sich langweilt, kann der schönste Ort zum Plumpsklo werden. Kurz befiel mich der Gedanke, dass ich den Iran und Teheran vielleicht gar nicht so scheiße finden würde, wenn ich nicht mit meinen verrückten Eltern und der behinderten Familie da sein müsste. Aber ich kam mir, während ich es noch dachte, wie ein Verräter vor mir selbst vor und schob den Gedanken schnell beiseite. Iran und alles Iranische war einfach viel zu scheiße, um es je gut finden zu können, egal mit wem. Jetzt bloß nicht schwach werden und alles über den Haufen werfen.

Wir Mädchen krempelten unsere engen Jeans-Hosenbeine hoch und wateten durch das kniehohe kalte Wasser. Cyrus saß in einem verwachsenen Baum über uns, ließ seine langen dünnen Beine mit den großen Adidas-Sneakers baumeln und rief uns schweinische Bemerkungen zu, was sonst. Wir hatten alle keine Badesachen mitgenommen, denn wenn jemand eine gemischte Gruppe Jugendlicher fröhlich in Bikini und Badehose im Fluss badend gesehen und ans Komitee verpfiffen hätte, wären wir mit Sicherheit gesteinigt worden. Ich hatte meine Rollei dabei und machte Fotos, und als Sonja ausrutschte und der Länge nach ins Wasser fiel, musste ich an ihren Sturz im Schnee und den Skischuh denken und so lachen, dass ich das Gleichgewicht verlor und auch ins Wasser fiel. Aber ich fiel ins seichte Wasser, und meine Kamera blieb trocken, nur meine Jeans und mein halbes Shirt waren pitschnass. Jetzt ging natürlich sofort das Gegröle der Jungs los, wir sollten ihnen unsere Oberkörper in den nassen Shirts zeigen, damit sie vergleichen könnten, und die Hosen auch ausziehen. Wir saßen mit dem schweren, durch die Nässe dunklen Denim am Leib auf einer Kies-Insel in der Sonne und versuchten, das Wasser ein wenig auszudrücken, aber meine Jeans war zu eng, und mein weißes T-Shirt war jetzt natürlich völlig durchsichtig und man konnte meinen BH aus rosa Spitze ganz genau sehen. Außer uns waren weit und breit keine Leute, wir waren ganz allein. Ich rief in das Gehänsel der Jungs hinein: »Okay, ich ziehe meine Jeans aus. Was bekomme ich dafür?«

»Das T-Shirt auch?«, fragte Cyrus wie aus der Pistole geschossen.

»Nein, nur die Jeans.« Meine Titten waren einfach zu groß und deswegen nicht zum lässigen Herzeigen geeignet wie meine Beine, fand ich.

»Also, wenn du das Shirt auch ausziehst, lade ich dich gleich zu einem Djudje Kebab ein!«, quiekte Michael begeistert. Gina warf ihm einen giftigen Blick zu.

»Kebab, ne … kann ich mir doch auch selbst kaufen …«, nölte ich.

»Was willst du dann? Ich mach dir ’n Kind …« Cyrus grinste breit, die Sau.

»Halt die Klappe, du Arsch.«

Alex und Kamran hatten richtige Geländemaschinen, solche, die eigentlich nicht zugelassen waren für den normalen

Verkehr, und mit denen man sogar in Teheran nur heimlich auf den Straßen unterwegs sein konnte. Sie sprangen damit immer in bunten Shirts und Helmen mit Gitter vor dem Gesicht auf den braunen Hügeln in Mirdamad herum. Michaels Yamaha war nur halb Geländemaschine und halb für die Straße, aber der war auch immer dabei.

»Ihr nehmt mich mit, wenn ihr nächstes Mal Motorrad fahren wollt und lasst mich auch fahren.«

»Echt? Willst du?« Kamran schaute mich an, als hätte ich gesagt, ich würde gerne seine Schuhe putzen.

»Ja …!«, sagte ich genervt und leicht gedemütigt.

»Kein Problem …«, »Kannst gerne mitkommen …«, »Jetzt runter mit der Jeans!«

»Also versprochen, ja? Sonst muss ich euren Eltern erzählen, dass ich mich für euch ausziehen musste …«

Michael quiekte wieder vor Begeisterung.

Die Mädchen sahen mich etwas verwirrt an, sie rechneten damit, dass dies nur ein Teil eines durchdachten und fiesen Plans war, und ich die Jungs mit einem gemeinen Trick gleich total blamieren würde. Keine glaubte, dass ich auch nur eine Sekunde daran dachte, meine Jeans auszuziehen.

»Na gut …«, sagte ich und erhob mich. Ich öffnete den Knopf, zog den Reißverschluss runter und begann den nassen Stoff von meiner Haut regelrecht abzureißen.

»Lilly, ey, Lilly, nee, du ziehst doch jetzt hier nicht deine Hose aus …!«, riefen die Mädchen.

»Ja, los, runter damit, Lilly, endlich sehen wir deine geilen Beine … Lass das Ding doch immer weg!«, schrien die dämlichen Jungs.

»Ihr habt doch meine Beine schon hundertmal gesehen. Was soll das?«, fragte ich kopfschüttelnd nach unten zum Felsen, wo die Jungs saßen, und dachte nur, ihr könnt mich mal, und fühlte mich wahnsinnig befreit und erleichtert ohne den nassen schweren Stoff, als ich mit nackten Beinen und in einem weißen Baumwollslip, auf dem »Friday« stand, obwohl

Montag war, hoch erhoben auf meinem Kieshügel vor den Jungs stand.

»Lilly, es ist doch Montag! Hast du deine Wäsche nicht gewechselt seit Freitag?«

Die Jungs explodierten vor Freude. Cyrus zappelte so rum, dass er fast von seinem Ast herunter flog, leider konnte er sich in letzter Sekunde festhalten. Ganz blass vor Schreck kletterte er vom Baum und ging zu den anderen.

Ich breitete meine Hose ganz ruhig zum Trocknen neben mir aus, als wäre ich ein nasser Cowboy am Fluss und keine Wichsvorlage, legte mich wieder hin, streckte meine Beine lang von mir und wackelte mit den Zehen.

»Ihr seid alle so scheiße …«, sagte ich verächtlich. »Ihr habt mich schon tausendmal im Bikini gesehen, und jetzt macht ihr so 'nen Wirbel. Ist doch egal, ob ich jetzt einen Slip anhabe. Wo ist denn der Unterschied?«

Ich drehte mich auf meinen nassen Bauch und zeigte ihnen meinen weißen Baumwollhintern mit der verschnörkelten »Friday«-Aufschrift. Ich fand, es war wirklich nichts dabei. Ich hatte das jetzt nicht getan, um mich in den Mittelpunkt zu stellen oder die Jungs zu reizen. Ich hatte das eigentlich nur getan, um die Spannung zu normalisieren und etwas Luft rauszulassen. Und damit die sich mal beruhigten und nicht immer aus jedem nackten Zeh einen Porno machten. Ich war ein dünnes, verklemmtes fünfzehnjähriges Mädchen, keine Sexbombe. Meine Hose war nass, und ich war hier mit Jungs, die deutsche Mütter hatten und mit mir auf ein deutsches Gymnasium gingen und sich aufführten, als hätten sie noch nie ein paar nackte Mädchenbeine gesehen. Aber es war trotzdem ein Supertag, und nach diesem Tag hatte ich nichts mehr gegen Ausflüge nach Damavand.

Sonja verbrachte die meiste Zeit des Sommers mit Dee und den Kindern in der Villa am Kaspischen Meer, wenn sie nicht in Amerika oder Deutschland waren. Der Vater blieb in Teheran und kam immer nur für ein paar Tage in dem Haus am Meer vorbei. Diesmal war es schon Ende August, als sie aufbrachen, und Sonja fragte mich, ob ich nicht einfach mitkommen wollte, Dee hätte es vorgeschlagen. Sie hätten dort ein Boot und ein Surfbrett und sie würde mir Surfen und Wasserski beibringen. Meine Eltern waren immer noch abgelenkt, hatten somit nichts dagegen und mussten nicht überredet werden. So fuhren wir mit dem gelben R5, den damals wohl alle Mütter in Teheran fuhren – mit Dee am Steuer, die schlecht gelaunte Sarah daneben und Sonja und ich mit den beiden Kleinen auf dem Schoß auf dem Rücksitz –, durch die Berge nach Schomal, wie die Küste des Kaspi hieß. Der Wagen war bis oben vollgepackt mit Pampers und Dosen aller Art. Dee hatte das Essen der nächsten Wochen in Konserven dabei, obwohl wir ja ans Meer fuhren, wo es frischen Fisch, fette, freilebende Hühner, Schafherden und hellbraune Rinder, die sich von saftigen Wiesen ernährten statt von Melonenschalen, und viel mehr frisches Grünzeug und tolles Obst als in Teheran gab. Der Markt in Rasht war jedenfalls immer ein Riesenspektakel für mich gewesen.

Sonjas Villa war zwar nicht in Rasht, sondern in Shahsawar, aber auch da kauften die Menschen alles frisch auf dem Markt. Supermärkte gab es damals im Iran, auf dem Land überhaupt nicht. Nur kleine Krämerläden und schreiende Markthändler.

Aber Dee vertraute eben nur auf Essen, das aus einer Büchse und aus Amerika kam.

Die Villa stand in so einem bewachten Villendorf, wie es meine Eltern hassten. Sie fanden es schrecklich, mit so vielen Nachbarn auf einem Gelände eingesperrt zu sein, weil sie wussten, wie neugierig und geschwätzig Perser sind und dass dann alle alles über sie wüssten, als ob meine Eltern ein schlimmes, geheimes Leben zu verbergen hätten. Aber meine Mutter wollte eben nicht, dass der notgeile Nachbar sie im Bikini sah, was ein durchaus erfreulicher Anblick war. Deshalb hatte mein Vater ein großes Grundstück direkt am Meer gekauft, wo sie eigentlich eine große Villa bauen wollten, sie hatten auch versprochen, dass mein Geschmack beim Bau und bei der Inneneinrichtung berücksichtigt werden sollte, und ich hatte schon eine Menge Bilder von Supervillen in Südfrankreich aus Magazinen herausgerissen und ihnen als Inspiration gezeigt, aber durch das ganze Chaos seit der Revolution waren alle Baupläne auf Eis gelegt.

Mir reichte Sonjas kleines Haus in dem künstlichen Dorf. Es war eine richtige kleine Stadt, mit Straßen, Laternen, Kreuzungen und einem kleinen Laden, wo es das Nötigste, wie zum Beispiel Wassermelonen, Zigaretten oder die beliebten Plastikeimer mit dem zu sauren Joghurt drin und der dicken Haut drauf, gab. Dazwischen standen die kleinen, neugebauten Häuser mit Gärten, und vorne an einer Schranke war ein Häuschen, wo ein Mann den ganzen Tag allein bei fünfundvierzig Grad saß und darauf aufpasste, dass niemand hineinfuhr, der nicht hineingehörte.

Das Haus war höchstens fünfzig Meter vom Meer entfernt, ganz hübsch, aber überhaupt nicht richtig eingerichtet, es standen nur ein paar komische Möbel drin, die nicht zusammenpassten. Dee legte anscheinend keinen Wert auf Wohnlichkeit.

In der Garage stand zu meiner Verwunderung außer einem gigantischen Surfbrett und einem zusammengerollten Segel ein kleiner, neuer, hübscher roter Trecker.

»Wieso habt ihr einen Trecker?«

»Um das Boot aus dem Wasser zu ziehen.«

»Wo ist denn das Boot?«

Sie deutete auf den Strand, auf dem auf einem Gestell ein ziemlich großes, weißes Motorboot lag. Ich war noch nie mit so etwas gefahren und völlig begeistert.

»Super! Kannst du damit fahren?«

»Offiziell nicht. Aber Dee kann. Ich darf auf dem Meer etwas fahren, aber das Ding ins Wasser bring ich nicht.«

Dann wuchteten wir gemeinsam das weiße Board ins Wasser. Sonja montierte das riesige gelb-rote Segel an das Brett.

»Hast du auf so was schon mal gestanden?«

»Nö.«

»Dann los! Du musst dich hier draufstellen, dann das Seil mit ausgestreckten Armen hochziehen! Es ist superwichtig, dass deine Arme ausgestreckt bleiben. Dann ziehst du es langsam Stück für Stück nach oben.«

»Wie soll ich mich denn draufstellen?«

»Na los, rauf mit dir, setz dich drauf, dann stellst du dich einfach hin, geht doch … ja, nein … haaaaalt! Mund zu!«

Abends lag ich flach und matt in einer Sofa-Ecke und gab keinen Ton von mir. Mir tat alles weh, und mein rechter Oberarm hatte sich einfach von meinem restlichen Körper abgemeldet. Ich spürte ihn jedenfalls nicht mehr.

Ich weiß nicht, wie oft ich an diesem Tag das Segel schon halb hochgezogen und dann das Gleichgewicht verloren hatte und nach hinten ins Wasser geklatscht war. Ich hatte aufgehört zu zählen und darüber nachzudenken. Ich hasste Surfen, aber Sonja wollte nicht aufgeben, bevor sie mich auf dem Brett stehen sah, das Segel elegant in den Händen, als wäre es eine Ballettstange.

Ich war so am Ende, dass mir sogar die blassen Hot Dogs, die Dee aus einer Dose auf den Tisch zauberte, zusammen mit den soften, leicht süßlichen Brötchen mit Ketchup und Mayo köstlich schmeckten und ich sogar noch ein paar rosa Marshmallows zum Dessert aß, bevor ich neben Sonja im Bett das Bewusstsein verlor.

Aber am nächsten Nachmittag setzte sich Dee auf den süßen kleinen Trecker und zog das weiße Boot damit ins Wasser, kletterte behände an Bord und ließ Sonja, die nebenher geschwommen war, den Trecker wieder zurück an Land fahren. Ich war beeindruckt.

»Los, wir fahren Wasserski!«

Mir wurde im Boot eine Gummiweste angezogen und Wasserski an die Füße geschnallt, dann sollte ich damit über Bord springen und die beiden Seile in die Hände nehmen, wie ein Embryo im Wasser liegen, aufpassen, dass ich nicht von der Schraube zerhackt wurde, und warten, bis Dee so weit vorgefahren war, dass sich das Seil langsam straffte. Und dann sollte ich mich langsam erheben, um auf dem Wasser, hinter dem Boot stehend, gezogen zu werden. Super-easy, fanden Sonja und Dee. Sarah war mit dem Baby im Haus geblieben.

Wir probierten es ungefähr dreißig Mal. Dee hatte eine unendliche Geduld, denn jedes Mal, wenn ich das Seil losließ, musste sie wieder ganz langsam an mich heranfahren, damit ich erneut danach greifen konnte. Ich hatte wahnsinnigen Respekt vor der Bootsschraube, weil ich einen Film gesehen hatte, wo ein Verbrecher hineingeriet und danach völlig zerstückelt im blutroten Wasser trieb. Sobald sie etwas Gas gab und ich mich leicht aus dem Wasser erhob, überschlug ich mich schon oder ließ das Seil los und flog schräg in die Luft, die Skier flogen mir von den Füßen, das Seil peitschte gegen mein Gesicht, und ich trank Unmengen von salzigem Meerwasser. Als mir dann noch ein Ski vom Fuß in die Luft und danach gegen meine Schläfe flog, fing ich an zu schreien:

»Stop! Let me stop! I hate waterskiing! Please let me stooop, Deeeee, stooop!«

Ich kroch an Bord und sagte, ich hasste Wasserski und sie sollten mich in Ruhe lassen, sonst fing ich an zu heulen. Mir tat alles weh und mir war übel von dem vielen Meerwasser.

An Bord zog sich Sonja die Wasserski über und sprang ins Wasser. Kaum gab Dee Gas, stand Sonja senkrecht hinter uns, fröhlich winkend, zwischen ihr und uns eine doppelte weiße Schaumspur. Dee gab noch mehr Gas, und wir flogen über das Meer, hinter uns Sonja, die Kunststückchen machte. Mal fuhr sie auf einem Bein, mal hielt sie einen Arm über den Kopf wie eine Ballerina. Als wir anhielten, um uns ein wenig zu sonnen und zu schwimmen, wurde mir kotzübel.

»Du musst ins Wasser springen, dann ist es weg.« Sonja zeigte auf das tiefblaue Meer. Wir waren ziemlich weit von der Küste entfernt. Im Kaspischen Meer gab es zwar keine Haie, aber jede Menge anderer Fische. Störe zum Beispiel.

»Es ist hier ganz tief ...«

»Mann, stell dich nicht so an, du bist echt furchtbar ... spring jetzt ...«

Ich sprang. Das Wasser war bis zum Bauch warm und wurde an den Füßen kalt. Ich versuchte, nicht weiter darüber nachzudenken, was unter mir wohl so los war. Die Übelkeit war jedenfalls sofort weg, aber die Angst, von einer fremden, starken Hand nach unten in die Tiefe gezogen zu werden, war fast noch unerträglicher. Ich hatte einmal ein Filmplakat gesehen, auf dem eine Frau im Meer schwamm und von einer Hand superfies nach unten gezogen wurde. Der Film hieß »The Deep«.

Ich hatte Angst vor dem Meer, wenn es unter mir kalt und dunkel wurde, und ich hatte auch Angst auf dem Boot, wenn es mit dieser irren Geschwindigkeit über das Wasser flog. Und Sonja machte mir auch Angst. Es war ein ganz neues Gefühl, mich als Schisser kennenzulernen. Die Seite kannte ich nicht an mir.

Ich war eben eine Poolnixe, kein Tiefsee-Typ.

Und anscheinend fehlte mir mit dem Sport-Gen auch das Wassersport-Gen.

Meine Schmerzen waren nicht mehr zu lokalisieren, ich stöhnte bei jeder Bewegung auf und wollte mich vorerst an Land vergnügen.

»Wollen wir jetzt nicht etwas mit dem Renault fahren?«, fragte ich beiläufig.

»Was? Meinst du? Da müssen wir Dee fragen.«

Wir fragten Dee, die gerade den dicken, immer noch kahlen Bijan mit ihren riesigen Brüsten stillte. Jede Brust war so groß wie eine Zuckermelone und hatte auch dieselbe ovale

Form, aber die Haut ihrer Brust war sehr weiß und sehr durchsichtig, und man sah viele dicke blaue Adern über den ganzen Busen quellen. Es sah fürchterlich aus. Bijans Wackelkopf hing an ihrer großen hellbraunen Brustwarze in dem gigantischen hellbraunen Hof. Ich stand in der Tür und konnte nicht wegsehen, obwohl mir von dem Anblick total übel wurde. Ich fand stillende Mütter eklig, genauso wie Babys, die gierig das Körpersekret ihrer Mütter saugten. Ich dagegen war als Neugeborenes schon cool: Ich hatte meiner Mutter gleich nach der Geburt noch in der Klinik kraftvoll mit meinem zahnlosen Gebiss in die Brustwarzen gebissen, um klar zu machen, dass ich das widerliche Zeug nicht trinke, Hautkontakt nur in Ausnahmefällen wünsche und die mir gefälligst anständige und keimfreie Pulvermilch in eine frisch ausgekochte Nuckelflasche füllen und das weiche Gummi sanft in den Mund schieben sollen. Ich kann heute noch den köstlichen Geschmack von Milupas Nektarmilch schmecken und freu mich über ein Glas warme Kuhmilch mit viel Honig am Abend.

Einige Tage zuvor hatte ich im Kühlschrank eine schmale Flasche Milch gefunden und wollte sie über meine Cornflakes gießen, als Sonja hinter mir laut lachte:

»Das ist die Milch, die Dee abgepumpt hat für Bijan.«

Mir wurde schwarz vor Augen, als ich mir vorstellte, was gewesen wäre, wenn Sonja nichts gesagt und ich die Milch mit meinen Cornflakes gegessen hätte.

Ich fand Milch abpumpen und in den Kühlschrank stellen richtig asozial.

Dee wollte uns den Schlüssel nicht einfach geben, sondern dabei sein, wenn wir ihr Auto zu Schrott fahren.

Der rülpsende Bijan hatte anscheinend genug getrunken, lag in seiner Plastik-Babywiege, und ein dünnes Rinnsal weiße Flüssigkeit lief aus seinem Mundwinkel heraus. Ich bekam Gänsehaut vor Ekel. Ich fand nichts an ihm niedlich, ganz im Gegenteil, ich wusste nicht, wozu der gut sein sollte. Um mich zu beruhigen, ging ich hinaus, setzte mich auf die Terrasse und beschloss, mich niemals selbst um meine Kinder zu kümmern.

Ich würde mir ein Kindermädchen nehmen, das Tag und Nacht da wäre, so eine Art Muttterersatz, das alles machen würde, wozu ich keine Lust hätte, also alles außer Klamotten kaufen und die Kinder chic anziehen. Dann würden die Kinder in ihren hübschen Matrosenanzügen von Cacharel vorgeführt werden, wir würden etwas zusammen spielen und lesen, dann wären sie wieder weg, bekämen ihr Essen an einem kleinen Kindertisch in ihrem Kinderzimmer serviert, und ich hätte Ruhe und müsste mir das nervige Kindergeplapper nicht anhören. Ich hatte in verschiedenen Büchern gelesen, dass es bei Königen und Hollywood-Schauspielern immer so ablief und die Kinder, die eben diese Bücher über ihre schreckliche Kindheit schrieben, deshalb alle einen Dachschaden hätten. Aber meine Kinder hätten natürlich keinen Dachschaden, es waren ja meine Kinder, und sie konnten jederzeit zu mir kommen.

»Baby you can drive my car …«, sang Dee hinter mir. Sie wusste, dass ich die Beatles liebte, allein weil das rote und blaue Album, was ich auf Kassette dabei hatte, seit Tagen laut in ihrem Haus zu hören war.

Dee setzte sich mit dem sabbernden Bijan auf dem Arm neben Sonja, die gleich zum ersten Mal ein Auto fahren würde. Aber Sonja stellte sich gar nicht so schlecht an. Sie fuhr einige Male durch das Villendorf, würgte den Motor nur ganz selten ab und schaffte es sogar bis in den dritten Gang. Danach durfte ich fahren, ich konnte es schon ziemlich gut und kam mir toll vor, wie ich den Motor anließ und den ersten Gang einlegte, so als würde ich das jeden Tag tun.

Dee stieg irgendwann aus, weil Bijan anfing zu heulen, und wir fuhren noch eine Zeit alleine rum und fühlten uns unfassbar cool und der Welt überlegen. Ich hatte gerade erst eine Woche vorher mit meinen Freunden meinen fünfzehnten Geburtstag in der jetzt alkoholfreien Bar des Hyatt gefeiert und konnte ein richtiges Auto fahren, wie ein Junge. Ich fühlte mich frei und leicht und war an diesem Nachmittag in Shahsawar ziemlich nah dran am Glück.

Nachdem wir Dees Karre vors Haus gestellt hatten, kam Dee uns entgegen. Sie sah sehr besorgt aus:

»Your Mum called!«, sagte sie zu mir und sah mich bedeutungsvoll an, »She said your school will stay closed after summer, they didn't get any permission from the government …«

Sonja und ich starrten uns mit weitaufgerissenen Augen an. Das konnte nicht sein!

Ich ging ins Haus und wählte unsere Nummer in Teheran. Meine Mutter ging ran, an ihrer Stimme hörte ich sofort, dass sie auf hundertachtzig war. Sie schrie los, ich müsste auf der Stelle nach Hause kommen, als wäre es ihre Schule, auf die sie nicht mehr gehen konnte, nicht meine.

»Warum soll ich denn jetzt nach Hause, Mann?«

»Weil wir hier morgen eine Lösung für euch finden müssen! Alle Eltern kommen zu uns, und wir werden besprechen, was aus euch werden soll.«

»Ich will ins Internat nach Deutschland.«

Meine Mutter krakeelte noch eine Oktave höher:

»Internat, Internat! Wo willst du hin, ins Internat? Komm sofort nach Hause, dann werden wir sehen, ob und wo wir euch hinschicken … Morgen ist Freitag, wir haben alle Eltern zu uns eingeladen, es kommen alle, die nicht wissen, wie es mit euch weitergehen soll.«

»Und wieso muss ich jetzt nach Hause kommen? Das könnt ihr doch auch ohne mich besprechen.«

Meine Mutter schrie so laut, dass Sonja, die in dem Sessel neben mir lümmelte, erschrocken das Gesicht verzog.

»Komm sofort nach Hause, sonst kannst du dir ein Kopftuch umbinden und in die islamische Gebetsschule gehen! Ist mir doch egal, auf welche Schule du gehst! Was geht mich das an? Wenn du dich nicht interessierst, was aus dir wird, dann schickt dich niemand in ein Internat nach Deutschland! Von mir aus kannst du an der nächsten Straßenecke zur Schule gehen! Mit Kopftuch und Koran unterm Arm!«

»Wie soll ich denn jetzt nach Hause kommen?«

»Setz dich in den Bus oder Zug!«, war ihre überraschende Antwort.

Ich hatte noch nie einen Bahnhof gesehen, seit ich im Iran lebte, geschweige denn in einem Zug oder gar Bus gesessen. Ich wusste gar nicht, ob es so was wie Züge gab. Shahsawar war eine vierstündige Autofahrt durch das Elburz-Gebirge von Teheran entfernt.

»Waaas?«

»Was geht mich das an?«, keifte meine Mutter weiter, »du bist auch selber dahin gefahren, dann sieh zu, wie du zurückkommst. Ich werde nicht hier für dich darum kämpfen, dass du nach Deutschland geschickt wirst! Soweit kommt's noch, Madame macht Ferien am Meer, und ich muss mich hier in der heißen, dreckigen Stadt um eine Schule kümmern, damit Madame nach Deutschland kann. Setz dich gefälligst in einen Autobus und fahr zurück nach Teheran.«

»In einen Bus? Wie soll ich denn Bus fahren?« Nur die Unterschicht in braungeblümten Tschadors fuhr Bus, mit bunten Plastiktaschen, in denen lebendige Hühner flatterten. Mir stiegen die Tränen hoch. Meine Mutter war echt das Letzte.

»Okay, ich komme …«, seufzte ich und legte auf.

Sonja starrte mich an. »Was war denn mit deiner Mutter los?«

»Keine Ahnung. Total verrückt geworden. Ich muss nach Hause.« Ich schniefte und wischte mir die Tränen weg.

»Scheiße. Und wie sollst du nach Hause? Ich glaube nicht, dass Dee Lust hat, wegen deiner Mutter nach Teheran zu fahren!«

Ich schniefte und hasste meine Mutter. Am liebsten wäre ich gar nicht mehr nach Teheran fahren, nie mehr, sondern direkt vom Kaspischen Meer in ein Internat nach Deutschland.

Aber ich konnte mit dem persischen Pass nicht ohne die Erlaubnis meines Vaters das Land verlassen. Und wer sollte das Internat bezahlen?

»Scheiße«, schniefte ich noch mal. »Sie sagt, ich soll mit dem Autobus fahren …«

Sonja lachte laut. »Nee, hat sie das echt gesagt? Die spinnt doch. Dee und mein Vater würden mich nie Bus fahren lassen.«

Am nächsten Tag saß ich nachmittags neben zwei fremden Frauen mit zwei Kleinkindern auf dem Schoß auf der engen Rückbank eines Buicks gequetscht. Dee hatte zufällig mitbekommen, dass die Nachbarn zwei Villen weiter nach Teheran fahren wollten, und gefragt, ob sie mich nicht mitnehmen könnten. Und weil Perser zu höflich sind, um nein zu sagen, nahmen sie mich mit, obwohl eigentlich kein Platz im Auto war. Vorne saßen die beiden Männer, und hinten war es eng, heiß und laut. Außerdem quengelten die Kinder ununterbrochen. Ich hatte eine Packung amerikanische Schoko-Cookies von Dee als Reiseproviant mitbekommen, die ich den Kindern und Erwachsenen anbot. Leider nahmen sich alle davon, und es blieb nicht viel für mich übrig. Ich war total angekotzt, verschwitzt und fix und fertig, als wir endlich Teheran erreichten. Ich bat sie, mich an einem Taxistand aussteigen zu lassen, aber als gute Nachbarn von Sonjas Eltern wollten sie mich natürlich bis vor die Haustür fahren. Perser lassen eine Fünfzehnjährige nicht einfach an einem Taxistand aussteigen, zumal außer mir und Sonja wohl keine einzige Fünfzehnjährige in Teheran allein mit einem Taxi fuhr.

Als ich die Treppen nach oben ging, hörte ich schon jede Menge lauter Stimmen, die alle durcheinander redeten, und als ich die Tür aufschloss, standen viele fremde Leute in unserer Diele und verabschiedeten sich. War die große Besprechung etwa schon vorbei? Es war sieben Uhr, wir waren fünf Stunden im Auto unterwegs gewesen. Ich sah in dem Getümmel Bita und Parvaneh mit ihren Eltern. Dann sah ich Lucie mit einem traurig aussehenden Mann, das war wohl ihr Vater, ihre blonde Nutten-Mutter sah ich nirgends. Aber dafür meine eigene. Sie hatte ein geblümtes Wickelkleid an, die Haare hochgesteckt und sah eher nach Brautschau aus als nach Krisen-Elternsitzung. Sie kam mit verkniffenem Gesicht auf mich zugelaufen:

»Ah, da ist ja Madame endlich!«, höhnte sie. »Ein wenig spät.«

Ich ignorierte sie.

»Ist die Besprechung schon vorbei?«, fragte ich Bita.

Mein Vater nickte mir zu und kniff die Augen nervös zusammen.

»Und was ist jetzt? Gehen wir alle auf dasselbe Internat nach Deutschland?«

»Nein! Niemand geht auf ein Internat, haben wir eben alle beschlossen. Die, die jetzt nach Deutschland gehen, haben alle deutsche Mütter und Verwandte und sind in einer ganz anderen Situation. Ihr habt ja keine Verwandten in Deutschland, ihr bleibt hier und geht alle auf dieselbe Schule.«

Ich klappte den Mund auf, um zu schreien, da sagte Bitas hübsche Mutter, die ich eigentlich mochte: »Nein, wir haben alle gesagt, wir schicken die Kinder nicht alleine ins Ausland.«

Ich sah verzweifelt erst meine Mutter, dann meinen Vater an. Dann angewidert die anderen Eltern.

»Wieso musste ich denn unbedingt nach Hause kommen? Dafür sollte ich nach Hause kommen? Ich dachte, wir besprechen, in welches Internat ich soll? Ihr seid so scheiße! Du bist so scheiße! Ich hasse euch, ihr wollt mich verarschen, ich will nicht hier auf die Schule, ich will nach Deutschland!«

»Du machst erst dein Abitur, dann kannst du in Deutschland studieren«, sagte meine Mutter mit kalter Befehlsstimme.

»Abitur? Das sind noch vier Jahre! Ich bring mich um, wenn ich so lange hierbleiben muss.«

Ich rannte in mein Zimmer, drehte mich um und schrie meine Mutter vor den ganzen Leuten noch einmal an: »Du bist so scheiße! Du böse, hässliche, alte Hexe!«

Dann knallte ich die Tür zu und warf mich auf mein ausnahmsweise gemachtes Bett. Mein Kopf dröhnte. Meine Mutter hatte mich natürlich total gelinkt. Sie hatte mich mit Gewalt aus meiner Sorglosigkeit am Kaspischen Meer herausgezerrt, nur um mir hier mitteilen zu können, dass mein restliches Leben ruiniert war. Ich wusste nicht, was in diesem Moment schlimmer war. Dass ich heute vollkommen sinnlos diese entsetzliche Fahrt durchgemacht hatte, nur um wieder allein in der doofen Wohnung in der öden, heißen Stadt herumzusitzen. Oder die Tatsache, dass meine Mutter eine unglaublich hinterhältige Kuh war, die mir den Spaß am Meer nicht gegönnt hatte. Oder die grauenvolle Aussicht auf eine persische Schule. Oder das Alleine-am-Ende-der-Welt-Zurückbleiben, während alle meine Freunde im Ausland sein durften. Die anderen, die heute mit ihren Eltern bei uns waren und auch zurückbleiben würden, zählten nicht. Ich sah auf das schwarze Plattencover, das an mein Regal gelehnt stand: »Dark Side of the Moon«. Ob Pink Floyd so etwas meinten, als sie die Platte so nannten? Ich war mir ziemlich sicher, dass ich erst auf dem Mond und jetzt nach hinten gerutscht war. Das hier war die dunkle Seite. Ich war also in der Gruppe der Ärmsten der Armen gelandet. Jetzt hierbleiben und auf eine persische Schule zu müssen, war schlimmer als beim Skikurs nicht mitzufahren, keine Jeans tragen zu dürfen, auf keine Partys eingeladen zu werden, nach Kopftalg zu riechen oder persische Adidas mit nur zwei Streifen anzuhaben.

Aber ich fand an dem Abend die Boshaftigkeit meiner Mutter am schmerzhaftesten. An eine persische Schule konnte ich nicht glauben. Ich wusste, ich könnte meinen Vater überzeugen, aber die Hexe würde mir mit ihrem Geschrei alles verderben. Er wollte auf jeden Fall, dass ich Karriere machte mit einem tollen Beruf, aber auf einer persischen Schule war ich verloren, denn danach müsste ich auf eine persische Universität. Die Universität in Teheran hatte eine Aufnahmeprüfung, die so schwer war, dass sie niemand schaffte. Mein Vater nicht, seine Geschwister nicht und kein anderer, den er kannte. Deshalb wurden persische Kinder auf den Schulen von Anfang an auf das Hardcore-Lernen gedrillt, denn direkt nach dem Abitur ging das Büffeln für die Prüfung los. Wer es nicht schaffte, musste im Ausland studieren, und das waren sehr viele. Was diejenigen taten, die kein Geld für ein Auslandsstudium hatten, wusste ich nicht. Solche Leute kannte ich auch nicht. Ich jedenfalls würde noch nicht mal das Abitur auf Persisch schaffen, da ich ja schon auf Deutsch versagte. Wer auf einer persischen Schule Abitur machte, verließ den Schreibtisch zwei Jahre vorher nur, um etwas zu essen oder aufs Klo zu gehen, hatten mir meine Eltern erzählt. Und bei meiner hohlen Cousine Susan und den anderen Kindern in der Familie war es jetzt schon so. Mir blieb also nur noch die Möglichkeit, ohne Abitur und ohne Beruf jemanden zu heiraten, um von denen wegzukommen. Einen hässlichen, kleinwüchsigen Perser mit Haaren auf dem Rücken, der nur um meine Hand anhalten würde, weil ich die Tochter meines Vaters war und er in unsere scheißfeine Familie mit den vielen angesehenen Ärzten aus Europa hineinkommen wollte. Der blöde Bräutigam hätte von nichts eine Ahnung und wäre natürlich ekelhaft devot zu meinen Eltern, und jedes Mal, wenn ich ihn verlassen wollte, würden meine Eltern zu ihm halten und ihn trösten, dass ich so schwierig sei, und mich wieder zu ihm zurückschicken. An dieser Stelle kamen mir die Tränen, und ich ballte die Faust. Und dann würden sie ihm eine Wohnung oder ein Grundstück schenken, so wie es in unserer Familie oft bei reichen aufmüpfigen Töchtern passierte, damit er mich bloß nicht verließ und Schande über uns brachte. Dadurch würde der Bräutigam natürlich immer frecher und respektloser mir gegenüber werden, bis ich eines Tages mit nur einem kleinen Rucksack über die Berge Aserbaidschans in die Türkei fliehen würde und von dort dann endlich nach Deutschland. Mich würde aber andererseits niemand heiraten, sagte meine Mutter ständig, weil ich ja wegen der Tampons keine Jungfrau mehr war. Wahrscheinlich würde sie die Tamponsache auch extra vorher dem Bräutigam verraten, damit er die Hochzeit platzen ließ und ich als alte Jungfer für immer bei meinen Eltern bleiben und meiner Mutter bis an mein Lebensende beim sinnlosen Kräuter putzen und Weinblätter wickeln in der Küche helfen müsste.

Ich hing so tief in meinen Gedanken, dass ich nicht merkte, dass meine Eltern mein Zimmer betreten hatten.

»Warum machst du vor allen Leuten so ein Theater?« Meine Mutter sah mich mit ihren fiesen persischen Augen böse an.

Mein Vater hob die Hände und schüttelte den Kopf.

Ich zog meine Lilly-Schnute mit extraweit vorgeschobener Unterlippe noch etwas weiter vor, sodass der Kiefer schmerzte, und schaute aus dem Fenster auf das Baugerüst gegenüber.

»Was soll das?«, fragte sie kalt und ungeduldig. »Du glaubst wohl, wir haben Angst vor dir?«

»Ich gehe auf keine persische Schule. Vergesst es einfach. Und du hast mich verarscht.«

Ich sagte zu meinem Vater: »Sie konnte es nicht ertragen, dass ich es so schön bei Sonja hatte, und hat mich erpresst, damit ich wieder hier in Scheiß-Teheran sitze.«

»Nein, das hat sie nicht.« Mein Vater schüttelte immer noch seinen Kopf, als wäre er von einem Dauerschüttelanfall befallen. »Sie war besorgt, was wir jetzt mit dir machen sollen.«

»So ein Scheiß. Sie freut sich doch, dass meine Luxusschule endlich schließt und ich wie alle persischen Arschlöcher in Uniform zur Schule gehen muss. Das hat sie sich schon die ganze Zeit gewünscht.«

Meine Mutter fuhr dazwischen und benutzte ein paar ihrer persischen Spezialschimpfwörter, um pointiert auszudrücken, dass ich ein zu wertloses Stück Scheiße sei, um von ihr in irgendeiner Art und Weise beneidet zu werden. Und dass ich verrückt sei zu glauben, jemand würde so einer Irren wie mir vertrauen und sie für viel Geld unbeaufsichtigt weit weg auf ein Internat schicken. Und dass ich froh sein könne, dass man mich überhaupt noch auf eine Schule schicken würde, die Geld kostet, eigentlich würde ich auf eine staatliche Schule gehören. Da würde man mich schnell zur Vernunft bringen, und ich würde sehen, wie das schmeckt, und etwas dankbarer sein.

»Du bist sooo scheiße, Mama«, sagte ich voller Abscheu. »Du drehst die Dinge, wie du sie brauchst, weil du so falsch und verlogen bist. Entscheide dich doch mal, ob ich nicht aufs Internat gehen darf, weil es dort so schrecklich ist und du mich davor bewahren willst, oder weil es dort zu schön wird für mich und du es mir nicht gönnst! He? Was jetzt? Du willst einfach nur scheiße sein und mich leiden sehen, es geht nur darum! Nur darum, meine Schule ist dir doch scheißegal … Wofür soll ich denn dankbar sein?«

»Du Scheißkind! Wegen dir habe ich mein Leben vergeudet … du hast es nicht verdient, dass wir besorgt sind.«

Meine Mutter schrie jetzt wirklich zu laut und wollte nach mir greifen, aber ich sprang zur Seite, und sie griff in die Luft, was sie wohl noch wütender machte, denn sie hob dann, nur um mich einzuschüchtern, ihre Hand und keifte, ich würde gleich von ihr so verdroschen, dass ich blöken würde wie eine Ziege.

Ich schrie: »Du und besorgt! Haha! Dee war besorgt! Und Sonjas Vater war besorgt. Die besprechen das jetzt, ob Sonja und Sarah nach Deutschland zu ihrer Mutter gehen oder mit Dee nach Amerika und dort auf eine Highschool … An eine persische Schule denken die überhaupt nicht!«

»Was geht uns Sonjas Vater und seine amerikanische Hure

an?«, schrie meine Mutter. »Hast du eine Mutter in Deutschland? Dann geh doch zu der, und wir sind dich endlich los!«

»Alle gehen jetzt nach Deutschland, Michael, Gina und Tina, Cyrus, Davud, Hedi, Afsaneh! Alle. Keiner denkt auch nur daran, hierzubleiben!«

»Die haben alle deutsche Mütter! Und was ist mit den ganzen Leuten, die eben hier waren? Die haben alle dasselbe gesagt. Wir schicken unser Kind nicht alleine in die Fremde und ins Verderben!«

»Weil es alles Idioten sind! Und Lucie hat gesagt, sie wird mit ihrer Mutter und ihrem Bruder nach Deutschland gehen, egal, was der Vater sagt.«

»Lucies Mutter geht mit ihrer fünfzehnjährigen Tochter zusammen auf den Strich. Geh doch mit denen mit!«

Unser Geschrei wurde ziemlich grauenvoll, meine Mutter wurde so laut und böse, dass erst Mr Molly erschrocken aus dem Zimmer rannte und sich dann auch mein Vater kopfschüttelnd zurückzog.

Ich sagte irgendwann einfach nichts mehr und hielt die Augen geschlossen, damit sie endlich aufhörte und rausging, die laute Keifstimme gepaart mit den Erniedrigungen war unglaublich. Was war mit ihr geschehen? Als sie endlich draußen war, drückte ich den Knopf in den Drehknauf der Tür, damit keiner mehr reinkommen und ich in Ruhe nachdenken konnte, was jetzt zu tun sei.

Ich hatte die Möglichkeit vorgeschlagen, Pouri zu bitten, mich mitzunehmen, da sie anscheinend in den nächsten Tagen mit den Kindern nach Köln zu Klaus' Schwester flog, aber meine Mutter hatte das weggewischt mit der Begründung, man könnte ein Monster wie mich nicht der armen Pouri zumuten, sie hätte mit ihren eigenen Kindern genug Verantwortung. Und niemand würde die Verantwortung für ein fremdes Kind übernehmen.

Ich nahm mein Telefon und wählte Sonjas Nummer am Kaspischen Meer.

Sie war selbst dran.

»Du, alles Scheiße. Ich bin zu spät gekommen, die waren schon am Gehen, und die Eltern von Bita und Pari waren absolut gegen ein Internat. Lucies Vater auch, aber Lucie meinte, ihre Mutter würde auf jeden Fall abhauen und sie und den Bruder nicht hier aufwachsen lassen. Und meine Eltern spinnen total. Was mache ich bloß?«

»Sie können dich doch nicht auf eine persische Schule schicken. Mit Kopftuch, oder was?«

»Was sagt denn dein Vater?«

»Mein Vater will, dass wir nach Amerika gehen, und ich dort in eine Boarding School … Dee soll uns dort unterbringen und wieder hierher zurückkommen. Er meinte gestern: a good education is that what you need.«

»Hm … Scheiße. Mann. Scheiße. Am meisten nervt mich, dass ich umsonst in Teheran bin. Wann kommt ihr wieder?«

»Nächste Woche … komm doch zurück.«

»Nee, meine Mutter lässt mich bestimmt nicht, ich hab auch keine Lust, die um irgendetwas zu bitten. Ich trete jetzt in den Hungerstreik.«

Das tat ich dann auch. Als man mich zum Abendessen rief, meinte ich nein, danke, ich würde nichts mehr essen.

Sie zuckte die Schultern und ging. Kurz danach stieß sie aggressiv meine Tür auf und schrie, ich solle mich gefälligst mit an den Tisch setzen.

Ich setzte mich mit einem langen Gesicht an den Esstisch und sagte nichts.

»Wenn du uns unter Druck setzen willst, das kannst du vergessen«, fing die Frau, die meine Mutter war, sofort an.

»Mach dich nicht lächerlich«, sagte mein Vater und nahm sich von den grünen Bohnen. »Ich schicke dich nicht allein nach Deutschland. Man kann dir nicht trauen.«

»Du lernst ja noch nicht einmal hier, wo wir dich beaufsichtigen können, wie soll das werden, wenn du dort ganz alleine bist, ohne Aufsicht?«

»Total schön wird das«, sagte ich patzig.

»Ja, das wissen wir, dass das schön wird für dich, wenn du uns nicht mehr sehen musst! Und wir wissen auch, dass du uns hasst«, sagte sie böse, »aber wir werden nicht einen Haufen Geld ausgeben, damit du dich in Deutschland zur Hure ausbilden lassen kannst! Das hast du dir so gedacht.«

Ich stand auf und ging zur Wohnungstür, öffnete sie und ging raus.

»Koja miri …!«, schrie sie mir hinterher.

Ich schloss die Tür leise von außen und rannte schnell die Treppen nach unten, an der Tür meiner Oma vorbei durch die Auffahrt im Garten und durch das Eisentor auf die Straße. Es war schon nach zehn abends und vollkommen dunkel. Aber die Straßen waren voller Lärm und Verkehr, als wäre es Mittag. Um diese Uhrzeit waren keine Frauen mehr allein auf der Straße und schon gar keine Fünfzehnjährigen.

Ich lief unsere *Kutsche* entlang, am geschlossenen, dunklen Kouroush vorbei, der Bürgersteig vor dem Kaufhaus war nass, und ein breites Rinnsal dunkler, stinkender Gülle rann den Asphalt daneben entlang. Nach Geschäftsschluss wurde die Straße von den Angestellten mit Wasser abgespritzt, damit der Müll und die verfaulten Lebensmittel, die sich im Laufe des Tages auf der Straße neben den Müllsäcken ansammelten, weggewaschen wurde. Ich ging auf die laute Pahlewi Avenue und setzte mich auf eine freie Bank direkt vor der hell erleuchteten Tankstelle. Drei verbeulte Peykan, ein rostiger Suzuki Van und ein brauner Chevrolet warteten an der einzigen funktionierenden Zapfsäule, weil Benzin rationiert war und es pro Auto nur noch hundert Liter im Monat gab. In allen Autos saßen nur Männer, um diese Uhrzeit tankten keine Frauen mehr. Ein unrasierter Typ in einer zerdrückten grauen Anzughose und einem hochgeknöpften braunen Hemd betankte die Autos und dienerte devot mit der rechten Hand auf der braunen Brust, wenn ihm jemand Geld zusteckte. Es war Ende August und sogar nachts noch ziemlich heiß draußen.

Der Asphalt hatte sich mit der glühenden Hitze des Tages aufgeladen und war warm unter meinen hellblauen Espadrilles, sicherlich noch dreißig Grad. Tagsüber hätte ich meine nackten Kniekehlen an dem Metall der Bank verbrannt. In knapp einer Woche wären die Sommerferien auf der Deutschen Schule zu Ende gewesen, und ich wäre zusammen mit Sonja und allen anderen in die neunte Klasse gekommen. Nichts Besonderes, aber jetzt, wo es so weit weg war, sehnte ich mich nach der Selbstverständlichkeit, wieder in meine Schule zu dürfen. Ich wollte in meine Schule! Und selbst das, was eigentlich immer Scheiße war, lag in Trümmern. Nur weil ein Haufen Außerirdischer mit ihren Ufos hier hinter dem Mond gelandet waren. Hier konnte anscheinend jeder außer mir machen, was er wollte, und einer konnte unbehelligt allen seine außerirdischen Regeln aufzwingen, die sinnlos und abartig waren. Und ausgerechnet ich saß hier, wo sich niemand mehr dafür interessierte, was geschah. Warum rettete uns niemand? Warum kamen nicht die Präsidenten von Amerika und Deutschland und sagten: »Aufhören!« Und warum passierte mir das alles? Warum konnte ich nicht einfach ein friedliches deutsches Teenager-Dasein leben, in einem kleinen hübschen Haus, mit Einbauküche und Farbfernseher, einer Hollywood-Schaukel in einem grünen Garten, in dem man im Sommer Erdbeerkuchen essen und Würstchen grillen konnte, mit saftigen Wiesen hinter dem Haus, anständigem Fernsehprogramm und Schnittchen auf Brettchen zum Abendbrot?

Ich wusste, dass das, was vor mir lag, noch schrecklicher sein würde, als das, was ich bisher erlebt hatte, und ich war nicht bereit, das durchzuhalten. Ich konnte einfach nicht, denn es gab keinen Lichtblick, der mir Hoffnung machte. Ich saß eine Weile da, atmete den beruhigenden Benzingeruch vor mir und die Abgase hinter mir ein, akustisch eingekesselt von dem Lärm um mich herum, und fühlte mich plötzlich für einen klitzekleinen Moment entsetzlich alleine. Niemand kam und reichte mir die Hand und rettete mich, das hilflose Opfer, abhängig von den Entscheidungen von zwei gefährlichen Verrückten, die mich aus einer perfekten Welt heraus hierher in die Hölle geschleppt hatten. Merkwürdigerweise wurde ich ausgerechnet jetzt kaum beachtet, als ich alleine im Dunkeln auf einem belebten Bürgersteig saß. Die Männer gingen schnell an mir vorbei, sie dachten bestimmt, ich würde auf meinen Ehemann an der Tankstelle warten. Eine junge Frau in einem ärmellosen Sommerkleid um diese Uhrzeit alleine auf der Straße überstieg ihre Vorstellungskraft. Und plötzlich wusste ich, es gab nur eine Lösung, um diesem unerträglichen Elend und der hoffnungslosen Zukunft zu entfliehen: Ich musste meinem Leben einfach ein Ende setzen. Dann wäre ich erlöst!

Mein Selbstmord ging komplett in die Hose. Ich hatte aus dem Schrank meines Vaters eine Packung Valium 5 geklaut. Die wollte ich nehmen und dazu eine Flasche Whisky trinken, so wie es immer alle in Filmen und Büchern taten, und dann leblos in meinem Bett liegen. Die trauernde Katze würde versuchen mein Gesicht zu lecken, um mich wiederzubeleben, dann durch lautes Miauen meine Eltern anlocken, die nur noch die Leiche ihres einzigen Kindes vorfinden würden. Auf diese Stelle freute ich mich am meisten. Meine Mutter würde mich sicherlich noch auf meiner Beerdigung im Sarg beschimpfen, nur Vollidioten wie ich würden sich umbringen, das wäre das typische Ende einer Hure und solche Sachen. Mein Vater würde am Sarg weinen und sich selbst die Schuld geben, er wäre nicht streng genug gewesen und hätte zu wenig auf mich aufgepasst. Dann fiel mir ein, dass ich gar keinen Sarg bekommen würde, weil ich ja Moslem war und alle Moslems nur in ein Leichentuch gehüllt und ohne Kleidung innerhalb von 24 Stunden beerdigt wurden, und zwar auf dem einzigen Friedhof Teherans, Beheschteh Sahra, wo jeder beerdigt wurde, und ich war sofort wieder ganz schlecht drauf.

Noch nicht einmal stilvoll sterben konnte man in diesem

Drecksland. Ich hatte mir die Tabletten schon alle aus der Folie gedrückt und aufs Bett gelegt und schlich dann noch einmal an meinen Eltern im Fernsehzimmer vorbei in unseren Salon, um mir eine Flasche Johnny Walker zu holen. Kaum war ich zurück in meinem Zimmer und hatte den Metallverschluss der Flasche aufgeschraubt, kam meine Mutter hinterhergeschlichen und fragte erstaunt:

»Was willst du mit dem Whisky?«

Ich stand verdattert mit der Flasche vor ihr und wusste keine Ausrede. Jeder wusste, dass ich Whisky hasste. Dann durchforstete ihr prüfender Blick mein Zimmer, als könnte sie durch gezieltes Herumschauen die Antwort finden. Und siehe da! Ihr Blick blieb an dem Tablettenhaufen auf meinem Bett hängen. Sie ging näher hin, nahm die leere Valium-Packung in die Hand und sagte nur: »Du bist wohl völlig verrückt.«

Dann nahm sie die Tabletten, die Packung und auch die Whiskyflasche aus meiner Hand und ging zu meinem Vater, um das zu tun, was sie am liebsten tat: petzen.

Eine Woche vor Schulbeginn fuhren meine Mutter und ich in einen speziellen Laden, etwas südlicher in der Stadt, um für mich einen blauen Schulkittel und ein Kopftuch zu kaufen. Wir mussten einen blauen Kittel anziehen und uns das Kopftuch wie bei den Pfadfindern um den Hals knoten, allzeit bereit, es hochzuziehen.

Es war das schlimmste Shopping-Erlebnis meines Lebens. In dem Laden gab es nur diese Sorte Kittelmantel, in denen nach Ansicht Chomeinis alle Frauen rumlaufen sollten. Ein sogenannter Kittelladen. Was haben die wohl früher verkauft, dachte ich und sah mir angewidert die mittelblauen, dunkelblauen, schwarzen, grauen, braunen und beigen Kittel an. Es gab quasi alles in Kackfarben. Die Stoffe waren schlecht und pflegeleicht, alle Mäntel mies genäht, total schmucklos und sahen natürlich billig und schäbig aus. Und man selbst sah schlimm darin aus. Eine Mischung aus Häftling und Putzfrau.

Unsere neue Schulleitung hatte gesagt, mittelblau, also nahm ich einen in der Farbe, probierte ihn an, sah mich darin im Spiegel und musste fast kotzen.

»Mamaaa …«, wimmerte ich. »Ich sehe aus wie eine Kolfat.«

Meine Mutter sah auch angewidert aus. »Jetzt nimm schon irgendeinen, yallah, mach kein Drama draus und lass uns hier schnell gehen, bitte … außerdem hab ich noch nie eine arme Kolfat in so etwas gesehen. Du siehst aus wie eine türkische Raumpflegerin in einem deutschen Krankenhaus.«

Ich lachte nicht.

Um mich etwas aufzumuntern, ließ meine Mutter mich, nachdem ich mit Kittel und Kopftuch in der Tüte endlich aus dem Geschäft kam, mit unserem neuen Alibi-Renault, den ich schon mal geschrottet hatte, durch den Verkehr zurück nach Hause fahren. Ich tat ihr natürlich wahnsinnig leid, aber sie konnte es einfach nicht zeigen. Sie war selbst total sauer und verzweifelt über alles, was um uns und mit uns geschah, vor allem auf das Regime und auf die Leute, die den Quatsch mitmachten, weil sie zu verrückt und zu feige waren, um sich aufzulehnen. Sie war genervt von den neuen Regeln, den vielen Verboten, die das Leben schnell lebensgefährlich machten, und den komischen Gesetzen, von denen es jeden Tag neue gab. Es konnte jederzeit einer der Nachbarn die verbotene Bierbrauerei meines Vaters im Keller entdecken und an das Komitee verpfeifen, und dann würden Pasdaran in unsere Wohnung stürmen und meine Videosammlung, die ganzen Magazine mit halbnackten Frauen, und die Schnapsbar sowie literweise frisch gegorenes Bier finden. Das konnte zu einer saftigen Geldstrafe, zu Peitschenhieben, Folter oder auch zu der Hinrichtung meiner Eltern führen. Man wusste es nicht genau, aber es war alles drin, je nach Laune. Man hatte die ganze Zeit Angst aufzufliegen, denn jeden Tag wurde mehr verboten, und durch die vielen Verbote war jeder kriminell. Aber meine Eltern ließen beide ihren Ärger und ihren Stress an mir aus, anstatt zu mir zu halten und mir in meiner beschissenen Situation, an der sie ja schuld waren, etwas Mut zu machen.

9

Alle Schulen hatten jedes Jahr exakt dieselben Sommerferien, vom 21. Juni bis zum 21. September. Nur bei uns auf der DST ging es immer früher wieder los. Aber an diesem Morgen des 21. Septembers 1980 stieg ich gleichzeitig mit Millionen anderen persischen Schulkindern in den Bus. Ich war wohl die Einzige, die es mit weit vorgeschobener Unterlippe und tiefer Zornesfalte zwischen den Augenbrauen tat. Unsere Schule war mitsamt dem gelben Fuhrpark verstaatlicht worden, und die Aufschrift Deutsche Schule Teheran war mit gelber Farbe übermalt worden. Die übermalte Farbe traf natürlich nicht den alten Farbton, sie war viel zu hell, und man konnte die Beschriftung aus der Nähe durchschimmern sehen. Ich wunderte mich, dass sich jemand überhaupt so viel Mühe gemacht hatte, nach gelber Farbe zu suchen. Mich hätte es nicht gewundert, wenn es grüne, graue oder braune Farbe oder eben, was gerade zur Hand war, gewesen wäre. Oder wenn man einfach die Aufschrift abgekratzt hätte. Persern war sowieso ziemlich egal, wie etwas aussah, aber seit der Revolution gab es überhaupt keine Hemmschwellen mehr. Wenn ein schwarzes Auto eine neue Tür brauchte, und es war keine schwarze aufzutreiben, bekam es eben eine braune. Hauptsache, Tür. Alles, was mich bisher gestört hatte, weil es ungepflegt und geschmacklos aussah, also eigentlich ganz Teheran, hatte sich verschlimmert und sah jetzt noch beschissener aus. Es ging nur noch darum, das Leben irgendwie am Funktionieren zu halten. Um guten Geschmack machte sich niemand mehr Gedanken. Auch meine Eltern nicht. Als unser großer Lüster im Flur durchbrannte, war meine Mutter froh, als sie endlich passende Glühbirnen fand. Mein Gemecker, die Lampen hätten jetzt ein grausliches, kaltes Licht, interessierte niemand. Ich drehte dann immer heimlich ein paar der Birnen locker, und mein Vater flippte aus, weil er es hell liebte. Ich fand übertriebenes Kunstlicht unerträglich. In Hausmeisterwohnungen und auch sonst in den Behausungen der einfachen Bevölkerung in Süd-Teheran baumelte oft eine einzelne grelle Glühbirne von der Decke. Genau so ein Licht brannte jetzt in unserer hohen Empfangshalle und gab mir ein Gefühl von Armut und Slumleben.

Der Morgen des 21. Septembers fing schon grauenvoll an. Um nicht wie eine Raumpflegerin auszusehen, wie meine Mutter gesagt hatte, war ich am Abend zuvor mit frisch gewaschenen, noch feuchten Haaren ins Bett gegangen, jetzt fielen sie mir in großen glänzenden Locken auf den Rücken.

»Bind dir die Haare zusammen!«, keifte meine Mutter im Nachthemd.

Ich ignorierte sie und malte mir stattdessen die Augen mit Kajal schwarz, tuschte mir die Wimpern mehrmals, steckte mir meine großen goldenen Kreolen in die Ohren, überrollte meine Lippen mit dem krassen roten Erdbeergloss und zupfte mir mit Schmollmund die schwarzen Locken ins Gesicht. Mein T-Shirt war mal weit und weiß gewesen, mit blauer Schrift stand *The Police* drauf. Aber meine Mutter hatte es verwaschen, und jetzt war es rosa und eng, was ich viel cooler fand. Das Allercoolste war, dass die Schrift exakt dasselbe Blau hatte wie mein blöder Kittel.

»Wie siehst du denn aus! Gehst du zur Schule oder in den Puff? Du siehst aus wie vom Strich! Zieh dir eine andere Jeans an, dein Arsch platzt gleich aus der Hose, und was ist das für ein T-Shirt? Da steht Polizei drauf! Damit kannst du nicht in diese Schule gehen! Die werden dich verhaften und auspeitschen … los, wasch dein Gesicht … und zieh dir etwas anderes an! Und knöpf deinen Mantel zu …«

Die Keifstimme am Morgen gab mir den nötigen Kick, um das Haus überhaupt verlassen zu können. Unten hupte der Bus, ich rannte schnell die Treppen hinunter, aber sie schrie mir noch von oben hinterher:

»Ich hole dich nicht nachher vom Komitee ab … mach, was du willst …«

Ich dachte »Halt doch einfach die Klappe, du blöde Nutte!« und stieg in den Bus. Lauter unbekannte Kinder, die Mädchen mit zugeknöpften Kitteln und die Kopftücher um den Hals gebunden wie Tick, Trick und Track bei den Pfadfindern. Ich ließ mich auf eine freie Bank fallen und ballte beide Fäuste vor Wut. Immer, wenn alles ganz schlimm war, schaffte meine Mutter es, noch einen draufzusetzen. Ich hasste sie immer mehr und konnte mir nichts Schöneres vorstellen, als endlich von den beiden wegzukommen. Weit, weit weg!

Unsere Schule war nicht wiederzuerkennen. Die Außerirdischen waren in ihren Raumschiffen hier gelandet und hatten sie komplett besetzt. Es sollte eigentlich so etwas wie eine Sammelstelle für arme Schweine wie mich sein, die nicht die nötigen Kontakte in Deutschland hatten und jetzt unter diesen Umständen weiterleben mussten. Hier sollten sich alle diejenigen treffen, die vorher auf einer Auslandsschule waren und aufgrund schwacher Persischkenntnisse etwas gefördert werden mussten. Aber es waren jetzt auch ganz normale persische Mittelschichtkinder dabei, die Persisch sprachen, so aussahen und sich so benahmen. Eine ganz andere Welt. Wir von der DST passten da überhaupt nicht hinein und waren vollkommen verschüchtert. Von Förderung konnte keine Rede sein. Ich war mal wieder in eine Falle gelockt worden.

Unsere außerirdischen Besatzer sahen aus wie Pinguine in traurigen, wadenlangen Mänteln aus schlechter Baumwolle und mit hässlichen Kopftüchern. Die vielen neuen, hysterischen Schülerinnen und meine kleine Vertriebenengruppe wurden jetzt von einer Masse dieser Pinguine beherrscht. Ich fragte mich, wieso die Schülerinnen alle so hysterisch waren, dann fiel mir ein, dass alle persischen Weiber hysterisch waren und das eben junge persische Weiber waren. Die Mädchen waren der reinste Horror. Sie waren laut, ordinär und von einer mir fremden Frechheit. Und sie gingen unachtsam mit unserer Schule um. Sie hatten keine Erziehung und keine Selbstachtung, sie waren wie wilde Tiere, die sich aber brav das Kopftuch umknoten konnten. Mir wurde jetzt erst bewusst, was für eine schöne Schule wir eigentlich hatten, jetzt, wo die Hässlichkeit eingezogen war und einen tragischen Bruch zu der ehemals hochklassigen Gepflegtheit unserer Schule bildete. Der untere Teil der Schule war nach wie vor für Jungs, die jetzt von anderen Außerirdischen in Gestalt von bärtigen Männern unterrichtet wurden. Die Jungs sahen aus wie immer, trugen Jeans und T-Shirts und hatten nackte Unterarme, was niemanden störte. Wieso durften die aussehen wie ganz normale Jungs auf der ganzen Welt und wir mussten uns als Monster verkleiden?

Es tat mir regelrecht weh, mit anzusehen, wie sich die neuen Bewohner unserer Schule in unseren hübschen Klassenräumen mit den grünen Aufklapptafeln und den anatomisch korrekten Tischen und Stühlen aus dem glatten hellbraunen Holz breitmachten, als würde alles ihnen gehören. Das war unser Eigentum, unsere Eltern hatten diese Sachen bezahlt, die die Bundesregierung mit Hilfe deutscher Monteure für uns hergeschafft hatte. Die Monteure, die nur deshalb angereist waren, damit alles fachgerecht und perfekt aussah und nicht von einem Haufen persischer Analphabeten zusammengeschlonzt und die Klassenräume irgendwann unter uns zusammenkrachen würden.

Ich saß also mit 34 Perserinnen in mittelblauen Mänteln in der Klasse. Alle außer uns DST-Mädchen hatten ihre Mäntel brav zugeknöpft und die Kopftücher um den Hals gebunden, wie die Schulvorschrift es wollte. Wir hingegen trugen unsere

Mäntel offen, die Ärmel weit hochgekrempelt, und versuchten, so zu tun, als hätten wir gar keinen Mantel an.

Mein Kopftuch ließ ich immer zu Hause. Es war entwürdigend. Ich konnte mir das dämliche Kopftuch sowieso nicht um den Hals knoten, es ging einfach nicht, lieber hätte ich mir einen Strick um den Hals gelegt. Ich kannte nur die übriggebliebenen Mädchen aus unserer alten Klasse: die schöne Bita, die total frustrierte Pari, die stille Shirin mit dem tollen Haus und ihre beste Freundin Streber-Simin. Shirins attraktiver Bruder war bei den Großeltern in Deutschland, und sie war freiwillig dageblieben, was ich nicht verstehen konnte. Und es gab noch ein Mädchen, das aber vorher auf dem Realschulzweig war: Golnaz. Wo der große Rest herkam, wusste ich nicht. In der ersten Stunde stellte sich eine hässliche Schwangere mit zu dünn gezupften Augenbrauen und hoher Kieksstimme vor die Klasse und begann, mit ihrer schrecklichen Stimme laut gegen den Klassenlärm anzuschreien, wir sollten still sein, sonst müssten wir alle zur Direktion.

Den Unterricht in der allerersten Stunde nach den Ferien mit Keifstimme und Drohungen zu beginnen, fand ich merkwürdig und das hysterische Gekreische meiner neuen Mitschülerinnen auch. Mein Herz hatte sich zusammengezogen, als ich mich nach dem Klingeln auf meinen Platz auf der letzten, sicheren Bank setzte und den Anblick der 34 hellblauen Kittel von hinten genießen konnte und den dicken, aggressiven Pinguin im braunen Kittel und hellbraunen Kopftuch und den dicken Füßchen in zu engen Pumps vorne vor der Tafel. Über der Tafel hing jetzt ein Bild von Chomeini in einem goldenen Rahmen. Mit seinem grauen, ekligen Rauschebart und seinen kleinen fiesen Augen starrte er uns an und schämte sich anscheinend nicht, einen lächerlichen Turban auf dem Kopf zu haben.

Der Unterricht gestaltete sich sowohl in dieser ersten Persische-Literatur-Stunde wie auch an allen Stunden danach so, dass ein Pinguin in einem Affentempo die Tafel vollschrieb, und alle das, was an der Tafel stand, schweigend in ihre Hefte kritzelten. Ich legte nach zehn Minuten den Stift zur Seite und schaltete ab. Ich konnte nicht entziffern, was auf die Tafel geschrieben wurde, weil ich die meisten Wörter nicht kannte. Und in dem Tempo, in dem die Frau das Zeug an die Tafel schrieb, hätte ich ihr kaum auf Deutsch folgen können. Zudem malte ich meine persischen Schriftzeichen immer noch. Ich war superlangsam und musste bei jedem Wort überlegen, welche Buchstaben hineingehören könnten, und die Ergebnisse meiner Überlegungen waren natürlich mit Fehlern übersät. Ich hatte gerade mühsam die erste Reihe auf der Tafel abgemalt, da hatte der Pinguin die unterste Reihe fertiggeschrieben und entdeckte erstaunt, dass man die Tafel aufklappen und drinnen weiterschreiben konnte. Er klappte auf, und alle außer mir schrien laut auf: Moment!

In persischen Schulen waren die Tafeln schwarz und unbeweglich an der Wand festmontiert, die Möbel in den Klassen aus dunklem, billigen Holz, und die Gebäude waren weit davon entfernt, hübsche, gepflegte Bungalows in einem Villenpark mit alten Bäumen zu sein. Man hatte uns überfallen. Wir waren besetzt. Ich wurde gezwungen, mitanzusehen, wie meine ganze Welt, meine Sachen, der einzige Ort, an dem ich mich die Jahre in Teheran überhaupt ein wenig Mensch gefühlt hatte, entweiht, besudelt und missbraucht wurden.

Als es klingelte, ging unser deutsches Grüppchen gemeinsam aus dem Klassenzimmer im zweiten Stock nach unten. Das Lehrerzimmer war früher auch im zweiten Stock, direkt oben am Treppenaufgang. Bei den Deutschen war es still, leise und respekteinflößend. Und außer zum Klassenbuch abgeben oder einen Entlassungsschein abholen hatten wir uns gar nicht hineingetraut, zumal das Büro des Direktors direkt daneben war.

Jetzt glich das Lehrerzimmer einem Taubenschlag, in den man hineingeschossen hatte. Man hörte schon von weitem lautes Weibergekreische, schlimmer als bei den Lions-Club-Treffs meiner Mutter bei uns zu Hause, wenn alle schon ein paar Gläser intus hatten.

Das Lehrerzimmer war so voll, dass einige der Pinguine aus dem Vorraum, wo vorher der Schreibtisch unserer Sekretärin gestanden hatte, herausquollen. Alle schrien wild durcheinander, als wäre eben drinnen ein Brautpaar getraut worden, aber leider waren die Pinguine nicht so angezogen wie auf einer Hochzeit üblich. Ich wusste wirklich nicht, was mich mehr deprimierte: der Anblick dieser unzähligen kartoffelförmigen blauen und braunen Mäntel mit Kopftüchern obendrauf oder der penetrante Geruch nach Reis und schlechtem persischen Essen mit diesem stinkenden Bockshornklee, wie es nur arme Leute in ihr Essen taten.

Wir standen davor und konnten es alle nicht glauben.

»Die Sanike haben sich Ghormeh Sabzi mitgebracht!« Golnaz war ein kleines, schmales, busenloses Mädchen mit langen braunen Locken, großen braunen Augen und einer festsitzenden Metallzahnspange.

Bita schlich ein Stück in den Vorraum hinein.

»Die haben es dort aufgewärmt.« Sie hielt sich die Nase zu. »Geh mal rein, wie es dort stinkt!«

Ich machte Kotzgeräusche, und wir liefen schnell die Treppe nach unten auf den Schulhof.

Draußen waren überall mittelblaue Kittel und neue, uninteressante Gesichter mit biederen Kraushaar-Frisuren. Ich hasste Kraushaar, was aber die meisten Perser hatten. Mein Vater hatte es, meine Oma, meine Tante und meine stinkende Cousine. Ich hatte bis jetzt dieselben glatten, schweren Haare meiner Mutter, aber sie begannen sich immer mehr zu locken, was noch toll aussah. Aber ich war besorgt, dass bald aus den großen, schweren Locken eine Krause werden würde. Wir setzten uns auf die Treppe hinter der Hauptvilla, wo die Sonne schien. Die Treppe, auf der ich schon so viele Pausen und Freistunden verbracht hatte, die Treppe, auf der Armin und ich uns über Filme und Turnschuhe unterhalten hatten. Meine Treppe. Wir trugen alle Jeans unter den offenen Mänteln. Ich zog in der Sonne den Mantel aus, damit man mein Shirt sehen konnte, und mit meinen weinroten Lederballerinas an den nackten Füßen fühlte ich mich schon wieder fast wie ein normaler Mensch.

Die anderen holten ihre Sandwichs raus. Ich hatte wie immer keins, bei der Stimmung heute Morgen hätte ich mir in der Küche auch kein Brot schmieren können.

»Ich weiß nicht, wen ich jetzt am meisten hassen soll«, sagte ich und glotzte auf Golnaz' gigantische Barbari-Schnitte, die sie aus einem Papierfetzen wickelte »Meine Mutter, meinen Vater, die bescheuerte Lehrer-Kuh eben oder Chomeini, der uns den ganzen Scheiß eingebrockt hat. Oder den Schah, weil er sich einfach verpisst hat. Warum muss denn alles geändert werden, nur weil Chomeini jetzt hier rumspinnt? Aber meine Eltern waren auch schon vor Chomeini scheiße ... Was ist da drauf?«

»Mortadella«, sagte Golnaz mit vollem Mund.

»Mortadella gibt's doch gar nicht mehr. Sogar Wurst ist verboten! Arzuman hat doch zugemacht und ist geflohen. Die Arschlöcher haben doch seine ganzen Schweine angezündet, damit die verbrennen! Die armen süßen rosa Schweine ... alle verbrannt.«

»Es gibt Wurst, nur eben ohne Schweinefleisch«, sagte Bita leicht genervt. »Und sag nichts gegen den Schah! Meine Eltern und ich lieben den Schah. Ohne ihn wären wir nicht so weit gekommen!

»Weit gekommen ... pfft«, schnaubte ich verächtlich. »So weit, dass sogar die Mortadella scheiße ist. Nichts schmeckt hier ... als ob Perser wüssten, wie man Wurst macht.«

Ich verzog das Gesicht. »Perser wissen gar nichts und können auch einfach nichts«, nölte ich.

»Also, du bist ja auch Perserin ... Und wir essen die Wurst

gern. Wir essen sowieso kein Schweinefleisch. Wieso, esst ihr etwa Schwein? Iih.« Bita sah mich verständnislos an.

»Ja, von Arzuman immer.«

»Was ist überhaupt Arzuman?«, fragte Golnaz.

Ich verdrehte die Augen.

»Ach, ihr seid doch auch scheiße und habt von nichts 'ne Ahnung. Arzuman war eine riesige Wursthandlung! Die muss man doch kennen! Sah genauso aus wie eine Metzgerei in Deutschland. Mit Kacheln und Wursttheke und so. Ziemlich weit unten in der Stadt, um die Ecke vom Geschäft meines Opas. Mama und ich sind da immer hingefahren und haben Bierschinken, Leberwurst und Bratwürste gekauft, alles superlecker … aber die haben zugemacht.«

Mir wurde heiß in der Septembersonne, ich krempelte die Ärmel meines Shirts hoch und streichelte meine nackten braunen Oberarme. Weil mich die Sonne blendete, kramte ich in meinen Manteltaschen nach meiner Sonnenbrille. Als ich sie aufsetzen wollte, sagte jemand zu mir:

»Dochtaram, rupuschet kojast?« (Mein Mädchen, wo ist dein Kittel?)

Vor uns stand eine alte Frau in einem langen schwarzen Mantel und einem schwarzen Kopftuch, nach islamischer Vorschrift so gebunden, dass man kein einziges Haar sehen konnte. Sie hatte ein blasses Gesicht und eine Hakennase.

Sie fragte noch einmal, wo mein Kittel sei.

Ich zog den zerknüllten mittelblauen Stoff unter meinem Hintern hervor.

»Zieh bitte deinen Kittel an.« Hilfe, wo kam die denn jetzt her?

Ich zog mit angekotztem Gesicht das blaue Ding an.

»Bitte zuknöpfen. Und wo sind eure Kopftücher?«

»Im Klassenzimmer«, sagte Bita schnell.

»Die bindet ihr bitte um.«

»Was geht Sie das an?«, fuhr ich sie an. »Laufen Sie hier rum, nur um zu sehen, wer was anhat?«

Sie war kurz schockiert, fasste sich aber schnell wieder.

»Ich heiße Chanum Fourouzan und bin eure Erzieherin. Ich passe auf euch auf, damit ihr euch gut fühlt und ein gutes Benehmen lernt.«

»Was hat gutes Benehmen mit dem dreckigen Mantel zu tun? Und mit dem Kopftuch? Sehen Leute mit gutem Benehmen aus wie Putzfrauen?«

Sie ging nicht weiter darauf ein und wiederholte nur, wir sollten die Mäntel zuknöpfen und in Zukunft unsere Kopftücher nicht vergessen. Dann schlich sie gebeugt von dannen.

Ich zog mir den Mantel wieder von den Schultern, nur um etwas zu tun. Ich war jetzt so aggressiv, dass ich ihr am liebsten hinterhergerannt wäre und mich auf sie gestürzt hätte.

Nach der Schule rief ich sofort Sonja an, die immer noch darauf wartete, dass Dee und ihr Vater sich einigten, wo Dee mit den Kindern bleiben sollte. Außerdem hatte Bijan noch keinen amerikanischen Pass und konnte nicht ausreisen. Es gab kein amerikanisches Konsulat mehr.

»Ich halt das nicht aus. Ich bring mich um«, schloss ich meinen Bericht.

»Komm doch morgen nach der Schule gleich zu mir, Dee ist jeden Tag stundenlang auf Konsulaten. Ich muss babysitten …, ist das furchtbar. Du Arme …«

Am nächsten Nachmittag lagen wir an Sonjas neuem, runden Swimmingpool. Ihr Vater hatte gerade ein pompöses Haus in der Nähe der Deutschen Buchhandlung gekauft, und sie waren erst vor einer Woche umgezogen. Es sah aus wie ein französisches Schloss, mit einer dieser geschwungenen Freitreppen. Sonja erzählte mir, dass sie Dee mit dem Gärtner erwischt hatte.

»Was? Ist doch Quatsch!« Ich hatte wirklich schon genug Probleme.

»Ich hab sie erwischt! Die treibt es mit Masud Agha!«

»Hast du das deinem Vater erzählt?«

»Bist du verrückt? Weißt du, was dann passiert? Die kommen beide in den Knast und werden gesteinigt!«

»Ja, mindestens. Oder gehängt.«

Mir war diese Info viel zu surreal, um mich weiter ernsthaft damit zu befassen, und außerdem war es mir auch egal, mit wem Erwachsene Geschlechtsverkehr hatten. Irgendwie fand ich es heimlich auch cool von ihr, sich als Ehefrau eines reichen persischen Geschäftsmannes von einem Hausangestellten bumsen zu lassen. Das war schon gewaltig. Mehr Gesichtsverlust konnte man seinem Mann in diesem Land nicht antun. Das hatte nichts mit den Mullahs zu tun, das wäre auch unter dem Schah eine unaussprechliche Katastrophe gewesen. Unaussprechlich war der richtige Ausdruck. Das war *Aberu*-Verlust der obersten Kategorie. Aber Dee war Amerikanerin und hatte offensichtlich kein Klassenempfinden. Das war eine von den Geschichten, die ich weder meiner Mutter noch sonst wem je erzählt hätte. Meine Mutter schenkte unserem Gärtner und den Hausangestellten nicht einmal ein Lächeln, sie lächelte überhaupt nie Angestellte an. Sie sagte, iranische Männer würden ein Lächeln sowieso sofort als Aufforderung zum Sex missverstehen, aber Dienstboten anzulächeln wäre vollkommen undenkbar. Ich musste ihr recht geben. Männern durfte man auf der Straße wirklich noch nicht einmal ins Gesicht sehen. Und man verpasste bei den Typen, die auf der Straße rumliefen, auch nichts, ganz im Gegenteil.

Ich hatte mich nach dem Unterricht heimlich weggeschlichen und auf der Straße ein oranges Taxi angehalten, um herzufahren. Mitten in meiner düsteren Berichterstattung über den zweiten Schultag wurde mal wieder der Strom abgestellt. Das passierte in den letzten Wochen täglich, ohne Ankündigung. Ohne Air-Condition wurde es drinnen auch Ende September in der Mittagszeit zu warm, also nahmen wir den Kassettenrekorder, Batterien, unsere Bananenshakes und gingen runter an den Pool. Hinten im Garten sah ich einen fremden Mann Büsche wegtragen.

»Ist er das?«

»Ja! Das ist Masud Agha.« Sonja kicherte.

»Von dem lässt sie sich? Der ist doch eklig!«

»Findet sie nicht. Ich hab sie in der Küche erwischt.«

»Und was hat sie gesagt?«

»Sie tut so, als wäre nix! Jendeh!«

Ich lachte gehässig. Geschah dem Vater recht, dass seine Frau so eine *Jendeh* (Nutte) war.

Ich drehte lauter, um in »Fleetwood Mac« richtig schön einzutauchen. Ich war in dem Sommer zuvor von London aus ein paar Tage nach Paris geflogen und hatte dort ein gigantisches weißes Plakat gesehen, auf dem in Riesenbuchstaben »Tusk« stand. Und darunter, etwas kleiner: »is coming!«

Das hatte mich sofort nervös gemacht, weil ich Angst hatte, dass wir zu früh zurückreisen würden und ich die Platte erst ein Jahr später in meinem Kassetten-Shop neben der Naan-Bäckerei würde kaufen können, wenn überhaupt. Aber ich hatte Glück! Die neue Platte war noch großartiger als »Rumours«, fand ich, was aber auch daran liegen konnte, dass ich mich an »Rumours« überhört hatte. Und nun, als ich zwischen meinen beiden Lieblingsblaus, dem Poolwasser und dem perfekten dunkelblauen Teheraner Himmel, lag und nur meinen dunkelbraunen glatten Bauch und meine noch brauneren Knie sehen konnte, dahinter ein paar hässliche Strommasten, hatte Stevie Nicks Stimme etwas unglaublich Beruhigendes für mich. Kein Kopftuch und kein einziger Mullah dieser Welt hatte so viel Macht, dass mich diese Musik nicht doch sofort richtig glücklich machen konnte. Die Band ließ die ganzen Außerirdischen wenigstens für kurze Zeit zu lächerlichen Playmobil-Figuren werden. Man konnte sie einfach in eine Schachtel packen, den Deckel schließen, und alles war wieder schön. Wenn ich die Augen etwas weiter öffnete, sah ich noch ein paar von den typisch schmutzig-cremefarbenen Flachdächern der Häuser im Norden der Stadt mit ihren Satellitenschüsseln und den rostigen Cooler-Kästen.

Ich schloss die Augen wieder etwas mehr, um mich besser wegbeamen zu können und mich ganz auf das schöne Getrommel von »Tusk« zu konzentrieren.

Wir hatten jetzt jeden Tag eine Stunde länger Unterricht als zuvor, bis um zwei. Deshalb hielten ja die Pinguine ihre Kochtopf-Partys in der Schule ab, was mich wahnsinnig nervte. Ich erzählte Sonja davon.

»Hast du noch die Stinkbomben?« Sonja grinste und wedelte mit ihrer Nagelfeile.

Ich sah sie verzückt an. In meinem Kopf bildete sich soeben ein wundervoller Regenbogen, Schmetterlinge flatterten und kleine Häschen spielten auf einer grünen Wiese.

»Ja«, hauchte ich. Dann glättete sich mein in Sorgenfalten gelegtes Gesicht, und ich grinste zurück, so breit und glücklich, wie ich seit dem Urlaub am Kaspischen Meer nicht mehr gegrinst hatte.

Natürlich hatte ich noch die Stinkbomben von dem lustigen Einkauf in dem Scherzartikelladen in London.

Am nächsten Tag konnte ich es kaum erwarten, bis endlich große Pause war. Ich hatte Bita, Pari und Golli von meinem Vorhaben erzählt. Sie nahmen es mir nicht ab, dass ich das wirklich tun würde.

»Und was ist, wenn sie dich erwischen? Dann fliegst du raus!« Bita sollte mal nicht so spießig sein. Sie vögelte die ganze Zeit mit ihrem Amir. Das war schlimmer als eine kleine Stinkbombe.

»Umso besser! Ich lerne hier doch sowieso nichts.«

Nach dem Klingeln wartete ich in der Klasse, bis alle draußen waren, damit mich keine Mitschülerin sehen konnte. Die anderen warteten mit mir, sie wollten es nicht verpassen. Vor dem Lehrerzimmer ging es heute besonders hysterisch und aufgeregt zu. Und es roch besonders penetrant. Nach Asch! Deshalb waren die alle so aufgeregt. Das erste Asch-Essen nach dem heißen Sommer ist immer ein Erlebnis.

Asch ist eine dicke, grünbraune Suppe aus vielen verschiedenen Kräutern, grünem Lauch, Reisnudeln, verschiedenen Hülsenfrüchten und einer Garnierung aus in Öl gebratenem Knoblauch, Dill und Zwiebeln. Ich mochte Asch sogar ganz gern, aber nur, wenn es meine Mutter oder Maman kochten. Die Angelegenheit war zu unübersichtlich, und es gab zu viele Möglichkeiten, Ekliges unerkannt in die Speise zu schmuggeln. Wenn meine Mutter Asch kochte, dann immer gleich einen Riesentopf, weil Asch bei jedem Aufwärmen besser wurde. Aber es roch unglaublich intensiv, und man musste davon rülpsen und pupsen. Ein Asch-Essen war immer etwas Besonderes, so etwa, wie in Westfalen Grünkohleintopf zelebriert wird.

Ich spazierte gemütlich am Lehrerzimmer vorbei, schmiss die kleine Glaskapsel rein und trottete unbeteiligt und langsam weiter.

Fünf Sekunden später hörten wir drinnen einen spitzen Schrei, dann einen zweiten ebenso spitzen Schrei, dann sehr viele Schreie und Rufe, und schon rannten die ersten Pinguine aus dem Vorzimmer, übertrieben laut schreiend und sogar um Hilfe rufend. Ich stand unten auf dem Treppenabsatz und sah erstaunt, wie immer mehr Kopftücher aus der Tür herausrannten. Unglaublich, wie viele Lehrerinnen sich da hinein gequetscht hatten. Jetzt rannten sie alle in Panik heraus.

Bald war der Flur dichtbevölkert von schreienden Pinguinen, im Lehrerzimmer blieb der Asch-Topf ganz allein zurück. Und sie hörten nicht auf, panisch laut durcheinander zu schreien und sich Taschentücher oder die Zipfel ihrer Kopftücher vors Gesicht zu halten. Einige waren aus dem Gebäude hinausgerannt und suchten nach dem Hausmeister. Sie dachten wohl, ein Rohr oder etwas Schlimmeres wäre explodiert und die Schule würde gleich mitsamt ihrem Asch-Topf auf dem kleinen Gaskocher in die Luft fliegen. Anscheinend wussten die doofen Außerirdischen nicht, dass es diesen üblen Schwefelgestank in kleinen Glaskapseln in allen Scherzartikelgeschäften überall auf unserem Planeten normal zu kaufen gab. Unsere DST-Lehrer hätten sofort gewusst, dass einer eine Stinkbombe geworfen hatte, und hätten sich nur an die Stirn getippt. Mit einem so großartigen Effekt hatte ich überhaupt nicht gerechnet. Es war ein herrlicher Anblick, wie diese dummen, bösen Weiber da vollkommen hilflos standen, weil sie etwas dermaßen Schlimmes noch nie gerochen hatten. Ein berauschendes Gefühl von Überlegenheit und Befriedigung überkam mich. Menschen, die wegen ein bisschen Faule-Eier-Gestank dermaßen die Kontrolle verloren, konnten mir nichts tun. Ich fühlte mich plötzlich stark, stärker als alle zusammen. In diesem Moment überkam mich ein erfüllendes Gefühl des inneren Friedens und der Ruhe, das ich nie vergessen werde. Von den zehn glücklichsten Stunden meines Lebens war dies sicher die erste.

Zwei Tage später waren meine Eltern abends irrsinnig aufgeregt, saßen den ganzen Abend im Fernsehzimmer vor dem Weltempfänger und hörten die Deutsche Welle. Der Iran hatte dem Irak den Krieg erklärt, und alle Grenzen und der Luftraum waren gesperrt. Wir waren alle zusammen eingesperrt. Ich, Sonja, Lucie, Pouri und die Kinder, die es noch nicht geschafft hatten, eine meiner London-Tanten war auch noch da, weil irgendetwas mit ihrem persischen Pass war. Ich wusste nicht, ob ich das schlimm oder beruhigend fand. Immerhin war ich nicht mehr das letzte arme Schwein, dessen Eltern kein Internat wollten. Es war Krieg. Irgendwie auch aufregend, fand ich. Meine Eltern redeten von Bomben, die auf uns geworfen würden, und dass die Russen bestimmt bald einmarschieren würden, so wie in Afghanistan. Das war ja nebenan.

Am nächsten Morgen wurde für die nächsten Abende eine generelle Ausgangssperre verhängt, und zwar ab Punkt acht Uhr. Mein Vater musste die Praxis spätestens um halb sieben schließen, damit er vor der Ausgangssperre zu Hause war. Ansonsten hätte er in der Praxis übernachten müssen. Damit niemand Licht anschalten und damit den irakischen Bombern den Weg weisen konnte, wenn sie über Teheran flogen, wurde der Strom in der ganzen Stadt abgestellt. Jetzt mussten sie eigentlich noch das Wasser und die Luft abstellen, dachte ich.

Meine Mutter schrie mich an, als ich morgens wie immer vor meinem Kleiderschrank stand, es wäre Krieg und keine Modenschau mehr notwendig und ich sollte nach der Schule gefälligst mit dem Bus nach Hause kommen, denn man wüsste nicht, was in der nächsten Stunde passierte.

Jetzt hörte man dauernd dieses Wort: *dschang* (Krieg)!

Abends saß ich im Schein einer unserer neuen Öllampen in meinem Zimmer, hörte »New Kid in Town« von den Eagles und tat sonst nichts. Meine Balkontüren standen offen, meine langen Vorhänge wehten freundlich im warmen Abendwind, als wäre alles normal, aber es war total still und dunkel draußen, vollkommen verrückt für diese Zeit. Normalerweise war auf der Pahlewi Ave um diese Zeit ein Höllenverkehr, den ich trotz der Entfernung abends in meinem Zimmer hörte. Aber die Totenstille war beängstigend, dabei war es noch nicht einmal dunkel.

Ich beneidete Armin, der jetzt in München ins Kino gehen und »Die blaue Lagune« mit Brooke Shields sehen konnte. Ich hatte in einer *Bravo* vor etwa einem halben Jahr gelesen, dass der jetzt in Deutschland in die Kinos kam. Bei dem Gedanken, dass Armin ins Kino ging, um sich die halbnackt in einer Lagune schwimmende Brooke anzusehen, musste ich lachen, weil ich wusste, dass dies ein Mädchenfilm war und Armin sich den mit Sicherheit nicht ansehen würde. Aber ich würde jetzt gern nach einem Einkaufstag in meinen neuen Klamotten ins Kino gehen und mir die wunderschöne Brooke ansehen. Ich begann, mir den Tag auszumalen, Hand in Hand mit Armin durch die schicksten Boutiquen laufen und später aus dem großen Haufen neuer Sachen etwas aussuchen und ins Kino gehen, um dort weiter Händchen zu halten. Stattdessen glotzte ich auf meine hässlichen Vorhänge, die dem Geschmack eines zehnjährigen Mädchens von 1975 entsprachen, aber jetzt vollkommen deplatziert wirkten. Meine Mutter hatte mir schon mehrmals neue Vorhänge vorgeschlagen, aber ich hatte keine Lust, das war so, als würde man mich bitten, mir einen neuen Sarg auszusuchen. Fernsehen konnte man auch nicht, denn da kam schon lange nichts mehr, was keinen Turban oder Tschador trug. Ich hatte »Ein Mann für gewisse Stunden« bekommen, als Raubkopie von Arash, einem der hiergebliebenen Jungs aus unserer ehemaligen Parallelklasse, aber das ging ja nicht ohne Strom. So versuchte ich etwas zu lesen.

Mein Vater war unten bei seinen Eltern, und sie überlegten, ob man den Keller als Bombenbunker nutzen könne. Die Ausgangssperre und die Hysterie der Erwachsenen lähmten mich und machten mich allem gegenüber noch gleichgültiger als sonst. Im Fernsehen und Radio nölte einer die ganze Zeit, alle sollten in den heiligen Krieg ziehen, um im Namen und Auftrag des Imam Chomeini zu sterben und als Märtyrer in den Himmel zu kommen, denn der Märtyrertod dauerte nur eine Sekunde, und was danach käme, wäre der Hit.

Meine Großeltern waren hysterisch, und mein Großvater war richtig krank geworden vor Angst. Er hatte den ganzen Tag schweren Durchfall. Als ob der etwas zu verlieren hätte. Der saß doch sowieso auch ohne Krieg jeden Abend im Dunkeln, um Strom zu sparen, schaute nie fern, hörte nie Musik und ging um acht ins Bett.

Am nächsten Tag stand der schwangere Pinguin vorne und erzählte etwas von Hafez, einem großen persischen Dichter. Ich verstand nichts von dem Gedicht, es handelte von süßen Früchten und Liebesbäumen, jedenfalls thematisch vollkommen uninteressant. Die Sprache war für jemanden mit meinem Sprachniveau noch unverständlicher als ein Gedicht von Rilke für meinen Vater.

Jedenfalls hatte ich abgeschaltet, schaukelte auf meinem Stuhl hin und her und konzentrierte mich darauf, möglichst große Blasen mit gleich zwei Hubba Bubbas zu produzieren, die ich morgens in meiner Lederjacke gefunden hatte. Es war jetzt kühl genug für eine Jacke, aber ich musste meine geliebte Lederjacke über dem blauen Kittel tragen, was sowohl der Jacke als auch mir jegliche Coolness raubte. Alle sahen so aus, mit dem blauen Lappen unter den Jacken, und ob meine Jacke jetzt von Daniel Hechter aus Paris oder aus Abdullhassans Laden in Tadjrish war, ließ sich nicht mehr unterscheiden, fand ich. Meine Mutter nervte zusätzlich mit ihren saublöden Sprüchen, jeden Tag kamen haufenweise fiese Kommentare, egal, was ich tat. An diesem Morgen hatte sie nur beim Anblick der Jacke gesagt, sie wäre froh, dass ich jetzt eine Uniform tragen müsste und jetzt gäbe es endlich keine großen Auftritte von Lilly Chanum mehr in der Schule.

Aber sie redete mittlerweile sowieso nur noch Blödsinn, sodass die einzelnen Gemeinheiten mich nicht mehr verletzten. Ich musste alleine zurechtkommen, auf meine Eltern konnte ich nicht mehr zählen.

Während ich so meinen Gedanken nachhing, spürte ich, wie es um mich herum still wurde. Ich sah mich um und wunderte mich, warum mich einige anstarrten, als würden sie auf etwas von mir warten.

»Hast du mitbekommen, was ich zu dir gesagt habe?«, schrie mich der Pinguin von vorne an.

Bita zischte mir etwas zu: »Entschuldige dich!«

Entschuldigen? Wofür?

»Nein. Was haben Sie zu mir gesagt?«, antwortete ich gelangweilt.

Sie schrie jetzt noch eine Nuance lauter: »Dein Anblick ist so lächerlich! Wenn du wüsstest, wie lächerlich du bist! Morgen bringe ich eine Kamera mit und mach ein Foto von dir, damit du siehst, wie lächerlich du aussiehst!«

»Na gut«, sagte ich, jetzt betont gelangweilt, »dann bringe

ich auch eine Kamera mit und mache ein Foto von Ihnen. Wir können die Bilder nebeneinanderstellen, und dann sehen wir ja, wer von uns beiden lächerlich aussieht.«

Ich hatte kurz gestockt, weil ich das persische Wort für »vergleichen« nicht wusste. Aber es hatte trotzdem gut geklappt.

Der Pinguin schnappte nach Luft. Dann kam sie in ihrem braunen Mantel auf mich zu gewalzt, packte mich einfach am Arm, zog mich mit einer erstaunlichen Kraft hinter sich her durch die ganze Klasse bis zur Tür und schrie dabei mit ohrenbetäubender Kreischstimme:

»Raus! Raus aus meiner Klasse! Du bist ein Stück Dreck und hast meinen Unterricht nicht verdient. Geh zur Direktorin und melde dich! Verschwinde!«

Alle waren mucksmäuschenstill. Ich flog durch die Tür auf den Flur und drehte mich noch einmal um, zuckte mit den Schultern, da knallte sie schon die Tür zu.

Es dauerte etwas, bis ich mich gesammelt hatte. Mich hatte noch nie ein Lehrer angefasst. Was war das denn? Und wenn ich nur gewusst hätte, was sie mich vorher gefragt hatte. Und was wollte sie? Ich sollte mich in der Direktion melden? Als was denn? Hingehen und sagen: Ich melde mich? Und dann blöde Fragen beantworten, bis der Pinguin kam und mich vor allen fertigmachen konnte?

Das kam nicht in Frage. Ich ging nach unten und setzte mich hinter eine der alten Säulen der Villa, damit mich niemand sah, denn es gab keine Freistunden mehr und somit waren keine Schülerinnen während des Unterrichts auf dem Hof.

Als es klingelte, wartete ich ungeduldig, bis Bita, Pari und Golli herunterkamen.

»Warst du bei der Direktion?«, fragte mich Golli atemlos.

»Nein, natürlich nicht! Ich bin doch nicht verrückt.«

»Was für eine Antwort! Sie hat noch gezittert, als du schon lange draußen warst.« Bita war stolz auf mich.

Pari sagte gar nichts, schaute nur leidend und zwirbelte ihre Haarsträhne. Das tat sie immer, und es sah total behindert aus.

»Was hatte die mich denn gefragt? Warum ist die so ausgeflippt?«

Golli lachte. »Sie hat ihren Quatsch erzählt und hat dich plötzlich gesehen, wie du auf dem Stuhl schaukelst und völlig abwesend aus dem Fenster schaust. Und dann hast du noch eine Riesenblase mit deinem Kaugummi gemacht, und sie ist aus-ge-flippt …«

»Aber was hat sie mich gefragt?«

»Sie hat einfach mitten im Satz gesagt: Den Rest wird uns Leily erklären. Und du hast einfach weiter aus dem Fenster geglotzt.« Golli bog sich vor Lachen.

»Die blöde Sau. Golli, bitte, geh hoch und hol meine Tasche.«

Bita wiederholte ungefähr zwanzigmal meinen Spruch und wie ihr und allen anderen wahrscheinlich das Blut in den Adern gefroren war, weil wirklich niemand mit so einer superfrechen Antwort gerechnet hätte.

Und sie lachte weiter, weil die ganze Klasse auch deshalb schockiert war, weil man mich noch nie im Unterricht so viele Worte am Stück hatte sagen hören.

Golli war wieder da, mit meiner Tasche und meiner Lederjacke. Ich hatte das Kopftuch dabei, holte es aus der Tasche und band es mir vorschriftsgemäß um.

»Was machst du?«

»Ich will raus. Wenn ich so aussehe, geht das leichter.«

»Wo gehst du hin? Du musst zur Direktion, sonst fliegst du.«

Ich sah sie mitleidig an. »Ich fliege? Oh, das wäre aber schrecklich!«

»Lilly, du kannst nicht einfach gehen!« Bita war jetzt auch bestürzt. »Du fliegst sonst raus und musst auf eine richtige persische Schule, wo es noch viel schlimmer ist.«

»Ich muss gar nichts!« Ich schob meine berühmte Unterlippe vor und ging ein Stück in Richtung des oberen Schultors.

Aber so richtig wohl war mir nicht. Jetzt einfach zu gehen,

würde mit Sicherheit den Rauswurf bedeuten. Die Pinguine hatten andere pädagogische Richtlinien als ein deutsches Gymnasium. Aber ins Lehrerzimmer zu gehen und mich »zu melden« kam überhaupt nicht in Frage.

Die drei sahen mich an, wie Häftlinge denjenigen ansehen, der sich traut, zu flüchten.

»Tschüss … ich ruf euch später an! Und ihr wisst nichts über mich, falls man mich sucht.«

Wir hatten keine Schultorwarte mehr, denn das wären ja Männer gewesen, und die waren in einer Mädchenschule verboten. Eine in schwarzem Kittel und weißem Kopftuch stand in der Nähe des Tors. Ich lief mit gesenktem Kopf zur Tür und drückte die Klinke runter. Zu meinem Erstaunen war die Tür offen. Ich ging raus und zog das schwere Tor leise hinter mir zu.

Ich war draußen! Die Aufpass-Frau hatte mich überhaupt nicht beachtet. Tolle Schule!

Draußen rannte ich sofort los bis zur nächsten Straßenecke, an der ich sicher sein konnte, dass man mich aus keinem der oberen Fenster der Schule mehr sehen konnte. Ich zog den Kittel aus, warf ihn einfach auf die Straße und das beschissene Kopftuch auch und zog dann meine Jacke wieder an. Ich war schon fast bis zur nächsten befahrenen Straße gelaufen und wollte ein Taxi anhalten, da fiel mir ein, dass es total dumm war, den Kittel wegzuwerfen. Denn ich hatte mir überlegt, zu Hause nichts von allem zu erzählen und am nächsten Morgen ganz normal das Haus zu verlassen. Aber dazu brauchte ich den Kittel als Tarnung.

Supergenervt rannte ich zurück zu der Stelle, wo meine Sachen noch im Dreck lagen.

Unter den erstaunten Blicken zweier Frauen mit kleinen Kindern auf dem Arm rannte ich zu dem blauen Ding im Schmutz, hob es auf und stopfte es in meine Tasche, das Kopftuch hatte der Wind ein Stück weggeweht. Ich zerknüllte es und steckte es ein. Jetzt trug ich eine Karottenjeans von

Edwin, ein weißes, verwaschenes Sweatshirt, meine wunderschöne Lederjacke und die zerschlissenen Adidas-Tennisschuhe aus weißem Leinen. Die ganze Welt konnte meinen Hintern in der Jeans und meine zerzausten Haare sehen. So wie bei einem ganz normalen Teenager in einer normalen Stadt in einem normalen Land.

In dem Moment fuhr ein verbeulter oranger Peykan vorbei. Das Taxi war leer, nur der Fahrer saß am Steuer. Ich winkte es heran, stieg ein und ließ mich zu Sonja fahren.

An diesem Abend überflogen irakische Kampfflugzeuge Teheran, und die Erwachsenen flippten total aus. Ein lautes Pfeifen bedeutete Bombenalarm, und mein Vater schrie, wir müssten sofort nach unten.

»Ich komme nicht mit«, rief ich aus meinem Zimmer durch die offene Tür in die Diele hinein.

Niemand antwortete. Irgendwann kam mein Vater ins Zimmer gerannt, riss mich am Arm hoch und hinter sich her. Ich machte mich los.

»Lass mich los, ich geh nicht in den Kack-Keller und sitze da blöd rum mit den Arschlöchern! Ich sterbe hier oben, allein!« Ich legte mich wieder zurück auf mein Bett.

Da hob mein Vater den Arm und schlug mir mit voller Wucht ins Gesicht. Die Innenseiten meiner Lippen brannten sofort wie Feuer, fühlten sich ganz zerfetzt an und ich schmeckte Blut.

Ich wischte mir fassungslos mit dem Handrücken über den Mund, und ein langer roter Streifen zog sich auf meiner Hand entlang. Ich sah ihn erst hasserfüllt an, dann weg und setzte mich in Bewegung, holte mir ein paar Kleenex und ging nach unten. Im Treppenhaus betete ich, der Schlag möge mich treffen und ich würde hier an Ort und Stelle tot umfallen, damit mir der Keller mit den Großeltern erspart bliebe.

Aber leider wurden meine Gebete nicht erhört. Es war natürlich superätzend da unten. Maman betete die ganze Zeit laut und tat so, als hätte ihre letzte Stunde geschlagen. Mein Großvater holte ständig sein zusammengefaltetes Taschentuch hervor und tupfte sich die Augen ab. Dabei schüttelte er den Kopf, als wäre es eine Unverschämtheit, dass er das in seinem Alter noch mitmachen müsste.

Meine Mutter sagte nichts und presste nur eine Aktenmappe mit unseren Pässen und Dokumenten an sich.

Mein Vater sah mich immer wieder angewidert an, als wäre ich an dem ganzen Krieg und Elend schuld, und ich blickte auf den graugesprenkelten Steinboden.

Ich versuchte, an Brooke Shields zu denken und was sie wohl gerade machte und dann, dass dies nur eine Szene in einem Kriegsfilm sei, in dem ich die Hauptrolle spielte. Aber es nützte nichts. Ich konnte mich nicht wegbeamen, ich blieb in dem nach Schimmel stinkenden Keller sitzen.

Als dann endlich die Bomber über Teheran flogen, bat ich Gott, sie mögen doch bitte unser Haus treffen, aber alle würden unverletzt bleiben, nur über mir sollte die Decke einstürzen und mich töten.

Ab dem nächsten Tag stieg ich jeden Morgen auf dem Bushof mit brav zugeknöpftem Kittel und Pokerface aus meinem Bus, ging aus dem weit offenen Bustor hinaus in die Freiheit für ein paar Stunden.

Dann zog ich an der nächsten Ecke meinen Kittel aus, um nicht für jeden als Schulmädchen erkennbar zu sein, winkte ein Taxi heran und fuhr zu Sonja.

Dann hingen wir bei ihr ab. Meistens mit Lucie, die auch nicht zur Schule musste, weil ihre Mutter wusste, dass sie nach Deutschland gehen würden, egal, was der Vater sagte. Dass gerade Krieg war, alle Grenzen des Landes geschlossen und kein einziges Passagierflugzeug flog, war Lucies Mutter egal. Lucie und Sonja wurde der persische Scheiß nicht zugemutet, worum ich sie beide glühend beneidete.

Wir lagen bei Sonja im Zimmer und besprachen den neuen

Freund von Lucie, Alain. Alain war Halbfranzose, hatte honigblonde Locken und sah etwas aus wie Leif Garrett.

Lucie beklagte sich, dass ihre Mutter ihr zwar den Freund erlaubte, aber nur unter der Voraussetzung, dass sie immer dabei war, wenn sie sich trafen.

»Deine Mutter spinnt doch!«, sagte Sonja entrüstet.

»Was soll ich machen! Sie sagt es sonst meinem Vater, und dann darf ich gar nichts mehr.«

»Sie muss gerade reden! Sie hat doch selbst einen Lover und ist verheiratet!«

Ich sagte gar nichts. Mir waren Alain und alle Mütter egal. Ich lag auf dem Bett und machte kleine Kügelchen aus Flüssigklebstoff. Ich hatte unten in der Küche eine Tube amerikanischen Klebstoff gefunden und mit nach oben genommen. Es roch viel schärfer und besser als das persische Uhu und war auch klebriger. Ich hielt mir die Kügelchen unter die Nase und inhalierte den herrlichen Duft tief ein.

Mittags rief ich meistens meine Mutter an und sagte, wir hätten doch noch länger Unterricht, weil es neuerdings ein Förderprogramm für uns gäbe. Meine Mutter glaubte es und war froh, dass ich so einsichtig war, daran teilzunehmen. Mich ärgerte natürlich, dass die Förderprogramm-Lüge die Pinguine in einem unverdient guten Licht dastehen ließ, aber mir blieb nichts anderes übrig, denn meine Mutter durfte auf keinen Fall bei Sonja zu Hause anrufen, das war zu gefährlich. Dee und Lucies Ma wussten zwar, dass ich jeden Tag Schule schwänzte, aber meine Mutter war zu schlau, und Dee wusste ja nicht, in welche Lügen ich mich schon verstrickt hatte, und hätte sich leicht verplappern können. Und ich wollte einfach so wenig wie möglich zu Hause sein.

Sobald ich zu Hause war, ging ich in mein Zimmer, machte Musik an und hängte mich ans Telefon, um mir von den anderen den qualvollen Schultag berichten zu lassen. Merkwürdigerweise bemerkte niemand mein Verschwinden, und der schwangere Pinguin hatte auch nichts mehr gesagt.

Beim nächsten Bombenalarm waren schon alle im Keller, und ich kam mit einem Buch etwas später nach. Ich hatte meine alten Holzclogs an, und als ich unten ankam, lachte meine Mutter Tränen und mein Vater war wie immer aggressiv und hätte mir gerne eine gescheuert. Ich setzte mich vorsichtshalber ein Stück weit weg von ihm.

»Was war denn? Wieso haben alle so blöd geschaut, als ich kam, Mama?«

»Du warst so laut auf den Marmortreppen mit deinen Clogs, als wir deine Schritte unten poltern hörten, schrie dein Großvater: Jetzt kommt Saddam, jetzt kommt Saddam! Und dann kamst du durch die Tür.«

Sie wischte sich die Tränen weg. Und konnte sich nicht mehr beruhigen. Ich fand es gar nicht so lustig wie sie.

Meine Eltern gingen bald nicht mehr in den Keller, denn sie hatten endlich eingesehen, dass der Einschlag einer Bombe unser Haus sofort zum Einstürzen bringen und man in jedem Fall sterben würde, egal ob oben oder unten.

Aber der Strom wurde weiterhin bei Bombenalarm abgestellt, und wir mussten alle in einem Zimmer bei zugezogenen Vorhängen sitzen, damit kein Licht nach außen dringen konnte.

Meine Eltern hörten dann Deutsche Welle auf ihrem Weltempfänger, und ich hatte den großen Kopfhörer in den Walkman gestöpselt und hörte mit geschlossenen Augen Musik. Mein völliges Abschalten nervte meine Eltern. Mein Vater fand, ich sähe aus wie auf Heroin, und meine Mutter sagte gehässig: »Sie hört dieses dang-dang-dang den ganzen Tag. Ich bekomme immer Kopfschmerzen davon.«

Das dang-dang-dang meiner Mutter war die großartige Platte von Queen, »A Night at the Opera«, die ich nachmittags laut, aber nicht superlaut gehört hatte. Queen konnte man nicht leise hören. Meine Mutter war mal wieder reingestürmt und hatte einfach den Stecker herausgerissen. Ich verstand nicht, wie man überhaupt leben konnte, ohne Musik zu hören.

Sie mochte nur Elvis und Harry Belafonte, und die fand ich beide total blöd. Platten oder Kassetten hatte sie nicht, nur wenn deren Songs im Radio liefen, stellte sie lauter und summte dazu. Und ich hatte das durchaus respektiert und mich nie so angestellt, wie sie es mit meiner Musik tat. In letzter Zeit überlegte ich öfters, ob alles bei der Kind-Verteilung mit rechten Dingen zugegangen war, oder ob ich jemand anderem gehörte und aus Versehen denen zugeteilt worden war, im falschen Körper auch noch, nämlich als Perserin. Warum war ich nicht Edith, die schon am Anfang der Sommerferien zu ihrem Vater geflogen war und jetzt auf ein Internat in der Nähe von Münschen ging, wo es wohl ziemlich heiß zuging mit Jungs und auch Drogen. Bita hatte natürlich Kontakt zu ihrer besten Freundin und mir das alles erzählt.

Ich durfte gar nicht daran denken, wo und wie Edith gerade lebte, sonst würde ich sofort anfangen zu heulen, und würde auch nie mehr aufhören können.

Es war schon Ende Oktober und genau richtig, um sich den ganzen Tag draußen herumzutreiben. Leider hatte Sonja ziemlich oft den kleinen Bijan am Hals, weil Dee ständig unterwegs war. Wenn ich gegen halb neun ankam, lag Sonja meistens noch im Bett, wir frühstückten zusammen und fingen dann an, uns mächtig aufzustylen, einfach so, aus Langeweile. Ich hatte meine halbe Garderobe bei Sonja rumliegen, sie zog meine Sachen an und ich ihre. Ich hatte eine amerikanische *Vogue* von April 1980 mit Brooke Shields darauf bei Dee gefunden und hütete sie wie einen Schatz. Im Heft war eine große Geschichte über eins der *Vogue*-Models, Gia Carangi, und den Tod ihrer geliebten Bookerin, Wilhelmina Cooper, in New York, die mich sehr berührt hatte. Ich machte mir große Sorgen um das schöne Model. Sie war allein und verzweifelt, obwohl sie reich, schön und berühmt war. Also alles, was ich sein wollte. Und trotzdem unglücklich, ich verstand das nicht. Jedenfalls schminkten wir uns wie die Models mit drei Farben

Lidschatten, einer Menge Rouge und sehr viel klebrigem Lipgloss. Dann übte ich einen feuchten, halboffenen Mund, ohne dabei auszusehen wie meine Cousine, die den Mund auch immer offen hatte, weil ihre Nebenhöhlen chronisch verstopft waren, sondern natürlich so wie die wunderschöne Brooke auf dem Titel. Wenn wir fertig geschminkt und angezogen waren und Sonja sich noch eine komplizierte Hochsteckfrisur gemacht hatte, setzten wir Bijan in den Buggy und gingen raus auf die Straße. Meistens riefen wir vorher noch Lucie an, die ganz in der Nähe von Sonja wohnte, und logen ihre Mutter an, dass wir gleich mit Dee in den Park fahren und gerne Lucie abholen würden. Sonja klingelte dann mit Bijan auf dem Arm, damit die Mutter nichts merkte, und ich wartete um die Ecke im Taxi.

Lucie sagte, ihre Mutter säße die meiste Zeit vor dem Telefon und wartete auf den Anruf ihres Lovers aus Deutschland.

»Deine Mutter hat also doch einen Lover!«

Lucie grinste blöde.

»Und was ist jetzt mit Alain?«, fragte ich desinteressiert.

»Mit dem waren wir gestern Hamburger essen. Ich durfte auf seinem Motorrad hinfahren und meine Mutter und mein Bruder im Auto hinterher …«

Jetzt verdrehte ich die Augen und stöhnte.

Als wir vor dem Park aus dem Taxi stiegen, kam ein weißer Mercedes, vollgestopft mit Jungs, langsam an uns vorbeigefahren, und jeder von ihnen rief uns etwas zu.

Wir taten so, als wäre nichts, und versuchten sie zu ignorieren, wurden aber alle drei rot und schämten uns. Als wir die vierspurige Pahlewi überquerten, um im Basar nach neuen Klamotten zu suchen, machten die mit quietschenden Reifen einen U-Turn und fuhren nun auf der anderen Straßenseite langsam neben uns her. Es war eine nagelneue Mercedes-Limousine und die Jungs sahen gar nicht schlecht aus, hatte ich mit einem schnellen Seitenblick festgestellt.

So dermaßen nicht beachtet zu werden, langweilte die

Mercedes-Gang, aber sie riefen uns noch zu: »Wenn ihr doch noch wollt, wir sind auf der anderen Straßenseite!«

Zu meiner Überraschung rief Sonja zurück: »Und wenn ihr wollt, wir sind auf dieser Seite.«

Ich hörte die Mercedesreifen quietschen, die Autotüren gingen auf und alle riefen: »Klar, wollen wir, wir kommen!«

Ich rannte los, über die Straße, in den Park hinein, Lucie in ihren klackernden Holzpantoffeln und Sonja mit dem scheppernden Plastik-Buggy hinterher. Wir blieben erst auf einem der Spielplätze stehen, Bijan heulte, und Lucie hatte die Schlampentreter ausgezogen. Wir mussten alle drei entsetzlich lachen.

»Die waren gar nicht so schlecht …«, sagte ich etwas bedauernd.

Genau das hatte Sonja auch gedacht. Aber man konnte sich unmöglich von persischen Jungs auf der Straße anquatschen lassen. Das ging einfach nicht. Und ich hatte auch Angst vor jedem außerhalb unserer Schule. Irgendwie waren das auch Außerirdische. Ich konnte sie überhaupt nicht einschätzen und kannte die Rules nicht. Es waren definitiv ganz andere als meine.

Wenn Sonja Bijan mal nicht mitnehmen musste, gingen wir ins Hilton oder ins Hyatt, hingen da in der Lobby ab und ließen uns danach von Alain und seinen Freunden von der ehemaligen French School auf den Motorrädern Kunststücke vorführen. Die Jungs fuhren die Auffahrt zum Hilton so lange hoch und runter und führten uns Take offs vor, bis wir uns bereit erklärten, uns hinten draufzusetzen.

Es war an einem Samstag nach einem dieser langweiligen Familien-Freitage, an denen alle nur von Irak und Krieg, Benzin-Coupons und Rationierungen und ihrer Angst sprachen, sodass ich froh war, irgendetwas zu erleben, egal was. Deshalb traf ich mich mit Lucie, Alain und einem seiner Freunde im Hilton und trank Cola. Alain schlug vor, dass Lucie und ich uns bei ihm hinten auf die gelbe Yamaha Enduro setzten und

Sonja zu Laurent und wir alle zu ihm nach Hause fahren und Musik hören sollten. Zu einem vollkommen fremden Jungen nach Hause zu fahren, war mir zu gefährlich, aber nach dem Freitag musste ich dringend etwas Verbotenes tun. Zu dritt auf dem Motorrad zu fahren, fand ich auch gefährlich, ich hatte immer schon allein Angst. Ich diskutierte mit den Mädchen auf Deutsch und schlug vor, mit Sonja in einem Taxi hinterherzufahren. Aber das fanden alle blöd. Ich sträubte mich schon deshalb nicht richtig, weil ich die beiden Jungs eigentlich süß fand. Ihre französischen Namen sprachen sie genauso persisch aus wie wir unsere deutschen Namen. Also Lorran und Allänn. Wir sagten Farranak statt Frank und sprachen alle miteinander ein Kauderwelsch aus Deutsch und Persisch. Wahrscheinlich sprachen sie Persisch mit französischem Akzent, so wie Sonja und ich mit deutschem, aber um das zu bemerken, verstand ich die Sprache immer noch zu schlecht. Also setzte sich Sonja etwas widerwillig zu Laurent, der schwarze Haare hatte und superblaue Augen und ein wenig aussah wie Alain Delon. Ich überlegte, ob ich mich in ihn verlieben könnte, einen hübschen, coolen Jungen, der kein Deutsch sprach. Immer nur Persisch sprechen wäre auf Dauer mühsam und langweilig. Ich quetschte mich hinten auf das letzte freie Stückchen schwarzen Sitz, presste mich an Lucie und hielt mich am Griff hinter mir fest.

Laurent fuhr vor, Alain mit uns beiden hinten drauf hinterher. Rechts und links der Hotelauffahrt standen dicht geparkt die Autos. Unten an der Pahlewi blieb Laurent stehen und drehte sich nach uns um. Dieser Moment muss Alains Selbstdarstellungstrieb extrem herausgefordert haben, er riss das Lenkrad der Yamaha nach oben, und ich flog von den wenigen Zentimetern Sitzfläche unter meinem Hintern auf den Asphalt, Alain verlor das Gleichgewicht, und ich sah, auf dem Boden liegend, wie er mit dem Motorrad in die parkenden Autos krachte. Ein schreckliches Geräusch, Glassplitter überall, ein heulendes Motorrad und Blut.

Die beiden anderen kamen hochgerannt, Lucie hatte sich wieder aufgerappelt und hielt sich den blutenden Arm. Aus Alains kleinem Finger spritzte das Blut. Vollkommen schockiert sah ich, dass er sich den Fingernagel regelrecht abgerissen hatte. Laurent hob die Maschine hoch, und Lucie hielt sich nur wortlos den Arm. Sie hatte sich geschnitten, überall lagen Glassplitter mit Blut befleckt, und wir hatten drei Autos verbeult und zerkratzt. Ich setzte mich auf den Grünstreifen und untersuchte mich. Mir taten die Hüfte und das rechte Knie entsetzlich weh. Meine Jeans hatte zwar keinen Riss, aber meine Haut darunter war an vielen Stellen schlimm aufgeschürft, und aus der großen Schürfung auf meinem Knie sickerte ganz langsam Blut durch die Hose und es wurde schon dick.

»Komm, wir müssen in die Notaufnahme.«

»Nein, auf keinen Fall, will ich nicht«, sagte Alain trotzig. War der verrückt geworden?

»Du musst genäht werden!«, schrie ich ihn genervt an. Ich war total sauer. Wir hätten alle tot sein können. Nur weil der Idiot sich vor uns wichtig machen wollte. Wie dämlich von mir, einfach hinten draufzusteigen, obwohl ich Angst hatte. Und keiner von uns trug einen Helm! Mir wurde noch etwas übler bei der Vorstellung, was auf der vierspurigen Pahlewi alles hätte passieren können. Deutsche Jungs hätten das nie getan. Sie trugen auch ohne Helmpflicht meistens Helme und hatten einen Ersatzhelm für die Mädchen dabei. Sie waren von ihren Eltern so erzogen: ohne Helm kein Motorrad.

Lucie ging in die Hotellobby, um ihre Mutter von einem der Wandtelefone anzurufen. Auf die hysterische Alte hatte ich jetzt überhaupt keinen Bock. Ich hinkte in Richtung Straße und sagte auf Deutsch zu Sonja:

»Ich hau ab, nach Hause. Willst du mit?«

»Wie, du gehst jetzt einfach, oder was?«, schrie sie mich an, als wäre ich an allem schuld.

»Ja. Tschüss.«

Ich humpelte an den Straßenrand, winkte den nächsten verbeulten orange Peykan heran, schrie dem Fahrer meine Adresse zu, er hielt an, und ich ließ mich zu zwei Frauen im Tschador auf den ausgebeulten braunen Kunstlederrücksitz fallen. Ich wollte bloß nach Hause.

Zu Hause sagte ich, ich wäre in der Schule von der Mauer gefallen.

»Was turnst du auf der Mauer herum wie ein Lat?«, keifte meine Mutter sofort. Ein *Lat* ist ein Halbstarker, ein Asozialer.

Ich holte eine große Tube Bepanthen aus dem Medizinschrank meines Vaters und eine Packung Paracetamol.

»Was hast du dir da genommen?«, schrie meine Mutter. »Seit wann bist du Arzt?«

»Bepanthen und Paracetamol. Und an deiner Stelle würde ich zwei Valium nehmen.«

Ich ging in mein Zimmer, schloss die Tür und legte Blondie »Autoamerican« auf, aber nicht zu laut, denn ich brauchte unbedingt Ruhe.

Dann zog ich meine Jeans vorsichtig aus und sah mir das Elend an. Meine Beine sahen nicht mehr perfekt, sondern total scheiße aus. Ich stand lange in meinem weißen Slip vor dem Spiegel und sah mich an.

Ich war lang, dünn und braun mit roten Knien und lila Schienbeinen.

Und dann begann ich zu singen:

The tide is high but I'm holding on
I'm gonna be your number one
I'm not the kind of girl who gives up just like that
Oh, no!
It's not the thing you do that tease and wound me bad
But it's the way you do the things you do to me
I'm not the kind of girl who gives up just like that
Oh, no!

The tide is high but I'm holding on
I'm gonna be your number one
Number one, number one.

Und plötzlich war alles wieder gar nicht mehr so schlimm. Ich spulte zurück, hörte das Lied noch mal und noch mal und grinste die ganze Zeit, obwohl es wirklich gar keinen Grund dafür gab.

Abends zeigte ich meinem Vater meine Beine und sagte, ich hätte starke Schmerzen und könne nicht laufen. Er untersuchte mein Knie auf Bruchstellen, meinte dann, es wäre nichts gebrochen, nur stark geprellt und was ich auf der Mauer zu suchen gehabt hätte. Und ich sollte das Knie lieber schonen, Eis darauf legen und auf keinen Fall zur Schule gehen.

Am nächsten Tag lag ich provokativ in Shorts auf dem Bett, die Beine dick mit Bepanthen eingeschmiert.

Meine Mutter kam zu mir rein, brachte eine Schüssel mit hellgelben Melonenstücken, setzte sich zu mir aufs Bett und wollte verbotene Geschichten aus meinem Leben hören. Ich musste innerlich lachen bei der Vorstellung, was ich alles erzählen könnte.

»Und, wie lange wollen Sonjas Eltern Sonja noch zu Hause behalten?«

Ich zuckte mit den Schultern und sagte lieber nichts, sonst verplapperte ich mich noch und sie kapierte, dass ich jeden Tag bei Sonja und Dee verbrachte.

Aber meine Mutter aß mit Appetit ihre mitgebrachten Melonenstücke und erzählte, dass Pouri jetzt ohne Klaus mit den Kindern mit dem Bus zur türkischen Grenze und dann nach Ankara fahren würde. Um dann von Ankara nach Deutschland zu fliegen. Und dass ihre Schwester Gita, die in ihren Sommerferien vom Krieg überrascht worden war, auch mit diesem Bus fahren würde und dann nach London weiterflog.

»Kann ich nicht mit denen mit?«, fragte ich hoffnungsfroh.

»Wie willst du über die Grenze? Hast du einen deutschen Pass?«, fragte meine Mutter spöttisch.

Nein, hatte ich nicht. Iraner durften nicht ausreisen, die mit anderen Pässen verschwanden jetzt alle mit Bussen, Sonja hatte schon davon erzählt. Aber sie hofften noch darauf, dass der Flughafen bald wieder geöffnet wurde. Dee wollte nicht mit Kind und Kegel im Bus fliehen.

Am nächsten Tag fuhr ich wieder mit dem Taxi zu Sonja. Sie war sauer, weil ich einfach abgehauen war.

»Lucies Mutter ist gekommen!«, schnauzte sie mich an. »Hat uns alle fertiggemacht und ist mit Lucie und Alain weggefahren.«

Ich zog meine Hose runter, damit sie meine schweren Verletzungen sehen konnte. Meine Oberschenkel waren großflächig aufgeschürft, mein rechtes Knie war dick geschwollen und mein Vater hatte es orange eingepinselt. Darunter verfärbte es sich blau.

»Sie hat uns alle auf der Straße zur Sau gemacht, und Madame setzt sich ins Taxi … Oh mein Gott! Tut es sehr weh?«

Ich nickte ernst und drehte mich zur Seite und zeigte ihr meinen aufgeschürften Hüftknochen, auch eingepinselt.

Dann zog ich meine Karottenjeans langsam hoch und verzog dabei leidend das Gesicht.

Außer mir fuhr keines der Mädchen allein mit den orangen Taxis, jetzt erst recht nicht mehr. Meinen Eltern war es egal, und mir gefiel diese ungewohnte Nähe zum Volk. Man saß mit Leuten im selben Auto, mit denen man sonst nie in Berührung kam. Die Fahrer und die anderen Fahrgäste waren meistens völlig verwirrt, wenn sie mich plötzlich aus der Nähe sahen. Ein so junges Mädchen fuhr in Teheran nicht ohne Begleitung Taxi. Und keine Frau aus der Oberschicht setzte sich in eines dieser verbeulten orangen Taxis, sie stellten sich nicht schreiend an den Straßenrand. Und man konnte an meinem Aussehen und meiner Kleidung nicht nur von weitem erkennen, dass ich zur verpönten Oberschicht gehörte, sondern mittlerweile auch meine westliche Gesinnung und die unfromme Geisteshaltung, was mir jederzeit zum Verhängnis hätte werden können. Überall waren Pasdaran, die einen grundlos mitnehmen und verhaften konnten, oder andere Fanatiker, die ihre islamische Republik von einer so reichen, verdorbenen West-Tussi wie mir bedroht sahen. Immer mehr Frauen hatten Angst, allein unverschleiert auf der Straße herumzuspazieren. Mir war das alles egal. Ich hatte zwar Angst vor der Zunge eines Jungen in meinem Mund, aber nicht vor den Sittenwächtern. Ich dachte gar nicht daran, dass mich jemand verhaften könnte. Wenn ich irgendwo hinwollte, dann wollte ich dahin, und zwar sofort. Ich hatte keine Geduld, nach einem Telefon zu suchen, um meine Mutter anzurufen, damit sie den Fahrer losschickte, um mich irgendwo abzuholen. Zumal sie ja meistens gar nicht wissen sollte, wo ich war. Und unser Fahrer hatte mich auch schon mehrmals verpetzt, deshalb wollte ich mit ihm nichts mehr zu tun haben.

Gerne hätte ich meinen eigenen Fahrer gehabt, den ich selbst anrufen konnte und der meinen Eltern nichts sagte, aber ich konnte mir nicht vorstellen, dass ein erwachsener Perser Lust hätte, für ein fünfzehnjähriges Mädchen zu arbeiten. Für einen Jungen natürlich schon, aber niemals für ein armseliges Mädchen.

Sonja und ich riefen Lucie an, um sie nach dem Rest der Geschichte zu fragen.

Lucie flüsterte und hörte sich gehetzt an.

»Wieso flüsterst du? Wirst du belauscht?«, fragte ich unwirsch.

»Meine Mutter ist immer noch sauer und denkt, ihr seid schuld, dass ich den Scheiß mitgemacht habe.«

»Was?« Ich konnte es nicht glauben. Typisch persische Glucke! Immer waren die anderen Kinder schuld!

»Ich muss auflegen«, rief Lucie, »meine Mutter erwartet einen Anruf aus Deutschland.«

»Ja, von ihrem Stecher …«, höhnte Sonja neben mir. Wir

hatten den Lautsprecher an. Stecher war ein tolles Wort. Ich hörte es zum ersten Mal.

»Kommst du zu uns?«

»Ich muss auflegen, die flippt gleich aus.«

Lucie hatte aufgelegt.

Nun waren die Telefonleitungen damals in Teheran so, dass beide Teilnehmer auflegen mussten, um ein Gespräch zu unterbrechen. Wenn nur einer auflegte, blieb die Verbindung bestehen.

Mich ritt plötzlich der Teufel. Ich legte den Hörer sachte auf das Tischchen neben das Telefon und grinste Sonja an. Sie grinste zurück und biss sich auf die Unterlippe vor Vergnügen. Wir hörten, wie die Mutter ständig die Gabel hoch- und runterdrückte, um die Leitung zu befreien.

Dann begann sie entsetzlich zu schimpfen und immer wieder klack-klack-klack auf die Gabel zu hauen. Ich musste mir die Hand vor den Mund halten, um kein Geräusch von mir zu geben.

Dann hörte ich Lucies Mutter auf Persisch in den Hörer brüllen: »Leg auf, du Nutte, leg auf, oder ich komm und zerreiße dich. Du kannst was erleben, du Nutte …« Sie schrie in einem fort.

»Komm, lass uns gehen …« Ich zog Sonja hinter mir her aus ihrem Zimmer. Und schloss leise von außen die Tür. Der Hörer blieb neben dem Telefon liegen.

Wir riefen ein Taxi und ließen uns zum Schahanschahi-Park fahren. Dort ließen wir uns von den Typen mit der Polaroid zweimal für je einen Zehner fotografieren. Ein Bild für jede von uns. Zwei schmale, langbeinige Mädchen in Jeans und zu großen Sweatshirts, ernst und unschuldig in die Herbstsonne blinzelnd, im Hintergrund die gezuckerten Spitzen des Elburz-Gebirges.

Als ich nach Hause kam, saß meine Mutter vor dem Fernseher und fragte:

»Und? Wie war's heute in der Schule?«

»Ganz gut, wie immer«, sagte ich. Dann ging ich in die Küche, um abzuchecken, was es zu essen gab.

Meine Mutter kam hinterher.

»Was habt ihr heute für Unterricht gehabt? Was wurde durchgenommen?«

Was stellte die für Fragen, da stimmte doch etwas nicht.

Ich erzählte ihr in extrem gelangweilten Ton minuziös einen der Schultage vor acht Wochen, als ich das letzte Mal dort gewesen war.

Zwischendrin fragte ich, um sie abzulenken: »Was gibt es heute zum Abendessen?«

»Kuft«, schrie sie mich an.

Ich zuckte zusammen.

»Was redest du für einen Scheiß? Du warst seit zwei Monaten nicht in der Schule, mein Fräulein!«

Verdammt. Ich stand völlig ungeschützt mitten in der Küche und konnte leicht von einem Flugobjekt getroffen werden.

»Du lügst uns jeden Tag etwas vor, wo warst du die ganze Zeit? Bist wohl auf den Strich gegangen, was? Rumgehurt hast du!«

Ich musste einen Weg finden, an ihr vorbeizuschleichen, aber das hätte den sicheren Tod bedeutet. Sie fuhr gerade erst zu Hochform auf.

Ich krallte mich an die Bar in unserer Küche, wo ich meistens saß und ihr beim Kochen zusah.

Meine Mutter gab alles. Einige Minuten Geschrei später wusste ich, was passiert war.

Lucies Mutter hatte meine Mutter kochend vor Wut aus einer Telefonzelle angerufen und sie angeschrien, dass sie nicht wüsste, was ich jeden Tag treiben würde, ich würde nicht zur Schule gehen, sondern ihre Tochter zu Dummheiten verführen, heute hätte ich das Telefon aus Bosheit blockiert, und sie wäre den ganzen Tag nicht erreichbar gewesen, ihre todkranke Schwester hätte versucht, sie zu erreichen, und es wäre immer besetzt gewesen. Ihre todkranke Schwester?

Dann schrie meine Mutter: »Aber ich lasse das diesmal die Schule erledigen und mache mir nicht die Finger an dir schmutzig. Ich habe schon die Direktorin angerufen und denen gesagt, dass ich mich über den Saftladen bei der Regierung beschweren werde. Dass die es noch nicht einmal bemerken, wenn ein Schüler zwei Monate nicht zur Schule geht! Sie werden dich entsprechend bestrafen, das haben sie mir versprochen.«

Dann ging sie endlich.

In meinem Kopf fiepte es. Es war wie das eklige Rauschen im Fernsehen nach Sendeschluss. Ich konnte nicht mehr, ich würde jetzt so lange auf dem Barstuhl sitzen bleiben, bis ich einfach runterfallen würde. Ich stützte meinen Kopf auf die Hände und wusste wieder einmal nicht, was außer dem Tod mich erlösen könnte.

Am nächsten Vormittag, es war ein Montag, saß ich wieder auf meinem Platz neben Bita und malte mit einem blauen Bic-Kuli ordentliche Kästchen in mein Heft. Vor der ersten Stunde war ich noch bei der Direktorin und hatte mich gemeldet, das hatte mir meine Mutter noch mehrmals gehässig eingebläut.

»Und vergiss nicht, zur Direktorin zu gehen, die warten auf dich!«, rief sie mir fröhlich im Treppenhaus hinterher. Ich machte mir etwas Sorgen um meine Mutter.

Die Direktorin trug Schwarz. Langer schwarzer Kittel und ein großes schwarzes Kopftuch, darunter ein blasses, langweiliges Gesicht. Sie hielt mir mit schriller Stimme einen langen Vortrag darüber, wie es läuft an einer Schule, das meiste verstand ich überhaupt nicht, weil sie sich so geschwollen ausdrückte.

Ich stand vor ihr und blickte mit ausdruckslosem Gesicht auf den Boden und wartete, was gleich noch kommen würde.

Aber es kam nichts. Ich sollte in meine Klasse gehen, sagte

sie. Und wenn ich noch einmal unentschuldigt der Schule fernbliebe, würde ich rausfliegen.

Ich nickte und schlich in die Klasse, wo mich alle anstarrten, als hätte ich eine grüne Perücke auf. Ich sagte dem fremden Pinguin vorn, ich sei bei der Direktorin gewesen, und setzte mich auf meinen Platz. Bita sah mich auch an, als wäre ich von der Front heimgekehrt.

»Glotz nicht so«, zischte ich sie an und legte ein Heft zur Tarnung auf den Tisch.

Der schwangere Pinguin war schon niedergekommen, und ein junger, sehr strenger Pinguin hatte sie ersetzt und schrieb die Tafel voll. Alle schrieben mit, es war mucksmäuschenstill in der Klasse. Der neue Pinguin hatte anscheinend mehr Autorität als die Gebär-Kuh.

Ich schaltete sofort ab und überlegte, wie ich mich in einen dieser Busse schmuggeln und in die Türkei absetzen konnte. Ich hatte von Schleppern gehört, die Leute, die zum Tode verurteilt waren, zu Fuß in die Türkei brachten. Ein Freund meiner Eltern war Bankier und im engeren Schah-Zirkel gewesen. Er hatte verpennt, rechtzeitig abzuhauen. Nachdem sie seinen Vater abgeholt und hingerichtet hatten, hatte er sich als Schaf verkleidet und in einer Schafherde versteckt und sich über das Gebirge bei Nacht und Nebel in die Türkei schleusen lassen. Seine deutsche Frau und die Kinder waren schon lange in Berlin, aber er wollte noch bleiben und ein paar seiner Millionen retten. Und am Ende war es nur seine Haut, die er retten konnte. Mein Vater war schockiert von der Geschichte, weil meine Eltern mit dem Bankier und seiner Frau sehr gern verkehrten. Meine Mutter war neidisch auf die Frau, die nicht nur sehr hübsch war, sondern aus einem sehr reichen Elternhaus in Berlin stammte. Und ihr Mann besaß im Gegensatz zu meinem Vater eine eigene Bank. So konnte sie ihre sonst so tiefe Verachtung deutschen Ehefrauen gegenüber, die sich als Schuhverkäuferin von reichen, dummen, persischen Studenten schwängern ließen, um danach feine Arztgattin zu werden, bei Margret nicht loswerden.

Aber diese Schafflucht hatte eine Stange Geld gekostet, die ich nicht hatte. Und welcher Schafhirt würde mir als Mädchen schon zur Flucht verhelfen? Sie würden mich zu Hause bei meinem Vater abliefern, statt in Ankara.

In der Pause redeten alle von einer Party, die am Donnerstag bei einem Masoud, mit dem Bitas Freund befreundet war, stattfinden sollte.

Golli erzählte, wie sie gestern versucht hatte, ihren Vater um Erlaubnis zu bitten. Als sie ihn fragte, sprang er auf und zog den Gürtel aus der Hose.

Die anderen versuchten Golli zu trösten und einen Ausweg zu finden, damit sie auch auf die Party kommen konnte. Ich war schockiert und beruhigt zugleich, dass Gollis Eltern mindestens genauso krank waren wie meine. Wegen so einer Frage wurde ich nicht geschlagen. Ich bekam dafür nonstop verbale Schläge von meiner Mutter, mein Vater interessierte sich eigentlich gar nicht mehr für mich, außer wenn meine Mutter sich beschwerte, dann flippte er sofort aus, als hätte er nur auf einen Grund gewartet.

Mir war die Party egal. Eine Party in der Wohnung der Eltern eines persischen Jungen, der Masoud hieß, interessierte mich nicht. Soweit kam es noch, dass ich jetzt auf persische Partys ging. Ich hatte überhaupt keinen Bock drauf, obwohl bis Donnerstag in der Schule über nichts anderes mehr gesprochen wurde.

Meine Mutter war etwas enttäuscht über den glimpflichen Ausgang meiner Schwänzerei: »Ach, was für eine blöde Schule. Sie hätten dir wenigstens eine Strafarbeit aufhalsen können!«

»Mama, du spinnst echt. Ruf sie doch noch mal an und frag, ob du nicht einen Folterkeller für die Schule spendieren darfst.«

Dann erzählte ich ihr von der Party, auf die alle gehen würden und dass ich da nicht hingehen würde.

»Warum nicht? Was stimmt da nicht? Oder bist du nicht eingeladen?«

»Alle Mädchen sind eingeladen, und Amir hat Bita extra aufgetragen, sie soll uns alle mitbringen. Aber ich geh da nicht hin. Keine Lust.«

Dann ging ich in mein Zimmer und legte die rote Beatles-Platte auf, die ich zusammen mit einer anderen Doppel-LP in London gekauft hatte. Ich war in Soho in der Carnaby Street in einem Shop mit den allergeilsten Klamotten gewesen und hatte dort dieses Lied gehört, »Michelle«, und wusste, dass ich die Platte dazu haben musste. Ich ging zu einer der wunderschönen Verkäuferinnen, die auf einen Plattenspieler deutete. Darauf drehte sich eine knallrote Platte mit einem grünen Apfel in der Mitte. Die Beatles. Im Plattenladen sagte der Verkäufer dann, die blaue Doppel-LP bräuchte ich auch. Meine Mutter hatte natürlich gemeckert, dass ich die schweren Platten mitschleppen würde, anstatt einen Teil ihrer unwichtigen Sachen, aber was wusste sie schon. Es waren meine vier wichtigsten Platten. Ich sah dem grünen Apfel zu, wie er sich drehte und sang:

Michelle, ma belle
These are words that go together well
My Michelle

Michelle, ma belle
Sont des mots qui vont très bien ensemble
très bien ensemble

I love you, I love you, I love you
that's all I want to say
Until I find a way
I will say the only words I know that you'll understand

Ich überlegte, was der französische Reim wohl hieß, da rief Sonja an. Sie war aufgeregt, weil ihr Vater jetzt doch beschlossen hatte, Dee und die Kinder auch mit einem der Busse in die Türkei zu schicken.

»Wenn du gehst, dann sterbe ich, Mann, ich bin dann ganz allein.« Ich drehte die Lautstärke niedrig. Die Beatles mussten nicht zu solchen News singen.

»Ich schreib dir sofort, wenn wir in Ankara sind!«

»Aber ich kann dir ja nicht antworten.«

»Ja, das wird bestimmt bald wieder gehen.«

Man bekam Post aus dem Ausland, aber es ging keine Post raus.

Pouri und die Kinder hatten sich auch schon von uns verabschiedet. Sie würden mit meiner Tante Gita in den nächsten Tagen fahren, damit die Kinder in Köln weiter zur Schule gehen konnten. Klaus würde hierbleiben und sich um alles kümmern. Er war ja als Deutscher bei einer deutschen Firma angestellt, und sollte der Krieg eskalieren, würde ihn die Bundesrepublik sofort in einer Militärmaschine rausholen.

Mit Lucie hatte ich seit dem Drama nicht mehr gesprochen. Was ihre Mutter mir da angetan hatte, stand in keinem Verhältnis zu dem läppischen Den-Hörer-mal-kurz-nicht-Auflegen von mir. Sie hatte auch bei Sonja am Tor geklingelt, als wir im Park waren, und bei Dee gegen uns gehetzt, aber Dee war das egal. Sie hatte sich alles angehört und den blondierten Giftzwerg weggeschickt.

Am Samstag nach dem Party-Donnerstag war morgens eine Riesenaufregung in der Klasse. Zu meinem Erstaunen heulte Bita. Sie hatte eine ganz dicke Nase und heulte anscheinend schon länger. Das hatte ich noch nie erlebt – in der Schule heulen war uncool.

»Dreimal haben sie ihn rasiert! Mit Rasierklinge …« Dann kamen ihr wieder die Tränen.

Golli stand mit großen Augen daneben, und Pari hatte auch Tränen in den Augen.

Ein paar andere Mädchen standen um unseren Tisch und redeten durcheinander.

Ich packte Golli und zog sie zur Seite. Sie war komplett aus dem Häuschen.

Die Party hatte wohl gerade begonnen, die Musik lief laut, und es stand jede Menge Alkohol herum, Wodka und Whisky, da schrie jemand: Komitee! Komitee! Und schon kamen etwa zehn Pasdaran in voller Montur einfach in die Wohnung gestürmt. Irgendjemand hatte ihnen den Tipp gegeben, dass da Jungen und Mädchen zusammen eine Party feiern würden. Gemischte Partys waren verboten, sogar gemischte Hochzeitsfeiern waren verboten. Männer und Frauen sollten in getrennten Räumen feiern.

Die Pasdaran nahmen alle mit und machten sie fertig. Erst hatten sie Peitschenhiebe angedroht, dann sagten sie, allen würde der Schädel rasiert werden. Den Kopf rasieren war eine beliebte Strafe bei Vergehen aller Art. Aber nicht nur den Jungs, damit jeder sah, dass sie sich sittenwidrig verhalten hatten, sondern auch den Mädchen, damit sie gezwungen waren, ein Kopftuch zu tragen.

An dieser Stelle fing Pari an zu heulen, und Bita schluchzte laut auf.

Mir blieb der Mund offen stehen.

»Ach du Scheiße …«, flüsterte ich.

»Ich hatte auch noch Kondome dabei«, weinte Bita weiter. »Als die reinkamen, hab ich sie hinter ein Bild an der Wand geschoben, ich hatte solche Angst, wenn sie die gefunden hätten! Die haben uns komplett gefilzt. Dann haben sie unsere Eltern angerufen und gesagt, sie rasieren uns die Köpfe und sie könnten uns abholen.«

»Und wieso seid ihr dann doch nicht rasiert worden?«

»Unsere Väter haben sie angefleht, es nicht zu tun, ihnen gesagt, wir wären verlobt und würden bald heiraten und ohne

Haare würde uns niemand nehmen. Am Ende haben sie denen eine Menge Geld gezahlt, damit sie uns gehen lassen.« Pari wischte sich die Tränen von der Wange.

Mann, Mann, Mann, dachte ich, als der Pinguin hereinkam, das muss ja ernsthaft gefährlich gewesen sein, so verstört wie die alle waren. Ich stellte mir vor, was mein Vater mit mir gemacht hätte, wenn er mich dort hätte abholen müssen, und ich bekam im Nachhinein noch Angst. Nicht vor den Pasdaran und nicht vor den angedrohten Schlägen, einfach nur vor dem, was mich bei meinen Eltern erwartet hätte.

Zwei Wochen später hatte Dee die Ausreise für sich und die Kinder mit dem Bus durch die Türkei organisiert. Sonja und ich hatten unter Tränen voneinander Abschied genommen. Sonja hatte mir fest versprochen, mir aus Ankara sofort zu schreiben.

Jetzt war ich ganz allein. Was mit Lucie war, wusste ich nicht, einige Monate später hörte ich, dass auch sie mit dem Bus gefahren und schon in Deutschland war. Die blonde Nuttenmutter hatte ihre beiden Kinder vor den Außerirdischen gerettet. Das hätte ich ihr überhaupt nicht zugetraut.

Kurz vor Weihnachten bekam ich tatsächlich einen dicken Brief von Sonja aus Ankara, in dem sie mir auf zehn Schulheftseiten minuziös von der anstrengenden achtstündigen Busfahrt erzählte und von ziemlich entwürdigenden Szenen an der Grenze. Sie hatten in einem Hotel in Erzurum übernachtet und wollten am nächsten Tag mit dem Zug nach Ankara und dann von dort aus nach Washington fliegen, wo sie mir wieder schreiben wollte.

An den Weihnachtstagen ging ich wie immer in die Schule, als wären es ganz normale Tage. Ich hatte zum ersten Mal in meinem Leben keine Weihnachtsferien, keinen noch so klitzekleinen Baum und keine Geschenke, weil meine Mutter sagte, es wäre lächerlich, jetzt Weihnachtsdeko aufzuhängen.

Alle hätten andere Sorgen und wir wären keine Christen, ich sollte mich zusammenreißen.

Ich riss mich zusammen, aber noch schlimmer als Weihnachten zu ignorieren, war der Neujahrsabend, den ich ganz alleine und möglichst leise in meinem Zimmer verbrachte.

»Alle feiern, überall auf der ganzen Welt sind Partys, überall wird gesungen, getanzt und gelacht. Nur ich sitze hier ganz alleine in diesem schrecklichen Zimmer in diesem beschissenen Land mit meinen Scheißeltern. Warum muss ich hier sein, obwohl ich nicht will?«, schrieb ich in mein Tagebuch, legte den Stift beiseite und weinte ein wenig.

In meinem Zimmer war es ganz still, sodass ich das Geschlecke von Mr Molly neben mir als laut empfand. In dieser Silvesternacht 1980 war ich sogar zu unglücklich, um Musik zu hören, zu lesen oder einen Film in den Videorekorder zu schieben. Das hatte ich vorher noch nie gekannt, das lähmende Gefühl, die ganze Welt würde sich ohne mich drehen und ich würde alles verpassen. Ich fühlte mich so, als würde man mich in einer Gefängniszelle festhalten. Ich konnte genauso gut sofort sterben, dachte ich wieder, wie so oft in letzter Zeit. Irgendwann schlief ich ein, und als ich aufwachte, war Donnerstag, ich musste zur Schule, und danach erwartete mich das öde Wochenende und ein schrecklich langweiliger Freitag mit meinen blöden Eltern.

Im Januar, als es in den Bergen endlich genug geschneit hatte, fuhren freitags Minibusse von der Notschule, die die deutsche Botschaft eröffnet hatte, nach Dizin und wir Ausgestoßenen durften mitfahren, obwohl wir nicht mehr zur Schule gehörten. Es waren ja kaum noch Deutsche in Teheran, deshalb waren auch nur sehr wenige Schüler auf der Notschule. Die dicke Gabi aus meiner alten Klasse war eine von den Deutschen, und von uns fuhren Pari, ein Junge namens Arta, der sehr blond und sehr persisch war, Arash aus unserer ehemaligen Jungsklasse und ich mit. Arash war ein schmaler blasser, hochgewachsener Junge mit einer österreichischen Mutter, eigentlich kein Freund von mir, aber jetzt erlaubte ich jedem aus unserer Schule, mit mir zu sprechen, alles war besser als mit Persern abzuhängen. Arash erzählte so lustige Geschichten von den männlichen Pendants der Pinguine, dass ich mich vor Lachen schüttelte. Die bärtigen Männer in den schlecht sitzenden Anzügen redeten fast noch mehr Müll als die Hausfrauen, die man auf uns losgelassen hatte. Die Jungs mussten genau wie wir Arabisch lernen, und der Lehrer hatte ihnen erzählt, es gäbe keine größere Ehre für alle Moslems, als in den Krieg zu ziehen, um gegen den Feind zu kämpfen und sich für den Emam Chomeini zu opfern und somit als Märtyrer in den Himmel zu kommen.

Märtyrer hieß auf Farsi *Schahid*. Das meistverwendete Wort in den Nachrichten und Propagandareden.

»So einen Quatsch sagen die islamischen Schlampen zu uns nicht«, sagte ich.

»Doch, klar erzählen die das«, rief Pari. »Die sagen das auch! Du kriegst nur nichts mit, weil du nie zuhörst! Mensch, Lilly, wie willst du die Prüfungen ablegen!«

»Quatsch! Ich will aber auch Schahid werden, bitte, wo geht's lang? Wo kann man sich anmelden? Lilly schahid schod!« Ich lachte breit und dreckig.

Ich stellte mir vor, wie jemand meine Eltern anrufen und mitteilen würde, dass ich für den großen Emam in den Märtyrer-Himmel gegangen sei. Sehr lustig!

»Prüfungen? Haben wir Prüfungen? Ich auch? Was kosten die Prüfungen?« Ich lachte noch dreckiger.

Pari sah genervt aus dem Fenster. Sie konnte meine großkotzige Art nicht ausstehen.

Dizin hatte sich seit dem letzten Winter stark verändert. Es fuhren zwar alle Lifte, und Frauen und Männer fuhren zusammen, aber es ging das Gerücht um, dass es bald getrennte Pisten geben sollte, damit man sich nicht zu sehr vergnügen konnte. In allen Liftstationen hing ein gerahmtes Bild vom

Ajatollah, und auch die Leute hatten sich verändert. Die superschicken schönen Frauen in ihren Pelzmützen und engen Skioveralls mit Dior-Brillen waren alle verschwunden. Überhaupt waren sehr wenige Frauen da, dafür viel mehr Männer als früher, und zwar solche, die keine richtige Skiausrüstung besaßen und in einer Stoffhose und einem alten Anorak fuhren. Diese Leute waren früher nur in Ali Abad gewesen, einem relativ flachen, kleinen Skigebiet in der Nähe von Teheran, wo meine Eltern einmal mit mir hingefahren waren, ich es aber wegen des mangelnden Glamours langweilig fand. Und jetzt waren die zerknitterten Anzüge auch im noblen Dizin.

Nach unserem Skiausflug grüßten Arash und ich uns immer nach dem Unterricht auf dem Bushof und redeten ein paar Worte miteinander. Oft sah ich ihn in Begleitung eines anderen hochgewachsenen Jungen, der dichtes, längeres kastanienbraunes Haar hatte, große rehbraune Augen und einen dunklen Flaum über der Oberlippe. Es war Ramin aus unserer ehemaligen Jungsklasse. Er war mir schon früher öfter aufgefallen, weil er unglaublich gut aussah und immer einwandfrei und cool angezogen war, aber er war sehr still, so still, dass es keine Berührungspunkte gab. Ich wusste zwar, dass er auch in Teheran geblieben war, aber ich hatte mir keine weiteren Gedanken darüber gemacht. Aber jetzt, wo ich ihn neben Arash sah, dachte ich darüber nach, was er hier noch tat. Er hatte eine deutsche Mutter, sein Vater war richtig reich, und allein daran, wie er angezogen war, konnte man erkennen, dass er sehr oft in Deutschland war. Und er hatte genau so eine kleine grüne Suzuki 50, wie ich sie gerne gehabt hätte. Ich beobachtete ihn, wie er da stand, in einer verwaschenen Levi's-Jeans, weiß-blauen Adidas und einem grauen V-Pullover, und wunderte mich plötzlich, warum ich mich nie für ihn interessiert hatte. Er war wunderschön, definitiv der schönste Junge von unserer ehemaligen Schule! Und von der neuen

Außerirdischen-Schule sowieso, aber die neue Situation zählte für mich nicht als Schule.

Nachmittags rief ich Arash an und fragte ihn über Ramin aus.

»Nein, hat keine Freundin«, gab Arash überrascht zur Antwort. »Aber der auch hat nichts mit Mädchen, kein Interesse!«

»Wie, nichts mit Mädchen?« Es hörte sich an, als fände Ramin, Mädchen würden stinken, und er ging ihnen deshalb aus dem Weg.

»Nein, ihn interessieren keine Mädchen, nicht sein Ding. Wieso fragst du? Bist du interessiert?«

»Ich doch nicht. Eine Freundin hatte mich gefragt … na ja, danke, gehen wir Freitag wieder Skilaufen? Geht Ramin nicht auch? Skilaufen?«

Skilaufen war eine brillante Idee. Ich war sehr stolz auf mich.

»Glaub nicht, ich kann ihn ja fragen«, sagte Arash desinteressiert. Und dann: »Welche Freundin denn?«

»Ach, eine Katy aus der Klasse. Kennst du nicht! Ich muss auflegen!«

Am nächsten Tag saß ich in meinem Bus und beobachtete Arash, der mit Ramin und ein paar anderen Jungs zusammenstand. Einfach hingehen war vollkommen unmöglich. Ich kannte die anderen nicht, das Verhältnis zu den Jungs hatte sich durch die Anwesenheit der Außerirdischen verkrampft, vielleicht waren aber auch nur die vielen fremden persischen Schüler schuld, die einen anderen, uncoolen Groove mitgebracht hatten.

Nach der Schule rief ich Golli an, die im selben Bus mit ihm fuhr und vor der Aufhebung der Koedukation im letzten Jahr mit ihm in einer Klasse gewesen war. Sie hatte also alle hochinteressanten Informationen. Ich hatte ihr schon erzählt, dass ich mit Ramin gehen wollte und ich überhaupt nicht wusste, wie ich es anstellen sollte.

»Hat er heute im Bus irgendetwas gesagt? Oder getan?«

Golli liebte es, in einer so wichtigen Angelegenheit meine Beraterin zu sein.

»Nein, er hat am Fenster gesessen und hinausgestarrt, wie immer. Fahr doch einfach bei uns im Bus mit. Komm einfach nach der Schule mit zu mir. In den nächsten Tagen, irgendwann.«

»Ja, und dann? Ich kann mich nicht zu ihm setzen und sagen: Willst du mit mir gehen?«

Wir lachten beide. Aber Golli war voller Zuversicht.

»Aber dann sieht er dich schon mal!«

Ich dachte nach. Die Bus-Idee gefiel mir nicht. Einerseits sah ich nach der Schule immer schmierig aus, und das Ambiente im Bus war unsexy. Andererseits war er so schüchtern, dass er mich mit Sicherheit nicht weiter beachten würde. Er war das Gegenteil von meinen ehemaligen Freunden, die jetzt in Deutschland zur Schule gingen, als wäre nichts. Und als dritten Punkt gab es das Problem, dass er der schönste Junge der Schule war, ich mich aber irgendwie überhaupt nicht als das schönste Mädchen sah. Ich musste anders vorgehen, bloß wie?

»Wir brauchen eine Party!«, sagte ich zu der armen Golli mit dem Gürtel-Vater.

»Vergiss es, der kommt auf keine Party. Der war noch nie auf einer Party, auf der ich war.«

»Auch nicht letztes Jahr?«

»Nein, aber ich hab unsere alte Klassenliste. Da steht seine Telefonnummer drauf.«

»Super!«, rief ich, »gib sie mir!«

»Willst du ihn etwa anrufen?«

»Nein, nein«, log ich.

Ich wusste plötzlich, wie ich Ramin für mich gewinnen konnte, ohne mein Gesicht international zu verlieren, weil er es vielleicht unverschämt finden könnte, von einer, die nicht das schönste Mädchen der Schule war, angemacht zu werden.

Ich würde ihn anrufen und ihm nicht sagen, wer ich war. Er kannte ja meine Stimme nicht.

Dann würde ich schon mal mit ihm sprechen können. Was ich genau sagen wollte, wusste ich nicht. Ich wusste nur, dass ich Susi heißen würde. Ein unverfänglicher Name. So hieß fast jede in Deutschland.

Wenn ich versuche, mich daran zu erinnern, was mich damals getrieben hat, war es in erster Linie mein Urbedürfnis, alles zu bekommen, was ich wollte. Eine ehrliche Niederlage war mir plötzlich um Klassen lieber als etwas unversucht zu lassen. Ich kannte das bis jetzt nur aus Situationen, in denen ich meine Eltern als Hindernis überwinden musste. Sobald ich etwas wollte, spürte ich unglaubliche Kräfte in mir und eine Beharrlichkeit.

Also wartete ich, bis ich einige Tage später allein mit Golli bei mir zu Hause war, um sicherzugehen, dass meine Mutter nicht einfach in mein Zimmer gestürmt kam und mit lauter Kreischstimme »Leeeii-ly« in die Telefonleitung rief, während ich sagte: »Salaam, ich bin Susi.«

Meine Finger zitterten, als ich sie in die Wählscheibe meines alten schwarzen Telefons steckte, sechsmal. Dann sahen Golli und ich uns erschrocken an, ich hörte mein Herz laut hämmern.

»Allo?« Eine persische Kleine-Jungs-Stimme.

»Ehm, hallo. Ramin hastesch?«, fragte ich das Kind.

»Schoma?« (Wer sind Sie?)

»Susi!« Dann hörte ich das Kind wegrennen und »Ramiiin!« schreien. »Teleefoon!« Danach auf Deutsch: »Keine Ahnung. Susi.«

»Hallo?« Seine Stimme war dunkel und sanft. Kein Stimmbruch mehr.

»Hallo! Wie geht's?«, sagte ich, etwas blöd.

»Hallo, ganz gut«, antwortete er.

»Ich … bin Susi … ich habe deine Nummer … von einer Freundin …«

»Ach ja.« Er fand das anscheinend ganz normal, dass ihn eine Susi anrief, ohne Grund.

»Ja. Was hat du gerade gemacht?«

Er erzählte, dass er ein neues Motorrad bekommen und im Garten damit rumgespielt hatte.

Ich fragte ihn nach seinem neuen Motorrad, nach seiner alten Suzuki, die er einem dicken Jungen aus der Schule verkauft hatte, ich erzählte von meinem Wunsch, genau sein Motorrad zu fahren, und plötzlich war eine Stunde rum und Golli hatte den Kuchenteller und die Obstplatte, die uns unsere Batschi gebracht hatte, leergegessen, meinen Videorekorder eingeschaltet und sah sich schon die zweite Folge von »3 Engel für Charlie« an, eine meiner Lieblingsfolgen: »Tod auf der Schönheitsfarm«.

»Der war ja total toll!«, schrie ich sie an und machte den Fernseher leise.

Golli sah mich erfreut an. Sie war froh, dass es ihre Klassenliste war, die jetzt für gute Stimmung sorgte.

»Hast du gehört? Ich hab ihn gefragt, ob ich wieder anrufen soll, und er hat ja klar gesagt! Yeaaah!« Ich sprang zu ihr auf mein Bett, setzte mich auf sie und schüttelte sie. »Er hat gesagt, ich soll wieder anrufen! Ich soll ihn wieder anrufen! Hat er gesagt!«

Zwei Tage später schloss ich meine Zimmertür ab und wählte wieder Ramins Nummer.

Diesmal war es viel einfacher. Es war wieder ein Junge dran, diesmal einer mit einer quäkenden Stimmbruchstimme. Er schien einen Haufen Brüder zu haben. Als er ans Telefon kam und »Hallo, Susi« sagte, glaubte ich, in seiner Stimme ein wenig aufgeregte Freude zu hören.

Ich fragte ihn, wie sein Schultag gewesen war. Dann erzählte ich von meinem. Er erzählte von seinen beiden jüngeren Brüdern und seiner älteren Schwester, Yasmin, die in Deutschland studierte.

Er erzählte wieder von seinem neuen, großen Motorrad,

und ich erzählte ihm noch einmal, dass ich die kleine grüne Suzuki so gerne gehabt hätte. Wir sprachen über Essen, unsere Lieblingsgerichte und was wir nicht mochten. Über Musik, Rockmusik, über Queen und über Opern, die er genauso schrecklich fand wie ich.

Er ist wie ich, dachte ich, nachdem er auflegen musste, weil seine Mutter telefonieren wollte. Wir hatten zwei Stunden gesprochen, an unserem zweiten Telefontag.

Ich war wahnsinnig verliebt. Jeden Tag nach der Schule beobachtete ich ihn genau, um sicherzugehen, dass er mich nicht doch ansah und ich unbesorgt weiter Susi sein konnte. Er fragte mich nie, ob wir uns sehen könnten oder ob ich wirklich Susi sei. Aber er fragte nach meiner Nummer, um mich auch mal anrufen zu können. Ich lachte und sagte, er sei ja schlau.

Das Besondere an unseren Gesprächen war für mich, dass wir die meiste Zeit Persisch sprachen. Ich wunderte mich, wie gut er Persisch sprach und wie wenig flüssig Deutsch. Wenn ich etwas Längeres erzählen wollte, switchte ich automatisch ins Deutsche um, allein schon, weil mir mein karger persischer Wortschatz die Lust am Erzählen nahm. Aber er antwortete meistens auf Persisch, und wenn er Deutsch sprach, mixte er es mit persischen Ausdrücken.

Aber mit ihm machte mir das nichts aus, ich gab mir sogar Mühe, meinen deutschen Akzent zu verbergen, kunstvoller zu formulieren und längere Sätze zu bilden.

So verging das Frühjahr mit Schule und verliebten Telefonaten am Nachmittag. Wenn ich mir vorstelle, wie viel sich zwei Menschen, die sich nie sahen, zu erzählen hatten, kann ich es gar nicht glauben.

In der Schule blies plötzlich ein kalter Wind. Wir sollten auf die Endjahresprüfungen vorbereitet werden, die wir in allen Fächern ablegen mussten, um versetzt werden zu können, wie in iranischen Schulen immer üblich. Die Prüfungen waren wohl sehr hart und deshalb gefürchtet, und wenn man nur eine Einzige nicht bestand, musste man eine Nachprüfung ablegen.

Meine Mutter war in der Schule gewesen und hatte mit allen Lehrerinnen gesprochen, die einstimmig gesagt hatten, dass ich im Unterricht schlafen oder blödeln würde und mit Sicherheit keine der Prüfungen bestand.

Sie schrie erstaunlich wenig herum, sondern kam mit der widerlichen Idee, meine eigenen Lehrer sollten mich auf die Prüfungen vorbereiten.

»Das geht doch nicht, Mama!«

»Doch, auf einer persischen Schule geht das.«

Ich weiß nicht, wie viel Geld sie den Lehrern gezahlt hat, jedenfalls waren ab da fast jeden Nachmittag irgendwelche Lehrer bei uns zu Hause. Die ernste Literatur-Kuh, die strenge Physik-Ziege, der kleine, bucklige Chemie-Zwerg. Alle saßen sie an meinem Schreibtisch, tranken Tee, fraßen Honigmelone und selbst gebackenen Kuchen und gingen mir immens auf den Geist. Stundenlang. Sobald sie weg waren, nahm ich das Telefon und rief Ramin an und erzählte ihm von dem Elend. Er hatte keine Lehrer in seinem Zimmer, er konnte anscheinend alles von allein, was mir etwas Angst machte. Wie konnte man das alles überhaupt können? Den Außerirdischen-Blödsinn.

Das einzig Lustige war, dass die Lehrerinnen bei mir im Zimmer die Kopftücher abbanden und ihre platten Haare zu sehen waren.

Ich musste Physikaufgaben lösen, wie zwei Flugzeuge hintereinander starteten, eins schneller fliegt, eins langsamer, und wann sie wo landen und wie viel Benzin sie dabei verbrauchen. Es brauchte ewig, bis ich die Aufgabe gelesen und verstanden hatte, bevor ich mir darüber Sorgen machen konnte, wie ich die Beschleunigung der verdammten Flugzeuge ausrechnen konnte. Um mich dann beim Rechnen entsetzlich zu verheddern und als Flugzeit minus 12 als Ergebnis herauszubekommen. Wenn mir der zuständige Pinguin dann erklärte, dass das ja nicht sein könnte, legte ich einfach irgendwann den Kopf auf den Tisch und winselte: »Nemitunam.« (Ich kann nicht)

Ramin lachte dann und sagte, es wäre doch ganz leicht, er würde es mir gerne zeigen und alle Aufgaben für mich rechnen.

»Du kannst dir gerne meinen blauen Kittel anziehen und ein Kopftuch umbinden und für mich die Kackprüfungen ablegen, das wäre schön«, jammerte ich.

»Kein Problem, das mach ich gern für dich.«

Am schlimmsten war die Chemielehrerin. Sie war winzig, hatte einen Buckel, hinkte und konnte den ohnehin vollkommen unverständlichen Chemiestoff überhaupt nicht erklären. Jedenfalls nicht so, dass ich etwas verstanden hätte. Sie nervte mich unendlich, aber sie sah so schwer geschädigt aus, dass ich mich nicht mehr über sie lustig machen oder sie als Gefahr sehen konnte. Sie war eine arme Kreatur. Aber ausgerechnet meine Mutter hasste sie total. Sie fand, sie hätte genau wie alle Lehrer schwere Minderwertigkeitskomplexe und diesen tief verwurzelten Reichenhass. Und unsere neuen Lehrer würden alle aus der armen Südstadt in den Norden kommen, um reiche Kinder wie mich im Auftrag der islamischen Regierung zu misshandeln.

Mittlerweile nahmen auch Golli und Bita an meinem Privatunterricht teil, sie kamen fast jeden Tag mitsamt den Pinguinen nach der Schule mit zu uns, uns wurde das Essen von Fatmeh Chanum im großen Esszimmer serviert, dann setzten wir uns an den anderen langen Esstisch in unseren Salon, und meine Mutter ließ uns ständig Obst und Gebäck bringen. Als der Chemie-Zwerg das erste Mal durch unsere Wohnungstür kam und unsere glitzernde Empfangshalle betrat, wich sie zurück, zog erst mal ihre ausgetretenen winzigen Schuhe aus und fing direkt an zu stottern vor Ehrfurcht. Ich musste allen immer wieder sagen, sie sollten doch bitte ihre Schuhe anlassen, alle unsere Gäste würden in Straßenschuhen über die

Seidenteppiche laufen, ich selbst auch. Der Anblick meiner Lehrerinnen ohne Kopftuch an unserem Tisch war schon erbärmlich genug, ich wollte mir den Anblick ihrer Füße in den hautfarbenen Seidenstrümpfen ersparen.

Die Pinguine lebten mit ihrer ganzen Familie in kleinen Wohnungen, die halb so groß wie unsere Empfangshalle waren, im Süden der Stadt, wo man natürlich immer die Schuhe auszog, um den einzigen billigen Teppich zu schonen, auch weil man auf dem Boden schlief und die Esstafel deckte, wo alle aßen, und überhaupt alles auf dem Boden machte, in dem einzigen Wohnraum. Jetzt bekamen sie mehr als ihr Monatsgehalt gezahlt, nur damit sie ein paar schlecht erzogene Deppen unterrichteten. In einer gigantischen Wohnung, die eingerichtet war wie ein Schloss, voller Spiegel und Glas, Vitrinen gefüllt mit Antiquitäten, Silber und Kristall und Teppichen, die so kostbar waren, dass sie an der Wand hingen. Und sie wurden dabei auch noch zum ersten Mal in ihrem Leben von einem Hausmädchen bedient.

Ich rechnete nicht damit, auch nur eine einzige Prüfung zu bestehen.

Wenn alle verschwunden waren, zog ich mich sofort in mein Zimmer zurück, setzte meine Kopfhörer auf und drehte sehr laut Musik auf, um wieder ich selbst zu werden. Dass Pinguine an unserem Tisch mitaßen und von meinen Eltern bezahlt wurden, war schon abartig genug, aber diese ernsthafte Verbreitung von Angst und schlechter Stimmung wegen der sinnlosen Prüfungen brachte mich völlig aus dem Konzept. Es war mir zutiefst egal, ob ich Prüfungen bestand, versetzt wurde oder überhaupt zur Schule ging, aber ich wurde in diesen Angstsog einfach gegen meinen Willen hineingerissen und durfte nicht mehr unbeschwert sein. Gita, Golli und Pari hatten ernsthaft die Hosen voll und redeten von nichts anderem mehr. Dabei waren diese Prüfungen vollkommen wertlos und brachten mich nicht weiter. Mich brachte im Moment nur Ramin weiter, der schönste Junge der Schule, mit jedem Wort, das er zu mir sagte. Ich wusste nicht, in was ich mehr verliebt war, in ihn oder in unsere Gespräche. Mittlerweile hatte ich das Gefühl, ihn so gut zu kennen, als wäre ich schon seit hundert Jahren mit ihm zusammen. Dabei hatten wir noch kein einziges Wort in echt miteinander gewechselt. Ich wusste alles von ihm und er alles von mir. Er hatte immer Zeit für Susi und war auch fast immer zu Hause. Es passierte nicht oft, dass ich anrief und einer der Brüder mir sagte, er sei nicht da. Ich war sehr froh, dass er so viel zu Hause war.

Kurz vor Beginn der Nowruz-Ferien Anfang März ließ ich die Bombe platzen, es passierte einfach so, ich hatte es nicht geplant. Wir lästerten über ein paar Leute von der DST, und plötzlich fiel mir auf, dass ich viel zu viele Details über alle wusste und er merken musste, aus welcher Klasse ich kam.

Er erzählte gerade von seiner Schwester, die schon siebzehn war und die Schule im Jahr zuvor abgebrochen hatte, um in Braunschweig VWL zu studieren.

»Ohne Abitur geht das doch gar nicht«, sagte ich.

»Doch, die ist auf einer Schule, da geht das«, sagte er.

»VWL-Schule? Ist das nicht langweilig? Ich wollte ja eigentlich Germanistik studieren. Aber jetzt werde ich wohl gar nichts machen und ohne Beruf bleiben und irgendein Arsch heiraten!«, lachte ich.

Die Außerirdischen hatten die Universitäten für Frauen verboten, Frauen waren es in ihren Augen nicht wert, zu studieren und einen Beruf zu ergreifen. Ich fand das schon fast lustig, wie irre die waren, aber meine Eltern waren richtig außer sich deswegen, und meine Mutter schrie dauernd am Telefon: »Was mache ich bloß mit meiner Tochter? Soll ich sie einem stinkenden Achund geben?«

Ein *Achund* war ein Geistlicher. Mich schrie sie auch an: »Was soll aus dir werden, wenn du nicht studieren kannst? Willst du einen Stinker heiraten?«

Als hätte ich die Unis selbst geschlossen.

Mir waren die Unis mehr als egal, ich fand es komisch, dass meine Mutter tatsächlich dachte, ich wäre intelligent genug gewesen, um eine iranische Universität zu besuchen. Ich würde die Endjahresprüfungen alle total verkacken, ich hatte in keinem einzigen Fach auch nur den Hauch einer Ahnung, trotz der ganzen Nachhilfestunden.

Wenn ich an die Aufnahmeprüfung für eine Universität nur dachte, musste ich lachen. Ich war geistig komplett unterbelichtet, und meine Eltern glaubten ernsthaft, ich würde Medizin studieren oder so was. Ich würde hier noch nicht einmal das Abitur schaffen, es war vollkommen utopisch, und meine Eltern waren einfach vollkommen verrückt, dass sie daran glaubten. Von mir aus konnten sie auch gleich die Schulen schließen, es hätte an meiner Situation und meinem Bildungsniveau nichts geändert.

Er lachte auch. Und sagte dann mit weicher Stimme: »Nein, du wirst nicht heiraten, da werde ich aufpassen.«

Irgendwie rührte mich das. Dann sagte ich plötzlich: »Willst du nicht wissen, wer ich wirklich bin?«

»Doch.« Mehr sagte er nicht.

Ich klappte den Mund auf und sagte: »Ich bin Lilly.«

Dann duckte ich mich. Scheiße, ich hatte es gesagt, ich hatte doch mit mir selbst ausgemacht, es nicht zu sagen, ich war echt zu nichts zu gebrauchen. Es gab auf unserer Schule nur eine Lilly, mich!

»Du bist Lilly!« Er lachte. »Das habe ich mir schon gedacht!«

»Was? Wieso hast du dir das gedacht?« Ich hätte fast noch hinterhergerufen: Du Schwein! Wieso hatte er sich das gedacht? Und sich nichts anmerken lassen? Ich war vollkommen verunsichert.

Er war überhaupt nicht schockiert oder angeekelt. Er redete einfach weiter, so, als hätte ich gerade nicht das größte Geheimnis aller Zeiten gelüftet.

Als wir auflegen wollten, fragte ich ihn beklommen: »Wollen wir jetzt noch weiter telefonieren? Oder hast du keine Lust mehr?«

»Warum sollte ich keine Lust haben?«

»Weiß nicht, weil du ja jetzt weißt, wer ich bin.«

»Na und?« Dem war es echt egal.

»Na gut.«

»Wir sehen uns morgen.«

»Morgen? Wieso morgen?« Ich bekam sofort wieder Angst.

»Bushof. Oder bist du nicht in der Schule?«

»Doch.«

Scheiße. Morgen auf dem Bushof. Oh nein, wie sollte das werden? Er würde mich flüchtig grüßen und mich blamieren. Oder mir das Herz brechen. Oder so tun, als würden wir uns nicht kennen. Ich hatte eine schlechte Nacht.

Am nächsten Morgen gab ich mir zum ersten Mal wieder richtig Mühe mit meiner Kleidung. Eigentlich hatte ich nichts anzuziehen. Es war schon frühlingshaft warm, aber ich hatte keine neue Frühlingsgarderobe.

»Dein Schrank platzt«, mokierte sich meine Mutter, wenn ich über mangelnde Ausstattung klagte. »Zieh das erst mal an. Lauter neues, teures Zeug. Vorher kaufe ich dir sowieso nichts mehr.«

Dann kam eine lähmende Aufzählung dessen, was ich mir alles im vergangenen Sommer in London, Paris und seitdem in Teheran gekauft hatte. Meistens kam dann noch die Geschichte mit dem teuren Skianzug, den sie mir gar nicht hatte kaufen wollen und dessen Jacke ich diesen Winter nicht angezogen hatte. Das stimmte, mir war die Jacke zu eng und zu ungemütlich und ich trug lieber eine alte blaue Kapuzenjacke zu der Jet-Hose. Die allein wäre das Geld auch wert gewesen, fand ich, und das kleinliche Krakeele meiner Mutter machte mich verrückt. Sie war geizig und missgünstig, allein, dass sie Lust hatte, wegen des Skianzugs vom letzten Jahr jetzt noch zu nerven, fand ich superwiderlich. Noch dazu, wo sie ihn weder bezahlt hatte noch einen einzigen Tag arbeiten gehen musste. Wenn sie sich teure Kleider kaufte oder Schmuck von meinem Vater schenken ließ, sagte ich nie, du hast schon vier Brillantringe, Mama, jetzt reicht's aber. Ich freute mich, eine Mutter mit vielen Kleidern und Schmuck zu haben.

Ich hatte in meiner Not die letzten Monate aufgehört, mir über meine Klamotten Sorgen zu machen. Es gab sowieso nichts Anständiges zu kaufen, man konnte auch nichts mehr bestellen, und zu Besuch kam auch niemand mehr. Es war ja Krieg.

Ich sah aus wie alle, Jeans, Pullover und Turnschuhe und den mittlerweile stark mitgenommenen blauen Lappen darüber. Beim Durchwühlen meines Schranks fand ich ein kaum getragenes blaues Langarm-Shirt mit großen, weißen Sternen und zwei fast neue Fred-Perry-Polo-Shirts. Eine erfreuliche Überraschung, die mich dem wichtigen Treffen etwas selbstbewusster entgegensehen ließ. Ich presste mich am nächsten Morgen nervös in meine engste Röhrenjeans mit dem rosa Koppelgürtel und zog dazu das Sternenshirt an. Darüber die geliebte Lederjacke und schnell raus, ich konnte es nicht erwarten, in die Schule zu kommen und damit in Ramins Nähe.

Den ganzen Vormittag überlegte ich, wie ich mich später verhalten sollte, wenn er mich ignorierte. Ich spielte im Geiste alle Versionen an peinlichen Situationen durch und überlegte mir für jede einzelne einen guten Spruch.

Ich hatte Golli, Pari und Bita natürlich sofort von meinem gestrigen Wahrheitsanfall erzählt, dass wir uns gleich zum ersten Mal gegenüberstehen würden und ich die Hosen voll hätte.

Leider kreischten die drei wie Hyänen und verschlimmerten meine Befürchtungen nur, weil sie sagten, er sei so verklemmt, dass er sich mit Sicherheit nicht trauen würde, mit mir in der Öffentlichkeit zu sprechen.

Auf dem Weg zum Bushof zog ich den blauen Lappen

aus, damit ich wenigstens nicht durch die Tatsache, dass ich eine scheußliche Uniform tragen musste und er nicht, als der schwächere Part auftreten musste.

Möglichst gelangweilt und teilnahmslos und ohne nach rechts und links zu schauen schlenderte ich mit den Mädchen zu meinem Bus. Mir klopfte das Herz bis zum Hals, wie blöd von mir zu glauben, dass wir jetzt miteinander reden und flirten würden. Ich war doch vollkommen verrückt, es würde gar nichts passieren, und ich würde nachher wieder anrufen. Es würde für immer eine Telefon-Beziehung bleiben, und er würde in echt nichts mit mir zu tun haben wollen.

»Hallo!« Ich zuckte zusammen und drehte mich um.

Da stand er. Groß und schön und rehbraun in einer wunderschönen dunkelbraunen Lederjacke. Dasselbe Braun wie seine Haare und seine Haut. Er hatte diese Farbe für sich gepachtet, die eines schönen Pferdes oder einer perfekten Kastanie, er hatte glänzendes Fell und sah sehr essbar aus.

»Salam«, sagte er noch mal und lachte, als wären wir ganz normale Menschen, die sich einfach nett begrüßten.

»Salam«, sagte ich und wurde rot. Mein Kopf wurde jedenfalls ganz heiß. Uncool.

Die Mädchen gingen kichernd ein Stück weg.

»Wie geht's?« Er sprach Deutsch.

»Ganz gut.« Ich wusste nicht, wo ich hinsehen sollte, deshalb zog ich meine Ärmel ganz lang über die Hände und zeichnete mit meinen Adidas einen Kreis auf dem Boden.

»Ich hab dir etwas mitgebracht.« Er griff in die Seitentasche seiner Lederjacke und holte eine Kassettenhülle heraus. »Hier, hab ich gestern aufgenommen.«

Ich glotzte auf die Kassette und griff danach.

»Danke«, flüsterte ich vollkommen benebelt.

Die Busse hatten ihre Motoren gestartet, die Mädchen waren schon eingestiegen, und die Busfahrer brüllten »Sawar schin, yallah yallah«, alle einsteigen.

Wir standen uns vollkommen gelassen gegenüber, so, als

würde es um uns herum nicht nach Diesel stinken und die Busfahrer herumbrüllen, sondern als stünden wir auf einer saftigen Frühlingswiese, wo man Vogelgezwitscher und etwas Blätterrauschen hörte.

»Dann, dann bis später …« Ich ging ein paar Schritte zurück, drehte mich um und stieg schnell in meinen Bus.

Ich warf mich auf den Sitz, überhörte den mich laut anmotzenden Busfahrer, der sofort losfuhr, und dachte nur: Ich liebe ihn, ich liebe ihn, ich liebe ihn, und presste die Kassette an mich. Als ich daran schnupperte, roch sie wundervoll nach Männerparfüm. Dann klappte ich die Hülle auf, es war eine BASF 90, und auf dem Etikett stand in schnörkeliger Schrift: Für Lilly.

Zu Hause ging ich oben gleich in mein Zimmer und schob die Kassette in den Kassettenrekorder auf meinem Schreibtisch, schloss die Tür, drehte laut und setzte mich direkt davor auf meinen grünen Schreibtischstuhl, um nichts zu verpassen.

Das erste Lied war »Roxanne« von Police.

Meine Mutter kam rein.

»Was ist mit dir? Willst du nicht Mittag essen?«

Ich drehte leiser und schüttelte den Kopf.

»Kein Hunger«, sagte ich knapp und schaute genervt, damit sie wieder ging. Ihre Anwesenheit versaute die Stimmung.

»Was hast du in der Schule gegessen?«, bohrte sie.

»Nichts.«

»Warum hast du dann keinen Hunger?«

Ich drückte auf Pause. »Weil ich keinen Hunger habe heute, jetzt. Später.«

»Hast du Maschgh?« *Maschgh* sind Hausaufgaben.

»Nein, Mama, natürlich nicht. Dass du mich das immer noch fragst. Ich habe keine Hausaufgaben, nie, weißt du doch.«

»Was soll das? Wann kommt Chanume Panahi morgen?«

»Nach der Schule mit zu uns … kotz.«

»Was soll ich kochen?«

»Mach doch zwei schicke Brathühner«, antwortete ich hilfsbereit, »und jetzt lass mich bitte diese wichtige Kassette hören, ja?«

»Was ist daran so wichtig?«, fragte sie geringschätzig.

Aber sie ging endlich, und ich ließ die Kassette weiter laufen.

Das nächste war »What You're Proposing« von Status Quo. Jungsmusik, dachte ich. Dann kam »Brass in Pocket« von den Pretenders, dann »Video Killed the Radio Star« und dann David Bowie, »Ashes to Ashes«. Als Blondie irgendwann anfing, »Sunday Girl« zu trällern, war ich verloren.

Ich würde ihn heiraten und für immer mit ihm zusammenbleiben. Was für eine tolle Musik, was für ein toller Junge. Mein Junge.

Es war etwas komisch für mich, jetzt nicht mehr zu sagen, hier ist Susi, kann ich bitte mit Ramin sprechen. Sondern: Hier ist Lilly, ist Ramin da?

Ich musste jetzt immer, wenn ich Lilly sagte, blöd kichern, so als wär das alles Quatsch.

Als Susi hatte ich nie lachen müssen, das war ja auch eine ernste Sache.

Einige Tage später fragte er mich, ob ich nicht zu ihm nach Hause kommen wollte und ihn besuchen. Wie aufregend! Natürlich wollte ich das.

»Mama, ich fahr morgen Nachmittag zu meinem neuen Freund. Ramin.«

Sie saß in unserem Fitnessraum auf ihrem Hometrainer und strampelte wie eine Verrückte.

»Was?«

»Ja, ich habe einen neuen Freund. Ramin.« Dann nannte ich seinen Nachnamen.

Meine Mutter hörte auf zu strampeln. Sie hatte eine peinliche blaue Leggings an.

»Das ist der Sohn von …?« Sie schnappte nach Luft.

»Ja, Mama, das ist sein Vater.« Mir war sein Vater egal, ich wusste nicht, warum sich meine Mutter für ihn interessierte.

»Den kenne ich! Er war sehr oft bei Hoechst und hat meinen Bossen Rohstoffe verkauft.« Sie war plötzlich aufgeregt, die Arme war ganz außer sich. »Er ist superreich! Er ist ein wichtiger Rohstoff-Importeur, sehr, sehr wichtig, er beliefert alle Pharmakonzerne im Iran!«

»Ja, kann sein, ich fahr morgen Nachmittag jedenfalls zu denen nach Hause.«

»Er ist groß und sehr gut aussehend! Ist sein Sohn auch so?«

»Natürlich, Mama, er ist der schönste Junge der Schule.«

»Und was will er dann von dir?« Sie lachte gehässig.

»Ja, stell dir vor ...« Ich streckte ihr die Zunge raus.

»Was habt ihr morgen vor?«

»Keine Ahnung, bei ihm sein ... nur so.«

»Sind seine Eltern auch da?«

Ich zuckte mit den Schultern. »Was interessieren mich seine Eltern?«

»Hast du ihm nicht auch erzählt, was dein Vater macht? Das erzählt man sich doch.«

»Nein, Mama, das erzählt man sich nicht. Ist doch so scheißegal, was mein Vater macht, du spinnst.« Ich zeigte ihr einen Vogel und drehte mich um.

Als ich rausging, rief sie mir hinterher: »Schnapp dir den, der ist eine gute Partie, und sag seinem Vater aber, dass du meine Tochter bist. Er kennt mich ganz genau!«

Ich drehte mich um und tippte mir noch mal an die Stirn.

Am nächsten Nachmittag saß ich hinten im Volvo, unser Fahrer fuhr mich zu Ramins Haus – meine Mutter hatte darauf bestanden. Ich fand es unsexy, in einer Limousine zu meinem Freund gefahren zu werden, und bereute sowieso, ihr überhaupt etwas gesagt zu haben. Ich hätte einfach verschwinden sollen.

Ramins Haus war in einer der schönsten Straßen der Stadt im Sahebgharanie-Viertel, ganz nah am ehemaligen Schah-Palast, der jetzt leer stand. Die Straße war breit, ruhig und rechts und links von grünen Bäumen und langen hellen Mauern gesäumt.

Es ist ganz schön heiß für Anfang Mai, dachte ich noch, bevor ich vor unserem Tor hinten in den Volvo stieg. Aber als ich jetzt unter dem Schatten der Blätter vor der langen, hohen, Mauer, die wohl Ramins Garten umsäumte, stand, merkte ich den Temperaturunterschied. Hier war es frühlingshaft frisch und die Luft sauber. Atmen machte plötzlich Spaß. Bei uns in der Stadt war es immer staubig und laut. Eine auf die Dauer anstrengende Mischung.

Ramins Eltern waren zum Glück nicht zu Hause, er führte mich an einem Garten und einem großen Pool vorbei sofort ins Haus und in sein Zimmer. Er schloss die Tür hinter uns.

Es war ein typisches Jungszimmer, braune Schrankwand, brauner Schreibtisch und ein normales Bett, schmaler als meins und ohne Himmel natürlich.

Ich legte mich auf sein Bett mit dem Rücken zur Wand, er saß an seinem Schreibtisch und sah mich an wie ein treuer, großer brauner Hund.

Ich war schweigsam. Die Situation überwältigte mich. Ich war hiermit offiziell an meinem Ziel angelangt, ich wollte nichts mehr. Ich saß im Zimmer des hübschesten Jungen der Schule, in den ich verliebt war. Und ich saß hier, weil ich seine Freundin war. Seine erste. Das erste Mädchen, das es geschafft hatte, sein Interesse auf sich zu ziehen. Ich hatte keine Wünsche mehr offen. Doch, er müsste mich noch küssen. Aber nicht jetzt sofort.

Ich saß auf seiner blauen Jungs-Bettwäsche und sah ihn nur an und freute mich.

»Warum siehst du mich so an?«, fragte er mich, aber so, als würde er eine Antwort erwarten wie: »Weil dein rechtes Ohr brennt …«

Ich grinste. »Lustig, dass ich jetzt hier sitze. Findest du nicht?«

Draußen ging plötzlich ein entsetzliches Geschrei los. Er stand auf, öffnete die Tür und rief ziemlich autoritär hinaus: »Hey! Was ist los?«

Schreiende Jungsstimmen, dann kam sein kleiner Bruder ins Zimmer gerannt, ein hübscher Zehnjähriger mit großen, weißen Schneidezähnen und denselben braunen Haaren und Augen. Ramin in klein. Niedlich.

Babak schrie irgendetwas, was der andere Bruder, Bijan, ihm gerade weggenommen hat, man hörte eine Stimmbruchstimme draußen auf Persisch schreien, dann boxte Babak zweimal gegen Ramins Brust, und sie balgten miteinander, bevor Babak wieder rausrannte. Ich war begeistert. So waren also Brüder. Ramin schloss die Tür.

»Der ist ja süß. Du hast echt zwei kleine Brüder. Hätte ich auch gern.«

»Wieso hast du eigentlich keine Geschwister?«

»Weil meine Eltern Kinder hassen. Mich hassen sie auch.«

Er lachte. »So ein Quatsch!«

Ich nickte ernst. »Doch, das stimmt wirklich. Sie wollten mich gar nicht und bereuen es jeden Tag, mich bekommen zu haben.«

Er lachte noch mehr. »Wie kann man dich hassen. Du bist süß, aber auch lustig, du sagst immer so lustige Sachen. Und es ist so lustig, dass du Lilly bist. Und dass du jetzt hier sitzt.«

Er schaute mich verliebt an.

»Sag ich doch!«

Dann mussten wir beide entsetzlich lachen.

Einige Tage später rief er an und fragte, ob ich Lust hätte, mit ihm zu Arash zu fahren. Er würde mich gleich von zu Hause abholen und mir einen Helm mitbringen.

Mein Herz klopfte bis zum Hals. Meine Mutter durfte das nicht mitbekommen, sie stichelte die ganze Zeit herum, seit ich von meinem Besuch in Ramins Haus zurück war, der könnte niemals in mich verliebt sein, der reiche und schöne Junge. Ich wusste genau, dass sie sofort einen sadistischen Anfall bekäme, wenn ich ihr sagte, wer mich gleich abholte, noch dazu mit dem Motorrad. Sexier ging es kaum.

Sie würde es mir sofort verbieten, aus irgendeinem Grund, nur um es mir zu versauen, wegen der Prüfungen, wegen der Gefahr, wegen was auch immer.

Ich ging in mein Badezimmer und überprüfte mein Gesicht. Ein roter Pickel auf der Stirn, der schon seit drei Tagen entsetzlich wehtat. Ich hatte gestern Nachmittag bereits an ihm herumgedrückt, was eine großflächige Beule nach sich gezogen und mein Aussehen total ruiniert hatte. Ramin hatte keinen einzigen Pickel. Ich nahm das von meiner Mutter geklaute Clinique-Make-up und schmierte mir reichlich davon in mein Gesicht.

Als ich fertig geschminkt war, rief ich meiner Mutter, die in der Küche unser Dienstmädchen beim Schälen und Braten der Auberginen bewachte, aus der Entfernung in der Halle zu, ich würde rausgehen, um mir ein paar Hefte und Stifte zu kaufen.

»Bringst du mir einen Kanister Butterschmalz mit? Er ist gleich alle …«, rief sie aus dem Auberginendunst. Die verdammten Auberginen sogen das Schmalz immer auf wie Schwämme.

»Ja, ja«, murmelte ich und verschwand.

Unten traf mich der Schlag. Maman war damit beschäftigt, den Garten zu wässern. Ich schlich die Auffahrt an den Weinreben hinunter, damit sie mich nicht sah, öffnete das schwere Tor ganz langsam und leise und trat auf die Straße. Meine Großmutter hatte das zweite Tor auch weit geöffnet, weil sie ja immer den Bürgersteig vor unserem Grundstück abspritzte. Direkt vor mir saß Ramin auf dem hohen Sitz seiner knallgelben Yamaha, in seiner braunen Lederjacke und einem weißen Helm, ein zweiter Helm baumelte an seiner Hand.

Ich sagte nichts, sondern riss ihm den Helm aus der Hand, stülpte ihn mir schnell über, sprang auf den Sitz hinter ihm und boxte ihn in die Rippen:

»Boro, boro!« Los, fahr!

Mir flog fast der offene Helm vom Kopf, als er Gas gab, und ich drehte den Kopf weg, als wir an der arglosen Maman mit dem Wasserschlauch vorbeifuhren.

Sie checkte zum Glück gar nicht, dass gerade ihre fünfzehnjährige Enkelin auf dem Motorrad von ihrem sechzehnjährigen Freund abgeholt wurde, die beide mindestens ausgepeitscht, vielleicht auch gesteinigt oder gehängt worden wären, wenn sie von einem Komitee-Mitglied angehalten worden wären. Später dachte ich, sie hätte mich vielleicht sogar aufsteigen sehen, aber in ihrer Vorstellung gab es das gar nicht, Mädchen, die auf Motorräder stiegen, waren jenseits ihrer Vorstellungskraft. Erst, als wir aus unserer Straße abgebogen waren, atmete ich auf und konnte mich auf dem Sitz in Pose setzen.

Er war extra so weit in Richtung Süden der Stadt gefahren, um mich abzuholen. Jetzt fuhr er mit mir den ganzen Weg zurück, etwa vierzig Minuten durch die dicht befahrenen Straßen, über den Mirdamamad Highway, an den braunen Hügeln vorbei in den Norden der Stadt.

Als wir den Shemiran Highway rauffuhren, schob ich meine Hände in die seitlichen Taschen seiner Lederjacke und drückte mich an ihn. Ich hatte zum ersten Mal keine Angst, hinten zu sitzen. Es konnte nichts passieren, ich war endlich genau dort, wo ich sein wollte, und es fühlte sich noch besser an, als ich je gedacht hätte. Ich legte meinen Kopf auf seinen warmen, braunen Lederrücken und streichelte ein wenig mit meinen Händen in seinen Jackentaschen seinen flachen Bauch. Alles war gut.

Als ich am frühen Abend nach Hause kam, lief mir meine Mutter verärgert entgegen.

»Ach, jetzt bringst du das Schmalz? Inzwischen sind wir selbst zu Auberginen geworden, so lange haben wir gewartet …«

Ich sah sie fragend an. »Welche Auberginen? Was?«

Meine Mutter äffte mich nach. »Welche Auberginen? Welche Auberginen? Lilly Chanum hat mal wieder den ganzen Tag nur geträumt … immer liegst du im Dämmerschlaf, wehe, man weckt dich! Du bist wohl aus unserer Welt ausgetreten, wie? Gehörst nicht mehr zu unserer Familie? Dich darf man nicht ansprechen!«

Oh Gott. Sie wollte sich streiten. Ihr Schmalz hatte ich natürlich vergessen. Sollte sie doch selbst den Metallkübel anschleppen, ich war keine Hausangestellte.

Ich legte Ramins Kassette in den Rekorder und holte meine Klebstofftube aus dem Chaos in meiner Schreibtischschublade. Ich drückte eine rosinengroße Wurst heraus und hielt sie unter meine Nase. Es roch wahnsinnig lecker, mein Lieblingsduft.

Als mein Vater nach Hause kam, hörte ich, wie meine Mutter sich bei ihm über mich beschwerte. Ich würde so viel Geld kosten und nichts leisten, die vielen Lehrer, die ich brauchte, jedes Kind würde selbstständig lernen, aber ich würde mich dumm stellen (an der Stelle zog ich die Augenbrauen hoch. Wieso stellen? Wieso sagte sie nicht, dass ich dumm sei, wie sonst auch?), und sie hätte heute mit Fatmeh Chanum den ganzen Berg Auberginen gebraten, hätte Fatmeh Chanum nicht alleine lassen können und mich gebeten, ihr wenigstens einen Kübel Schmalz vom Baghalli zu holen, wenn ich sie schon sonst nie unterstützte, um ihre schwere Arbeit zu erleichtern, aber ich sei einfach Stunden später … Ich setzte meine Kopfhörer auf und schloss die Augen.

Ramin hatte mich eingeladen, morgen direkt nach der Schule mit zu ihm nach Hause zu kommen und mit ihnen Mittag zu essen. Meiner Mutter hatte ich gesagt, wir hätten wieder Extrastunden. Er würde, obwohl seine Eltern es eigentlich verboten hatten, mit dem Motorrad zur Schule kommen, damit wir nach der Schule zusammen zu ihm fahren konnten. Golli lief beinahe grün an vor Neid, als ich ihr erzählte, dass er mich abholen würde. Jetzt müsste er mich nur endlich küssen, und plötzlich war ich besorgt. Vielleicht waren wir morgen allein bei ihm zu Hause, und dann würde ich mich einfach auf seinen Schoß setzen, auf seinen Schreibtischstuhl und ihn küssen.

Meine Tür flog plötzlich auf, mein Vater stand in der Tür und kam dann kochend vor Wut auf mein Bett zugerannt. In der rechten Hand hielt er fest einen seiner doppelt genähten Ledergürtel, mit der linken riss er mir den Kopfhörer vom Kopf.

Ich lag auf Ramins Bett, Ramin saß an seinem Schreibtisch und sah mich an. Ich bewegte mich nicht, weil mir die Beine entsetzlich weh taten. Auch meine Hüfte. Mein Vater hatte mehrmals dagegen getreten, zum Glück hatte er keine Schuhe an.

Meine Jeans war so eng, dass der Stoff auf die wunden Stellen drückte und alles noch mehr schmerzte. Aber ich musste einfach die Mustang-Jeans anziehen, weil es die Hose war, die meine Eltern beide besonders hassten, denn ihrer Meinung nach sah ich damit aus wie vom Strich. Dazu trug ich das Sternenshirt.

»Du bist meine Sternenprinzessin«, hatte Ramin gesagt, als ich nach der sechsten Stunde ohne Kittel zu der verabredeten unbeobachteten Straßenecke kam, wo er schon mit seiner Yamaha wartete.

»Echt?« Ich lachte. »Nein, weißt du, ich bin die Schwester vom kleinen Prinzen. Und wenn du mein Freund sein willst, musst du mich zähmen«, sagte ich ernst und setzte mir den Helm auf.

»Zähmen? Was muss ich da tun?«, fragte er dann tatsächlich. Er kannte den kleinen Prinzen auch auswendig!

»Du musst sehr geduldig sein«, sagte ich und umarmte ihn von hinten auf dem Sitz.

Jetzt lag ich wieder auf meinem Platz auf seinem Bett. Wir hatten zusammen mit seiner Mutter und seinen sich ständig prügelnden Brüdern in der Küche gegessen. Ghorme Sabzi und Reis aus dem Reiskocher. Seine Mutter war eine blasse, ruhige Frau, die nicht viel sprach, aber ich mochte sie. Sie war eine richtige Mutter, wie es sich gehörte, und nicht so eine arrogante Nervensäge wie meine, die entweder meine Freunde ignorierte oder mich vor ihnen durch den Kakao zog. Und sie fragte mich nicht aus, was ich super fand.

Was ich jedoch komisch fand, war, dass es Ghorme Sabzi zum Essen gab. Eine deutsche Frau, die einen Berg Kräuter putzte, um daraus ein urpersisches Mittagessen für ihre drei Söhne zu kochen, fand ich lustig. Ihr Ghorme Sabzi schmeckte dafür auch ziemlich fad. Mein Vater hätte ein Drama daraus gemacht und es niemals gegessen, genauso wenig wie den Reis aus dem Reiskocher. Aber wahrscheinlich war Ramins Vater ein liebevoller und toleranter Mensch und nicht so ein cholerischer Tyrann wie meiner.

Auf Ramins Schreibtisch lag ein großes Schwarz-Weiß-Foto von ihm in einer Plastikhülle. Er sah wunderschön darauf aus, mit seiner Mittelscheitelfrisur und seiner Rehbraunigkeit.

»Was ist das für ein tolles Bild?«

»Ich musste Passbilder machen. Das ist ein großer Abzug.«

»Schenkst du mir das?« Ich drückte die Plastikfolie an mich. Auf die Rückseite der Folie waren der Name und die Adresse eines Teheraner Fotostudios gedruckt.

»Ja, klar.« Ich steckte das Bild sorgfältig in meine Schultasche, die ich neben das Bett geworfen hatte.

»Dann musst du mir aber auch eins schenken.«

»Ja, okay, ich schau mal …« Ich fand mich auf Fotos immer hässlich.

Als ich abends nach Hause kam, war mein Vater schon da und lag im Bett, weil er wie so oft Magenschmerzen hatte. Umso besser, dachte ich, dann bleibt er wenigstens liegen.

Ich sagte meiner Mutter hallo und ging in mein Zimmer. Sie kam mir hinterher und raunzte mich an:

»Deinem Vater geht's schlecht!«

Ich blickte finster an ihr vorbei.

»Geh zu ihm und frag ihn nach seinem Befinden.«

Dann sah sie angeekelt an mir herunter: »Und zieh sofort diese Hose aus. Wenn der Arme dich darin sieht, werden seine Schmerzen gleich schlimmer …«

Ich verzog das Gesicht und blieb sitzen.

Sie kam zu mir, zog mich am Arm und schrie mir direkt ins Ohr:

»Los, geh zu deinem Vater, was bist du für ein treuloses Drecksstück, er liegt im Bett, da geht man hin und setzt sich etwas zu ihm.« Sie zerrte mich an meinem Ärmel hinter sich her. Ich wollte vermeiden, dass sie mein Sternenshirt zerriss, wie sie es mit vielen anderen Sachen getan hatte, und ging mit.

An der Schwelle zur Schlafzimmertür blieb ich stehen. Ich konnte nicht einfach hineingehen und fragen, wie es ihm geht. Es war mir auch völlig egal. Wir hatten seit mehr als einem Jahr kein einziges normales Wort mehr miteinander gewechselt. Ich fand ihn widerlich. Und sein Selbstmitleid und seine Magenschmerzen fand ich noch widerlicher. Er lag im Bett, hatte das elektrische Wärmkissen auf dem Bauch und machte ein leidendes Gesicht.

Meine Mutter stieß mich von hinten an.

Ich klappte den Mund auf und sagte emotionslos: »Wie geht es dir?« auf Persisch, so, wie er es verlangte. Ich fragte nicht, ich spuckte es nur aus.

Er schloss die Augen und nickte gequält und bedeutsam.

Ich ging zwei Schritte rückwärts nach hinten, ging zurück in mein Zimmer, schloss die Tür und setzte mich davor auf den Boden, damit meine Mutter nicht wieder hereinkommen konnte.

An seiner Stelle hätte ich nicht gewollt, dass ich bei ihm saß.

Als ich am nächsten Tag später aus der Schule kam, waren etwa zwanzig Leute im Schlafzimmer meiner Eltern versammelt. Mein Vater hatte morgens einen Magendurchbruch gehabt und wäre fast verblutet. Jetzt war die ganze Familie bei uns und drängelte sich zusammen mit zwei befreundeten Ärzten um das Ehebett. Die Älteren saßen auf Sesseln, einige hatten sich auf die Bettkante auf der freien Seite gequetscht. Mein Vater lag im Bett, von seinem Arm hing ein Schlauch, neben ihm eine Infusionsstange mit einem Plastikfläschchen.

Ich sah kurz in das überfüllte Schlafzimmer und war froh, dass sich niemand für mich interessierte, holte mir aus der Küche etwas Joghurt und Quittenmarmelade, ging in mein Zimmer und rief Ramin an.

Er erzählte mir, dass seine Mutter mich sehr nett und süß fand und sie meinte, ich wäre außerordentlich wohlerzogen und würde so ein schönes und perfektes Deutsch sprechen, nicht so schlecht wie ihre eigenen Kinder, und dass ich gerne jederzeit wiederkommen dürfte

Ich kicherte verlegen und sagte dann, ich würde seine Mutter auch mögen und sehr gerne wiederkommen. Und dachte: Ich will sofort kommen und ich will für immer bei euch bleiben, bitte, bitte. Wir telefonierten eine halbe Stunde, dann hörte ich, wie meine Mutter immer wieder Menschen zur Tür brachte. Irgendwann flog meine Tür auf und sie fiel wie ein feuerspeiender Drache in mein Zimmer ein.

Die dunklen Augen des Drachen waren kugelrund und funkelten gefährlich. Der Drache bäumte sich auf und öffnete seinen gigantischen Rachen, aus dem ein großer Schwall Dampf und lavaartige Masse hervorquoll.

Die glühenden Blitze aus den Augen des Drachen verfolgten die schwarze Schnur, die vom Telefonapparat zur Wand fiel, er stürzte sich darauf und riss mit unglaublicher Gewalt die Telefonschnur aus der Wand. Der schwere schwarze Apparat flog durch die Luft, mit dem Stecker an der Schnur baumelnd, und krachte splitternd gegen meine gelbe Wand. Das Telefon flog in Einzelteilen durch mein Zimmer. Ich starrte sprachlos hinterher.

Dann wollte sie sich schreiend auf mich stürzen:

»Dein Vater liegt nebenan im Sterben, und du machst hier Telefonsex …« Da erblickte sie das Foto von Ramin. Ich hatte es auf meinen Schreibtisch gestellt und an einen der Metallbehälter, wo meine Stifte drin waren, gelehnt. So konnte ich ihm die ganze Zeit in die Augen schauen, während ich mit ihm telefonierte.

Meine Mutter griff blitzschnell danach, riss es aus der Hülle und zerpflückte es innerhalb von Sekunden. Die kleinen grauen Schnipsel ließ sie auf meinen Kelim rieseln.

Sie drehte sich, fast erleichtert, zu mir um und sagte mit verächtlichem Blick:

»Du bist ein Stück Dreck. Selbst wenn dein Vater stirbt, kannst du nicht auf deine Hurerei verzichten. Das Einzige, was dich interessiert, ist, dass sich immer einer auf dich legt … und du hältst dich deswegen auch noch für besonders hübsch, aber du irrst, die legen sich auf dich, weil du sie lässt, was würdest du erst tun, wenn du …«

Ich hörte nicht mehr, was sie sonst noch sagte. Ich sah die grauen Schnipsel auf dem Boden. In einem Fetzen sah ich eins seiner Augen, in einem anderen sein Ohrläppchen.

An diesem Tag spürte ich ganz genau, wie etwas in mir starb, es verschrumpelte in mir, wurde immer weniger, und nach ein paar Minuten war es tot. Ich weiß nicht, was es war, aber ich spürte das langsame Sterben von irgendetwas ganz tief in mir, während ich zusah, wie die Frau, die meine Mutter war, mit einer unglaublichen Kraft dieses Bild von dem einzigen Menschen, den ich liebte, vernichtete.

Und das, was in diesem Moment an diesem Tag im Mai 1981 in Teheran in mir starb, wurde auch nicht mehr lebendig und kehrte nie wieder zu mir zurück. Es war weg, für immer.

Die Endjahresprüfungen gingen eine Woche lang, jeden Tag wurde ein anderes Fach geprüft. Es gab während der Woche für uns keinen Unterricht. Wir mussten in eine andere Schule, wo wir mit lauter fremden Mädchen zusammen in einen großen Saal gesetzt wurden.

Alle außer mir waren sehr aufgeregt, einige bissen sich die Fingernägel blutig und hatten ihre normale Stimme verloren. Sie kreischten nur noch voller Angst und ekelten mich an.

Nach der Prüfung wurden die meisten sofort von ihren Müttern abgeholt und nach Hause gebracht, damit sie weiterlernen konnten für die nächste Prüfung.

Mich fuhr unser Fahrer hin und zurück. Nach einem kurzen Mittagessen kam schon die Lehrerin, bei der ich am nächsten Tag geprüft wurde, und wir versuchten die Fragen aus ihr herauszuquetschen. Die Physik- und Mathelehrerin hatte uns tatsächlich die Fragen am Tag vorher lösen lassen. Nur die Chemielehrerin hatte ganz andere Aufgaben als die, die wir mit ihr geübt hatten. Meine Mutter war außer sich.

Als die letzte Prüfung geschrieben war, lud ich Ramin an einem Nachmittag zu mir nach Hause ein.

Meine Mutter war nicht mehr sie selbst vor Freundlichkeit, ich traute meinen Augen kaum. Sie begrüßte Ramin nett und tat so, als wäre sie eine ganz normale Mutter, die sich freut, dass ihre geliebte Tochter ihren Freund mit nach Hause bringt und als würde sie sich für die Freunde ihrer Tochter interessieren. Wir sollten uns doch in eine der Sitzgruppen in der Halle setzen und sie würde uns Kuchen und Obst bringen lassen und ob Ramin Tee trinken wollte. Und dann mit einem Seitenblick zu mir:

»Lilly wird ja übel von Tee.«

Ramin war natürlich viel zu höflich, sagte, dass er Tee mochte, und wollte sich schon auf einem der gestreiften grün-weißen Seidensofas niederlassen, als ich an ihm zog und »Hey, nicht hier. Komm mit« zischte.

Wir gingen in mein Zimmer, ich schloss die Tür und setzte mich mit Mr Molly auf mein Bett.

»Lass dich doch nicht von meiner Mutter anschleimen.«

Kurz danach klopfte es an der Tür, und als ich ja schrie, kam meine Mutter herein, und, ich glaubte es wieder kaum, brachte höchstpersönlich ein großes Tablett mit Apfelkuchen, einer Schale Erdbeeren, Erdbeereis und einem Kännchen Tee für Ramin mit, stellte es auf den Schreibtisch und fragte Ramin todernst, ob er seinen Tee nur mit Zucker trank oder auch noch Milch bräuchte, so wie Lillys Vater. Mir blieb der Mund offen stehen. Das hatte sie noch nie gemacht, noch nie. Wenn sie gut drauf war, hat sie nur gerufen: In der Küche steht Kuchen, könnt ihr euch nehmen, und ich musste dann Fatmeh Chanum bitten, uns etwas zu bringen. Wenn sie schlecht drauf war, verschwand sie einfach. Aber jetzt setzte sie sich auf den anderen Stuhl und sagte, sie hätte den Kuchen natürlich selbst gebacken, und wie Ramins Prüfungen gelaufen seien.

Ich wartete, bis wir unseren Kuchen gegessen hatten, dann sagte ich:

»Danke, Mama, aber wir müssen jetzt lernen.«

»Was müsst ihr denn lernen? Die Prüfungen waren doch schon.«

»Für nächstes Jahr, Mama. Man kann nicht früh genug anfangen.«

Sie ließ sich regelrecht rausschieben. Ich schloss die Tür und verdrehte die Augen.

Ramin lachte verlegen. Dann meinte er:

»Deine Mutter ist ja supernett. Wirklich sehr nett. Und ganz jung.«

Ich verdrehte noch einmal die Augen, nahm Mr Molly auf

den Schoß und begann, ihm mit einem Teelöffel von dem Eis ins Maul zu schieben, weil ich nicht wusste, was ich sonst machen sollte.

Irgendwie war das sich Gegenüber-sitzen-Gefühl und sich nur ansehen ausgereizt. Er hatte mich immer noch nicht geküsst, und ich begann es blöd zu finden. Er saß ernst an meinem Schreibtisch, so wie er sonst an seinem saß, und sah ruhig zu, wie ich die Katze mit dem knallrosa Erdbeereis fütterte.

Später, als Ramin sich verabschiedet hatte, sah ich mit Entsetzen, wie ihm mein Vater unten im Garten entgegenkam, während er sein Motorrad rausschob. Mein Vater kam nach oben und ich hörte, wie er meine Mutter fragte, wer da sein Motorrad in unserem Garten geparkt hätte, und sie antwortete das war Ramin, Lillys Freund. Ich hielt die Luft an und duckte mich vor Angst. Aber er kam nicht.

Das nächste Mal, als Ramin zu uns kam, war mein Vater zu Hause. Ramin begrüßte meine Eltern, und keiner sagte etwas, als wir in mein Zimmer gingen und die Tür schlossen.

Ich zog meine Vorhänge zu, legte die »American Gigolo«-Soundtrack-Kassette ein. Das erste Lied war Blondie: »Call me«.

Ich grinste ihn an. Er schaute ernst.

»Sie ist toll, nicht?«

Er schaute ernst.

»Du kennst doch den Film, oder?«

Er schüttelte ernst den Kopf. »Welchen Film?«

»Ähm, ›American Gigolo‹. Mit Richard Gere?«

Er sah mich an wie ein großer ernster brauner Hase. Er kannte den Film nicht.

»Da spielt Richard Gere einen Callboy …« Der Hase verzog keine Miene.

Er kannte auch Richard Gere nicht? Das konnte nicht sein.

»Aber Blondie kennst du …!«

Der Hase sah mich genauso an wie vorher.

»Aber du hast doch Blondie auf der Kassette, die du mir geschenkt hast.« Ich lächelte ihn verzweifelt aufmunternd an.

Er schüttelte etwas den Kopf, so dieses persische: Was-meinst-du-Kind-Schütteln. Er kam anscheinend überhaupt nicht mit, warum ich von einem Film sprach, wenn ich eine Kassette hörte.

Ich fand es plötzlich ganz rührend, dass er keine Ahnung von irgendetwas hatte und anscheinend noch nicht mal Blondie kannte. Aber er hatte ja mich. Ich würde ihm schon alles beibringen.

Ich umarmte ihn, kroch auf seinen Schoß auf meinem Schreibtischstuhl und legte meinen Kopf auf seine Schulter. Gleich, dachte ich, gleich werde ich ihn küssen.

Er wurde steif und nervös.

»Wollen wir uns den Film ansehen?«, flüsterte ich, »ich hab ihn auf Video. Ein toller Film. Ich kaufe mir genau so einen Mercedes, wie ihn Julian fährt … genau den …«

»Ja, aber setz dich erst wieder dahin, bitte.«

Er zeigte auf mein Bett, Lichtjahre weit weg.

»Wieso denn?«

»Lilly, bitte, setz dich wieder aufs Bett.« Er schob mich von seinem Schoß. Dann flüsterte er: »Deine Eltern können jederzeit reinkommen.«

»Ach, meine Eltern … Mir sind meine Eltern doch scheißegal …« Ich zog ein Gesicht, setzte mich auf meine grüne Tagesdecke und sah ihn böse an. Er hatte die Gelegenheit, von mir geküsst zu werden, ausgeschlagen, weil meine Eltern reinkommen könnten. Als ob ihm dann etwas passieren würde.

Mir war plötzlich langweilig. Was sollte das Verliebtsein für einen Sinn machen, wenn man nur herumsaß und sich anglotzte, wenn keiner keinen küsste?

Am nächsten Tag rief Ramin an und erzählte, sein Motorrad sei geklaut worden.

Ich verspürte einen Stich im Herzen.

»Nein? Stand es nicht im Garten?«

Er war ganz ruhig, als wäre es ihm egal.

»Doch, sie haben es heute Nacht über die Mauer gehoben.«

»Was? Die Schweine! Die Drecksärsche! Wie konnten sie das tun?«

Die Diebe mussten gewusst haben, dass sein Motorrad hinter der Mauer stand. Sie hatten es tatsächlich aus dem Garten heraus geklaut.

Ich war fassungslos, es tat mir richtig weh, als wäre es mein Motorrad und als wäre das in unserem Garten passiert. Ich fand es unglaublich, unbeschreiblich schlimm, dass man uns auf so brutale Art das Spielzeug weggenommen hatte. Und was auch schlimm war: Ich hatte keinen Freund mehr mit einem coolen Motorrad. Ich hatte nur noch einen Freund. Ohne Motorrad dazu. Ich fühlte mich vergewaltigt und misshandelt.

Aber Ramin ließ sich nichts anmerken, er jammerte kein bisschen. Das Motorrad war kein halbes Jahr alt gewesen und es war wunderschön.

Ich fand es komisch, dass ich von dem Vorfall viel betroffener war als er.

An dem Abend saß ich mit meiner Mutter im dunklen Fernsehzimmer, während irakische Bomber über Teheran flogen, und erzählte ihr von dem gestohlenen Motorrad, da kam mein Vater von seinen Eltern zurück und fing sofort laut Streit an.

»Meine fünfzehnjährige Tochter hat einen Freund und geht mit ihm vor meinen Augen in ihr Zimmer und sie schließen die Tür! Wo gibt es denn so was? Das gibt es noch nicht mal in deutschen Familien! Aber meine Tochter macht, was sie will … Jetzt bin ich wohl ihr Zuhälter. Alle reden über mich. Mein Haus ist ein Puff.«

Er brüllte einfach vor sich hin und knallte ein paar Türen, aber er kam nicht in mein Zimmer. Das Thema war ihm wohl zu heikel. Seinem Gebrüll war zu entnehmen, dass ihn meine Tante darauf angesprochen hatten, wer der Junge sei, der neulich in meinem Zimmer saß, und meine Großmutter hatte gleich das gelbe Motorrad in ihrem Garten erwähnt. Erst da fiel ihm komischerweise ein, dass man sich besser aufregt und etwas herumschreit. Wie blöd und peinlich von ihm.

Ich kannte das persische Wort für »Zuhälter« zu dem Zeitpunkt nicht. Ich hatte den Ausdruck bei uns zu Hause schon öfter gehört, wenn sich die beiden im Streit beschimpften, mich aber nie dafür interessiert, was es genau bedeutete.

Ich fragte Ramin später, was das Wort genau hieß, ohne ihm zu verraten, warum. Er lachte verlegen.

»Wie kommst du auf so was?«

»Auf was, Mann? Auf was denn?«

»Es heißt … Zuhälter.«

»Echt? Was für 'n Scheiß.«

»Wieso wirst du jetzt so sauer?« Er verstand nichts, der Arme.

Ramins Schwester hatte Ferien, war aus Deutschland zu Besuch und quatschte dauernd dazwischen, weil sie es anscheinend irre aufregend fand, dass ihr kleiner Bruder eine Freundin hatte. Sie wollte alles Mögliche über mich wissen, und er musste die Fragen stellen. Ob ich einen Bruder hätte, was meine Eltern dazu sagten, dass ich einen Freund hatte, warum ich so lange telefonieren dürfte, ob meine Eltern nichts zu melden hätten und lauter solchen Quatsch. Sie sprach sehr gut Persisch, fiel mir auf.

»Sag deiner Schwester, sie soll endlich die Fresse halten«, fauchte ich irgendwann.

Und er wiederholte es brav genauso: »Lilly sagt, du sollst endlich die Fresse halten.«

Ich hörte sie nur sagen: »Lilly ist aber schlecht erzogen.«

Sie sagte: »Bitarbiat«, als wäre ich ein dummes Kind. Aber sie zog beleidigt ab.

Eine ältere Schwester schien wirklich das Letzte zu sein, was man brauchte.

In den vergangenen Wochen, seit mein Vater den Magendurchbruch gehabt hatte, war unser Haus ständig voller Verwandter und Freunde. Sogar Klaus kam öfters in Begleitung eines deutschen Arbeitskollegen. Meine Eltern saßen mit den Gästen immer bei geschlossener Tür im Salon, was mich freute, so hatte ich meine Ruhe.

Ich saß an meinem Schreibtisch und übte meine neue Unterschrift mit Ramins Nachnamen, da kam meine Mutter herein, setzte sich auf mein Bett und sagte:

»Wir müssen mit dir reden.«

Ich sah sie verwundert an. Was wollte sie? Warum schrie sie nicht schon aus der Ferne, was sie wollte und unter welchen Bedingungen es stattfinden würde. Ich war verunsichert.

»Du hast bestimmt gemerkt, dass wir hier in letzter Zeit einige Dinge organisiert haben.«

»Nö. Was denn?« Ich hatte nichts gemerkt, da ich ja entweder mit Ramin zusammen war oder am Telefon hing.

»Wir, dein Vater hat heute seine Ausreisegenehmigung erhalten. Wir wollen hier weg. Dieses Land hat keine Zukunft. Wir haben dir nichts gesagt, damit es geheim bleibt. Du darfst auch jetzt mit niemandem darüber sprechen, wie und warum du ausreist, hörst du? Mit niemandem!«

»Was ...? Ausreisen? Nach Deutschland?«

Meine Mutter holte tief Luft.

»Ja. Dein Vater hat gesagt, dass er schwer krank ist. Du musst mit ihm fliegen, als seine Begleitung. In ein paar Wochen wird er ein Schreiben von seinem Professor schicken, dass er stirbt. Dann komme ich.«

»Ich soll mit Papa alleine fliegen? Nach Deutschland? Wann denn?« Mir wurde schlecht. Ich wollte nicht weg. Ich war verliebt. Ich wollte mit Ramin zusammen sein und seine Frau werden.

»Nächste Woche«, sagte sie ernst. »Du sagst, du weißt nicht, wie wir die Ausreise bekommen haben, verstanden? Zu niemandem ein Wort! Auch zu Ramin nicht!« Sie fing endlich an zu kreischen.

»Ja, ist ja gut! Wieso denn schon nächste Woche? Ich will nicht fliegen. Ich bleibe hier und fliege mit dir.« Ich schob die Unterlippe nach vorne.

»Weil dein Vater doch todkrank ist! Und weil man nicht weiß, was hier morgen passiert! Weil man sofort raus muss, wenn man die Ausreise hat, weil es sein kann, dass die hier komplett durchdrehen und Krieg mit Russland anfangen. Warum bist du bloß so blöd? Und weil du militärpflichtig bist, wenn du hierbleibst, dann musst du an die Front! Von mir aus kannst du gerne hierbleiben, dann habe ich meine Ruhe.« Sie schrie schon wieder. »Geh doch an die Front! Viel Spaß.«

Sie hatte recht. Ich wurde im August sechzehn und damit militärpflichtig. Chomeini fand, Frauen müssten auch Kriegsdienst leisten, nicht mit Waffen, aber mit sozialen Diensten. Also verwundete Soldaten versorgen und solche Sachen. Ich dachte kurz an Hemingway und »In einem anderen Land« und stellte mir vor, wie Ramin und ich zusammen an der Front in einem grünen Zelt saßen und aus Blechnäpfen aßen, verwarf die Idee wieder. Ich müsste bestimmt ein Kopftuch tragen, und auf iranische Soldaten, die im Namen des Emam in den Märtyrertod ziehen wollten, hatte ich keinen Bock.

Mein Vater hatte also die ganze Zeit seine oder unsere Flucht organisiert, und mir hatte keiner etwas gesagt. Ein alter Studienkollege, der jetzt Chefarzt in Berlin war, hatte ihm eine getürkte Krankengeschichte mit Röntgenbildern und allem Drum und Dran geschickt. Die Diagnose war Brustkrebs, eine sehr seltene und sehr schwer zu behandelnde Krankheit bei Männern. Das hatten die Mullahs im Amt für Ausreise anscheinend auch eingesehen und ihn als hochqualifizierten Arzt, der wichtig war für das Land und die Revolution, vor dem sicheren Tod zu bewahren versucht. Mit jedem Kranken durfte eine Begleitung mitreisen, wie praktisch. Und jede Ehefrau durfte zu ihrem sterbenden Gatten ins Ausland reisen, um ihm beim Sterben zuzusehen.

Hätte ich weniger mit Ramin telefoniert, wäre mir vielleicht etwas von den Heimlichkeiten meiner Eltern aufgefallen. Und wenn ich etwas geahnt hätte, wäre ich nicht einen einzigen Tag noch zur Schule gegangen. Nicht durch eine blöde Prüfung hätte ich mich gequält. Alles ganz umsonst, was für eine Verschwendung von Lebenszeit. Ich wollte gerade anfangen, mich zu ärgern, da fiel es mir erst richtig ein: Es war vorbei! Ich durfte endlich raus hier, nach Deutschland, wie ich es mir sehnlichst und unendlich gewünscht hatte. Aber die Freude rutschte nicht durch. Ich musste schwer schlucken. Ramin, ich konnte Ramin nicht hierlassen. Er wollte nicht weg. Seine Eltern würden ihn liebend gerne wegschicken, aber er wollte hierbleiben. Verrückt. Eigentlich wollte ich auch nicht weg. Es war gerade superschön hier. Wie sollte ich einfach gehen? Und wozu sollte ich weggehen, wenn die Liebe meines Lebens nicht bei mir war?

Die letzte Woche verging damit, dass in meinem Zimmer ständig irgendwelche Freundinnen mit Ramin rumsaßen und mir beim lustlosen Packen und Aussortieren zusahen. Ich verschenkte so gut wie alle meine Klamotten, meine geliebte Lederjacke, meine ganzen Platten, meine Comics und meine vielen Bücher. Meine Mutter sah jeden Tag entsetzt, wie alle säckeweise Zeug aus meinem Zimmer nach Hause schleppten, und schimpfte, ob ich verrückt sei, meine teuren Sachen, meine dämlichen Freunde wären es nicht wert, solche Dinge zu besitzen. Als Golli meinen großen Steiff-Bären mitnahm, flippte sie regelrecht aus:

»Dein Bär! Den hat dir dein Vater aus München mitgebracht. Warum verschenkst du deinen Bären an diese Batsche Kolfat?«
Batsche Kolfat ist das Kind von der Kolfat. Das stimmte nun nicht, denn Gollis Vater war sehr reich, aber nicht modern,

nicht intellektuell und nicht berühmt, also in jedem Fall weit unter der Würde meiner Mutter.

»Warum soll mein armer Bär hier alleine sitzenbleiben, wenn er bei Golli sein kann und sie sich freut?«

Golli freute sich immens über den Bären. Sie hatte ihn schon immer bewundert. Sie freute sich über alles, über meine ganzen Klamotten, die ich nicht mehr sehen konnte, und am meisten über meine Lederjacke. Ich wollte alles neu, die alten Sachen erinnerten mich nur an Kargheit und Abgegrenztheit. In Gollis Familie kaufte man keine teuren Klamotten und handgenähte Bären für Kinder.

Es war alles schon schlimm genug für mich, und ich hatte wahnsinnige Angst, dass es meinen Sachen so ergehen könnte wie dem rosa Kaninchen. Deshalb versuchte ich, alles richtig zu machen, damit keine Islamisten meine Kleider tragen oder mit meinen Sachen spielen würden, aber meine Mutter machte mit ihrem Geiz und ihrer Missgunst alles nur noch schlimmer. Ich konnte meinen Bären ja auf keinen Fall mitnehmen, weil die Revolutionsgarden bei der Ausreise am Flughafen alles auseinandernehmen würden auf der Suche nach Schmuck und Bargeld, das hatte man uns schon gesagt. Und ich wollte nicht, dass eklige Flughafenangestellte meinen Bären aufschlitzten. Ich hatte mich von meinem großen Bären mit den Worten verabschiedet: Hab keine Angst.

Meine Eltern wollten nichts verkaufen oder aufgeben. Sie wollten alles beibehalten und nur die Tür zuziehen und jederzeit wiederkommen können. Ich wusste eigentlich gar nicht, was meine Eltern vorhatten, und ob sie kurz oder lange weg wollten, oder nur, solange der Krieg dauerte. Ich hatte nicht einmal gefragt, wieso mein Vater plötzlich weg wollte. Ich redete mit ihnen über solche Sachen nicht, ich redete mit ihnen schon lange über gar nichts mehr. Es war mir auch völlig egal, was die wollten, sagten oder dachten. Ich hielt sie beide für verrückt und alles, was sie sagten, war ohnehin wertlos, weil sie entweder logen oder es sich alles am nächsten Tag anders überlegten und sich an ihre Worte meistens nicht mehr erinnern konnten oder wollten. Sie wussten nie, was sie eigentlich wollten. Aber ich wusste das. Und je weniger ich mit den beiden redete, desto genauer wusste ich es.

Ich wusste, dass ich nicht mehr zurückkommen würde. Aus irgendeinem Grund wusste ich, für mich war das Kapitel Teheran beendet. Und zwar für immer.

Aber wie gesagt, ich sprach nicht darüber, mit niemandem. Ich leerte bloß wortlos meine Schränke, holte die kompletten Stapel *Tim und Struppi*, *Asterix* und *Lustige Taschenbücher* heraus und schob alles schweren Herzens in eine Tragetasche für Golli. Es tat mir so unendlich leid, ich liebte meine Comics, und mein Herz hing an jedem einzelnen, ich kannte jede Sprechblase in jeder Geschichte auswendig. Ich war schon als Kind immer erstaunt gewesen, dass ich eine der wenigen war, die alle Blasen immer genau lasen. Die anderen sahen sich immer nur die Bilder an, total langweilig und dumm. Und Golli würde die Hefte sicher auch nicht lesen, sie wollte nur meine Schätze besitzen, um sich ein wenig so zu fühlen, wie sie dachte, dass man sich fühlt, wenn man so viele schöne Sachen besaß. So trugen sie, Pari und Gita eben jeden Abend, so viel sie tragen konnten, glücklich nach Hause.

Der letzte Tag war furchtbar. Unser Lufthansa-Flug ging erst spätabends, weil die wenigen ankommenden Maschinen aus Frankfurt immer gleich wieder zurückflogen, kein Pilot und keine Stewardess wollte auch nur eine Nacht in Teheran verbringen. Mein Koffer war so gut wie gepackt, ich hatte nur ein paar Klamotten, meine Tagebücher und Goran, den kleinen Bären, dabei. Meine goldene Longines-Uhr am Handgelenk konnte ich mitnehmen. Aber den breiten goldenen Armreif würden sie mir wohl wegnehmen, sagte meine Mutter, ich sollte ihn unbedingt dalassen. Golli und Ramin waren bei mir, und ich saß auf dem Bett mit Mr Molly auf dem Arm und war unglaublich schlecht drauf. Der Gedanke, in wenigen Stunden Ramin und meine Katze zurückzulassen und nur mit meinem Vater allein in eine ungewisse Zukunft zu gehen, lähmte mich vor Schreck und Abscheu.

Ich hatte Angst vor der Reise mit meinem Vater. Allein wäre es nicht so schlimm gewesen. Aber ich fand es schon unerträglich qualvoll, mit meinem Vater nur zehn Minuten in einem Zimmer zu sitzen, wie sollte ich es Wochen mit ihm in Deutschland aushalten, bis meine Mutter endlich nachkommen konnte. Ich ertrug ihn nicht, sein Anblick allein war schon eine Zumutung für mich, geschweige denn eine gemeinsame Mission, in der man voneinander abhängig war. Also saß ich da mit langem Gesicht und wusste nicht, was schlimmer war. Hierbleiben oder gehen müssen. Und der Abschied von Ramin war auch unwirklich. Ich hatte das Gefühl, man kann sich von jemandem, den man liebt, nicht trennen. Das geht einfach gar nicht, egal, wie weit man voneinander entfernt ist.

Als Ramin irgendwann gehen musste, begleitete ich ihn nach unten. Vor Mamans Eingangstür blieb er stehen, sah mir in die Augen und sagte: »Sei nicht so traurig.« Dann zog er mich an sich.

Ich heulte sofort los und winselte unter Tränen: »Ich bin aber traurig …«

Er nahm mich fester in den Arm, drückte mich an sich und küsste mich auf den Mund und … öffnete seine Lippen dabei!

Ich unterbrach vor Schreck mein Heulen und dachte, nein, jetzt hat er mich geküsst. Und dann küsste ich ihn zurück, verheult, sterbenstraurig und glücklich zugleich.

Maman war in ihrer Wohnung, und wir lagen uns direkt vor der Glasscheibe ihrer Tür in den Armen und küssten uns lange und innig, wie in einem Film. Leider hat sie nicht zufällig die Tür aufgemacht, um neugierig rauszugucken, wie sie es gerne tat. Sie wäre vor Schreck sicher wieder zurück in ihre Wohnung gefallen, hätte die Tür zugeknallt und niemandem erzählen können, was ihre armen Augen gesehen hatten, direkt vor ihrer Tür. Niemand hätte ihr geglaubt, selbst ihr blöder Sohn nicht.

Als ich wieder oben war, heulte ich Rotz und Wasser. Der Kuss gab der ganzen Situation den letzten, hochdramatischen Rest. Ich war todunglücklich und hätte am liebsten Mr Molly genommen und wäre zu Ramin gerannt. Sollten meine Eltern doch machen, was sie wollten, ohne mich.

Golli erzählte mir dann auch noch, dass Ramin, als ich kurz draußen war und er wie immer auf seinem Schreibtischstuhl saß, ihr gesagt hatte, sie sollte bei mir bleiben, und zwar so lange, bis wir wegflogen, weil er sich Sorgen um mich machte. Er könnte es nicht ertragen, mich so traurig zu sehen.

Der Flughafen Mehrabad war genau so, wie man sich einen Flughafen im Krieg vorstellt, wenn alle schnell weg wollen, also eine vollkommen hysterische Stimmung, die teilweise in Panik umkippte. Perser sind ja sowieso oft hysterisch und übertrieben aufgeregt, also kann man sich vorstellen, was los war. An langen Tischen standen lauter bärtige Männer und Frauen in schwarzen Tschadors mit einem Gesichtsloch, die alle Menschen, Koffer und Taschen durchsuchten: Mich durchsuchten zwei schwarze Tschador-Monster gleichzeitig, ich musste meine Turnschuhe ausziehen und meine Longines abbinden, die lange Goldkette mit dem Allah-Anhänger und meinen breiten Goldreif abnehmen. Dann musste ich mich auf einen Stuhl setzen, während mein Vater schon weitergeschoben wurde an den langen Tisch zur Taschenkontrolle. Mein Vater blickte ständig aggressiv um sich, er suchte mich und strich sich dauernd nervös über den Kopf, als wäre etwas furchtbar schiefgegangen. Ich wollte ihm nicht winken, er hatte mir extra gesagt, ich sollte den Armreif zu Hause lassen, er würde jetzt alles nur noch schlimmer machen. Sie gaben mir meine Uhr und die Kette zurück, bei dem Armreif schüttelten sie ihre schwarzen Schleier-Köpfe und sagten: »Der muss hierbleiben. Das ist verboten.«

Mir wurde schlecht. Ich wollte meinen Armreif nicht hergeben. Und ich rechnete damit, dass sie mich jetzt mitnehmen und bestrafen würden, weil ich einen Armreif hatte schmuggeln wollen.

Während die Tschadors mir erklärten, ein Angehöriger könnte den Armreif abholen, sah ich, wie zwei Bärtige die schwarze Arzttasche meines Vaters aus schwerem handgenähtem Leder durchsuchten. Mein Vater liebte diese Tasche. Er hatte sie mit Infusionen und Medikamenten gefüllt dabei, als es mir in Jugoslawien so schlecht gegangen war, und jedes Mal, wenn ich am Kaspischen Meer Brechdurchfall bekam oder sonst jemand krank wurde, holte er sie aus dem Auto. Er hatte sie sich zur Belohnung zum Staatsexamen bei einem berühmten Koffermacher in London anfertigen lassen. Jetzt sah ich, wie der Bärtige mit einem spitzen Messer das schwarze Seideninnenfutter der Tasche aufschlitzte und hineintatstete, auf der Suche nach Geldbündeln.

»Ich hab kein Geld«, jammerte mein Vater den Mann an, »bitte, ich hab kein Geld.«

Dann fing er einfach an zu weinen, während der Mann seelenruhig, das Messer in der einen Hand, mit der anderen durch das ganze Futter tastete. Die Tränen meines Vaters rührten ihn kein bisschen.

Ich schnürte meine Sneakers wieder zu, während eine der schwarzverhüllten Wärterinnen umständlich einen großen Zettel ausfüllte. Dann brüllte sie mich an, ich sollte da meinen Namen hinschreiben, und schob mir den Zettel hin. Neben ihr auf dem billigen braunen Schreibtisch mit Kunststoffbeschichtung lag mein goldener Armreif. Er passte da nicht hin, in diese schmerzhafte Umgebung.

Ich konnte nicht lesen, was auf dem Blatt gedruckt war, und was die Frau hineingeschrieben hatte, schon gar nicht. Denen jetzt zu erklären, dass ich nichts lesen konnte, kam mir mehr als unpassend vor. Eine Analphabetin, die Gold aus dem Land schmuggelt, wird doch sofort ausgepeitscht, dachte ich. Meine Hände zitterten, als ich den Bic-Kugelschreiber nahm, um meinen Namen mit Kinderschrift auf den Zettel zu kritzeln. Die Wärterin brüllte noch einmal: address! Und dann: Yallah! Mein Kopf wurde heiß, ich wurde bestimmt rot, und dann fiel mir auch noch der Stift aus der Hand. Als ich mich bückte, um ihn aufzuheben, dachte ich nur noch: nicht-heulen-nicht-heulen-nicht … dann sah ich auf dem grauen Steinboden die vielen dicken Füßchen in dicken, billigen, schwarzen oder hautfarbenen Nylonstrümpfen und billigen, ausgetretenen Schuhen, die unter den schwarzen Tschadors hervorschauten. Einige hatten nur Plastikschlappen an, solche, mit denen die Hausangestellten in Rasht schnell um den Block liefen, um beim Bäcker einige frische Fladen fürs Abendessen zu holen. Als ich wieder hochkam, ging es mir etwas besser. Ich malte in verschnörkelten Buchstaben meine Adresse dazu und sah, wie mein Armreif zusammen mit dem Zettel in einer Plastiktüte in einem Schrank verschwand.

Mein Vater brüllte vom Tisch herüber, ich sollte sofort kommen und mich zu ihm stellen. Ich stellte mich neben ihn, legte meine blaue Pan-Am-Tasche auf den Tisch und gab ihm den Durchschlag von dem Zettel, den mir die Frau eben in die Hand gedrückt hatte.

Mein Vater las kurz, was auf dem Zettel stand, sah mich mit blutunterlaufenen Augen hasserfüllt an, hob den Arm und holte mit geballter Faust in Richtung meines Gesichts aus. Ich hatte mich schon geduckt, da wurde er von zwei der Bärtigen zurückgehalten, die empört zu ihm sagten, er solle sich hier gefälligst benehmen, und dann missbilligend die Köpfe schüttelten.

Ich musste plötzlich an einen Spruch denken, den die Jungs vor ein paar Jahren überall in der Schule hingeschmiert hatten: If you think fuck is funny, fuck yourself and suck your money.

Durch meinen Kopf lief plötzlich ein langes Baumwollband. Auf dem Band war in altdeutscher Schrift rot eingestickt: Fickteuchfickteuchfickteuchfickteuchfickteuchfickteuchfickteuchfickteuch, es hörte erst auf, als mich die Stewardess fragte, was ich trinken wollte.

Wir saßen die gesamten fünf Stunden nebeneinander, ohne ein Wort zu sprechen. Die Maschine war brechend voll, mein Vater musste vor Wochen die letzten Business-Class-Tickets nehmen, weil sonst alles ausverkauft war, sogar die First war jetzt voll, trotz des generellen Ausreiseverbots verließen ganz schön viele Leute das Land.

Ich hatte die meiste Zeit den Kopfhörer meines Walkman auf den Ohren und die Augen zu, damit er mich nicht ansprach. Ich hatte keine Kraft für seine Worte.

Ein entsetzlich flaches Gefühl war in mir, ein Gefühl, das ich in der Intensität noch nicht gespürt hatte. Ich hatte Angst. Ich hatte wahnsinnige Angst vor dem, was mir bevorstand. Die Angst hatte nichts mit Deutschland, Schulwechsel oder Fremde zu tun. Die Angst gab es nur wegen des Mannes, der neben mir saß. Ich war von ihm abhängig, ihm ausgeliefert, ich musste bei allem mitmachen, was er tat, und ich hatte null Vertrauen zu ihm und wusste, er würde nichts richtig und mir das Leben zur Hölle machen. Seine Anwesenheit neben mir im Flugzeug war schon unerträglich und nervenzermürbend genug, wenn meine Mutter dabei gewesen wäre, wäre sie seine Bezugsperson und würde seinen ganzen Quatsch auffangen.

Aber ohne sie war er verloren, orientierungslos und komplett ohne Kontrolle. Ich hätte gerne allein in der Economy gesessen, nur um weit weg von ihm zu sein. Seine Nähe schnürte mir die Luft ab, und ich war in allen meinen Bewegungen befangen und wusste noch nicht einmal, wohin ich schauen oder meine Hände legen sollte.

Als das Flugzeug über Frankfurt zu kreisen begann, wurde ich aus meinen trüben Gedanken gerissen. Überraschend und plötzlich wurde mir ganz warm ums Herz. Ich sah aus dem kleinen Fenster die ordentlichen Straßen mit den hübschen, kleinen Häusern und den roten Dächern und den quadratischen Grünflächen drumherum. Eine Landschaft wie von den ernsthaften Händen eines kleinen Jungen um eine Spielzeugeisenbahn zusammengestellt, Straßen, Laternen, Parkplätze und Reihenhäuser. Nicht wie ein gigantischer Schrottplatz, bei dem man schon beim Anblick von oben im zermürbenden Chaos versank. Erdrückend und beängstigend, wie sich Teheran schon aus dem Flugzeug für mich angefühlt hatte. Alles unter mir sah aus wie eine perfekte Märklin-Landschaft, hübsch, ordentlich, sauber und adrett. Ich hatte in dem Stress der letzten Jahre ganz vergessen, wie schön Deutschland war und wie sehr ich diesen Anblick vermisst hatte. Auf einmal ging es mir viel besser und ich musste sogar etwas verliebt lächeln, so wie man immer unbewusst lächelt, wenn man jemanden sieht, den man sehr gern hat, und ich merkte, dass mir die Tränen das Gesicht herunterliefen. Je mehr wir uns der deutschen Erde näherten, desto besser ging es mir. Gleich war ich in Deutschland, dort, wo ich sein wollte und wo ich mich sicher fühlte. Egal, was ab jetzt sein würde, ich war wieder zu Hause. Das war die Hauptsache. Das Schlimmste lag hinter mir.